U0917000

这本书里，没有枯燥的职位描述，也没有达人指点迷津，这里有的，只是一个个鲜活的职场人，以及他们或许并不惊心动魄但绝对精彩真实的职业人生。他们在述说自己的工作和生活，也在帮助你发现自己，认识自己，找寻属于你自己的未来。

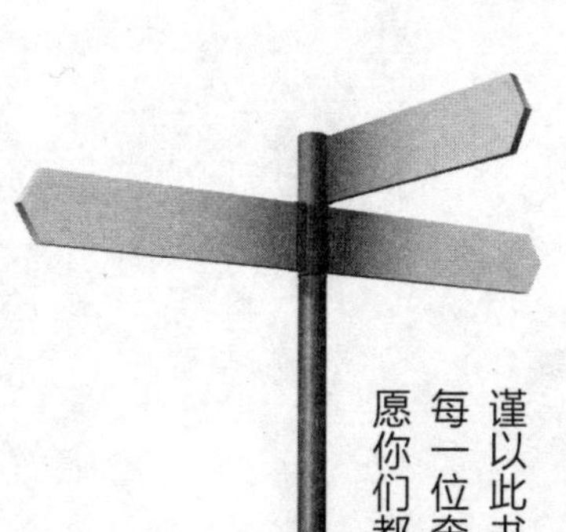

谨以此书献给

每一位奔跑在求职路上的朋友，

愿你们都能找到最适合自己的工作！

求职前、跳槽前、参加《职来职往》《非你莫属》等职场真人秀节目前，强烈推荐您阅读本书！

360°全解读

丁兆梅　杨和根◎著

- 最新的行业动态，关注行业现状及发展趋势
- 最真实的从业感受，提供身临其境的职业体验
- 最深刻的职业透视，帮你精准锁定求职方向
- 最贴心的心理测试，性格与职业匹配度的最佳诠释

·北京·

图书在版编目(CIP)数据

50个热门职业360°全解读/丁兆梅，杨和根著. --
北京：中国经济出版社，2013.3（2024.1重印）
ISBN 978 - 7 - 5136 - 1293 - 7

Ⅰ. ①5… Ⅱ. ①丁… ②杨… Ⅲ. ①大学生 - 职业选择 Ⅳ. ①G647.38

中国版本图书馆CIP数据核字(2011)第257871号

责任编辑 焦晓云
责任印制 马小宾
封面设计 任燕飞

出版发行 中国经济出版社
印 刷 者 三河市同力彩印有限公司
经 销 者 各地新华书店
开 本 710mm×1000mm 1/16
印 张 24.25
字 数 379千字
版 次 2013年3月第1版
印 次 2024年1月第2次
定 价 76.00元
广告经营许可证 京西工商广字第8179号

中国经济出版社 **网址** www.economyph.com **社址** 北京市东城区安定门外大街58号 **邮编** 100011
本版图书如存在印装质量问题，请与本社销售中心联系调换(联系电话:010 - 57512564)

推荐序

这是一部教会你幸福的书。

人生都是要追求幸福的，古今中外，概莫能外。幸福从哪里来？美味的食物、醉人的风景，或是亲密的爱人、美满的家庭……这些幸福的来源不难追溯，但作为一个现代人，要想获取这些又不是那么容易的事。无论是物质的追求，还是关系的把握，对我们来说，总有太多不可控制的因素和难以预计的风险，而唯有能够控制和把握的幸福才显得真切，才能真正让人体验到幸福感。每天在这个世界上忙碌，我们究竟在做什么？我们不停控制和把握的到底是什么？没错，就是职业。

职业是现代人无可替代的幸福来源。作为一名心理健康工作者，我很高兴本书作者能够敏锐而深刻地把握住人类职业的健康意义及其幸福指向的特性。当然，平常我们会将职业简单地理解为人类通过劳动改造世界的过程，常常意味着艰辛、劳累、压力，但缺乏幸福的人类世界没有任何意义。我们不能仅指望那个通过我们劳动实现的未来世界给予幸福，更需要在职业生涯的整个过程创造和体验属于自己的幸福。这正是本书探索种种职场状态的根本意义。

如何才能让自己的职业生涯幸福起来？

在高校多年从事心理咨询的经历让我发现，毕业生们走向社会、投入职场时早已没有了那份天之骄子的荣誉感、使命感，越来越多出现的是焦虑、迷茫，甚至是退缩、逃避。这其中包含着社会转型、高等教育在发展过程中不可避免的消极弊端，客观上给他们制造了比以前更多的困难，但这些并不足以妨碍他们在社会中找到合适的岗位，实现自己的价值。真正发挥关键作用的因素还是个体是否能够顺应时代的发展和变化，于纷繁复杂中看清世界、认清自己。

看清世界，谈何容易。学子们在这么多年的学业生涯中虽从不缺乏对外面世界的渴望，但涉世未深的他们又如何能认识到各行各业的真实面貌，体验三教九流的酸甜苦辣？尤其在网络普及的今天，信息过载及其获取的便捷让他们更加心浮气躁，仅依靠网络上获取的数据去决策自己的职业方向，未免儿戏。

而看清自己则更加不易。在职业抉择时，认识自己不仅需要考察过往人生中体现出来的特质、能力，更重要的是对自己未来生涯中能够体现出来的潜质、能量做出预测。如此方能规避不必要的职业风险，同时收获更强的职业认同。

那么，什么才能真正帮助学子们做好初入职场的内外评估呢？一是了解职场人员的真实生活体验，二是接受科学的心理测量。想要通过个人亲身努力真正做到以上两点，必将耗费不菲的时间、精力和财富。令人欣喜的是，本书正是以这样的结构呈现给读者的；其亲切生动的笔触也更贴近青年读者的阅读口味和现实生活。

曾几何时，职业从来不是一个沉重的名词，而是我们儿时的期许、人生的梦想。但梦想的实现，从来不是只有热情或努力就足够的；在梦想实现的征途上，必然划过理性和科学的轨迹。搜集本书中这些职业体验和科学建议，绝不是轻松的过程，但却能让人从中读出各种幸福的味道。所以，相信作者是在幸福的职业状态之中创作出了这本能够给人以职业幸福感的著作。传递幸福、接近梦想，我想这是她的初衷，也同样是广大读者的期盼。

裴　涛
2013 年 2 月于南京师范大学仙林校区

自 序

从开始策划选题到书稿交付，本序言最先成型，最末定稿。现在呈现出来的文字已经完全不见了当初的身段，从第一稿谈古论今杂糅着趣闻逸事的小品文风格，到此刻的一本正经谨慎出言的议论文面孔，风格变了，题材变了，但关注职业状态和职场心理的初衷未有半点改变。

与幸福指数密切相关的因素很多，但对成年人而言，带来幸福的吉祥三宝不外乎以下三种：健康的身心、温暖的家庭、认同感强的职业或事业。前两样这里略过，本书只聚焦第三点。愚以为工作着的人，如果是女性，会可爱很多，如果是男性，则平添若干多的魅力。虽然很多人叫嚣着人生最大梦想就是“不上班也拿钱，每天睡到自然醒”，但你让他真不工作试试，就算不靠工作混饭吃，很多人离开职场后依然会有好长一段时间感到灵魂无处安放，抓狂者也不乏其人。退休或退居二线的人为何脾气大性子躁，倍感空虚失落？就是因为工作带给人的充实感、成就感、自信心及愉悦感，是其他任何事情都无法比拟或超越的。

工作到底好不好，并没有放之四海而皆准的标准，职场感受是因人而异的，适合自己的才是好的。一份工作如果让你心甘情愿地从事并乐在其中，或至少不厌恶，那人生中的痛苦会少许多。不得不做而每天为之，本身就是服苦役，何乐之有？美国人本主义心理学家马斯洛的需要理论，也许可以解释这一点。他认为人在满足了生理和安全需要后，接着就考虑情感和归属、尊重以及自我实现。个体在发展的不同时期，新出现的需要会后来者居上，支配着人的意识并自行组织有机体的各种能量，让人全力以赴地追赶目标。如到了恋爱期的小伙子，追起姑娘来那种煞费苦心和不遗余力，几乎可以惊天地、泣鬼神，经历过的人都会懂。而作为最高层次的自我实现需要，与职业、事业、成就等关键词密切相关，指的是人希望最大限度地发挥自己的潜能，不断地完善自己，完成与自己能力相称的一切事情，实现自己的理想。[①]

好的工作能让从业者在物质层面和精神层面获得双重收获，既可以小有财富，又能基本满足其可爱的虚荣心，让人自我实现的需要得到部分或大部分满足。不过，这只是理想状态。据美国有关机构调查，大多数青年人并不知道自己要干什么，这种现象在我国也普遍存在。其实每个人在选择职业之前，不妨先问五个问题：我要去哪里？我在哪里？我有什么？我的差距在哪里？我要怎么做？首先了解自己的潜能和优势，知道自己的性格与职业的匹配度，有的放矢才能有所收获。想做出科学理智的判断，可以做一做霍兰德职业倾向测试量表[②]，该测验以美国著名职业教育专家霍兰德的人才测评理论为基础，同样适用于中国广大学生和工作者，参考价值很高。

根据木桶原理，每个人在择业时应尽量避免选择得分最低的职业类型，因为该类型工作与自我兴趣相差很远，不利于今后在工作中获得快乐和满足感。没错，中国有句妇孺皆知的励志名言："只要功夫深，铁杵磨成针。"但别忘了，李白天生就是适合写诗的金子，所以他磨着磨着就成了诗仙，从幼儿园到大学的教材中，他到处客串，读书人想不认识他都难。但木棒是无论如何也磨不成铁针的，材料不对，再怎么努力也没用。一个人，如果做着与自己性格、兴趣相别扭着的事情，逆性而为，即使取得了成就，估计也是一把汗和着一把泪地干，脚底下的血泡不知道要走出多少。

当然，仅有以上测验显然是不够的，因为人要全面认识自己是很难的。过高或过低地估价自己，过分看重自己的文凭，过于沉溺已有的成绩，搞不清自己的潜质，是很多择业者、从业者和跳槽者常犯的毛病。理想总归要遭遇现实，平稳着陆不容易。大多数帅哥美女开始找工作后就会惊诧地发现：原来理想最适合在寝室中摸黑卧谈，一出校门就猝不及防地拐弯或被激烈碰撞。

当丰满的理想遭遇骨感的现实时，率先牺牲的肯定是理想。没办法，

---

① 国家职业资格培训教程：心理咨询师（基础知识）. 北京：民族出版社. 2011：67～68。

② 霍兰德职业倾向测试量表. http：//www. sojump. com/jq/193668. aspx。

多数人节哀顺变，继续在无情的现实中寻找机遇。碰壁不要紧，只要结果是对的。从无数师哥师姐的经历中，有牛人总结出来了：文凭不过是一张实名制的火车票而已，清华的软卧，本科的硬卧，专科的硬座，民办的站票，成教的在厕所挤着。火车到站，都下车找工作，才发现老板并不那么关心你是怎么来的，他们更关心你会干什么。

你会干什么？你能干什么？你最适合干什么？这些问题很关键。《中华人民共和国职业分类大典》中将我国的职业归为 8 个大类，66 个中类，413 个小类，1838 个细类。注意，这 1838 种是可以进行职业资格认证的，光白纸黑字印刷的职业规范就有 130 多种，还有 N 多不需要认证不需要职业资格的工作。咱不妨先看看 8 个大类，看自己可归入或将来可能归入哪一类，再思考哪些是你钟情的职业。

第一大类：国家机关、党群组织、企业、事业单位负责人；

第二大类：专业技术人员；

第三大类：办事人员和有关人员；

第四大类：商业、服务业人员；

第五大类：农、林、牧、渔、水利业生产人员；

第六大类：生产、运输设备操作人员及有关人员；

第七大类：军人；

第八大类：不便分类的其他从业人员。①

这个职业分类非常大条。职业大典之外还有很多没来得及录入的新名词，比如当前若干可以称为 SOHO 的职业，那也是五花八门。适者生存，其中有的职业会随着时代发展而逐渐普遍化，有的，也许聒噪一时后便销声匿迹了。

你最适合在哪个行业发展，你是否知晓？老话说“男怕入错行，女怕嫁错郎”，如今不管男女，都怕入错行和跟错人。对一般人而言，终身大事只有两件，一是婚姻，二是事业。前者让你的感情有着落、生活有归宿，后者让你的经济有基础、尊严有附着。当然，也有人能通过前者将后者能办的事一起办了，但那是小概率事件，可复制性太低。所以，普罗大众们还是擦亮眼睛，一样一样来比较靠谱，先立业更值得提倡。

① 中华人民共和国职业分类大典．中国劳动社会保障出版社，2007。

天下本没有最好的职业，只有最适合你干的行当。人在江湖混，难免会郁闷，尤其是混到前不见村（前途和职位）后不着店（退路和改行可能性）的时候，没有了进可攻退可守的优势，是进还是退？人生很多时候就是个心理博弈，说到底，再热门再光鲜的职业都有自己的酸甜苦辣，有些广为人知，有些不为人知；没有最好，只有更好，职业亦然。就如炒作过热的公务员行当，大多数在职者并没有人们想象中那么风光舒畅。子非鱼，不知鱼之苦，当你羡慕他们稳定的工资和固定的假期时，他们也许更向往你的自由自在和畅所欲言。《小公务员之死》是小说不错，但它不是空穴来风，影射了哪些群体，谁难受谁知道。

以上絮絮叨叨的是些小感悟，本书的写作偏重于职业体验，如同职业体验馆一样。为了增加可读性和亲切感，不至于千人一面毫无个性，在“我的一天这样度过”的叙述中，以职场状态为主，穿插了一点儿生活花絮，因为每个职场人首先是活生生的社会人和家庭人。另外，每篇后面都有“心理贴士”栏目，提供了一些小测试，有的选自教材，有的选自网络，还有的来自朋友的推荐，仅供参考，并不权威，若想认真检测职业兴趣和职业倾向，还是做霍兰德的测试问卷更可靠。

另外，需要说明的是，本书的选材并没有按照绝对的专业标准来划分。首先，行业不能太小众，要接地气，是普通人群之所及的，是大多数人努力一把或参加专业培训后都有希望从事的。太专业的尖端行业或根本无法跨行交流变通的职业，限于笔者视野，无法深入了解，不在考虑之列。其次，本书中也出现了诸如“流浪歌手”“自由写手”这些相对非主流的职业，充满了浪漫色彩，似乎离普通人有点远，但音乐和文字离年轻人的梦想很近。这些热爱艺术、充满独特思想的年轻群体，其执着和天分会在岁月之中慢慢结晶，直到开出奇葩，惊艳四方。梦想让人生有味，同为追梦人，我不忍舍弃。

梁启超说：“人生在世，是要天天劳作的。劳作便是功德，不劳作便是罪恶。至于我该做哪一种劳作呢？全看我的才能如何、境地如何。因自己的才能境地，做一种劳作做到圆满，便是天地间第一等人。”① 此文被选入中学教材，虽然对现行教材颇多腹诽，但我对梁的言论深以为然：人生

① 梁启超．敬业与乐业．饮冰室合集．中华书局，1989。

若能从自己的职业中领略出不少趣味，生活会更有价值。而一份能够让你扬长避短的职业，可以最大限度地降低性格与职业的不匹配度，使你淡定从容许多，为生活加分。当然，梁启超还同时提出，“凡职业都是有趣味的，只要你肯继续做下去，趣味自然会发生”①。作为民国时期写就的文章，这句话是有一定时代性和历史局限性的，颇有点先结婚后恋爱的意味，笔者持保留意见。从现有经验看，还是先恋爱再结婚比较妥当，同理，为避免浪费太多能量，需要先了解自己再选择职业，弯路走多了也容易遇到鬼，将好钢用到刀刃上才是比较靠谱的做法。

乱弹一通，权作序言。接下来咱就或庄或谐地将现代社会的各行各业扫描过去，借你一双慧眼，陪你一起品味咱眼中的热门职业。笔者的采访记录视野有限，深度肯定不够，词汇偶尔贫乏，这都不要紧。要紧的是：不管你在哪行哪业，热门程度如何，都得活在当下，做自己的职业规划者和经理人，做自己的心理医生和执行者，摒弃无谓的干扰因素，一天天让自己变得茁壮，茁壮，更茁壮。职场宽广，钱长路更长，成长才是硬道理。

丁兆梅

2013 年 2 月

① 梁启超．敬业与乐业．饮冰室合集．中华书局，1989。

目录

CONTENTS

推荐序

自　序

第一章　公务员：没那么荣光，也没那么无耻

1. 科员：大领导的小秘书 …… 3
2. 女市长：夹心饼干，味道多多 …… 10
3. 大学生村官：公务员的预备役 …… 16
4. 刑警：我们正常是便衣 …… 23
5. 税务管理：普通公务员的小生活 …… 29
6. 法官：在情理法中寻平衡 …… 35
7. 城管：请别将我们妖魔化 …… 42

第二章　交通人：一直在路上，所以更珍惜

8. 飞行员：高空之上的飞翔 …… 51
9. 空姐：看上去很美 …… 58
10. 列车长：一路满载酸甜苦辣 …… 65
11. 大副：爱航行，也爱登陆 …… 71
12. 收费员：小方寸内度年华 …… 78
13. 调度组长：小芝麻官是副的 …… 85

第三章 娱乐圈：普通人占了多数

14. 摄像：小镜头里藏着大世界 …… 93
15. 首席小提琴手：高雅音乐走向平民 …… 99
16. 歌手：从流浪到流行，路有多遥远 …… 106
17. 明星助理：背对星光用力成长 …… 114
18. 小演员：大多数人忙着跑龙套 …… 121
19. 秀导：天天指挥美女帅哥粉墨登场 …… 128

第四章 传媒业：智慧从哪里来

20. 记者：江湖夜雨十年灯，依旧桃李春风 …… 137
21. 自由写手：码字，痛并快乐着 …… 144
22. 编辑：为人作嫁衣，也是快乐 …… 152
23. 网络管理员：我是网络多面手 …… 159
24. 主持人：光鲜职业挑战多多 …… 165

第五章 服务销售业：跟着市场的脚步走

25. 移动经理：营销成绩是职业生命线 …… 175
26. 家政中心：本事才是金饭碗 …… 182
27. 酒店公关：情商低者请止步 …… 188
28. 装饰设计师：度身定做别人的家 …… 195
29. 淘宝店主：别叫我宅女，叫我居里夫人 …… 202
30. 医药代表：硬件软件都要行 …… 208

第六章 传统职业：稳定中也求创新

31. 医生：人体机器的保养维修工 …… 217
32. 大学教师：学历特高的一个群体 …… 224
33. 职业军人：我是投笔从戎者 …… 231
34. 园艺师：长成一棵开花的树 …… 238
35. 会计师：管的都是别人的钱 …… 245

第七章 金融业：前途和钱途密不可分

36. 证券分析：跟着市场在颠簸 …… 255
37. 信贷员：银行的高级销售 …… 262
38. 理财规划师：稳扎稳打创造财富 …… 270
39. 保险理赔：不是在路上，就是在现场 …… 277
40. 评估师：越来越值钱的职业 …… 284

第八章 技术人才：技术是第一生产力

41. 电气工程师：生活中离不开电 …… 293
42. 搜索引擎师：网络上的超级蜘蛛 …… 299
43. 建筑工程：万丈高楼平地起 …… 306
44. 游戏开发：一切靠作品说话 …… 312
45. 汽车技术：驶向后汽车时代 …… 319

第九章 其他：那些曾被预测会很热门的职业

46. 国际导游：走走走走走啊走，走遍天涯路 …… 329
47. 律师：朝着法律顾问的梦想前进 …… 338
48. 心理咨询师：心理医生也是医生 …… 345
49. 人力资源管理：人是最大的生产力 …… 352
50. 营养师：预防比补救更有价值 …… 359

参考文献
后　记

第一章

公务员

没那么荣光，也没那么无耻

1

科员：大领导的小秘书

小时候摔跤，总要看看周围有没有人，有就哭，没有就爬起来。长大后成了公务员，不管遭遇多么郁闷的事情，再不会喜怒形于色了。

行业动态

中国公务员的总体数量一般有两种统计口径：狭义的公务员指各级行政机关工作人员，数量约为500万人；广义的公务员是包括行政机关、政党机关和社会团体的工作人员，数量为1053万人。公务员在现如今等同于“金饭碗”，报考公务员的热度在近十年来一直处在“蹿升”状态，各类考生前赴后继，社会舆论对此关注颇多。2011年公务员报考虽然出现了“双降”现象，但报考人数依然超过百万，曾经最热门的职位竞争比例达到4068:1，用“惨烈”来形容这一竞争状况绝不过分。

机关里不带“长”的小秘书们，是公务员中比较特殊的一个群体。他们有的整天忙得堪比陀螺，以文辅政、以笔树形，写出一套一套的材料；有的跟着领导拎包开门，鞍前马后。在一些人眼里，他们是面目不清的机关“蚁族”，干着最苦、最累、最不招人待见的差事；在另一些人眼中，他们是前程似锦的未来领导，离权力中心最近，占据着能够一览政坛风景的有利“地形”。[①] 业内人士形容这个岗位是“官窑”，戏称其“进去都是一摊泥，出来变成青花瓷”，意指秘书们升迁起来顺风顺水。中国的机关秘书有多少？这个数字占比不会小于机关人员的2%，毕竟中国各级机关很需要文字秘书这样的能手进行各种文件的起草，也需要“拎包”秘书这

① 杨敏，霍叶. 机关“蚁族”：小秘书的大生活——秘书们的精彩与无奈. 决策，2010（2）。

样的角色为领导做好各类衔接工作。

秘书这个职位，不是什么官，但身份特殊，引人注目。秘书和领导接触多，学的东西自然多，提高也快，所以通常升职也快。如果在省级机关，一般参加工作10年左右会晋升为正处级，到处长级别以后，就有被下派到地级市做副市长或者市委副书记的可能，如果发展得好，再过几年会被提拔为副厅级干部。如果在市级县级机关，可依此类推。要胜任秘书岗位，除了要有相当的文字功底和对形势的领悟能力，还必须学会眼观六路、耳听八方、左右开攻、曲意逢迎，总的来说，这个岗位适合情商智商政商都高的人去做。书呆子气严重、脾气急出言快、以自我为中心者最好绕行，即使侥幸熬出头，也是痛苦多于享受、别扭大过舒服。

→ 我的一天这样度过 ←

我的爱好可以分为两种：一种是静态的，一种是动态的。静态的是睡觉，动态的是翻身。早上六点半，我从静态转为动态，喊醒上小学三年级的儿子，七点送他下楼上公交，再回来收拾下自己，七点半从家里出发，沿河边步行赶往市政府大楼，三十五分钟后到岗。

到办公室放下包，第一件事就是给季市长打电话，提醒他跟霍书记联系，商讨开发新区的规划问题。城建局的规划草案昨天已经送给他过目了，挂电话之前不忘关照他要先问候下书记的身体，霍书记上周鼻窦炎发作，这周刚恢复。

放下电话后在记事本上划去此项，然后启动电脑，习惯性地打开邮箱，点开新华网、人民网、省政府网站和本市政府网站，浏览新闻是每日必做功课。八点半到收发室跑一趟，取回报纸和文件，分门别类整理好后贴上相关标签，送到几个主要领导的办公室。

接下来除了接电话、等领导喊，就是写稿了。虽然我不是市政府办的主笔，但手头也有三份稿件待写，虽有现成套路，总归要有所突破，所以不算轻松。九点季市长从门前过，喊我一起去建委，行政中心办公大楼年久失修，车位少线路老电梯摇，去年年初就列入了改造计划，因班子更换暂时搁置，现在霍书记重拾话题，自然得早日执行。上车前，我从手机里调出建委倪主任的号码，通知他季市长十五分钟后到。

九点二十到建委，几个主要负责人已在一楼大厅等候。进了会议室，照例由倪主任先汇报工作。他从调查报告说起，将行政中心大楼主要隐患一一列出，然后将预算经费、领导批复和前期运作的一些事宜进行了说明。季市长上任才半年，很多情况并不熟悉，倪主任汇报的时候，他会不时地提些小问题。我飞快地在本子上记录，建委办秘书肖培也在紧张地写着。做秘书的就这命，经常做听写训练，然后再整理成会议纪要，这些都是下一步工作的指南和依据。

不知不觉到了十点二十，季市长起身要走，倪主任他们留饭。自然不行，上午还要跟台湾投资商谈技术高新区的投资事宜。正说着，招商局李局来电询问，我轻声答复，季市长已从建委出发，十分钟后到。

十点半到鑫鑫宾馆 806 会议室，李局长正陪着台湾来的肖老板闲聊。握手言笑一番，谦让着各自落座，小小的会议室内谈判开始。我给季市长递上材料，那上面有招商引资的政策优惠底线，还有肖老板及其投资项目的相关资料。来之前在车上我已简要汇报过，为防百密一疏，所有的资料我还会另备一份带着，邮箱里也存着，以便随时可以鼓捣出来。严谨周到、细致入微，察言观色、即时反应，当秘书的如果没有这点本事，也就没有什么前途了。

谈判持续一个小时，双方基本达成共识。午餐招商局已经安排好了，就在二楼。公务员中午不可饮酒，括号，招待前来投资的客户例外。因为下午还要接受采访，季市长只喝了点葡萄酒。他向肖老板致歉，并先喝三小杯为敬。我也小喝一点，但绝不超过一小杯。李局他们一行负责陪肖老板喝白酒，首先双方为协作事宜达成共识而干杯，然后以这样那样的理由展开敬酒攻势，充分尽了地主之谊。中国的酒桌文化，在肖老板这里非常管用，他眉开眼笑地豪饮，说要一醉方休。他可以，我们可不行。

觥筹交错间上了一道菜，是正宗的长江刀鱼，特费银子。李局拿来一双新筷子，开始分鱼，一边分一边念念有词："鱼眼给领导，叫高看一眼；鱼大梁给贵客，叫中流砥柱；鱼嘴巴给好友，叫唇齿相依；鱼尾巴给下属，叫委以重任；鱼肉则每个人都有，叫同舟共济……"他身经千席，堪称酒席老狐狸，每个人都被逗得哈哈大笑，举座尽欢。当然，对我而言，分鱼有风险，效法需谨慎，现在只能默默围观而不可造次。等到了一定级别，有了发言权后才可以做这些锦上添花的雅事，否则抢了领导风头，就是自断活路。我进机关五六年了，酒桌上的规矩礼仪已了然于胸，一人向隅便举座不欢，如此恰到好处又宾主尽兴算是最高境界了。

一点坐车回办公室稍事休息，我跟建委肖培联系了下，让他将会议纪要发我邮箱。一点五十跟电视台吴台长再确认下时间地点，他说已经根据季市长的意思，安排了台里新闻部、广告部、电视剧部和生活部相关人员参加座谈会。

两点零一分陪季市长到电视台。一把手钱台长出差在外，主管业务的范台长主持活动。电视台准备充分，节目表、民意调查表等一应俱全。季市长提了几个关心的问题后颇感满意，然后建议新闻不能只拍官方面孔言语而离普通百姓太远，电视剧要各种题材兼顾，除了收视率，还要考虑文化价值，要兼顾国家和民族的立场，不能只限于家长里短，要充分发挥主流媒体的效应……季市长精力旺盛思维敏捷，我不敢走神，一个劲地记录着。这次座谈会先期给他拟了提纲，但他只采用了一小部分，大部分是即兴发挥。给他写稿要斟酌再三，因为他自由发挥的地方比较多，稿写长了会浪费，写太短了又怕他不满意。我老婆说，平均每天我就得增加五根白头发，要不了五十岁就会成为满头银发的慈祥老爷爷了。我驳斥她是乌鸦嘴，我今年才三十三岁，再混十七年还在这个位置，不如早点自裁算了。

三点多座谈结束，又跟着市长在电视台办公楼和演播厅等地方转了一圈。本来活动议程里还要在演播厅对季市长做个十五分钟的小采访，他跟范台长说不必了，座谈会上该讲的都讲了，不该讲的也讲了，剪辑时选着用就可以，片子剪好了给小费。大家一起笑起来，小费就是我，“给小费”，是不是特别容易生出歧义？等我混成老费或费科费局就好了。

差不多四点钟，我们从电视台出发去开发区，那里有家电子元件加工的合资企业，今年六月合约到期，续约与否还没商谈。我不清楚季市长是什么打算，也不便打探，只在他问情况时，委婉地告诉他：这家企业的法人代表与省里某位领导私交甚好。同时提醒他，这个企业的污染有些超标，企业所得税由于某些原因也没交过，税务局一直为之头疼却又无可奈何，霍书记曾经关心过一次，后来不了了之。

这家企业的法人代表态度并不明朗，季市长谈到的污染和所得税问题，他也是顾左右而言他。尽管企业方又是端茶倒水又是递烟拿水果的看上去很热情，实则此行收获不大。我估摸着市长回头会找知情人深入了解情况后再议。他属于稳健型的，在官场上行走，这种性格很适合。

五点多回去，季市长吩咐老张将车开到步行街，示意我跟他下去转转。之后到隔壁商场让我买了一箱上等红酒。用在哪里我不问，执行就是了。

六点半不到，驱车去电视台附近的酒楼吃饭，这是范台长跟季市长说好的，一同参加的还有台里几个部门的主任。这次季市长喝了三两白酒，他多数情况下会控制开瓶数量，所以没人会喝得东倒西歪脸如猪肝，我也轻松许多。

八点不到酒席散，季市长上车打电话给退居二线的秦书记，说一会儿到。我跟着将酒捧进去，秦书记拉着季市长和我，说朋友从加拿大给他带了一箱冰葡萄酒，让我们一起尝尝。书记夫人笑他馋酒，说晚饭时刚喝了一杯，秦书记说这叫饮料不是酒，来了喜欢的客人，一起分享最好。于是我们又陪着秦书记唠嗑，就着泡椒凤爪和花生米喝掉了两瓶葡萄酒——感觉有些滑稽，不过味道还可以，两杯下肚，我真觉得有些醉了。

十点将至，老张先送季市长，然后又将我送回去。一天工作至此完全结束，到家后我立即从动态转为静态，彻底放松。

选择理由

进入机关，基本上想干什么不想干什么是没得选择的。当初选调我进市政府办的时候，老婆曾经试图阻拦，说我的性格太直爽，人也太老实，不适合干这个。但当时单位领导以此为荣耀，又是欢送会又是安排我出去考察了一趟，搞得我没法说不，半推半就地就来了。

压力指数

压力指数高。作为政府机关公务员编制的秘书，工作内容相对集中，主要是处理文书、上传下达和随同领导参加一些活动等。文职秘书离领导脑子近一点，拎包秘书离领导心近一些。当然，很多时候这两者并不是截然分开的，只是各有侧重而已。“伤脑筋，少睡觉；省床铺，费灯泡；一宿写个大报告，还怕领导皱眉毛”，文字秘书的自嘲诗有力地说明了他们的状态。而拎包秘书也不轻松，他们大多时候要保持着不急不躁、随时听从召唤的姿态，话不多，笑不多，拎着公文包，悄悄在人群中最后落座，多数时候波澜不惊地点头或摇头，就连走路，也要保持着比领导小那么一点点的步幅。

人际环境

机关的水有多深，身为秘书的人都会深感其味而无法道明。政府机关规矩严且关系微妙。《武汉市公务员幸福指数研究》中指出：机关人际关系成为公务员最难处理的问题，上下级关系缺乏平等，同事关系缺乏真诚，在回答“您在工作中最希望得到的是什么?”这个问题时，有23%的人选择了“和谐的人际关系”。秘书最怕跟错人，如果领导是落马贪官或站错队的另类分子，则自己会跟着倒霉，且一旦倒霉起来就像俄罗斯方块，不停地有不规则的事件突如其来地掉下来，只能眼睁睁地看着自己沉沦。

我所向往的职业

若可重选职业，当然是言论自由且能挣钱的行业了，最好是艺术或房地产类，用不着朝九晚五，用不着揣摩领导的心思，用不着三缄其口且言不由衷，也少了很多形式主义。快意人生，其实是一种奢侈品。

入行门槛

机关秘书门槛比较高，一般要求本科以上学历，有良好的文字功底，至少在同行中文字水平和政治觉悟要处于领先状态，要善于和上下级沟通——这就决定了领导挑秘书时喜欢从基层选择或招考有一定工作经历的人，这些人的共同特点是：文字功底好、政治素质强、能吃苦耐劳、能坐冷板凳。

心理贴士

商场如战场，办公室里也是一样，想要在办公室里可持续发展下去，就得先给自己定位一个最适合的角色。做个小测试吧：每天上下班，你都会饱尝等车和挤车之苦。而今天你更是等了好久，也没见到你所等的公共汽车的影子。这时的你会采取下面哪一种等车的姿势？

A. 把手放在背后，或是不断地看手表　　B. 把手插在口袋里

C. 双腿交叉地站着　　D. 找一面墙靠着

参考答案：

选 A 项的人，企图心很明显。你很讲求效率和成效，一想到什么事，就要立即做到才行。这样的个性，在你的脸上表现无遗，所以你是一个不适合耍心机的人。有些“血淋淋”的斗争，其实你并不喜欢，但因为怕别人的闲言碎语，就虚情假意地做着。明刀来明刀去是你的标准作风，执行力强是你的最大特点。

选 B 项的人，是这里面最聪明的。你是一个有城府的人，做什么事都会经过详细和周密的筹划，可是最不按常理出牌的人往往就是你。在你笑容的背后，也许隐藏着什么重大的阴谋。因为你把全部的聪明劲都放在人际周旋上，对业务的关心相对减少，所以要小心聪明反被聪明误。

选 C 项的人，在办公室里就像一只小可怜虫。虽然做什么都是实干苦干的，但对自己缺乏自信心，别人随便吼你两句，不管你是不是有理，总会被吓个半死。虽然你每天都立志要做一个有主见的强人，但总是有些事与愿违，勇敢点儿，努力把幻想转为现实吧。

选 D 项的人，通常心智还没有真的成熟。此类型的人管理情绪的 EQ 稍低，如孩子般将阴晴不定的表情常挂在脸上，做事也爱随性而为。没人爱看你的苦瓜脸，也没人会照顾你的小情绪，请学着成熟起来，多和有正能量的人接触。如果有人请你做事，请高高兴兴地答应并努力做好，要证明自己肯做事而且能做事，机会才会垂怜你。

2

女市长：夹心饼干，味道多多

现如今这样的环境下，当官的滋味是如鱼饮水，冷暖自知。

行业动态

2012年11月27日，国家公务员局考试录用司司长聂生奎就国家公务员考试的一些热点问题接受了新华社记者的采访①，他认为应该始终坚持公平公正的原则，比如从2011年度中央机关新录用公务员情况看，男女录用比为6:4。近年来，我国女性参政总体上呈上升态势。根据国务院网站资料显示，在任党和国家领导人中有8位是女性；在国务院的28个组成部门中，有3个女部长；我国目前有230多位女性任省部领导（含副职），各级女市长超过670人，女干部队伍有1500多万人。②

自上而下，女公务员从业者数量在近年呈现上升之势，女性在各行各业的舞台越来越大，光芒也越来越耀眼。尽管如此，不可否认的事实是：在当前的政治舞台上，男性依然占了大半江山，女干部仿佛“万绿丛中一点红”，比例还亟待提高。而且，在习惯了男权社会几千年的中国，哪怕是21世纪的开明今日，官场行走，女性，注定要承受比男性更多的关注，其中包括怀疑、非议、责难和拷问。

当前机关、事业单位和企业普遍存在的情况是：妇女参政比例偏低，女干部配备不均衡，副职多、正职少，虚职多、实职少，低层次多、高层次少等问题在多个省（区、市）的汇报材料中都有突出反映。③ 这算不算

---

① 人民网教育频道．http：//edu. people. com. cn/GB/16407444. html。

② 女性从政面临“三多三少”．华商网－新文化报，2010－03－09。

③ 王春霞．全国人大常委会报告：妇女参政比例有待进一步提高．中国妇女报，2010－05－25。

性别歧视，还真不好说。但相同专业的女大学生求职总是比师兄师弟们多一些坎坷，阻力从入职开始就客观存在。

而另一个众所周知的原因是：中国人对女性的定位一直囿于相夫教子的圈子里。政治生活复杂多变、应酬多多，加班加点是常事；家庭角色则需要她们洗手做羹汤、少应酬多居家，这容易让她们产生顾此失彼之感。国人眼中，男人就该顶天立地，是个纯爷们就要比老婆强，如果行政职务之类的不如妻子或差距太大，就难免产生心理压力，感觉没面子。对女性领导而言，构建和谐家庭生活、有个稳定温暖的大后方并不容易，许多女性在规划职场道路时，常为鱼与熊掌难以兼得而困惑苦恼。

综上所述，女公务员升职总比男公务员机会更少，每一步会走得更不容易。

我的一天这样度过

我算干部吗？要算，前面也要加个小字。我曾在机关待了八年，虽然也混了个中层后备，眼看着三十出头，最好的青春都快要浪费在那了，想想会一辈子如此，直到把办公室的牢底坐穿，心有不甘。恰好五年前机关选派干部挂职，竞争上岗，我就咬牙报了边远地区镇长的岗位，还真选上了。孩子扔给我妈带，老公是搞技术的，随我折腾，默默支持。五年摸爬滚打下来，什么苦都吃过，什么场面都经历过，招商引资和旧城改造这块出了些政绩，借助公婆的一些人脉，两年前，我顺理成章地到临市当了副市长，分管社会事业工作。从正科转到副处，也算是熬出了点眉目。

任职的这个市不大不小，全市人口刚好在一百万左右浮动。我知道自己站到这样的位置，有多少人盯着瞧着，一步不稳，步步受阻。瞧，三十多岁的女干部，混迹于一群官僚之间，每天看上去很威风很神秘，她是凭什么坐到这个位置的呢？她有啥能耐，到底能干些什么呢？

这是一个不出差的周一，上周五晚接待，周六上午回了邻市的家，周日上午过来，因为要督办周一上午的典礼。我七点四十之前到办公室，八点钟参加升旗仪式。八点二十，政府办例会，就此阶段工作做一个承上启下的交流。市长很头疼，商业街改造的进度太慢了，因为拆迁而引起的到省城和京城上访又增加了两起，招商引资成效不大，几所学校的危房改造和异地重建规划好几年了，钱却一直没到位……我也头疼，很多问题都是明摆着要解决的，但程序一个也不能少，方方面面的组织协调，需要时间和机遇。这不是官僚，是国情。

例会不到十点结束，本子上记得密密麻麻，吩咐旁听的刘秘书分门别类整理出来，他提醒我十点半参加软件园落成典礼。前几天各项准备工作已经到位，今天去，就是完成一个仪式。坐车陪领导们一同前往，小刘拎上公文包赶紧跟上我。叫他小刘，其实跟我同龄，三年前从人事局办公室选拔上来的。坐车上总共二十分钟，接了两个公事电话，教育局一个，下午四点新学校建设的沟通协调会；财政局一个，对科技局申请的一项技术革新经费婉言拒绝。还有两个私人电话，一个是我妈的，老爸今早摔了一跤，无大碍，下周四他过六十三岁生日，希望我能回去。我没敢一口答应，只说尽量。另一个是大学时的闺密托我为她老公调动的事想想办法，约了周五叙旧。这个事情难度忒大，只能“嗯嗯嗯”应答后挂机。

典礼现场热闹非凡，虽然只有不到一个小时的活动，我却前后忙活了将近一年，从规划到跑手续、从建设到协调各方面关系，然后策划活动规模、内容、邀请领导、各类硬件软件准备，这种重点项目绝对不能出乱子。我三番两头地盯，跟在我后头做事的人压力也大，这个没办法，在政府部门做实事，谁的压力不大？昨天下午我将所有程序逐个温习了一遍，所有的稿子又推敲了一遍，所有细节又思考了一番，确认万无一失后才收场。事实上还是出了一点儿小问题：话筒到了半途突然有些接触不良，幸亏书记致辞时做了个稍长的停顿，负责音响的小马也很机灵，三两下搞定。当时我站在台上，对着镜头继续保持得体微笑，实际上已经出了一身的冷汗。

十一点半典礼结束，参加人员纷纷散去，我们陪同上级领导和嘉宾们到机关食堂的小厅用餐。工作日控制白酒，来宾可以多喝点，我们限两小杯之内。我喝了一杯葡萄酒，没办法，这是基本功，虽然我觉得最难喝的就是酒，不管白的红的还是黄的，我统统不喜欢，这是从政之后最头疼的事情之一。当然，这样的午饭吃起来还是很舒服的，没有黄段子，没有荤笑话，没有没完没了的闹酒，更没人要酒疯发神经，晚上还有个招待晚宴要参加，是卫生系统的，那个估计就要痛苦许多，耗时多且要喝酒。

一点多午餐结束，送走领导回办公室小休。办公室隔间有个小躺椅，眯了二十分钟，刘秘书小心翼翼地敲门，提醒我下午两点半去看一个下岗职工，总工会卢主席已经联系了电视台，安排好了相关事宜。这事我差点忘了，赶紧洗把脸，跟刘秘书上电梯，车已经等着了。一路上刘秘书详细介绍了这户人家的情况，二十分钟后到达，虽然总工会已经在事前做了工作，但这家人的贫困程度还是让我吃惊：一家人，老的有病，小的有病，顶梁柱爸爸又有病，妈妈离家出走几年了，整个家一贫如洗。低保，勉强能让他们吃饱饭，孩子上学连买文具书本都成问题。我跟卢主席说，最好实施大病救助，可他们家都是慢性的磨人病，申请大病救助有难度。电视台的记者也看不下去了，表示她家孩子的衣服文具书本很多，明天送些来。工会送上慰问金2000元，还有些物品，我建议卢主席和人社局联系，早点帮孩子爸爸争取份他能做的工作。

三点半回办公室，一路上跟刘秘书慨叹，让他联系孩子学校校长，减免小孩的午餐费，另外让小女孩加入春蕾班，要是还有问题，那就在下半年的扶贫计划中将这个小孩列为我的帮扶对象。哪天我要带儿子来这家看看，让他帮帮这个贫苦的小女孩。"幸福就是猫吃鱼，狗吃肉，奥特曼打小怪兽"，他常将这句顺口溜挂在嘴上，但从没能跟现实生活对上号。

回办公室喝上两口茶，开始看文件。四点一刻，市教育局王局长和实验高中的李校长到了。这是上周通过刘秘书预约的项目，谈学校扩建的相关事宜，跟他们提交的报告内容大体相符。具体运作我要等下周的工作会议上先汇报再由书记拍板。最乐观的结果是今年年底报告可以批下来，明年年初动工。五点半，两位客人准备离开，一再要求请我吃晚饭，讲明晚上有个全省卫生系统的大型现场培训会必须参加，只好作罢。

站起来对着窗子往外看，发了几分钟呆，老公打来电话，聊聊家里下周要办的几件事。六点二十，刘秘书提醒我出发去酒店。在车上接到市卫生监督局的电话，说上次有人实名举报卫生监督所的某某有贪污行为，局纪委调查过了，情节不算严重，已责令其写深刻检讨，问下一步该怎么办。我说明天报告书记，请示上级后再说，同时示意刘秘书做个备忘。

七点到九点，丰盛的晚宴，我却没有胃口，主要是招待太多，耗时也多，肠胃累，心更累。想着明天要参加让我头疼的拆迁碰头会，我们这块涉及面太广，上访户也多，要命得很，最怕书记和市长开会时下硬任务，但这是肯定的；要跟书记汇报学校危房改造的事情，跟财政局协调争取多些经费，书记的态度跟财政局局长一样，都阴晴不定，难哪；要开校车和校园安全大检查的通气会，天天祈祷在咱地盘上千万别出事，哪天看到相关新闻，心就一揪一揪的……不想了，酒桌上觥筹交错，言笑晏晏，恍然间仿佛看到了花木兰，在那个年代英姿飒爽地活出了自我。那是电影，生活不是这样的，花木兰的每一步，一定都很不容易。

九点半到宿舍，打开电视机，洗澡，看会儿杂志，这是一天中最女人最放松的时刻，跟老公儿子打个电话聊聊天，然后在肥皂剧中安然入睡。

选择理由 ←

自己选的路自己走，我不后悔走这条路，因为我希望自己能干点事，在自己分管的领域里有所作为。当然，我也有脆弱的时候，也常常萌生退意，但在当前的体制下，除了硬着头皮积极干活，别无他法。办法总比困难多，问题总要一步步地解决，这是先天乐观的我所持的工作观。

压力指数 ←

压力指数高。像我这样不大不小的官，说白了就是块夹心饼干，其中酸甜苦辣一言难尽，而复杂的人际关系、微妙的官场规则，更让人心累。手机二十四小时保持畅通就意味着常常会被突然的电话惊醒。另外我已奔四，看到二十多岁生龙活虎的年轻人，心里也慌慌的，觉得自己落伍了，连我十来岁的儿子也会笑话我这个当官的妈已经“OUT”了。

人际环境 ←

官场的人际环境，一言以蔽之：微妙复杂。我比较反感的是黄段子和荤玩笑充斥着很多场合。从书记到下属单位的男同志都讲，众目睽睽之下，你肯定不能严肃认真地去阻止，哪怕人家是你的下级，否则会令大家扫兴，我只好装呆卖傻，绝不搭腔。官场上，小道消息往往比官方媒体的杀伤力更大，但是身正不怕影子斜，我很坦荡，有自己的底线和原则，睡觉不会做噩梦，看见别人落马心里也不慌。

我所向往的职业 ←

假如可以重新选行，就选个压力小点、相对自由的行业吧。我的同学，有的当了晚报编辑，有的做了财务，都很轻松自在的样子，时间充裕、生活滋润，不像我这样，需要冲锋陷阵、客套应酬。

入行门槛

这一行的门槛比较高。首先，你必须能考上公务员，进入政府机关或相应单位，才有从政的可能。其次，你要是优秀党员，有一定的政治素质和悟性，有领导赏识你，愿意给你舞台，而那方天地恰好又适合你，能够平衡好“家与业、柔与刚、亲与疏、恒与变”的关系，政治情商不能低，更不能为负数。工作中要能屈能伸、刚柔并济，面对大事有定力有理性敢决策，在上级和同事甚至百姓眼里，搞定就是稳定、摆平就是水平、不出事就是有本事。只有做到这样的程度，才有上升空间。

心理贴士

其实无论男女，工作生活中，刚柔相济都是个高境界。你适合从政吗？不妨做个小测试：灾难和危机总是在我们毫无预警的时候发生，而危机之中，下面哪一种情况是你最害怕且不愿意遇到的？①

A. 大气和环境被严重污染

B. 地震等严重自然灾害

C. 和朋友野外探险的时候独自被困在没有手机信号的野外

参考答案：

选 A 的人，你天生就是从政的料，不管你是不是有这方面的意向。你善于分析和做决策，看问题很有远见，并且很有社会责任感，长期从政定会有所作为。

选 B 的人，你是个充满野心及创造力的人。你对身旁的改变十分敏感，很善于在商政中游离和发现契机。要注意的是，你性情多变，有点神经质又时常情绪不稳，从长远看这会给你的事业带来不好的影响。

选 C 的人，你比较适合在企业工作，做一些专业的并且不会掺杂太多人际关系的工作，你有一点儿自卑，不太会为自己争取利益，不过你是非分明。但如果事情牵扯到你个人的感受，便会变得一团糟。

---

① 滨州传媒网招聘频道职场测试．http：//www.bzcm.net/zhaopin/2009－12/10/content_43388_2.htm。

3

大学生村官：公务员的预备役

大学生村官，待遇参照公务员，但目前只是公务员预备役状态。

行业动态

何谓大学生“村官”？这个群体指近年来由政府部门正式发文、筛选的专科以上学历的应届或往届毕业生，担任村党支部书记助理、村主任助理或其他“两委”职务的工作者。出台“大学生村官”政策，旨在向农村输出高素质人才，提高农村基层干部的层次；同时也可拓宽就业渠道，缓解高校毕业生的就业压力。

2008年3月，经中央同意，中央组织部等有关部门决定，从2008年开始，用五年时间选聘10万名高校毕业生到村任职。① 大学生“村官”工作进入了一个全新的发展时期。

2009年4月，中组部等十多个部门联合下发了《关于建立选聘高校毕业生到村任职工作长效机制的意见》，选聘工作每年集中开展一次，原则上由省区市一级组织，各地除了规定动作，也可结合实际，自行选聘一定数量的大学生“村官”。这就使大学生村官的数量在原先10万的基础上有了很大弹性，2011年全国实际到村任职大学生村官20.9万名。而全国有60多万个行政村，组织上决定，到2015年，到村任职大学生村官数量要达到40万名，2020年该数量要达到60万名。

需要消除的误解是：大学生村官并不是公务员，而是村级组织特设岗

① 10万高校毕业生将到村任职　李源潮指出：意义重大．http：//news. xinhuanet. com/newscenter/2008－03/23/content_ 7842472. htm。

位人员。他们若要进入公务员队伍，还必须经过公务员考试。通常情况下，大学生村官的工资待遇参照本地乡镇新录用公务员，另外每人有2000元安置费。当然也有利好消息，例如重庆市的大学生村官职场路途就相对平坦，其“万名大学生村官计划”中规定：大学生“村官”任职满两年后，经考核合格可被直接录用为公务员①。

不能直接转为公务员的大学生村官，他们在任期结束后该何去何从？《长效机制意见》中提出：一是继续当“村官”，可享受财政补助；二是参加公务员考试，各级党政机关招考公务员时对此有一定的倾斜政策；三是自主创业，这个有优惠政策，也要有机遇，还要看性格；四是另行择业，国家有免费职业培训工程，也有相应的优惠政策；五是回炉到高校进一步深造，只要考核合格的，报考硕士研究生可享受初试总分加10分和同等条件下优先录取的政策②。

→ 我的一天这样度过 ←

今天周二，七点半起床，不好意思，我不爱起早，贪黑倒是可以，大学生活后遗症。我所在的社区离集镇不远，宿舍就在镇上的司法所里。

八点十分，拎着材料到镇上N年前建的小礼堂去，和另外两个普查指导员简单打扫了一下。八点半，开人口普查培训会，我是普查指导员之一，第六次人口普查下个月1号正式开始。前期有大量的准备工作要做，法规政策培训学习和各种表格就让我小眼昏花，我还参与了方案制订、区域划分、宣传培训等，后期负责本村五个普查区和一个职中的业务指导。参会人员快八点五十才到齐，其中有两个我联络的普查员，我也不便说什么，赶紧给她们找位置，将相关材料发给她们。九点会议开始，计生委派驻我们这个普查区的李委员开始讲具体业务问题，提了些要求。年轻的普查员们翻着一叠资料东瞧西看，年纪偏大的普查员连表格都找不着，我在后排瞄着，有些着急，却又没办法。虽然入户摸底调查表已经填过一次，估计后期真正动手填正表的时候，还是会错误百出，我这个指导员要有下

---

① 凤凰网财经城市频道．http：//finance. ifeng. com/city/cq/20090504/615107. shtml。

② 中组部介绍大学生村官将来出路．凤凰资讯．http：//news. ifeng. com/mainland/200905/0506_ 17_ 1141249. shtml。

地狱的感觉了。

十点会议结束，跟几个联系人再叮嘱一下注意事项。十点三十接到毛副支书（我们都叫他老猫）电话，十一点到村委会食堂集中吃午饭，十一点半到拆迁户家做动员工作。我所在的村要修国道，还要招商引资建大棚蔬菜园区，涉及拆迁户八十多家，面广量大。收拾收拾往回赶，一路上视线很好，农民准备种麦子，空气中传来新鲜牛粪的味道。到村委会后发现拆迁组的十几个人都在，正交换着最近的心得体会和各路新闻。

说话间马支书到家，一边开饭一边传达精神，大体是进度不快，需要年底前全部拆迁完毕，还有三十多户没动静，大家要抓紧时间。今天开始以此为工作重点，争取一个星期拆两户，摆平就是水平，无事就是本事。老猫低头偷偷乐，我们这个组已经拆掉大半，进度最快，还剩六户，有三户他不晓得用了啥招突破，看样子也胜券在握，真服了他了。

十一点二十到村民刘平家，老太太正在做饭，老爷子忙着晒稻谷。老猫是熟客，一到就自己找板凳坐下晒太阳，跟刘老爹唠嗑。村民小组长老邱不到五十岁，边给刘老爹发烟，边说他家收成比自家好。刘老爹说："庄稼好顶个屁用！多给我贴点钱才是真的。"老猫就接："不会亏待你老刘的，评估时你家附属用房多，挺沾光的。"刘老爹气呼呼地抢白："我家四代六口才一套房子，人家三代五口就两套房子，这账我算不过来？"老猫只好又不厌其烦地解释："人家那不是两套房产证两个户口簿吗？你家不是只有一套吗？都是按政策来的，乡里乡亲的，我也想帮你多弄点，不符合政策呀。"刘老爹火了："反正不给我两套房我就不拆，我还不信你们敢抓我去坐牢！"老猫忙打哈哈："哪能呢？咱俩没仇没冤的，再说修路也是为全村人好，又是国道又是蔬菜基地，将来大家一起发财。老刘哇，你看你们也耗得差不多了，再晚好房子好宅基地都给人家挑走了，你就是多弄个万儿八千的，也未必划得来是不？"

……

类似这样的对话已经轮回过 N 次。第一次上门动员时，他破口大骂，问候了我们祖宗八代不算，还拿出他儿子剁猪骨头用的大刀作势要砍我们，吓死我了，以为遇上了猛张飞。老猫稳住阵脚跟他斗智斗勇，如今这样算不黑不暴力了。我一般不插话，做做记录，必要时打打圆场，防止冲突。

我从小在农村长大，对村民的思维方式还是比较了解的，但总觉得他们离新生活还有点远。前段时间推行新型农村合作医疗，这种大好政策也遭到了一些村民的抵触，郁闷死我了。没辙，拿出十二分耐心爷爷奶奶叔叔婶婶地叫，翻来覆去地宣传讲解，才磕磕巴巴地完成了分给我的任务，不比读书考试容易。

一点钟了，在镇上开肉铺的刘平夫妇还没回来，当前形势看，估计今天不会有大收获。再到隔壁张大妈家，她是个孤寡老人，女儿嫁到邻村，也是我分工联络的地盘，坚决不肯过去同住（女儿目前和公婆同住），也死活不肯拆，估计我们这组如果有钉子户的话，非她莫属了。张大妈坐在门口晒太阳嗑瓜子，一见我们到，立马回家关上门从里面锁死，任凭我们说破大天，就是不开门不吭声不表态。僵持了半个多小时，我们无功而返。

再跑下一户，一对年轻夫妇今天恰好都在家，他俩啥都好说，就是他父亲前年车祸身亡，这次房子计划没他的份，一切免谈！老猫又是解释又是哄骗，软硬兼施，小夫妻口气总算有所松动，但依然没实质性进展。拖拖拉拉到三点半，我想差不多了，咱还得回村办公室弄会儿材料去，国庆要迎接文明村镇的检查，咱负责好几块呢。到办公室档案盒还没打开，手机响了，老猫说又来任务了，县里让我们去接回上访户邓大和邓二，要和谐拆迁，确保人家不往县里跑，要是再往省城和京城跑，就更是要我们的小命了。围追堵，都是要拿精气神耗的，伤不起呀！

这两户一个在我们组，一个在刘委员的组，我赶紧放下手头事情，跟老猫，还有镇上司法所的梅主任一起往县城赶。车是司法所的，司机小邱说："妈呀，这是去接的第四个了，下次千万别跑到省城去，那可真要折腾死我们了。"梅主任苦笑，他可是调解大小矛盾、化解信访问题的老手了，三天两头地跑，听说曾经创下过连续三天不睡觉的纪录。

五点到了县信访局，邓大邓二不在，信访局接待的老鞠说他俩逛街去了，还扬言夜里要从政府大楼七层往下跳。知道我们要来接，躲起来了，另一个工作人员小张全程陪同着呢。邓大邓二要的是手续，说我们的拆迁不合法——我的老天，建国道、蔬菜基地，都是县里的大工程，他们居然用这个借口来上访，让我欲哭无泪。梅主任和小张联系上，说两人到了百货大楼二楼，正在东看西看。我们又赶到百货大楼，总算拦截住哥俩，老猫又是一番软硬兼施称兄道弟的解释安抚，兄弟俩并没有到要拼命的地步，嚷嚷了一番，老猫赶紧将他们哄到车里，以免被围观。外面早已经黑透了，老猫说不早了，咱们回家吧，你们老爹老娘老婆孩子还在家等着呢。邓二说："肚子饿。"老猫说："得，哥哥请你吃饭。"于是一行七人找家饭馆，让他俩点菜，老猫还要了二锅头，陪着他们一边吃喝一边聊，话题渐渐靠拢，我不由得佩服起老猫的功夫来，摸爬滚打了几十年的基层干部，兵来将挡水来土掩，确实有一套！

九点半到镇上，梅主任和我下了车，老猫说他直接护送邓大邓二就行了。我回宿舍，看了会儿电视，洗洗上床，一直到入梦前都在琢磨老猫的工作方法。对我来说，真的要在农村干出点儿事业，路还长着呢。

选择理由 ←

我选择当"大学生村官"，理由特充分。一是专业不算好，我这个系，对口就业率才百分之十不到，很多同学都另谋渠道，先就业再寻找好机会。我也属于这一种，毕竟大学生村官待遇不错，出路也比较好。二是我属于纯爷们，读书读了十几年，总渴望着能够找个有挑战性的工作，多锻炼锻炼自己。三是我来自农村，对农村的情况相对熟悉，也许在这样的岗位上发挥的空间更大。四是将来考研、考公务员、招聘什么的，有此工作经历可以加分或优先，这个政策挺有诱惑力的。

压力指数 ←

压力指数中。一是所学非所用。乡土社会和学校完全不同，饱读诗书或理化优秀者未必能施展才华。农村工作并非单纯的"规则之治"，很大程度上是以解决矛盾纠纷为主。那些学历不高、土生土长的乡村干部们对当地村民的风俗习惯和思维方式等非常熟悉，他们在处理问题和行使权力时，很善于利用各种公私关系，因人因事制宜，在软硬兼施中达成目的。二是远离城市和喧嚣，人生地不熟。这对于在城里大学待了四年的毕业生而言比较有挑战性。对经济条件好的沿海农村而言，大学生村官们可能生活上的困扰相对少些，而在西部偏远的农村地区，挑战太多，需要沉到底的决心，才能有所作为。

人际环境 ←

人际环境复杂指数：中。人际环境和谐指数：中。

有句时髦话说，"地球是个村"，但此村非彼村。村民们对这些"娃娃官”持将信将疑态度，很多工作如果农民大哥看不到实在的经济效益，是不愿意配合的①。大学生村官大多对本地农村的民俗风情、人情世故缺乏了解，彼此之间难以沟通理解。

另一个方面是很多大学生村官不容易接到农村的地气。一项调查结果显示，六成大学生村官不在村，七成备考公务员②。受调查的 196 名大学生村官中，“一直被借用”和“经常被借用”的占 62.2%，“没有被借用过”的仅占 15.3%。老牌村干部往往觉得他们是迟早要飞走的金凤凰，也就睁一只眼闭一只眼，很少掏心掏肺地对他们进行传帮带，甚至在他们工作出现失误时采取观望和幸灾乐祸态度。

被基层政府“截留”的大学生村官则要面对基层政府更为复杂的人际关系，少说话多干事、服从领导安排、勤快认真谦和，是树立好形象的不二法门。

我所向往的职业

我是学文的，业余时间喜欢看看报纸杂志，写点小文章，希望别丢功，将来最好能考到宣传部、电视台或报社之类的单位从事文字工作。

入行门槛

2008 年，中组部、教育部、财政部、人力资源和社会保障部联合下发了《关于选聘高校毕业生到村任职工作的意见（试行)》，对这项工作作出了部署。中央有关部门规定，选聘对象为 30 岁以下应届和往届毕业的全日制普通高校专科以上学历的毕业生，重点是应届毕业生和毕业 1 ~2 年的本科生、研究生，原则上为中共党员（含预备党员），非中共党员的优秀团干部、优秀学生干部也可以选聘。另外，参加人力资源和社会保障部、团中央等部门组织的到农村基层服务的“三支一扶”“志愿服务西部计划”等活动期满的高校毕业生，本人自愿且具备选聘条件的，经组织推荐可作为选聘对象。各省（区、市）此前已经选聘到村的“大学生村官”，本人自愿，通过组织考察推荐，可转为选聘对象。2009 年出台的《长效机制意见》则强调：选聘对象主要为具有大学本科以上学历、是中共党员或担任

① 关于江苏省大学生村官现状的调查报告. 南京理工大学社研会，2009：11。

② 汉网 - 长江日报，2011 - 04 - 02。

过学生干部的优秀高校毕业生。选聘工作坚持公开、平等、竞争、择优的原则，严格按照基本程序进行①。

心理贴士

心态良好是干好任何工作且不感到痛苦的前提条件，这不需要证明。选择当大学生村官，要对这个行业有清晰的认识，不能仅凭一腔热情就往上冲。

初到基层的大学生村官，原来的人际对象是由教师、同学、家庭亲属成员组成的，突然之间，其所面对的人际对象就变成了村“两委”成员、村组干部、村民，圈子范围变大了，人员结构也变得复杂了，处理好这个转换很重要。②

工作后你的综合素质表现，不会再以毕业的学校和专业去衡量，而是由工作能力决定。在基层工作，人际关系的处理、协调是至关重要的，是个人能力和身心健康的外显，人际关系如果失调，将会严重影响工作的开展。处理工作关系有三条原则：基础性原则、大局为重原则、执行服从原则，重要性依序而显。多请示多汇报，多为领导分忧解难，多为群众实际着想，诚信先行、谦和随后，往往更容易得到领导和群众的认可。

---

① 中组部介绍大学生村官将来出路．凤凰资讯．http：//news. ifeng. com/mainland/200905/0506_ 17_ 1141249. shtml。

② 普俊豪．大学生村官培训——“人际关系”学后感．大学生村官网．http：//www. 54cunguan. cn/pinglun/ycjr/201007/22611. html。

4

刑警：我们正常是便衣

看到破案连续剧里漏洞百出，我们边喝啤酒边笑话那差劲的编剧。

行业动态

我国警察主要包括武警和人民警察两大类。武警官兵大多属于军人；而百姓普遍认为人民警察就是“公安”，包括狭义的公安警察（治安、户籍、刑侦、交通等）、国家安全警察、劳改劳教部门的司法警察以及法院、检察院系统的司法警察四大类。

正式警察属于国家公务员编制，实行警衔制度，警服以藏黑为主色调。目前，中国有200万左右的公安干警，警民比例大约为0.12比100，远远低于其他发展中国家的比例，边远地区的警力缺口尤其大，经常会有捉襟见肘的情况。

刑警是人民警察的重要组成部分。主要负责侦破盗窃、凶杀、诈骗、拐卖妇幼等犯罪案件。刑警不同于特警，特警通常受过特别严格的半军事训练，使用武器比普通警察精良，装备中有防弹衣、装甲、轻机枪、卡宾枪、高杀伤力狙击步枪、催泪弹、震眩弹等，一般刑警没有这些装备。特警通常露面不多，只在有重大案件或特别事件时才会全副武装出动帮忙搞定。而刑警，只要有了案子，就得责无旁贷地出现场、找线索、查证据，直到将犯罪嫌疑人捉拿归案并移送检察院起诉。

刑警多数情况下是着便衣，通常没有什么生活规律，只要上了案子，特别是大案要案，那就得没日没夜地干。坏蛋抓到了，他们才可以稍微喘口气，当然接下来还得审讯指认什么的，不过那对他们而言，已经是轻松许多的小菜了。要是案子没能侦破，那这块无形的石头就会压在他们心上，一得空就琢磨。也许成天忙着抓坏蛋，所以他们看别人，忠诚地遵循着荀子的“性恶论”思想，那双锐利的眼睛观察人时，就如同冷静地审视罪犯一样——尽管他们也许长了帅气的双眼皮，也许和蔼可亲得如邻家大叔。

我的一天这样度过

某个休息日上午，我正陪老婆逛商场，遇到靓靓，一晃都十一岁了，看见我笑着跑过来喊：“龚叔叔好!”靓靓是我五年前参与行动救出的人质，夜里四点钟救出她的时候，她父母抱着她失声痛哭，小丫头居然挣脱他们，跑过来满脸崇拜地看着我（当时一班老男人里我最年轻），奶声奶气地说：“谢谢警察叔叔。”搞得一向有泪不轻弹的我眼眶都红了。天真小孩不晓得社会有多险恶，以为在玩警察抓小偷的游戏呢。后来她父母带她到刑警队来玩过几次，转眼都这么大了。

兴高采烈地聊了一会儿，我继续陪老婆转悠，眼睛到处瞟，职业习惯，喜欢看人，对人的体貌特征自觉不自觉地会多留意些，美女更不例外。俺那已经三十好几的傻老婆，最近偶像剧看多了，看上了今年流行的小西服，收腰细领窄脚裤，死活要我试穿，说穿上肯定比某某人的老公帅气，还说就看不得我成天休闲装，还很多袋袋，弄得像乞丐，跟我一起出去都嫌寒碜。这时候手机响了，头儿说某学院宿舍楼里有人入室行凶，两名女生一死一重伤，重伤者可能挺不过今天晚上，要我立即赶往现场。

挂断电话，对老婆说了句“发案了，我得去”，顺手套上我满是兜兜的乞丐服，打车赶往出事地点。现场已经被先期赶到的民警拉上警戒线保护起来了，楼外围观群众一大片。亮明身份后进去，先期到达现场的技术人员正忙着勘验，认真找寻着嫌疑人遗留的蛛丝马迹，提取可能有用的证据。头儿简单地给我们分了工，顺便说局长和政委正从邻市往回赶。依领导的一贯风格，这类案件办起来要短平快，告慰死者，给社会一个交代。死者的信息很快出来了，是二年级的一个女生，二十一岁，家在外省。重伤者是她同学，也是外省的。管宿舍楼的大妈吓得直哆嗦，话也说不利索了，这个系的辅导员赶到，简单地将情况进行了交换，并协助联络出事学生的家属。痕检师吴忠已经拎着工具箱忙碌了一阵，脚印勘验是他的绝活儿。我和另外俩哥们配合他勘探现场。

姚队是个老猫，工作近三十年了，经验丰富，眼光犀利，是我的偶像。他和痕检师及技术员忙活一阵后，初步推断出犯罪嫌疑人的作案轨迹：案发时间是夜里两点多，宿舍楼大门是锁着的，到此刻也没有被破坏的痕迹，可见此人是从一楼那个玻璃破了的宿舍窗户爬进来，偷到宿舍管理员的钥匙，依次打开四楼几间宿舍偷窃，然后又分别到三楼和二楼行窃。到210室时，一名下铺女生被惊醒，理所当然地惊叫和反抗，被他用刀捅到要害；另一名上铺女生此时也醒过来，被他捅了两刀，都不在致命处，该女生奋力将他从上铺蹬下来，他摔到地上，仓皇逃窜，现场落下了榔头和匕首。

我们听了队长和吴忠的初步描述，再将现场仔细勘察一番，基本没有异议。此时已经下午两点多了，队长号召我们队的人先收兵，吃完饭再分析。稍事休息后在现场按老规矩来，大家各抒已见，将种种可能的情况先设想一遍，目前最大的可能是熟人作案，因为凶手对宿舍的结构和管理员阿姨的作息习惯和钥匙放置地点很熟悉，目标缩小为学生、老师、家长和校内工作人员等相关人群。姚队从吴忠的简要论述中提出了一个疑点：那扇坏了玻璃的窗户，凶手进来时窗台上有一枚鞋印，离开时是两个，其中一个和进来时的完全一样，另一个却是赤脚的印记，而且这个印记比鞋印大得多。凶手究竟有几个？这一问，原先稍有眉目的案情又陷入迷雾。

现场一片狼藉，大家戴上白手套，一样一样的翻检归类，我小心地拿起一只白色舞鞋，反复查找，找不到另一只，于是将这只递给吴忠。吴忠眯起小眼睛盯着鞋出神，说：“好像跟窗台上那个小的鞋印差不多。”然后赶紧作比对，真的验证了他的猜想。他一拍脑袋：“姚队，这应该是凶手穿的，打斗过程中掉了一只，然后凶手光脚离开，这就导致了窗台上脚印先后不同，大小不同。”我们顿感茅塞顿开，姚队继续启发我们：“是伪装还是别的原因？吴忠，咱们再仔细看看遗体。”他们小心地拉开死者身上的白布，法医高珉说：“死者是刀伤致死，中了四刀，每一刀都指向心脏，根据我的判断，凶手是从上方刺下的，而且稳狠准，让对方毫无反抗的余地。”姚队冷眼看高珉——他只要一集中思考问题就会出现如此奇怪的表情：“那么，行凶者应该是有充分准备的，他的目标就是这个女生，而且是置她于死地。”我插言：“刚才的初步分析是盗窃不成行凶杀人，但我觉得盗窃可能只是个幌子。”这要放在初进现场时段，绝对是个不可思议的推测，但此时我们每个人都觉得是可能性最高的。

案情至此，应该算收获颇多。局长和政委已经赶到，初步了解了情况，指示从速侦查破案。现场不断有记者采访，他们将各路媒体带到隔壁去，由政委统一对外发布信息。警戒线外的围观群众也渐渐散去，天已经快黑了。侦破方向初步明确，所有的疑点都集中到死者的关系人身上。而此时守在医院的同事也打来电话通报：另一个女生刚刚脱离危险，但目前仍处于昏迷状态，估计暂时难以获得有价值的线索。

现场是必须处理的，调来遗体搬运车，裹上白布，我和同事小毕、大朱一起将遗体抬上车，如花似玉的一个女孩子就这么没了。虽然经常碰到这种事，我们的心情还是特沉重。姚队让我们三个处理完毕就回家，明天回队里开始各项侦查工作。我估计他起码要到半夜，因为局长政委说了，虽然案情方向相对明确，不需要兴师动众成立专案组，但速度和效率是必须保证的，他的压力最大。

一天的基本情况到此结束，接下来无非是回家吃饭然后洗洗睡。但我讲到这里就戛然而止，肯定会被砸臭鸡蛋。好吧，简要交代一下后来的事：接连三天，我们都忙着调查死者的各类关系人，跑派出所调查户籍，走街串巷访问相关人员，也从那个醒过来的女孩嘴里得到了一些有价值的消息，将犯罪嫌疑人锁定在死者的男朋友身上。他是死者的高中同学，和死者同在这所学校读书，死者曾在两周前提出分手，而他纠缠不休，但死者态度坚决且毫不留情，出事后此人便不知去向。第六天，我们撒下天罗地网（其实是有目的地追踪），终于将已经逃到江西一个小镇上的嫌疑人捉拿归案。我是追逃组成员之一，为了抓他，汽车火车地坐了几十个小时，两夜都没怎么睡，一路眼珠不转地看着他，直到将他送进拘留所才长松了一口气。满足一下外行人的好奇心：枪咱是带着的，不过一般情况下不用。抓这种人，几个弟兄一合作他就是瓮中鳖了。枪放在哪里？当然是身上了，不会拿手里。放心了，不会被偷，咱是干这行的，小偷除非吃了豹子胆，否则谁敢偷我们。审讯是弟兄们的事，几个追逃的同事回家后照例先睡个昏天黑地，打了胜仗后，人就会彻底放松。后续做材料、联系检察院和法院等，事情虽然很烦琐，但弦无须绷太紧，这也是一种小幸福。

选择理由 ←

小时候《便衣警察》看多了呗，男孩子都有英雄情结，跟女孩子都有公主情结一样。《便衣警察》我起码看过五遍以上，初中时我又迷上了英国柯南·道尔的《福尔摩斯探案全集》。《红发会》有句话可以作为我选择职业的理由："生活是很枯燥的。我的一生就是力求不要在平庸中虚度光阴。这些小小的案件让我遂了心愿。"

压力指数

没案子的时候压力不大，在办公室做点事情，加上十天八天值次夜班。上了大案要案，那压力就不是一般的大了，常常几天几夜没有好觉睡，一出差就是若干天。当然，队长他们比我们压力更大，所以大家都能理解。基本上，刑警当久了，什么事情都见识过，知道天塌不下来，习惯了。

人际环境

人际环境复杂。弟兄们在一起做事，常常同甘共苦互相帮助，关系自然很铁。但是我们打交道的对象则鱼龙混杂，各色人等均在其中，从普通百姓到犯罪嫌疑人，从证人到受害人，从魔鬼到天使，甭管你喜欢还是厌恶，都必须与之打交道且要出成效。

我所向往的职业

不当警察，我干吗去？当驻唱歌手呗，虽然咱长得寒碜点，声音还是很有磁性的，乐感也很好，萨克斯、吉他之类的，我玩得还不错。

入行门槛

刑警一般分为搞技术的和搞侦查的。技术类相对苛刻，也普遍比较欠缺，各地公安机关都会招收部分刑侦技术专业人员，如法医、痕检师等，相关专业毕业的学生就可以报考，一般都会直接留在刑警队工作，主要从事现场勘察、法医、物证取证等技术工作，大多时候因为工作需要也直接参与案件侦破。

现在入警都是统考，要参加国家公务员考试，除了特殊技术类，剩下的都考入普警，然后寻找机会调入刑警队。

正规途径成为一名人民警察的，通常要求是：25 周岁以下；本科以上学历（最好具备侦查学专业背景，或与岗位要求相对应的专业知识背景，如不具备，入职前会接受警种专业训练）；通过公务员考试的笔试和面试，通过国家司法考试。然后还要参加体能测试：男子 1000 米，女子 800 米，引体向上，4×10米往返跑，立定跳远。都过关后体检，实习期一年。

外貌要求不是很苛刻：体形端正，非特体，面部无明显特征、缺陷，无残疾，无口吃，无重听，无色觉异常，无文身，无重度平跖足；裸眼视力均在4.8以上，或裸眼视力均在4.6以上且矫正视力均在5.0以上；男身高168cm以上（也有的地方规定170cm），体重不低于50kg，女性身高160cm以上，体重不低于45kg。

心理贴士

对刑警而言，适应能力第一重要。在实际的警务活动中，许多客观情况是无法预料的。无论是化装侦查和卧底，还是通常的调查取证，入乡随俗、适应环境乃必要能力。

发生大案要案时，往往来不及跟家里人说就得出发，到了人生地不熟的异地他乡，往往会有各种各样的困难接踵而至，感觉自然糟糕之至。抓捕或追逃过程中，各种未知因素更是多见。为抢时间而焦虑不安，为保战友还是追逃犯而进退两难，害怕用枪不慎而防卫过当，执行公务受阻时无可奈何……甚至当狡猾的嫌疑人到案后也未必就能轻松，遇到在铁证面前依然狡辩抵赖或死不承认的，往往让他们义愤填膺、怒不可遏。[①] 上案子期间，曲折多变的心理体验，只有共事的弟兄才能理解。

所以，学会管理和调整自己的情绪对刑警尤为必要。特别是案件久侦不破时，各方面的压力会让人有崩溃感——食欲下降、睡眠障碍、持续抑郁，很多人会借烟消愁。一旦案子破了，大家又会兴奋异常、开怀畅饮。这两种极端情绪交叉进行，次数太多太频繁，人的心理总处于不平衡状态，易影响身心健康。

---

① 刑警心理知识讲座讲稿. http://gaj.suzhou.gov.cn/plus/police_station_content.php?aid=9435195&cid=147&did=688。

5

税务管理：普通公务员的小生活

所有的工作不过是分工不同而已，我所接触的同事并没有网络上所描述的那么差劲，咱的腰包也没有传说中那么鼓。

行业动态

税务管理员的曾用名是税务专管员，属国家公务员系列。招聘网上，上海税务管理员每月工资为6914元，北京税务管理员工资为7876元，广州比较低，才三四千。当然，这通常指本科学历以上，工作几年后的价码，刚入行的小菜鸟可能拿不到这么多。

在外人眼里，税务是肥得流油的一个系统，征收和稽查都是热门岗位，除了拿挺不错的阳光工资外，各类灰色收入还会不时地充盈他们的腰包。虽然随着行业监督越来越严格，吃拿卡要的现象逐渐少了，但很多企业逢年过节都会对自己的税务管理员意思意思。你懂的，一点小意思就是表示下敬意，毕竟中国还是个人情社会，联络感情便于来年工作。这种小来往在各行各业内都流行，因数额小而不会构成行贿受贿，纪委的巨手拍不到打不着。很多单位早就全面展开了预防职业犯罪的"阳光行动"，虽然公务员中不乏腐败分子，但多数人是能够廉洁从政的。

税务管理员是税务局管理企业的最直接使者。他们按照管户责任，依法对分管的纳税人、扣缴义务人（以下简称纳税人）申报缴纳税款的行为及其相关事项实施直接监管和服务。原则上这些人不直接从事税款征收、税务稽查、审批减免缓税和违章处罚等工作，当然交通不便的地区和集贸市场的零散税收不在此规定之列。另外，鉴于很多大厅的业务技能未能完全配套，对稽查也没有足够的重视，所以很多事情还是由税务管理员一并完成的。分工不分家，这种情况在很多行业内普遍存在。

国税和地税又有所不同，地税以营业税、城建税、房产税、车船税、土地增值税、资源税、烟叶税、个人及企业所得税等为主，尤其是社会保险（养老、医疗、失业、工伤、生育保险）这一块，与每个普通百姓密切相关；而国税以增值税、消费税、车辆购置税、铁道、各银行总行、各保险总公司集中缴纳的营业税等为主。

这里以国税管理员为例，他们要了解企业的经营情况、财务核算办法和纳税情况；要会看财务会计报表、银行存款日记账和现金日记账、存货明细账以及应收、预收、应付等往来账；要有分析能力，通过分析生产单位耗用原材料比例、耗用电量比例、耗用燃料比例等分析企业税收负担率，避免盲目性和随意性，税收太低会让财政收入减少，太高又会令企业不服，引起投诉或纠纷。

→ 我的一天这样度过 ←

我曾在税务大厅当过五年的征收员，其中专门收车辆购置税一年。现在成了一名税务管理员，由原来每天黏在板凳上不动进行柜台服务变成天天出去跑。如此岗位变动是祸是福？你要喜欢按部就班地干活儿，准点上下班，那就在大厅穿制服拿自己当机器使；你要是喜欢创新和挑战，愿意在外头跟各色人等打交道长见识，那就换个岗位体验一下。我属于后者。

今儿早上刚到办公室坐下，毛科长就在门口示意我过去。一大早又惹谁了？我忐忑地到他办公室，毛科说了两件事：一是福星食品公司申请企业所得税优惠时条件不够被卡了，让我去辅导一下，据说老板跟李副局长是老乡兼远亲；二是昨天局纪委转过来几封投诉信，其中一封涉及我，说我服务态度不好，卡着不让办事，认为是没给红包惹的祸。毛科说，领导和他都相信我是清白的，有则改之无则加勉，注意点儿工作方法。

我一听就明白是谁在放冷箭。这家皮鞋厂企图偷税漏税到了过分的程度，跟他们沟通过三四次，法人代表脸笑得跟花儿一样灿烂，嘴上一个劲儿地答应好好好，行动上却阳奉阴违。我得按照局里规定来，弹性很小，而且表态说知道他创业不容易，能给的优惠一定会给。结果他还认为“潜规则”没到位，是我在从中作梗，令我无语加郁闷。

蔫蔫地回办公室开电脑。昨天科长要我们向人行提供近三个月的非正常户、走逃户、多次违法违章户等纳税人负面信息，同时也要将连续准期申报、连续无欠税和连续无违章等优秀纳税人的名单和简要材料准备好。我打开工作日志，将里面有些内容补充进电脑，将非正常户和走逃户的信息单独摘录下来，心里还在盘算刚才毛科说的事，该怎么处理呢？

这些小老板动不动就将怨气撒在我们头上，其实管理员在国税局属于人微言轻的最底层，话语权并不大，不过是照章履行职责。老早就有人说过：职场是一棵大树，上面挂满了大大小小的猴子，你我他都在其中。朝上看，全是屁股；往下看，全是笑脸。人家以为我是挂在上面的猴子，其实咱也在底层。

正感慨着，福星公司陆总来电，请我上午到他们单位去做辅导。答应他九点半在税务局门口等车，抓紧时间填好一大张信息表，数了下，近二十家反面典型中有六家是搞房地产的，又将那几个名单相对集中，分类排列好，便于领导掌握情况。看看表已经九点二十了，于是关电脑下楼。

跟门卫老张聊了几句，车来了，一辆小面包。这是个勤俭持家的公司，以前我去过两趟，他们态度还行，就是业务水平跟不上。深圳国税网站有两个咨询途径：电子导税员和网上提问。我推荐他们去试过了，愣是没整明白，我晕。局里去年就开始实施了“人盯人、人盯户、人盯片”的管理方式，领导吩咐的事，说啥也得办快点，其中的重要性，你懂的。

十点多到企业，人家将工商营业执照、财务报表等相关证件和材料都准备好了，仔细翻一遍后先告诉他们：优惠项目应当单独计算所得，而且还要合理分摊企业的期间费用，按规定没有单独计算的就不得享受企业所得税优惠。再对着财务报表进行了简单梳理，让经办会计一一对照记录，告诉他们如此这般做。

啰啰唆唆弄完已经十一点多了，准备告辞回去，陆总说中午在小东北饭店吃工作餐，李局毛科都来，电话都联系好了。领导答应了来，咱恭敬不如从命。吃饭情况就不细说了，工作日不可以饮白酒，于是每人整了点黄酒，东北特色小菜味道还不错。吃饭时陆总先说段子，“和老婆睡觉是依法纳睡，和情人睡觉是偷睡漏睡，和小姨子睡觉是增值睡”，还真是税务人生，服了段子写手。大家边吃边聊，主题不离感谢记恩。李局说，现在强调建设服务型机关，只要不违反大原则，在职权范围内帮企业的忙是应该的，多栽玫瑰少栽刺，帮人就是帮自己。但如今上级严防死守，杜绝

“人情税”“关系税”，绩效考核也动了真格，要完成各项指标还需仰仗各企业。政策范围内可以帮忙，违反原则的事就别为难我们……领导的应对辞令特高明，换我，就没本事说得这么滴水不漏又气定神闲。我的这几位领导当官时间都不短了，早已练就了铁人三项：坐车转悠、喝应酬酒、开会练屁股。其实还有最重要的一点：什么场合说什么话，主宾尽欢颜。我边吃边听边跟着傻笑，杨修的经历警示我们：在职场上，总显得比领导高明的人，往往会死得很惨，所以我并不遗憾自己嘴笨。

吃过饭回单位，差不多是上班时间了。上会儿网，两点不到就有电话打来，一家食品加工公司不小心上了黑名单，银行贷款办不了，心急火燎地问怎么办。告诉他们下午来营业厅把罚款和所得税先交了，我再给他们解锁，系统会在24小时内恢复正常。这个单位的老总和会计都是体重超标、拥有三高的老狐狸，整天想着偷税漏税，我对他们盯得虽然紧，但一不留神，他们自己窜上黑名单了，这才发现后果很严重，怪不得我。

三点钟又有个企业经办会计来找我，他们的负数发票和作废发票开具太多且数额很大，影响了我们内部监控的指标，一不留神被公示上黑名单了。告诉他们开票要三思而后行，保证成功率。开票人员和管理人员连基本常识都没有，公司运营烦乱不堪，如今都是电脑软件实施系统管理监控，神也救不了他呀。他说跟财务科束科是老朋友，我赶紧让他去咨询下束科，将皮球给踢走了。这问题确实超过我的职责范围了，瞎表态是大忌。

坊间认为，征管有外快，稽查得罪人。其实只要片内都是按规矩缴税的企业，根本就没有这一说。要是片内不按法律执行的企业多了，那征管和稽查都是得罪人的岗位，好比在玩官兵和贼的游戏。突然想起来昨天晚上老婆交代的事，小舅子的发小李冰办出国手续时卡住了，因为他也上了咱的黑名单。我赶紧打开电脑查档案资料，再进行电话询问，终于弄清原委：两年前他将自己的食品经营店让给了福建人巴师傅，因为是朋友从中牵线搭桥，就没办理转让手续。去年巴师傅将店关了之后出国打工，也没有将店登记注销。李冰就这么稀里糊涂地上了黑名单，怎么解决呢？告诉他赶紧过来，除了补交税金，还要认罚，好态度才能有好结果。

四点了，去一家新开的玩具厂认定纳税人，带上实习生小王。小伙子上周请假回学校参加招聘会，今天中午才回来。我开着自己的破桑塔纳，按照程序查了相关资料，到厂子里转悠一圈看看他们实力如何，然后我、小王和法人代表合个影——只为证明我来过，备个资料，如今骗取纳税人资格然后倒卖发票的事情时有发生，有备无患。然后再叮嘱他们的年轻小会计，既然是持续经营做事业，那么账要按月做好，税也要按时申报，要独立核算，按规范建立起会计账册。小会计一个劲儿地点头，临走时厂长留吃晚饭，当然不行，老婆晚上加班，我得照顾孩子。于是人家往我车上塞了两瓶酒，说今后多多拜托，拉扯了半天，收下。

吃人家的嘴软，拿人家的手短，这话没错，回去途中我就盘算今后要多抽空辅导这个玩具厂，拿点资料给小会计学习学习。税务申请很烦，从初次税务报到到税种核定，然后辅导期转正再申请大面额发票，每一步都要指导。我们大多数同事都在低调谦和地做实事，并没有传说中那么恶劣。要知道，中国老百姓和企业家除了割肉疼，就是掏钱疼，雁过拔毛的事还是少干为妙。而对于缴税大户，小小税务管理员根本入不了人家的法眼，财大气粗者通常直接跟局长通话。

把小王捎回到办公室时已经五点半了，又想起个事，赶紧打电话给初中同学吴晓波，他混大了，要和妹夫合作转战上海做房地产生意，上午来电话说要注销深圳的加工业税务登记证件，我差点忘了，要是不按规定程序搞，将来要罚款。打电话，让他明天上午九点带齐证件过来先填申请表。他说要跟我专门聊聊，我晓得他要聊啥，房产公司偷税漏税是地产企业内部心照不宣的“潜规则”，连续几年被专项检查，不晓得他是要问我反侦查手段呢还是其他。总之咱该说的说，不该说的不说就是了。

六点下班回家，想起早上的事，依然头疼。人在江湖混，难免要郁闷，且慢慢熬吧。

选择理由 ←

听老妈的话上了税务学校，然后回来报考了税务系统公务员。父母满意，岳父母满意，我自己呢，没觉得特别好，也没觉得不好。凡夫俗子随大流，图个现世安稳吧。

压力指数 ←

压力指数中。主要是绩效考核和各种指标要能完成。我分的这个片区有近两百户中小企业。深圳就是中小企业多，同一天同一片区有人开张有人关门，宣布倒闭或举债外逃的创业者蛮让我同情的。由于企业的不稳定性，我的工作就相对麻烦许多。

人际环境

单位内环境还好，各管各的一片小天地，经常开会通报交流，利益冲突少。接触的中小企业主和会计就形形色色了，反正咱坐得正行得稳，就不怕被抓小辫子。腐败？我没那胆量，每年我们都要向纳税人述职述廉，睁着眼睛说瞎话的事我干不来。

我所向往的职业

我若说我想当演员，别人会笑我脑子坏掉了。但那确实就是我小时候的梦想，到现在还是梦想，估计永远都只能是个梦想了。

入行门槛

税收管理员如果是公务员编制，通常要先参加省公务员考试才能入职，通常也会在服务大厅先干上一段时间，锻炼得可以了，再到这个岗位独当一面。

心理测试

当你发现你的朋友把东西遗忘在你家时，你认为采取以下哪种办法最合适？

A. 立即给朋友送去

B. 通过电话或信函约他见面，然后把东西交给朋友

C. 托人带给朋友

D. 暂时放在家里，以后再考虑怎么办

参考答案：

选A的人，大胆且冷静，凡事能以大局为重，不会被眼前的小利所诱惑。不过，有时你对自己的要求过高，要学会给自己解压。

选B的人，态度很积极，头脑很灵活，工作能力非常强，只是有点自信过剩，不妨先换位思考，然后再行动。

选C的人，乐天派，喜欢帮助他人，一旦他人对你有所求，即使自己做不到也不忍拒绝。建议学学怎么说“不”，做一点人生的减法吧。

选D的人，小心谨慎，绝不会鲁莽行事，有强烈的责任感，因之而倍感压力。有时不妨稍微让自己放松一下，灵感也许会更多。

6

法官：在情理法中寻平衡

法官庭审时的威严面目，只是我们工作状态的冰山一角。

行业动态

法官是做什么的？相信多数人的第一反应是：判案的，跟过去县太爷一样，惊堂木一拍，肃静！然后旁边还有师爷如此这般地耳语一番，再摸摸胡子对刁民进行发落，通常是让衙役们将其拖下打板子。法官最反面的典型莫过于红楼梦里的贾雨村，稀里糊涂地就把案子断了，全不顾小英莲是自己恩人的女儿，全不顾她比窦娥还要可怜，真真是良心被狗吃了。

古代县太爷是县委书记兼公安局长兼法院院长，给老百姓的感觉是昏官居多。而在现代法治社会，法官与县太爷则是完全不同的两种角色。法官是一个专门职业，需要以法律为准则，对案件进行审理后查明事实，然后依法作出判决。法官的每一个判决都必须有理有据，要是闭着眼睛胡来或者推诿踢球，上级和群众都不会答应，因为失职渎职被记过、警告甚至撤职的法官，这些年也是大有人在。

据有关数据统计，目前全国共有人民法院9880个，最高人民法院办公厅副主任、新闻发言人孙军工介绍，人民法院90%左右的案件在基层，80%左右的人员也在基层。[①] 如今，基层法院法官有148003人，再加上省院和高院的法官，中国的法官数量在15万人左右。全国共有30万法院工作人员，其中法官属于公务员编制，只有取得司法考试资格的法院公务员才能担当法官的角色，其他人都只能从事辅助性工作。

① 最高人民法院要求加强基层基础建设．人民法院报，2011－02－16（1）。

→ 我的一天这样度过 ←

我是民事法庭的女法官。十年前谈恋爱的时候，男朋友向亲友介绍我，人家听到法官两个字后，都会不由自主地多打量其貌不扬的我两眼。女法官？没错，我有很多同学都是法官，我们法院也有十几个女法官，其中有三个在刑庭，专门审理刑事案件，跟那些杀人放火坑蒙拐骗的坏分子打交道。男女平等的新时代，懒羊羊变成人生偶像，灰太狼变成新好老公代言人，当个女法官其实算不上啥新鲜事。我们几个姐妹花平均每人一年结案200件以上，兵家常事。

这是一个普通工作日，早上六点半起床，给老公和女儿做好早饭，吃完后打发老公送孩子上学，我出门去上班，八点到办公室。九点要开庭，将案情再熟悉一下。有些当事人说话像雾像雨又像风，律师也不得劲，让你很无语。说个笑话，法官问：“你为什么印假钞?”罪犯答：“真钞我不会印。”类似的情况在法庭上会有的。

九点庭审正式开始，这是一起交通肇事后的人身损害赔偿。本来双方可以达成协议而无须对簿公堂，但因为原被告分歧较多，而被告又总是拖拉回避，原告忍无可忍才将其告上了法庭。我们按照程序受理并立案，分别向原告和被告送了开庭通知书，希望今天可以解决问题。

原告和丈夫以及代理律师早早就来到庭外等候，八点五十五分，我们到民庭三室时，被告也期期艾艾地出席了，眼皮耷拉着也不抬眼看原告。原告丈夫此时是“仇人相见分外眼红”的状态，气呼呼地想上前去找他理论，助理审判员小倪赶紧招呼他们分别坐到各自的位置上，审判员小沈、小倪以及我都全副武装（其实就是披上了法官袍），一脸严肃地坐上了法官席。我老公总抱怨我笑肌僵硬，说我稍不顺心就弄出审案子的表情，搞得他和孩子都特别小心。其实这并非我的本意，而是职业习惯，正襟危坐多了，不自觉地就会出现这个姿态，真不是故意的，总端着多难受啊。

原告律师先陈述事情原委并提出赔偿要求。事情并不复杂，原告张小平（化名）下班回家穿越人行横道时，被司机卢忠兵（化名）的大众车剐倒，法医鉴定结果是已经构成九级伤残，当时交警已经处理了这起事故，认定司机卢忠兵拐弯时处置不当，应负主要责任。卢忠兵先交了一万五的医疗费，后来就不肯再出钱，他认为这事应由保险公司赔偿，因为自己上了“交强险”，埋单的应该是保险公司。张小平为治疗先后花了四万多，她老公几次找卢忠兵交涉，但卢均避而不见，更甭提出钱的事了。为此，张小平夫妇及家人非常气愤，她们在律师陈述时几次插言，除了要伸张正义，还扬言如果卢忠兵再这么拖拉回避，她们会请黑社会来解决这个问题，并不排除采取暴力行为，最好也将卢搞成九级伤残，让他尝尝挨痛受苦的滋味。

卢忠兵始终低头不作声。他的律师代为陈述，提出并非卢主观拖欠医药费，而是保险公司不认可法医的伤残等级鉴定，认为级数偏高，提出要重新进行鉴定。双方分别陈述后，弄清楚了事情的原委和细节，又让他们进行了辩论，等将双方想法了解得差不多的时候，我提议休庭。此时十点不到，和小沈小倪交换下意见，认为对双方进行调解比较合适，一是诉讼费用低，当事人可以少花钱解决问题，二是争取让原告早点得到经济赔偿，使其敌对心理得以缓解，三是调解更有利于双方达成谅解，不至于衍生出更多矛盾。

原告张小平倒是愿意调解，她养病去掉三个月，打官司又扯掉太多精力，耗不起。现在她只要经济补偿迅速到位，卢忠兵再给她道个歉，让她面子里子都过得去就行。她老公却不乐意，觉得卢忠兵欺人太甚，不像个爷们。于是我让小倪小沈做卢忠兵的思想工作，我则将张小平夫妇喊到另一间调解室，摆事实讲道理，又和她们的律师进行沟通，嘴巴说得快干了，张小平老公终于同意调解，意气用事毕竟没见实效，最关键的是人家不吃这一套，真的采取非常规手段，得不偿失。卢忠兵也同意调解，快十一点时，双方就赔偿数目达成共识，卢忠兵也诚恳地对张小平夫妇致歉并说明了理由。十一点，书记员打印好《调解协议书》，双方签字生效，和各自律师握手告别，此案算是成功解决。

十一点十分走出民庭三室，拿出调成静音状态的手机，有三个未接电话。回复过去，是另一起合同违约案件的当事人，跟我姑妈认识。他送材料到了楼下，已经等了一个小时，执着地要和我面谈。于是在办公室接待了他，他塞上厚厚的信封，想用“糖衣炮弹”轰炸我，此路不通，我坦言要么上交廉政账户要么他自己带走，他见实在没戏，便请我支招。我说没什么好招，你们违约在先，最好的法子就是放低姿态，主动和原告和解，赔点钱给人家。如果到了判决程序，理亏的一方必定是丢人又失财，诉讼费也是全额。他答应回去再考虑考虑，送走他，我去食堂吃饭。

饭后靠在椅子上小眯一会儿，居然还梦见自己变成了喜羊羊，大概是女儿总嚷着要做喜羊羊的缘故。醒来时，已经两点了。泡杯茶后，开始准备明天的讲座稿。明天上午不开庭，要到妇联干部培训会上做一个讲座，提纲已经拟好，加上一部分改头换面的案例，做成PPT演示文稿就成了。

下午三点，调解一个离婚案件。老公两次起诉，要离婚是因为小三闹腾得太凶。老婆心知肚明，她已经耗费一年多精力投入婚姻保卫战，但她终究是一个人在战斗，老公离开家投入另一个人怀抱的心比当初更急切。时间渐长，老公在老婆眼里终于演变成了垃圾股，她之所以纠结着不放手，就是不想便宜了小三，让人家将胜利果实轻易抢走。再次调解，双方互不理睬，没法对话，我和小沈只好在中间当传声筒。倔强绝望的老婆以死相逼，以五岁儿子的姓名权和探视权相要挟，要求老公让出房子车子，并指出老公转移了部分夫妻共同财产。老公死不认账，证据呢？老婆的一哭二闹三上吊他嗤之以鼻，胜券在握地坚持由法庭判决。

爱情就像拉橡皮筋，受伤的总是不愿意放手的那个。从感情和道义上，我鄙视当事人，但法庭是依法判决，而不是道德裁定。这种情况下，我们会尽量为弱势群体考虑——尤其我还是个女性，身兼老婆和母亲的角色，更能体谅女人的苦衷，直接判决并不利于维护妇女儿童的利益。断断续续谈判一年多，如今老公松口答应将房子过户到儿子名下，车子给老婆，孩子姓氏不许改变，探视权也保证一周一次。老婆不依不饶地提出要分存款，老公发飙了，说没有存款只有欠条，然后还拿出了两张总额近四十万元的欠条，老婆却拿不出任何存款证明。女人确实是感情用事的人种，光嚷嚷着要维护自己的利益，狼来了却是手无寸铁。

此案我是第二次接手，以经验判断，她老公目前对孩子的愧疚心尚存，所以同意净身出户，她能争取的利益差不多到极限了。要是今天协议不成，那个心急火燎要转正的小三再吹吹枕头风，她怕是连车子都拿不到。于是我将愤怒的老婆喊到一边，给她详细分析了利弊，半个多小时后，她同意协议离婚，做出这个决定后，她咬牙切齿地说终于解脱了。民间有谚："宁拆十座庙，不拆一桩婚。"通常我们不会主张当事人离婚，能调解时都关注积极面，尽量劝和。但如果一方去意如磐石般坚定或两人确实过不下去了，我们也会劝当事人正视现实，百年好合不是那么容易的。

四点半继续接待另一起邻里纠纷案，这次以小沈了解基本情况为主，我在办公室继续准备讲座稿。五点，同学 QQ 群开始活跃，一个同学将他的工作图片发给我们看，他在山区当法官，有时判案得背上国徽到田头去，翻山越岭亲近自然，他说自个儿的身体比上学时强壮许多，现在参加校运动会的马拉松肯定拿冠军。几个同学发来“嘉奖令”“好人证”的表情，大家有一搭没一搭地发着小牢骚，说着自己工作中的困惑，一晃就五点半，到点了。

今天准时下班，明天就很难说，因为明儿下午要为今天接待的这起邻里纠纷案去查看现场。当事人目前对事实争议比较大，而邻里关系的案件处理一直比较棘手，除了要考虑双方当事人当前的实际情况，还要尊重争议事实的历史。这种案子我们通常用调解的方式结案，那点矛盾在很多人看来没什么大不了，但你跟人家讲“退一步海阔天空”纯属对牛弹琴，弄不好当事人还会上访上诉，冲动点儿的还不定会做出什么傻事来。

晚上在家拉着老公一起看《金牌调解》节目，为啥说金牌调解员胡剑云老师“最懂女人心”很值得琢磨，老公跟着看可以提高点情商。离婚官司接多了，对自己的家庭会倍加珍惜，对不完美的老公也能做到敝帚自珍，这也算是这个职业带来的正面效益吧。

选择理由 ←

执行庭、民庭、刑庭，我都待过，书记员、助理审判员、审判员，我也是一步步走过来的。选择这个行业，是因为我学的就是法学专业，还因为我将来想当一个知名律师，有了法院的从业经验，再跨到律师行业，我的转身会更轻松。

压力指数 ←

压力指数中等。

人际环境 ←

人际环境复杂。各种各样的当事人，啥脾气的我都见识过。法院内部等级森严，规规矩矩、谨小慎微地办事是不会错的，不该说的话不要随便乱说，不该问的事不要八卦好奇，人际环境就会比较和谐。

我所向往的职业 ←

将来如果转行，我想做律师。参加各类开庭近万次，发现好律师货源不是很充足。没吃过猪肉，但是看过太多的“猪”在怎样跑，我对自己将来成为一名出色的律师胜券在握。

入行门槛

《中华人民共和国法官法》第九条规定，担任法官必须具备下列条件[①]：具有中华人民共和国国籍；年满二十三岁；拥护中华人民共和国宪法；有良好的政治、业务素质和良好的品行；身体健康。这是最基本的综合条件。

关于法官的学历和资历，第九条第六项也明确规定：高等院校法律专业本科毕业，或高等院校非法律专业本科毕业具有法律专业知识，从事法律工作满两年，其中担任高级人民法院、最高人民法院法官，应当从事法律工作满三年。获得法律专业硕士学位、博士学位或非法律专业硕士学位、博士学位且具有法律专业知识，从事法律工作满一年，其中担任高级人民法院、最高人民法院法官，应当从事法律工作满两年。

在本法施行前的审判人员不具备前款第六项规定条件的，应当接受培训，具体办法由最高人民法院制定。适用第一款第六项规定的学历条件确有困难的地方，经最高人民法院审核确定，在一定期限内，可以将担任法官的学历条件放宽为高等院校法律专业专科毕业。

另外，第十条还用排除法规定：曾因犯罪受过刑事处罚和曾被开除公职的人员不得担任法官。

心理测试

你属于哪种类型的人才？不妨来做一道测试题吧。[②]

深夜，你由车站步行20分钟回家，家人已沉睡，门和窗都上了锁，敲门、敲窗均无回应，爬窗进去也不太可能，偏偏手机又没电了，要想打电话就得原路返回公交车站去打公用电话。你犹豫着，站在楼下观望了一阵，见二楼的窗口似乎有一丝亮光。此时，你会怎么做？

A. 想办法弄坏门窗或锁，或用铁丝之类的物品想办法把门打开

B. 脱下鞋子扔向二楼

---

① 中华人民共和国法官法．百度百科：http：//baike. baidu. com/view/66004. htm。

② 李安安．受益一生的心理测试全集．北京：中国致公出版社，2011：61。

C. 返回车站去打电话

D. 拼命地敲门敲窗

E. 干脆到酒吧去喝一杯，看那里能不能打电话，不行就喝到天亮

参考答案：

选A的人，属于具有一技之长型。你有专业知识，可提升素质，在工作中容易取得成功。

选B的人，属于挑战勇士型。这种人将工作视为作战，具有创业精神。

选C的人，是企业型人才，重视人际关系和团队工作，认为应该与企业共存共荣。

选D的人，属于运动型人才，重视新点子，偶尔会冒险。

选E的人，缺乏领导才干，总是以一般方法重复做事情。

7

城管：请别将我们妖魔化

我们其实是披着狼皮的羊，却一再被妖魔化，真是欲哭无泪。

行业动态

现代城市要科学发展，要文明美丽，离不开城管。城市管理，通俗地讲，就是对一些违法行为和侵占公共资源的行为进行纠察改正，并按照法律实行一定的制裁。北京市2010年“公考”报名结束后，北京市人事考试网统计显示，5万余人通过此次“公考”报名审查，其中最热门职位为海淀区城市管理监察大队“监察员”，报名人数达到1447人，而该职位只招20人。① 媒体宣布城管成了最热门职业，但是在城管集中交流的各大论坛里，城管们却称自己从事的是“21世纪最委屈职业”。

虽然职业报考时显示城管是个很热门的岗位，当前城管也正在向行政执法转变，更注重法律的执行，但关于城管的负面新闻和恶意炒作在网络上仍然绵延不绝。小贩们大叫“城管来了”之后卷起货物逃之夭夭，这幅画面让普通观众很生气。没错，人总是更同情那些辛苦讨生活的人，人家风里雨里挣点儿小钱容易吗？非要赶尽杀绝吗？而城管队员和家属们看后则是另外一番滋味在心头：如果大家都这样乱摆摊随地做生意，城市还怎么管理？交通如何保持顺畅？其他人的生存环境又怎么得到保证？

有关人士称，全国几十万名城管人员大体分为两派②：一派是强硬的“鹰派”，执法崇拜权力的威力，配备有盔甲、防割手套等精良装备，往往

① 北京公考5万余人报名，城管成最热职位．新京报，2010－01－14。

② 全国城管局长联席会议就天门事件发表声明．检察日报，2008－01－21。

讲话蛮横、行动粗野；另一派是温和的“鸽派”，主张亲民和文明执法，疏堵结合中以疏为主，教育处罚结合中以教育为主，能不罚款就不罚款，为弱势群体想出路谋生路。于是山东聊城城管被评为“百姓口碑最佳单位”，江苏淮安城管成为全国学习的“和谐城管”经验范本。多年的实践证明，“鹰派”城管往往和百姓处于对立状态，虽然取得一时的执法效果，但后患无穷，不利于构建和谐社会。

中国正处于由农业社会向小康社会转型的时期，其间必经若干阵痛，城市发展管理就是其中的一个难题。城管工作要想得到更多人的支持和配合，要想彻底扭转百姓心目中的城管形象，绝非一日之功。相比于其他系统的公务员，城管们要走的道路更为漫长和坎坷。

→ 我的一天这样度过 ←

最近我们市上下动员迎接下个月初的文明城市检查，所有人都很忙。昨天开会时，分管执法的王副局长再次强调要从“鹰派”执法改为“鸽派”执法，说我们本来就不是老鹰，如今更要做和平鸽，不能在关键时刻掉链子。为了佐证，他给我们念了一段市纪委转发过来的人民来信内容节选，这里为了避免诬陷成分，我将所指的实际名称都改为“某州”了：“某州城管一出手，小贩百米八秒九，某州城管一出手，台风也要猛回头；某州城管一出手，世界反恐不用愁，某州城管一出手，拉登立马来自首……”最后一句是“咱地城管一出手，所有家当都拉走”，充满了讽刺意味。于是，队长带着大家将涉及投诉上访的事件再回顾一番，要求我们在执法过程中要和风细雨，打不还手骂不还口。几个老队员脸色很难看，上个月邻市刚发生一起26岁的年轻队员被小贩刺死的恶性事件，到今日大家的情绪还没恢复过来。不过有什么办法呢，只能在夹缝中努力求生存了。

今天早上我参加例行巡逻，平常八点到班，最近改成七点了。起床真难，要是有带掀被功能的闹钟就好了。孩子交给公婆，他们习惯了迎检时我早出晚归，每天都会叮嘱几句，要我小心点，不要跟小贩或市民硬顶。我说我知道，一个弱女子，从十年前跑腿办事到后来随队检查市容市貌，到如今执法大队的四年磨炼，“好汉不吃眼前亏”的道理咱知道。

我们小队有六个人，清一色的女兵，今早的集合地点是丽都商场。刚来两年的小丽已经将早点给我们买好了，大家一边吃，我一边将执勤路线布置好，三口两口吃完后，大家分成两个小队跑。

坐上四面透风的执勤电瓶车，我和小丽、王芳开始跑自己的线路，这是最繁华和最棚户地区的老城区，高楼大厦很多，但旁边又有很多低矮平房没被拆迁开发，小街小巷掩藏在商业大道背后，情况特别复杂，交通状况也特别不好，人行横道被挤占、偷着搭建违章建筑等都是平常事了。这是国庆长假结束后的第一个工作日，一大早就有好几辆没登记的早点小推车大摇大摆地放在人行道上，还有一辆干脆占了南北小道的道口，电瓶车、自行车出来时都得小心翼翼，怕被烫着碰着。一大早也不想跟人家说什么，客客气气地示意他们将车往里挪，几个摊主很配合地照办了。

横在道口的那个摊主一边应着“就挪就挪”，一边手脚不停地忙着做生意。等了两分钟，看她并没有主动挪的意思，我们三个上去连推带劝将车挪到靠墙靠树的边上去了。然后跟那几个摊主分别交代下：再做一周生意，就请她们在家休息一周，耽误了文明城市检查，连车带货一起没收。这不是威胁，而是退一步的解决方案，本来他们就不该在这个地方经商，好在上班高峰前她们会自动撤退到最里边，避免占道。和谐社会，需要变通，大家互相体谅，已经达成了默契。

清理完这一片，继续巡逻，主干道顺畅是这一时段的头等大事。前方商场道路前又有两辆水果车横着，两个男人都是回族同胞的打扮，眼色茫然地看着人来人往。唉，只能再次劝说，而且要和风细雨。起初他们装听不懂普通话，一个劲儿地装愣卖傻，怎么办？又不能来硬的，发生冲突事小，破坏民族感情事大。于是我们软磨硬缠，手势加语言，好说歹说，他们才非常不乐意地拖着车慢慢退到后面的小巷子里去了。估计中午下午巡逻时，又会碰到他们大摇大摆地再次练摊。

继续巡逻。昨天下午有人实名举报，附近有户人家违章在小区边道上刚刚搭建了一个狗窝，还拖回来一只凶狠无比的大狼狗，那狗无聊了就爱吼两嗓子，严重影响小区居民的生活。实地查看下，情况果然如此，与户主电话联系，说出差去了，可邻居反映，明明早上还看见他们一家人开车出去。于是再次与户主联系，告知他已经轻微违法，自己纠正，否则就要执法。他态度挺好，连声答应着。但以我的经验，这只是在打马虎眼，最终要靠我的男同事们来执行，我们几个女队员都对狗狗敬而远之。

九点半，第一次巡逻结束，主干道基本通畅，也没发现店招店牌有什么不当之处，加之最近其他各单位都在参与城市美化工作，整个辖区看上去养眼多了。回办公室，继续整理迎评资料，相关的汇报材料明天必须到位，前期已经做了很多，今天再复查一下就可以装入档案盒。

十点半多一点，几个人继续分头巡逻。因为马上就是中午孩子放学和大人下班的高峰时段，主干道上很容易被各种小摊贩挤占得乱糟糟的，纸屑垃圾乱丢，如同遭过打劫。遇上刮风天气，纸屑随风飘舞，环卫工人跟在后头扫不过来，就投诉反映，常搞得我们吃批评。摊主也恨我们多管闲事，影响他们的钱途，常常表面上对我们“是是是”而行动上坚决不改，背过身去什么话都骂得出来，“吃饱了撑的”“挡爷财路的人不得好死”，这算委婉的，更难听的国骂我就不举例了，一般人根本说不出口。

跟早上的工作相似，请走了几个在人行道上卖羊肉串、关东煮、烤红薯和快餐的流动车，确保学校门口和主干道上畅通无阻。十一点五十第二次例行巡逻结束，回食堂吃工作餐。谈到上个月发生在邻市的年轻城管的惨剧，小丽眼眶都红了，边吃饭边说要让家人想办法调个部门，到办公室去当个回帖员都行。当初拼死拼活地考进来，看上去是个待遇不错的公务员，其实整天穿着身“狗皮”耀武扬威地（这都是摊贩当场骂我们的原话）跟人作对，心累。有时候好不容易把事情处理得差不多了，那边又有这个领导那个朋友的说情，不按章办事吧，顶头上司那儿不好交代，公事公办吧，又得罪人，真是没劲。多栽玫瑰少栽刺，根本不可能。

大家七嘴八舌地安慰她，说习惯了就好了，也不是天天都这么烦，再说大多数市民还是支持我们的，我们是为大多数人服务的，少数人就那素质，也是被生活逼的，互相理解吧。吃完饭姐妹几个回办公室闲聊会儿，看会儿八卦书，一点半继续第三次巡逻，到三点结束。这个时段比较太平，再去看了下狼狗窝，没有动的迹象，事主邻居跟我不停地抱怨，我再次通知事主明天限时整改，否则就要由我们协同公安来处理了。

四点半开始今天的最后一趟巡逻，六点结束，如果没有加班任务，我们就直接下班回家。但是五点多出了点儿小意外，有一对卖水果的中年夫妻把车放在主干道边上，我们三人上去劝其离开，男的横眉怒目，说：“关你们屁事！”小丽也柳眉倒竖地说：“讲话文明点！”我忍住气再次说明在这里摆摊是违法的，没等我说完，他搬起两个西瓜就砸到地上，同时大喊“城管打人了，抢钱了”，一边还拿出水果刀来对着我们。他老婆则抓住离她最近的王芳领口，推推搡搡，另一只手又去揪住小丽的头发使劲拉，小丽痛得大叫。我赶紧说着“大姐不好动手，你动手就是违法的”去救小丽，王芳挣脱后赶紧拨电话。旁边不明就里的市民来了一大片，本来好几个人都跟在后头骂城管不是人，后来一看我们三个是女的，而且小丽的脸都变了形，那男的又挥舞着水果刀威胁着，有人开始帮着拨110，也有人帮忙将那个泼妇拉开。同事大张他们正好路过这里，几个大男人过来帮忙，才算制止住了混乱的场面。小贩夫妇见势不妙，想溜，当然没那么容易，被大张他们连车带人一起拖回执法大队。我们也只好跟着回执法队。对那摊贩无非是教育加罚款后放人，也许下次还会狭路相逢，但愿不要再火拼。冤家宜解不宜结，大道理谁都懂，小情绪却难自控。

这事情到七点多才完结，执法大队队长副队长都在。家里催着吃饭的电话打过好几次，队长说请我们吃饭，给我们压惊，小丽和王芳都说没心情，于是说了改日，但愿明早大家都心情灿烂地来上班吧。

选择理由 ←

城管局是考进来的，本来我在党办，三年前局里特意挑选出了我们六个人组建成女子执法大队，希望我们这些娘子军可以改变城管在人们心目中凶神恶煞的形象，为此还参加过特训。我这个小队长当得不容易，但撤退更难，有点骑虎难下的感觉。唉，继续干下去吧，毕竟这是工作需要。

压力指数 ←

压力指数中上。主要是要跟小商小贩软磨硬缠，既要履行职责，又不能断了人家活路。斗智斗勇的经验足了，发生冲突的次数就不会很多，但需要耐心，要微笑着说明，要好好地劝说，有些时候也会无奈心烦。

人际环境 ←

人际环境当然是复杂啦，各色人等都会遭遇，遇到凶狠蛮横的，要会保护自己，避免正面冲突。至于我们执法大队本身的人际关系，我觉得挺好的。咱是个小队长，凡事谦虚忍让，几个姐妹都不错，偶尔有点小心眼，纯属正常。

我所向往的职业 ←

要是让我自己选工作，当然是清闲安逸地在室内待着的那种了，做个会计吧，动动手指就拿钱，也不会跟人有冲突，大家都拿会计当财神样敬着。我怎么知道？我老公就是会计，比我轻松体面多了。

入行门槛

要考进城管局的公务员编制，条件其实是很不低的。当然，城管队伍里也有事业编制，大多数地方的管理和待遇等都参照公务员，差别不大。以南京市六合区城管局所属城管行政执法大队招聘简章为例①：学历起码大专以上，通过体能测试后再进行笔试和面试，开考比例为1∶3。笔试分A、B卷。A卷考公共基础知识，B卷考城管执法理论，不指定复习用书，笔试总成绩按公共基础知识占60%、城管执法理论占40%合成。然后还要参加结构化面试，笔试、面试各占成绩的50%，直到进入体检和公示阶段。总体而言，考考考，招聘的法宝，要进公务员系统，考试是躲不过的一道坎。城管队伍往往只招聘男性，所以女性的机会相对会少许多，而警校毕业生、持有驾照者、退伍军人（起码高中学历，最好大专及以上）在很多地区享有优先报名录用权。

心理测试

正逢经济很不景气之际，原先红红火火的公司发生了财务危机，你也一个月没领薪水了。这时，跟你要好的财务总监偷偷告诉你，公司资金链接近断裂边缘，前景不容乐观。你怎么办？

A. 立刻辞职　　B. 要求老板加薪

C. 要求老板至少发一半薪水　　D. 再忍一个月试试看

参考答案：

选A的人，很有野心，只要认为自己的实力不输给别人，对于自行创业就会跃跃欲试，有自视甚高的倾向。

选B的人，当各种条件不充分具备时，会默默忍受上班的苦楚；但有朝一日羽翼丰满时，就会全力追求属于自己的事业，有倚势而为的倾向。

选C的人，有着身兼数职的本事，任职于公司的同时又开发着自己的事业，考虑得失后才决定辞职与否，有两边通吃的倾向。

选D的人，非常谨慎，如果没有完全的把握，通常不敢独自承担经营事业的风险，所以偏好待在安稳的单位，有追求稳定的倾向。

---

① 江苏公务员资讯网．http：//www. jsgwyw. org/2011/0901/10363. html。

第二章

交通人

一直在路上，所以更珍惜

8

飞行员：高空之上的飞翔

飞得越高就越寂寞，这不是矫情。可是，作为一个硬汉，我还是很喜欢飞行的感觉。

行业动态

这个群体被称为天之骄子，能够进入这个行业的，都是层层选拔后万里挑一的佼佼者。这个群体既强大又神秘，对一般人而言，他们只是一个符号，可望而不可即。据统计，截至2010年10月31日，持有中国民航局颁发的各类飞行员执照的有24277人（比上年同期增加5209人），其中私用飞行员执照2602人（比上年同期增加1316人）、商用飞行员执照11187人（比上年同期增加2778人）、航线运输飞行员执照10482人（比上年同期增加1115人），多人制机组执照6人。其中，非中国籍飞行员私照412人，商照161人，航线照1052人。①

与国外民航飞行员自费学习、自主择业不同，中国主要采取“订单”方式招收民航飞行员。航空公司预先确定各学校的招飞数量，然后采用委托招生、代为培养的模式。学生通过各项考核后，入学时与航空公司签订合同，毕业后根据所学专业的不同，到航空公司担任不同飞机的飞行驾驶工作。另外，民航飞行员培训机构的生源还有部分“养成生”“大改驾”“军转民”和少量“自费生”。学生若志在蓝天，可根据实际情况，选择相应的报考方式。

① 2010年中国民航飞行员发展现状调查报告．中国民航新闻信息网．http://www.caacnews.com.cn/2011np/20110401/164304.html。

我的一天这样度过

刚考入南航飞行员专业的时候，过五关斩六将的我和另外29个同学没事时就吼“我知道我要的那种幸福，就在那片更高的天空，我要飞得更高，飞得更高……”①。下面给您描述一下飞行员一天的生活吧！

早上四点半闹钟把我喊醒，很不情愿地起床，到隔壁房间看看老婆孩子（不是分居，是要飞那天我自觉睡隔壁去，防止闹钟吵到她们），然后以军人的速度冲澡洗头穿制服扎领带，仔细检查一下自己的小行李箱，飞行执照、英语合格证、飞行经历记录本、预案册、手电筒什么的一个都不能少。五点出门打车，家里的现代车一直给老婆开，娇滴滴的她嫁给我之后里外一把手，也不容易，咱得自觉。五点半到单位，为防止被人肉或广告嫌疑，就不说是哪家了，反正从北京出发。在机组车前转两圈，抽支烟和发发烟，跟其他航线的哥们招呼下，在天上飞时不可能跟在公路上开车一样闪灯或按喇叭示意。六点多坐上机组车去食堂吃早饭，红豆小米粥加咸鸭蛋，再啃一截东北老玉米棒，香甜暖胃。六点半去机上签到，拿上任务书和QAR（快速存取记录器）单子，到情报室拿航线资料，看一切是否到位。我是副驾驶，看机长季“大帅”漂亮的面孔上五官很不舒展，我就知道有点小状况。他拿了一叠单子过来，告诉我杭州有大风厦门下大雨，本来就要飞九个小时，这样一来就很难控制时间了。我俩同时做了个深呼吸，不管怎样，上天了就得保证能够下得来，安全着陆比啥都强。

七点时从候机大厅走过，一路上许多关注的目光，跟看黑猫警长似的，这挺受用的。上机，查驾驶舱，准备航路，加油签单，绕机检查，看起飞数据，一切完毕后再问问乘务长上客情况，尤其是美女多不多——这纯粹是无聊中找点乐子，成天绑在飞机上，很枯燥的。

八点钟飞机起飞，那种一飞冲天的感觉，很爽。北京的天总是灰蒙蒙的，上空能见度差，所以我和机长都格外警惕，飞了会儿，一切正常，刚想松口气，来了一大片雷雨，得离它远远的，多飞了很长一段路程后才消停了。两小时后降落杭州机场时，杭州正刮大风，只能顶风而上，今天我操纵，机长盯着我，强调油门慢点收，免得落地时飞机打飘。

---

① 汪峰．飞得更高．《笑着哭》专辑．华纳唱片公司，2004.6.29。

在机场休息一个小时后继续起飞直奔厦门。希望一切正常，千万别再启用一备二备，要是被迫降到泉州晋江或广州白云，那今天基本就别想回去了。情况还算好，两个小时到达目的地，果真大雨滂沱。本来说用6号跑道，结果雷达显示那边雷雨最大，暂时无法降落，只能在机场上空反复盘旋，等指挥的口令。这段时间我估计旅客有点坐立不安，因为空姐一直在广播里给大家解释。其实我们更难熬，耳机里嘈杂的声音震得我的耳膜嗡嗡作响，季机长也很紧张，折腾了好大工夫，终于搞定。

一个小时后飞机准备起飞时，雨已经小很多了，否则又是大麻烦。不过人算不如天算，刚窃喜了几分钟，发现空中闪电飘来飘去，揪心啊。一切准备就绪后又接到机场通知，因大雨航班延误，起飞时跑道紧张，我们得再等等，让其他飞机先走。这种通知我们习以为常，于是大家边侃大山边等，我顺便还和美女乘务长打情骂俏了一下，当然是在驾驶舱内的小环境中，旅客不知道，否则严重影响航空形象，是要被警告的。这次老季亲自操作，我辅助，轻松一些。等他把油门推上去之后，又是一道闪电，我下意识地哆嗦了一下，鄙视下自己，算不上千锤百炼的好飞行员。

飞上高空后，地面的雨已经跟我们无关了，蓝天跟洗过似的，看上去沁人心脾。我们心情大好，不约而同地跟乘务长要起了咖啡，我一个上午忍着没喝，怕自己瘾大，喝多了回去睡不着。好几次我想点烟，但季机长不好这口，所以我忍了，下午就靠咖啡提神了。这个时候就特别怀念谈恋爱时泡咖啡厅的时光，咖啡就美人，音乐若有若无，毫无压力，那绝对是一种享受。我老婆总认为在高空上喝咖啡很浪漫，我告诉她：偶尔体验一把的确够味，可要天天如此，就没啥感觉了。

到杭州机场时已经四点钟了，离家越来越近，想着我五岁的小女儿晚上也许又等不及我到家就困得在沙发上睡着了，有些怅然又有些温暖。八点出头我就能到北京机场，九点多就能到家，也不知道老婆做了什么好吃的，说实话，肚子饿了，也吃了点心，可是不过瘾，就想吃红烧肉，昨天忘了跟老婆说了。她是幼儿园老师，厨艺不错，孩子也带得不错，同事们都很羡慕我，说我毫无后顾之忧。老婆有时候也抱怨我，也担心飞行员的安全问题，我告诉她中国的航空超级安全，聂海胜、费俊龙他们太空都行走过了，咱驾驶个波音机跑跑客运，太小儿科了。我一这么说她就笑，说要不我和她换个角色试验试验——你别说，我还真不乐意，我自己上天不怕，可老婆带孩子坐飞机出去旅游时，我还真有点儿提心吊胆的，生怕那万分之零点零几的概率发生。庸人自扰吧。

飞机终于在北京机场落地，下客结束后按部就班地办手续，坐机组车返回，然后打车回家。一天的任务终于圆满完成，早出晚归，算不错的了。有的时候飞夜班，那就是晚出早归，我有的哥们飞国际航线，几乎一连几天都绑在飞机上，钞票会多点儿，那滋味可不好受。

最难过的是节假日和纪念日，我老婆爱浪漫，没事还爱发个短信或打个电话撒点小娇，但是我经常让她的美好愿望化成泡影，没办法，有时航班延误，有时临时加航班，有时是代替同事。

原先我老婆是个飞机盲，只知道这玩意能在天上飞。后来跟我参观过几次，知道咱在狭小的驾驶舱里并没有镜头上那样英姿飒爽，在噪声辐射的干扰下还得聚精会神地操作，明白了咱也不容易。加之咱经常鼓动三寸不烂之舌给她灌输：国家培养一个飞行员花费如何巨大，就算各样要求奇高的技能达到合格水平了能上机的概率有多小，分心的话可能造成的损失有多惨重，她善良的本性就被充分激发起来了，继续任劳任怨。

当然我也不否认自己的年薪比较高，税后总有三四十万吧，两家父母的养老问题、自家的房子问题都不用担心，所以我老婆总说，等我再飞个十年八年的，钱赚够了就改行。我敷衍她说到时候就申请，其实哪舍得，现在是我的黄金飞行期，再过十年就是白金飞行期了，基本上机长是没有问题的，半途而废太可惜了。先混着吧，好歹不是两地分居，就是奔波辛苦点，但谁工作不辛苦呢？苦中有乐，要真不让我飞了，我会郁闷的。

选择理由 ←

我考飞行员也是偶然的。咱家四代贫下中农，只有咱跳出了农门。高三时，南航到我们学校来招飞行员专业学生，我们班主任就跟我说：“你去试试吧！虽然是万里挑一，但我感觉你根正苗红，各项条件不错，值得一搏。”班主任有个侄子在空军服役，角色就是飞行员，他很引以为豪，经常会在上课时提到，所以我的心早就痒痒的了。其实这之前我连飞机都没有坐过，初生牛犊不怕虎，误打误撞地凭着一腔热血就报了名，结果我们那个县总共十个报名的，只有我一个人被挑上了。当时我的同学们超羡慕我，班主任也以我为荣，家乡的父老那叫一个自豪啊！政审的干部去我们村调查时，个个都争着为我美言几句。那时我高兴还来不及呢，无条件服从这个结果了。如今想来，我的选择是没错的。

压力指数 ←

做我们这一行的，都爱说自己是“亚历山大”，压力肯定很大，这个用脚趾头也能推理出来。不过我们已经习惯了，咱们都是硬汉子，从大学里艰苦的训练开始到如今，我们已经修炼得宠辱不惊、临危不乱了。我们大多时候在高空飞，汪峰唱得潇洒啊，“我要飞得更高，飞得更高”，我们把这句改成“我要落得更稳，落得更稳”，甭管压力多大，都得好好落地不是？我觉得自己心理素质比较好，从一个农家孩子飞上枝头做凤凰，够本了。不过，有的飞行员同事就没我这么坚强，当他们觉得过不了自己这个坎的时候，一般会去找心理医生，或者申请短期休假。

人际环境 ←

关系不算太复杂，主要是跟机组同事处理好关系，至于空姐，她们基本都是以甜美的微笑示人的，而且经常换班，所以我们的生存环境是：美女如云，玩笑常开。我比较淳朴，注意力都放在如何提高技术上，对机长言听计从，对其他机组人员尊重谦让，所以，没啥大烦恼。“东航集体罢飞事件”对我们影响很大，部分本来就牢骚满腹的机长和飞行员没事就嚷嚷着要提高待遇，疗养休假要多些，年薪高些高些再高些。我没掺和，没那个想法。其实人际关系这档事，头脑简单、情商不高的人反而少烦恼。

我所向往的职业 ←

假如可以重新选择职业，我就开个超市吧，当然要盈利的那种，规模不能太小，太大我也玩不起，底线是不能亏本，否则养不起老婆孩子。我在店里设个办公室，每天自在地待在里面上上网喝喝茶，指挥员工清点清点绿茶饼干什么的，自己管管大事，数数赚了多少钱，这样的生活节奏不快，无须奔波，几乎没什么压力。待得累了就带着老婆孩子来个自驾游，那样的日子一定很惬意。

入行门槛

这一行的门槛特别高，所以一般人不敢奢望，训练也严格辛苦，所以中途会淘汰许多人。目前，女飞行员是稀有产品，所以女性朋友的可选择性几乎可以忽略不计。做个民航客机飞行员的主要条件包括以下几方面：

一、年龄限制

绝对年轻态，报考时不超过24周岁，基本是从二十岁左右的高考学生中挑选。

二、身体条件

1. 身高不低于170，不超过187，当然是厘米数。

2. 体重50公斤以上，太瘦的不行，当然太胖的也不行。

3. 平静时血压在88mmHg到138mmHg之间，高了、低了都免谈。

4. 任何一只眼裸眼视力达到0.7或以上，双眼远视力要达到1.0或以上。如果其中有任何一只眼裸眼视力低于0.7，则必须同时满足以下几项条件：裸眼远视力不低于0.3；矫正视力不低于1.0；屈光度不超过正负3.00D（球镜当量）。做了角膜屈光手术的一律免谈。另外，颜面五官明显不对称或较重的砂眼或倒睫毛也不合格。

5. 骨头与关节疾病或畸形，有明显“O”形或“X”形腿的一律免谈。

6. 有以下情况者绕道：有久治不愈的皮肤病，如头癣、湿疹、牛皮癣、慢性荨麻疹等；有慢性肠胃道疾病；肝炎或肝脾肿大，HbsAg阳性；肾炎或血尿，蛋白尿；肺结核患者；有精神病家族史，癫痫病史；自身晕车、晕船；口吃；耳朵流过脓，听力差，经常耳鸣。

三、政治条件

肯定是要根正苗红思想好的，有下列情况时为政治审查不合格：

1. 直系亲属（三代内）有被关、管、杀或参加邪教组织者；

2. 政治思想落后，对党的现行政策有不满言行的；

3. 受过公安部门刑事处分或处罚的；

4. 有流氓、偷窃、赌博、打架斗殴等不法行为的；

5. 参加宗教组织并进行活动的；

6. 高中和大学阶段受过学校处分的。

四、文化条件

经过全国普通高等学校统一招生考试（外语限英语或俄语）考入大学，并获得学士学位者。

五、心理素质

通过前面的年龄、身体、政审和文化四项淘汰后，最后一环便是心理测试。这一项至关重要，旨在对考生的心理品质和协调能力进行测试，判断考生是否适合从事飞行职业。参加心理测试时，考生要放下包袱轻装上阵，过分紧张易导致这一关的失败。

心理贴士

飞行员是一个挑战自我的高危职业，是成天和飞机、天气、地面打交道的特殊行业。一般而言，做一名飞行员，必须具备以下心理素质，职业和性格的匹配度才会高，也更容易在这个行业得心应手：①对飞行有较强的兴趣和愿望；②心胸宽广，性格开朗；③大胆果断，意志力坚强；④情绪稳定，控制力强；⑤理解、记忆等智力水平较高；⑥思维敏捷，反应灵活，四肢协调，方位判断准，模仿能力强。[①]

这里更强调的是非智能结构，解读一下，假如你要成为飞行员，最好具备以下人格特征：首先，你要热爱飞行事业，这个不用多说。其次，你要有好的性格。比如你不能小心眼，胸襟要广阔得如蓝天那样；你得自信乐观，不要动不动就把郁闷写在脸上；你得勇敢顽强，不要一遇到危险就手足无措；你得果断干练，处理各种情况时不能患得患失、纠结犹豫；你得一丝不苟，操纵电门、手柄、杆舵这些高科技玩意儿来不得半点含糊，稍有不慎就会上头版头条，而你还不一定有机会看到（假如你挂了）；你得谦虚温和，一个脾气火暴的飞行员会把客机开成战斗机，没有心脏病的旅客即使没有生命之忧，也肯定会被吓成神经病——一般人玩不起这个游戏。作为飞行员，时刻控制好自己的情绪且喜怒不形于色是项基本功。

至于相应的智能结构，主要是反应迅速、注意力集中、记忆精准、思维敏捷、判断准确。这个体现在日常生活和学习中就是聪明灵活，另外还有更特殊的要求，就是空间定向能力强，一般人根本做不到，别说在空中定向了，很多人到了陌生的城市，往往连东南西北都搞不清。

① 飞行员应具备的心理素质．新华网军事频道．http：//news. xinhuanet. com/mil/2007 -05/25/content_ 6150334. htm。

9

空姐：看上去很美

远看青山绿水，近看龇牙咧嘴，说的是我们的工作，而非容貌。

行业动态

这是个女性独大的行业，国内各大航空公司在职乘务员七万多人，几乎百分之九十九是女性，和空姐相比，稀有的空少是更养眼的一道风景。

空姐是服务性工作，人们认为这属于服务业中的白领精英类，大多数时候乘客看到的是端茶送水、微笑服务，其实它更需要高度的责任感和娴熟的专业技能，还有超强的心理承受力。最近几年，空中乘务员的职业诱惑相对而言已经小了不少，薪资没有以前高而训练依旧严格、条件依旧苛刻，高强度劳动和高空作业会影响健康，交际圈太窄等都是现实问题。

十多年前，空姐的待遇高出大多数行业，各航空公司对空姐的驻外补贴实行的是“驻地标准”，平均月薪一般在万元以上，加班多的最高月薪能达两万多元，绝对超过今天的大部分“白骨精”。2003年开始，民航总局对空姐的飞行时间进行了限制，每个月上限不超过120个小时，空姐的补贴工资就大大减少了，平均月薪也就几千块。运气好的加盟外航，月薪能达到一万多，但外语水平要求很高。

空姐一般由以下几类人组成：学员（实习生）、见习乘务员、普通乘务员、国际航班乘务员和乘务长。级别不同，收入迥异。普通空姐先得飞国内航班两年，月薪也就两三千元，外加一点儿福利什么的，此后才有资格进入国际航班的普通舱，一段时间后可以飞公务舱和头等舱，月薪升到五千元左右。如果能做到乘务长的话，月薪就离万元很近了。

因为空姐是青春职业，选人要求是才貌双全，和很多行业相比，辞职概率高，换人非常勤，稳定性很差。国内空姐更一直都以入行标准高著称，除了至少要懂一门以上的外语，身高、体重、容貌、气质和学历都是各大航空公司招聘的必要科目，人们称空姐招聘为“超选美大赛”。如今空姐的职业竞争压力越来越大，薪酬也和十年前不可同日而语，每年的学费也高达万元，但各大院校空乘专业报考时依然场面火爆、人头攒动，无数女孩子拥有着不变的蓝天梦。

我的一天这样度过

前天晚上下机时乘务长通知，明天的航线有些小调整，改成晚班。今天和住集体宿舍的姐妹们出去逛了半天，下午在家赶紧上飞行准备网，知道自己将要上的飞机晚上九点起飞，零点多到北京机场，机型为738。这些都是小儿科，接下来我得将飞机号、航线数据等存储下来，在心里将紧急情况下各号位如何处置演习一遍。

一夜好睡眠，我这种没心没肺型不太容易睡不着。我有姐妹经常失眠，然后化妆时就很费力，无论如何不能吓到客人。我没有这烦恼，有时候和男朋友一起出去吃饭，坐在公交或的士上都能见缝插针地打个盹，他老笑我是小猪。女人不抓紧时间补觉，会老得更快。

五点吃过晚饭，拎上行李箱坐大巴去机场。晃晃悠悠一个半小时到机场，去工作室补了下妆。快七点半了，到飞机上去进行各种准备工作。都是些例行事项，但不可马虎，要被发现不合格，乘务长那张通常灿烂如花的脸会立刻变得冷若冰霜，眼神像能杀人一样，我们都怕她。先看旅客服务面板上的项目，呼唤铃、桌椅靠背、小桌板、阅读灯等按次序查过，没有问题，过。再查乘务员服务面板，音乐、话筒、灯光各项功能，灭火器、充气滑梯、氧气瓶……一旦出现意外，这些就是救命稻草，得用心查。

接下来再跟地面配餐人员核对为乘客准备的餐食数量，多几个备份。小菲正在对飞机上的备用品进行清点，包括厕所里的卷纸、肥皂、坐垫纸等小玩意儿。几个人完成既定任务后抓紧将客舱卫生扫描一遍，对着小镜子理理头发，放松下面部肌肉，换上甜美的笑容迎接旅客登机。

此时乘务组四个人各有各的岗位，我是三号位，向我负责区域的旅客们介绍座机号码，安排行李和关照老幼病残。乱哄哄的登机时分过去，五六十位旅客基本安稳下来，行李也都到位，得到乘务长的首肯后，我开始进行客舱安全示范动作的表演。这一套早就烂熟于心，只要配合广播里的声音进行动作示范，简直是最基本的条件反射。客人们看得还算认真，其中两个小孩好奇心强，跑到我跟前盯着我，眼睛一眨也不眨，童心可嘉。

示范完毕，安全检查，主要看旅客是否系了安全带。大部分旅客很配合，也有个别极品旅客（当然是男的）死活不愿意，我们得柔声细语地跟他解释，遇到总打“飞的”的老油子，会要求我们给他系，估计是没事拿我们寻开心呢。有的旅客一上来就放小桌板，得提醒他们收起来。这次我提醒边上那个年轻小伙子拉好遮阳板时，他从墨镜后瞪我一眼，说：“我收了，那你干吗？这事是我做的吗？”语气那么冲，估计被女朋友欺负了，再来欺负弱小。和我同组的小菲正负责看紧急出口和通道，有旅客把行李放在过道里，她说了几次，胖子干脆装死，胖子老婆也跟着进入休眠状态了。没办法，只能请乘务长出面，遇到难题，她行。

起飞了，客舱里有小孩的惊叫声，大人们则都很安静，表情是严肃僵硬的。正常人这种时刻都会比较紧张，我们早习惯了，待在后舱里不动。五分钟之后，琪琪甜美的声音从广播里传来，我和小菲开始发报纸和零食。从头到尾先发一次饮品，柔声问“先生、女士您需要喝点什么”，一个小时后再来一次，跟鹦鹉似的，不过要比鹦鹉有感情。记得刚工作时小菲说梦话都在问“您需要来点什么”，还被乘务长作为典型表扬了一番。

餐车很重，别看我们笑靥如花，姿势轻盈，其实很耗内力，要是飞机稍微颠簸下，就更惨了。有两次起飞不久遇到云层，我端热咖啡给客人，结果咖啡洒到一个客人手上，我连忙用餐巾纸给他擦，连声说对不起，人家斜眼盯了我半天，一声不吭眼神却能杀人。私下里姐妹们也经常交流这些委屈，急了就说“这些兔崽子有本事坐头等舱去，花个千儿八百的坐经济舱，还嫌这嫌那的”。当然只能私下抱怨，被客人或者乘务长听见，或者有人投诉了，那都是要扣飞行补贴的，直接给你的腰包瘦身。

吃过面包喝过牛奶之后，很多客人进入昏昏欲睡阶段。我们收拾餐具和垃圾，有个别客人怀着坐过飞机以资留念的小心眼儿，悄悄把诸如刀叉之类的非赠品放进包里，我收拾时遍寻不着。这个时候得跟他斗智斗勇，笑容满面地告诉他一会来收，否则少一套就得我们大家赔，价格可不是一般的高。回头再收时，客人告诉我掉地上了，莞尔一笑，感谢他，彼此心照不宣。清点完毕，我去办理春秋龙卡，做一下健身操后再进行飞机上免税商品的销售。向人推销不是我的长项，例行公事而已。这些程序都完毕，稍微松口气。然后有旅客嫌冷，要加毯子，一按铃咱就得迅速反应。有的旅客睡着了，但是阅读灯开着，咱轻手轻脚给关了，是不是像温柔的小保姆？说白了，咱就是机上保姆。

我的弦一直绷得挺紧，因为这几年恐怖活动多了，还有人喜欢劫机，虽然中国相对安全，层层安检也密不透风，但依然不敢大意。别看我们好像中看不中用，其实我们对各种偶发事件的处理受过训练，很多程序倒背如流，经常会被拉去培训或者考试。笑眯眯端茶送水的同时，我们也在观察各人动向，一旦有可疑的行迹，我们就会在头脑里紧急搜索各种应急方案，要是感觉很明显，就会立刻和乘务长通气。当然了，极品事情我还没遇到过，毕竟我们是民航客机，中彩的概率比彩票还小。

零点十五分，感谢老天爷爷，我们按点到达，连小颠簸都少有。飞机降落前再次安全检查，提醒旅客系好安全带，收起小桌板……一阵骚动之后，我们坐回位置等待降落。

这班飞机的机长、副机长都是稳健型的，降落技术也好得没话说。飞机一着陆，我的心也跟着落地了，姐妹们站回自己的号位，欢送旅客离开。已是半夜，不少旅客睡得不知今夕何夕，下机时哈欠连天，我们微笑着说“再见”的时候人家连抬眼皮的兴致都没有，习以为常了。旅客下完后，我们分头到客舱检查是否有旅客遗落的东西，如果有，就得赶紧送到前台去，以便广播及时发出通知。检查座位时，坐在最里面的一个中年人还正睡得香，服了他了，广播这么多遍了，舱里这么吵，都没有把他闹醒，赶紧将他摇醒，请他拿起行李下飞机。他好像还没睡醒的样子，一直到机舱口眼睛都跟没睁开似的。我们忍住笑继续清理，半小时后坐班车离开去休息点。等我舒展开身体躺到床上的时候，已经是凌晨两点多了。明天中午飞回去，可以休息一天，男朋友跟在他老爸后头开公司，时间相对自由，他最盼望我的休息日了，那样我就没有理由喊累、喊时间紧，可以陪他看电影、吃夜宵了。他总说结婚怀孕后我要转地勤工作，别老飞来飞去的了。我也有这个想法，但不知到时候能否顺利实现，只能走一步看一步。小菲是想从空姐做到乘务长，将来再到地面弄个官当当，我没那野心，估计也坚持不了这么遥远的路程。

选择理由 ←

我选择这一行，是被高中同学兼如今同事的小菲鼓动的，成为天之骄女的初期别提多兴奋了。我工作已经五年了，还蛮喜欢这个工作的，全国各地的大城市跑得也差不多了，工资不算低，每个月大概有六千多元，跟一般白领相当，绝对没有传说中那么高。一两万月薪，那是乘务长的标准，我是想都不敢想的。飞四天休息两到三天，这对我也比较有吸引力。

压力指数 ←

压力指数高，谁苦谁知道。前些日子我们公司招空姐，竞争那叫一个激烈，差不多六十多个准空姐竞争一个位置，弄得我们都很有前浪快死在沙滩上的危机感了。最怕投诉，一旦被投诉就有被扣钱的可能性。有的旅客觉得自己花钱买服务，我们就该言听计从、屈膝卑拜，对我们很不尊重。现在我已经能做到：看窗外云卷云舒，在舱内宠辱不惊。

另外，对身体的要求比较高。体力消耗大，静脉曲张、时差难适应、例假紊乱、皮肤遭殃等都是家常便饭。长期接受辐射，结婚后很多人会辞职或转行。禁得起冻也是基本素质，真正的“美丽冻人”。

谁都不是奥特曼，安全担忧常驻心中。去年上海飞广州时碰到过严重气流，飞机突降十来米，几乎是自由落体，旅客们吓坏了，机舱里乱成一团。我手里准备递出去的饮料当场全洒了，赶紧就地蹲下抱着头。幸亏有惊无险，我们赶紧回复到工作状态，强笑着安慰旅客，谁愿意拿小命开玩笑呢？伤不起呀！

人际环境 ←

小姐妹之间有时也钩心斗角或争风吃醋，不过不影响大团结。我个人觉得人际环境还好吧，善解人意加上与世无争，不就是一团和气？当然我也不傻，知道她们之间有些不必道破的秘密，谁不想飞好的航线？

但我们除了和小姐妹逛街玩耍，和外界联系很少，基本属“宅女”系列，找对象的范围也很窄。前些日子看见有人在网上讽刺我们想钓金龟婿，其实只是个别情况。我熟悉的空姐，都希望能有一份甜美可心的爱情，很少有为了钱和地位而不谈感情不看对方年龄的。青春是个易耗品，找不靠谱不着调的人，那不是自己往火坑里跳嘛。

我所向往的职业 ←

如果可以重新选择，我选择做瑜伽教练，压力不大，工作环境好，尤其适合我这样追求生活品质和心灵滋润的女人。休息时，我会看看瑜伽的书，因为时间不规律暂时没报班学习，将来肯定是要考瑜伽教练资格证的。

入行门槛

空姐的入行门槛在常人眼中很高，那是航空公司进行电视选秀时声势浩大给人的错觉，其实也没那么苛刻。

一般条件为：年龄 20 至 26 周岁，有良好的心理品质和社会适应能力，身体状况可以满足空中服务工作需要。接下来是地球人都知道的外貌条件，身高 160 至 172 厘米，身材比例好，下半身比上半身长 2 厘米以上，体重在正常范围，太胖太瘦免谈。视力听力符合要求，没有口臭之类的毛病。

还有很多高空工作人员须回避的疾病，这里就不一一列举了，招考条件上写得明明白白，对照条件够你琢磨半天的。

刚入行时在航空公司实习三到六个月，这几个月除了千元左右的基本工资，没有福利。被航空公司录用后，再接受几个月的职前培训，测验合格和实习期满后，才能真正上岗。职前培训费通常在万元左右，得自己埋单。

心理贴士

这儿有份资料列出了最适合当空姐的五个星座——来自国航的调查①，有蓝天梦的女孩子、男孩子不妨对照一下。

第一名：处女座。以服务为目的的她闲不下来。空姐这个工作非常忙碌，一件接一件，处女座不以为苦。平常有洁癖的她，并不觉得清洁工作是卑下的事情。再者，空姐是人人都羡慕的行业，对爱面子的处女座吸引力很大。

第二名：天秤座。天秤座不喜欢形象上不优雅的工作，而空姐则可以打扮得光鲜亮丽。虽然空气很干，对皮肤伤害不小，她们也认了。不过干

① 最适合当空姐的五个星座．中国民航新闻网．http：//caac. people. com. cn/GB/11851139. html。

一个月就会后悔，因为太累，天秤座怕累，但又不敢马上离开，只好先待一阵子，往往待着待着就走不掉了。于是，她们常常会一边抱怨一边做，私底下找些乐趣，飞到国外时会到处去玩。

第三名：摩羯座。这个星座的人很务实，空姐的高薪水吸引了她们，上班装扮得高雅靓丽，穿制服可以让她们不用为穿着而大伤脑筋。虽然做的只是服务性工作，可是形象优雅，让小姑娘们羡慕。对摩羯座来说，赢得了尊重和艳羡是件快乐的事。

第四名：双子座。这个星座的人最大的特色是不怕陌生人，很适合当空姐。空姐长期在一个私密的空间，要抛开个人情绪，对所有人笑脸相对，双子座则随时随地都可以打起精神来。她认为人是很有趣的，跟人打交道其乐无穷，并非苦差事。除非有一天她自己腻味了不想再干，否则双子女天生是空姐的好人选。

第五名：双鱼座。这个星座的人会把空姐当成事业来经营。她会先确定自己在这个岗位上能够学到什么，得到哪些成长机会。上机服务，双鱼座可以做得很不错，可是如果一辈子只是当空姐，双鱼座就不能接受，她只希望空姐是未来事业的跳板，让自己能够通往更加满意的职场道路。

10

列车长：一路满载酸甜苦辣

当乘务员时羡慕乘务长，当乘务长时羡慕列车长，三年列车长干下来，还是觉得当乘务员比较轻松。

行业动态

从1876年上海吴淞铁路开始，铁路客运在中国已经有了100多年的历史。随着铁路事业的高速发展，目前客运列车总数超过1500对，能同时运送人数超过500万，而火车的不断提速和高铁动车的飞速扩张，也让铁路上的工作人员大量增加。毫无疑问，每一对列车上，总有一到两个列车长和若干个乘务员。

比客运列车更多的是火车站，我国大大小小的火车站有6000多个，繁华都市中、大海湖畔边、深山峡谷里……从特等站到一等站，直至五等站，铁路工作人员达200多万人，是个庞大的群体。而列车长，作为所在客运列车的主管人员，跟旅客离得最近，对下跟司机、餐车工作人员、乘务员、乘警等打交道很多，对上跟车长和火车站的各级领导都有联系，是个中间人物。当下平均每一个小时，就有一百多位列车长带着他们的乘务人员，跟随列车开始长途或短途旅行。这些列车长一年中有一半以上，甚至大半时间是在列车上度过的，“咔嚓咔嚓”就是他们生活的主旋律。

→ 我的一天这样度过 ←

首先声明，我不是动车列车长，虽然我也受党多年培养，有了钢铁般的意志和承受力，但上次温州动车出那么大事，还是把我吓坏了。干我们这行的，弦绷得最紧的就是安全，每次平稳到站我心里的石头才落下来。我是个普通列车的车长，从业十多年，大部分时间都在列车上听着“咔嚓咔嚓”声，包括春节、中秋那些大节日，以至于休假时听不到这声音就觉得不踏实，你说是不是贱骨头？

我没跑过国际列车，中国的120个大火车站，我也去得不多，我家住西安，嫁在西安，曾经有一段时间跑西安到北京线，现在具体跑什么线就不说了，免得被人肉搜索。从十三年前当乘务员开始，从T字头跑到K字头车，同事换了一拨又一拨，感觉还好，习惯了这样的工作和生活。

西安站是特等站，人称“西部第一窗”，客流量大，每年发送旅客接近3000万人次，除了北京、上海、广州，大概就是我们站了。列车多，车长多，当然了，领导也多。这不，今天我准备出车前接了几个领导的电话，有要我关照老人的，有要我捎带半大孩子的，还有乱七八糟的一大堆事，我接一个电话就写一次，做成备忘，要不一上车就忙忘了。

出车前的例行会议，其实就是点到分配任务，简要讲讲注意事项。轮到乘务长发言时，他提到上次有几个人把旅客说成麻袋或背包，这肯定不对，不能他们扛着什么就叫什么，如此称呼，春运期间就没法工作了。希望本次出乘不犯此类错误，大家都心照不宣地笑，算是一个小放松。旁边停靠的列车上好多旅客朝我们这里看，乘警李大个说：“陆姐，这次出乘重点还要加一条：防火防爆防领导。”他说得没错，最近我们系统在开展行风大督察，不知道会不会有哪个我不认识的督察人员潜伏在卧铺车厢里，反正尽力做到最好才是。

本趟车是下午五点多发车，一路顺风的话得二十多个小时。虽然不是最变态的春运时节，但正值9月中旬，随后就是国庆节和中秋节了，学生多，老人多，游客多，出门办事的人更多，车上还是非常拥挤的。幸亏是始发站，所以提前半个多小时就开闸放客，以缓解候车厅的客流量，各项工作因为时间充裕而相对轻松。三乘联检和三品检查照例得我带头执行，以把好旅客上车的第一关。等旅客步履匆匆地拖着大包小包都上了车，我松了一口气，同时也有些不解：出门和回家的心情总是那么急切，不可思议，也许我们天天如此，习惯了。如果时间允许，我现在出门和回家都慢悠悠的，天天跟着列车飞奔，难得慢慢享受一下走路的过程。

上客顺利，列车准点出发。我照例巡查一趟，看乘务长、机车组长、乘务员们都有条不紊地在各自岗位上忙着，就去了列车长办公室，第一件事就是打开工作日志，将该填的项目填好。这是我的习惯。字还没写完，儿子来电话了，是放学后到家没看着我，忍不住问候一下。简单叮嘱他要听爸爸话好好学习之类的，儿子不耐烦了，将电话扔给老公。老公提醒我到广州别忘了给他看下 iPad 2，方便就带个回家。我答应了，他是高中老师，也很忙，带儿子的任务都归他，人家这点小嗜好，咱得成全。

本趟出乘有两个新乘务员，一个女大专生一个男高职生，一个在硬座车厢一个在卧铺车厢，都有领导关照过。乘务长已经事先给他们分别配了师傅，也不晓得两个新手能否顺利开展工作。这么想着，我忍不住先到六车厢去转悠，女生小刘挺在行，正面带微笑地为旅客送水，途中还耐心地解答了一个小孩的提问。再转到卧铺十号车厢，男生小陆正在准备垃圾袋，我喊上小陆、小刘和乘务长，带他们去餐车，一会就是用餐时间了，得让他们熟悉一下车组工作人员。这些平时是用不着我费心的，不过这俩小孩都是上头领导关照过的，所以我也格外关心。

别看列车长好像很神气，其实就是个操心的命。当上不容易，要当好了那就更难了，安内攘外是基本功。安内，火车驾驶员、乘务长、乘务员、厨师等人员，哪里不协调好都不行。攘外，乘客里啥人都有，列车就是个复杂的小社会，啥事都可能遇上。对此，我早就练就了冷静对待的本领。为此，我老公曾私下里抱怨过，说我女人味越来越少，看见成群的老鼠也不惊叫——女人必须比男人大惊小怪，不晓得这是什么逻辑。

这是吃晚饭时的胡思乱想。简单吃过晚饭，乘警大张和乘务长到车厢去验票，我也陪着去了。车厢里有些闷热，各种调料的味道扑鼻而来，空调效果不好，旅客特拥挤，行李永远那么多那么杂，可见咱们国家实行计划生育确实很有必要。有旅客看到我的一星一杠，忙不迭地抱怨太热，我笑嘻嘻地答应他马上处理。这算小儿科的，旅客不像春运那样塞得到处都是，那时走路都得挤过去，空气里也什么怪味都有。忙了一圈，没发现什么逃票或假票现象，例行公事看完一节车厢，列车接到调度命令，要临时停车，此时已经九点多了。旅客们一部分人已经昏昏欲睡，一部分正在看报纸，车厢接口处有两个烟鬼在对抽。目前卫生状况尚好，广播员也在正常工作，我和乘务长一起挨个儿巡视一遍，对值夜班的乘务员和乘警强调了注意事项，准备去办公室休息。

列车停靠半小时后又起程，晃晃悠悠过了近三个小时后停靠渭南站，这里要上客下客，还要加水，我得签收各种票据，查看旅客信息统计表。迷糊了一会儿的我一个激灵，赶紧整理一下衣服，用凉水抹把脸，用对讲机联系乘务长，通知人员各就各位，接着查看门岗是否到位，再观察上下客情况。交接好后，我逛了一圈，今天列车超员不算很严重，大家的服务尚好，硬座车厢当班打瞌睡现象不多，卧铺车厢夜间行车边凳值岗制度也执行到位。美中不足的是夜间的车厢卫生不够好，这是乘务长督促不够，已是深夜，打扫的话容易影响旅客休息，只能明天一大早再说。

列车再次启动。我照例巡视一遍，夜里三点交接班，不只是我，也包括乘务组和机车组等。我抽看了第七车厢和第十六车厢，各项制度落实得还好，将日志交给副车长，叮嘱他要加强卧铺车厢的巡查，然后倒头就睡。睡到早上六点不到，醒了。刚洗漱完整理好衣服，还没来得及和副车长去换岗，就听到刺耳的声响，凭着多年的经验，我知道这是火车轮和钢轨产生了激烈摩擦，只有机车紧急刹车——行话叫“撂非常”时才会有这种现象。我下意识地想：坏了，莫非遇上了卧轨自杀的傻子？我顾不上车晃得厉害，赶紧往过道里跑，迎面遇上副车长，他将对讲机递给我，等车稍微停稳，我赶紧联系乘警大张，让他迅速到机车组去查看情况，我和副车长也往机车组跑。还好，虚惊一场，只是撞死了一条早起的狗。

一个小意外让车多停了近二十分钟，其间我得和调度联系，向段上简要说明情况，然后接到通知，因为调度不过来，我们的车得多停一小时，可能最终要晚点三四个小时了。晚点对我们而言是家常便饭，尤其是春运期间或天气恶劣时，晚上十个八个小时、断水断粮都有可能。很多乘客开始有情绪，我让乘务长带着列车员和乘务员分车厢去做耐心的安抚工作，广播员也换上了声音更为柔美的小吕。事后小吕跟我说：她道歉了近二十次，虽然换着方式说，还是觉得自己成了复读机。

机车组利用这段时间进行了一次小检查，防止刚才碾狗之后留下后遗症。餐车内正在准备早餐，我刚想喝口热粥，对讲机响了，乘务长找我，说十五号卧铺车厢有个心脏病人，随身携带的药用掉了，精神状态不是很好，强烈要求给他找“速效救心丸”。此时火车停靠在荒郊野外，最近的镇离这里也有十几公里，下一个停靠站最快也要两个小时，而且这里是山区，交通不便。没办法，我只能让广播员反复广播，寻找列车上是否有医生，动员人家过去帮忙，同时联系前方车站，让他们备好药。还好，二十号卧铺车厢正好有位心脏病人带着药，总算又解决了一桩麻烦事。其实我心里也没数，这个心脏病人是不是检查组的人伪装的？没法揭开谜底，索性装呆，兵来将挡水来土掩就是。

如此停停走走，列车在第二天晚上七点多到达目的地，确认停车后，各部门人员各就各位，清理列车。以前曾有人赖在里面死活不下车，我好言好语嘴巴快说干了才请走老人家。下车前照例进行联检，乘务长早就写好了书面乘务报告，我则要完成列车行驶记录单。列车明天中午返程，时间不紧张，床铺整理、机车安全检查、列车长汇报工作、布置下趟出乘任务等程序都没那么匆忙，不像春运期间，有时候三四个小时内就全得做完，根本没时间喘息。而今天，至少可以放平了睡个安稳觉了。

选择理由 ←

我父母都是铁路人，我学的是铁路客运专业，所以顺理成章地无需抉择。既然习惯了“咔嚓咔嚓”的节奏，就这么一直做下去吧。

压力指数 ←

压力指数中上。我一个同行列车长，每次上车前都跟各组（乘务、餐务、客运、公安等）打招呼：“老哥我混个列车长不容易，大家相互帮忙，不要出任何事情，老哥我谢谢各位了。”然后给所有人敬个礼。我能理解，整个车都交给他了，安全是头等大事。工作人员来自不同渠道，素质也良莠不齐，旅客群又是大林子，出了事情，列车长会吃不了兜着走的。

人际环境 ←

人际关系复杂。每天都要面对南来北往的人，对不同的旅客要有不同的应对措施，对有些专业逃票人员和捣蛋分子，“软硬兼施”在很多场合是必要的。当然重点是管好手下的兵，和车队长保持良好关系。

我所向往的职业 ←

假如可以重新选择，那当然要新的体验了，换个清闲些、安静些的事情做做吧，比如到机关当个文员什么的，我想我能干得很出色。

入行门槛

当乘务员相对容易，当列车长的门槛比较高。当然，很多列车长也是从乘务员一步一步提上来的。做到列车长，一般要本科以上学历，三到五年列车上的工作经验，另外专业要过硬，例如铁路运营知识背景、铁路指挥经验等必不可少。

进入铁路系统有如下几条途径：一是父母有一方在铁路，就读于铁路学校的毕业生可以直接分到铁路上；二是铁路系统的子女参军复原后可以分配到铁路；三是铁路局直接招工，自己可以根据要求报考。

心理贴士

想象你脑中有一幅图画，有一天你乘坐时光机回到原始人的部落，这时天气实在热得吓死人，你又看到两男一女正在叽里咕噜不知道在讲什么，看他们讲得面红脖子热，又好像在吵架……你觉得他们三个人可能在讲些什么呢？

A. 可能为了伙食没着落的问题在烦恼

B. 可能为了天气太热、食物容易腐烂在烦恼

C. 可能为了村子爆发一场流行病，苦无对策在烦恼

D. 可能为了外族入侵抢地盘的事在烦恼

参考答案：

选 A 者可以成为很称职的专业人士。例如，你可以当医生、律师，或是工程师，甚至命理师，等等。地位崇高，不仅收入多，也使人尊敬。但在成为这类人士之前，你必须付出相当的努力以及代价，用心去争取。

选 B 者可以成为很专业的业务或类似的工作人员。例如，卖场的销售人员，甚至是演艺圈的经纪人之类的。你天生拥有察言观色及口若悬河的本领，但要想成功扮演这类角色，经验值将是你的决胜关键。

选 C 者适合当老板。领导力极佳的你天生最适合担任主管、总经理，甚至是老板的工作。只是除非你是含着金汤匙出生，否则这类机会是可遇而不可求的。你也很容易在还没爬到这个位置之前就放弃了。成功绝非偶然，脚踏实地才是致富之道。

选 D 者希望生活平静，能有个稳定的工作环境，除了上班之外，剩下的时间就是自己的。所以，朝九晚五的工作最适合。这样的工作也是最多的，你可以依照兴趣去选择你想要的。只是，也要让自己能时时学习，才不会因为突发状况而面临失业。

11

大副：爱航行，也爱登陆

漂洋过海久了，想登陆；在岸上时间长了，又想念大海。希望大海可以带走我的哀愁，就像带走每条河流。

行业动态

世界上90%的贸易物质是由海运完成的，如果没有海员的贡献，世界上一半的人会受冻，另一半人则会挨饿。中国93%以上的货物贸易要依靠海上运输实现。到2010年，中国拥有海员65.3万人，是世界上拥有海员数量最多的国家之一。2009年，我国外派海员达10万多人次。我国拥有大中专航海院校53所，海员年培养规模达4.6万多名；海员考试、评估、发证机构有52个，2009年参加全国海船船员适任考试者达11.5万人次。[①]有行内人在网上贴出了中国海员工资参考表[②]：

中国海员工资参考表

海员职务	远洋工资（美元）	近洋工资（美元）	沿海工资（元）
大厨	800	700	3500
机工	800	700	4500
机工长	1000	900	5600
三管轮	2200	2000	12600
二管轮	3500	3000	19600
大管轮	4500	4000	21000
轮机长	5200	4800	26600

① 新浪新闻中心. http：//news. sina. com. cn/c/2010－07－11/081820654058. shtml。

② 湖南湘海国际船舶管理有限公司. http：//www. 08px. com/11760/PLessonDetail44876. html。

续　表

海员职务	远洋工资（美元）	近洋工资（美元）	沿海工资（元）
水手	800	700	4500
木匠	800	700	
水手长	1000	900	5600
三副	2200	2000	12600
二副	3500	3000	19600
大副	4500	4000	21000
船长	5500	5000	28000

注：表中数据仅供参考，公司不同、轮船吨位不同、航线不同，薪酬不同。

业内人士称上海远洋轮船大副的平均月薪超过8000元，这是保守说法，一个一年出远洋半年以上的大副，月薪应该不低于2万元。

据统计，全球海员的缺口现在是2%，到2015年，全球海员的缺口将达到15%。国内海员缺口也很大，主要是缺高级船员和水手机工，轮机部的二三管轮和甲板部的二三副已经基本饱和，大副是船长身边的得力助手，这个岗位还有很大缺口。海员的职业发展路径是这样的：实习生—水手—三副—二副—大副—船长。从水手升三副要参加晋级考试，考与航运有关的七大项，即航海学、海上货运、船舶操纵与避碰、航海英语、船舶结构与设备、船舶管理和海洋气象学，另外还要考水手的相关小证。从三副到二副只需要时间和资历，不必考试，正常情况下做满三副十八个月就能荣升二副了。轮到升大副和船长，文凭是必不可少的，起码是本专业的大专学历，然后参加国家规定的科目考试。

总而言之，这个职业很特殊，属于高投入、高回报、高风险的“三高”职业。

我的一天这样度过

早上醒来后去甲板上吹吹海风，很像电影《泰坦尼克号》里的浪漫场景吧，其实我们已经看海看得没感觉了。小时候我特羡慕鲁滨孙，就是漂到荒岛上被人家当成野人的那个幸运儿，我对他是羡慕嫉妒加上恨，因为那时候爸爸妈妈管得太紧，叛逆少年总想着自由飞翔。后来上高中时学历史《郑和下西洋》，内心又痒痒的，恨不得立刻坐上大轮船漂洋过海去，哪怕做个人妖也在所不辞。如今美梦成真，考上了海运学校，毕业后又上了大轮船，才发现航海生活不过如此，年复一年地跑跑停停，不是靠岸，就是漂泊。像我，一年中能有一半时间在家里就算是阿弥陀佛了。

这趟走得挺远，但时间周期不算长。目前我在东方海外，供职的这条船总长近 300 米，走的是中美欧航线，一个来回 84 天，挂靠 26 个港口，今年这已经是跑的第三趟了。此刻，看着外头海天一线，我靠着栏杆下决心：这次上岸后，任凭公司领导说破大天，就算给我双倍薪金，今年我也绝对不会再跑了。本来我跑两趟就可以到岸上去，正好可以在家陪着已经怀孕六个月的老婆待产。可是大副太紧缺了，虽然我还是个准大副，只好又接着跑，下午船就可以到维多利亚港，最多还有一周时间我就可以回家了，希望我的儿子耐心点，乖乖地待在他妈妈肚子里直到我回家。

跑船十年，这是其中很平常的一天，船夜以继日地走啊走，如此速度下午三点将挂靠香港。面前依然是一望无际的大海洋，但每个人的心情都略有不同。早饭照例是稀饭、馒头、醋泡花生米，还有炒面、榨菜什么的。我想今天到港后是不是要配备点其他种类，可以包点饺子或者炸点春卷什么的让大家解解乡愁，当然春卷里只能包大葱大蒜加肉，荠菜是甭想了。虽然离家越来越近，没几天就可以登陆了，但各类蔬菜还是要多备点，常用药品缺什么也得补上，一会儿跟三副再沟通下，晚上就要办妥。

吃完饭转悠一圈，一切正常，很多人都聚到甲板上呼吸新鲜空气。天天在水上漂，习惯了机器的轰鸣和船体的摇晃，如果哪天早上醒来看到建筑物和陆地，就会有久违的回到地球的感觉。在外头转悠了两个多月，终于要挂靠自己国家的港口，船长心情大好，亲自做操盘手去了。

刚从驾驶舱解放出来的二副解开夹克，手夹香烟，学《泰坦尼克号》中男一号杰克的样子做经典抒情状：“白马呀，你四条腿；蜈蚣啊，你都是腿；大海呀，你全是水；靓女呀，你说你美不美，鼻子下面是小嘴……”二管在旁边狞笑，一干兄弟开始讲黄色笑话。不要怪弟兄们情趣低级、形容猥琐，这是没办法的事，航海生活的沉闷枯燥非一般人能体会，不在岸上的时候，只能如此消遣，否则人会疯的。

二副和三管在我旁边聊昨晚的扑克牌大战，昨天我下午四点到八点值班，然后三副接班，二副则从夜里零点开始，我们就利用这宝贵的四个小时酣战一场。不值班的时候，除了看电视，我们就是斗地主或打麻将了。牌技提高是无须说的，经常操练，绝对精准稳狠。

聊着聊着就拉回到工作，这是正事。下午挂靠维多利亚港，需要准备的事情还是很多的，我简要地给他们说了下，各自岗位上该做的要做好，免得到时候手忙脚乱。这几个兄弟都是知根知底的，办事也很稳妥，分头忙活去了。

大副实际就是船上的大管家，管人也管货，主管甲板部的日常事务，船上工作人员的淡水、饮食、药品和各项生活事宜要操心，垃圾处理、货物配载和修船计划方案等也要管，二副三副的工作还要关注。在外人眼里，大副就是未来的船长，我也是这么认为的。管人的吃喝拉撒倒不是很难，有钱就能办好，除了蔬菜少点，这个没办法，故乡般的大海里不长这些。最考验我的就是货物这块，要计算货物重心，保证船舶稳性，这是安全的需要。配货最烦也最费脑子，让我常有大脑内存不够、神经主机太慢的恨意。我进了自己房间，静心查看各种单子，思考着怎样配置最经济、最迅速。

中午照例到船上大饭店就餐，鱼肉俱全，没什么说的。要靠港了，而且是咱国的东方之珠，大部分人明显兴奋了起来，一直说说笑笑，船长也没在房间吃，跟大家在餐厅里嘻嘻哈哈地混时间。二副赶紧吃完去换三副，连走路都哼着小曲。

吃过饭，看看时间，还有两个小时靠港。再次让水手兄弟们到甲板舱面上将大块一点的锈稍微除一除，为的是形象；叮嘱木匠再量下每个水舱的水量并小心地将左右压载水舱调平，待会儿靠码头时船会自动控制平衡，但当下尚在航行，安全第一。

远远看见小山似的集装箱，维多利亚港白天风景一般，晚上就美不胜收了。快靠码头了，船长和三副在驾驶舱盯着，老轨和当班轮机员以及电机员机匠在集控室值班备车，其余人都跑到甲板上，一脸轻松愉快。我跑到船头带缆绳，等船泊好后装卸货。三副跟岸上工作人员沟通：该卸的货有哪些，放在哪个位置，将具体配载表给了他们。这之前已经联系过，他们该配的都已经配好了，让我上去进行确认。三副则负责盯着舱面，这个马虎不得。这次还有一部分冷藏集装箱，我也和二轨以及电机员一起盯着，前几个箱子都没问题。后来有 1 个，电机员告诉我那个电机屏幕上显示已经接近 10 度了。我和二轨一看，果然，本来零下 18 度的电机，如今高出 20 多度，用脚趾头也能猜到里面的东西成啥样了。这个运回去，不是给自己添乱吗？不能含糊，我立马电话联系代理，请他过来，代理一看这情形，脸色不太好，但人在江湖，得守规则，于是箱子又原封不动地吊了下去。

忙活得差不多了，要开晚饭了，兄弟们都比较兴奋，想上岸玩。玩可以，规定时间内回来就行。老规矩，大家先吃了晚饭再去，今天开了啤酒，但是一人限一瓶。很多人匆匆扒拉几口饭，留着肚子到外头喝酒吃点心去了。地球人都知道的不夜城，不玩个通宵不痛快。

当然，不是所有人都能出去玩的，比如我，就得在船上值班。咱也无所谓，反正值班这事得轮着来。吃过晚饭看会儿电视，就给老婆打电话，这里没有网吧，也不好视频，其实我特想上网。老婆住在岳母家，我听见岳母一个劲儿地在旁边问我什么时候到家。我说保证五天后回家报到。老婆又说前几天看到索马里海盗拦截渔船，吓坏了。我安慰她不会的，我们这种巨大的海轮，海盗没法搞，他们只欺负小船只，就算遇到海盗，人家只劫财不劫色，更不劫命，让她放一百个心。我这么胡侃乱说一通，老婆轻松了许多，回到正题上，絮絮叨叨地说了些孕产检查的情况。我听着，一点不觉得琐碎无聊，事实上若是连续大半年都不在家，跟老婆这样长时间通电话也是一种幸福，何况三十好几的我即将荣升爸爸，心情自然大不同。将近一个小时的通话，以老婆说为主，我间或说点旅行见闻。航行多年，船上的故事很多，海盗遇到过，遇上暴风带几乎翻船的情形也是有的，也和大家一起摸黑抓过小偷，还心血来潮飙过船（大海不是公路，阔大无比，飙一下问题不大），但我通常不会说这些，只报喜不报忧，要不她成天担惊受怕的，多没劲啊！

实事求是地说，海员的生活很单调无聊，在海上漂流的日子，抽烟喝酒赌博，这些都是有的。至于大家都密切关注的海员到了异域之后的私生活，这个不好乱说，反正我是清白的。打完电话船上转一圈。船长已经购物回来了，给他要结婚的女儿买了珠宝、钻石、名表的花掉几万大块。三副拿着大家的登记单出去买烟、买酒，没多久也回来了，配送的人跟在后头忙活，大家要的都是免税的好东西，给亲朋好友带回去。三副问我还出不出去上网了，我说太晚了，估计老婆都睡了。又是一天过去了，海风你轻轻地吹，海浪你轻轻地摇，让我好好睡个觉，养足精神回家抱儿子。

选择理由 ←

高考后我上的海运学校，加之我的家境不是很好，父亲生病后家里经济更为吃紧，我自然别无选择地上了船。后来就渐渐爱上了航行，但是恋爱后又盼着早点登陆，毕竟有根线牵着。将来有机会还是会上岸工作，钱少点不要紧。

压力指数 ←

压力指数高。海员的心理压力还是比较大的，虽然出远洋收入可观，但跟家人聚少离多，而且再大吨位的巨轮，都只是汪洋中一片飘摇的小叶子而已。大家每次出海之前都很认真地检查救生系统，默默祈祷自己一帆风顺早日登陆。我们很多人都信佛，脖子上也常年戴着玉观音。我的同事二轨，每次要出去，他的老母亲都神经质地拉着他不松手，生怕儿子有个不测。二轨常跟我说，只要在陆上找到合适的工作，他立马辞职下贼船。

人际环境 ←

人际环境单调封闭。清一色的男性群体，几十个同事在一起度过那些无聊的岁月，俗话叫风雨同舟，理论上关系应该是很铁的。但是在一起的雄性多了，生活又如此封闭，更容易发生打架斗殴等事件，一旦埋下不和的隐患，往往缺乏足够的空间去化解，会严重影响人际交往。在船上，等级制度比较严格，个人的角色相对固定，各种需求没法在多重角色中得到平衡和释放。另外，文化差异和个性因素也会影响各自的人际关系。

我所向往的职业 ←

缺啥补啥，上岸后我就想找个稳定且相对自由的职业，例如开个店或者做点建筑器械方面的投资，不会很辛苦，也能多照顾家。

入行门槛

当水手，条件倒不是很高，但想做到大副，那起点相对不低，得从三副做起。

报考三副，非航海专业的大专毕业生需要到海事院校进行专业培训，取得相应航区、船舶等级的值班水手适任证书，并实际担任其职务满12个月。其次，身体要过关。各项体检，如外科、呼吸系统、消化系统、心血管系统、神经精神系统都是要查的，要求无职业禁忌的病种，传染病和其他疾病也不可以。

如果你本身是航海专业大专毕业生，有过水手经历后，先将所有相关小证考过，包括雷达、G 证、高消、急救等，然后直接到海事局报考三副，也可以挂靠一个船务公司后报考。三副离大副并不遥远，当了三副后，再一步一步往上走吧。

心理贴士

海员的工作环境很特殊，就普通民众这个层面，对其知之甚少。

影响海员心理健康的认知和情绪因素主要体现为：浓烈的思乡情绪及孤独感；职业自卑感和悲观消极心理；双向性格特征及矛盾意向；模式化与紧张综合征。根据学者的调查研究，海员的躯体化症状（身体不适但医学上检查不出任何问题，主要是心理原因引起的身体器官敏感）、抑郁、焦虑、恐怖、偏执等比全国常模要高。[①] 究其原因，一是生活没有节律，成年累月地封闭在一个小天地里，航行中噪声又总是如影随形，听力下降，容易烦躁焦虑，时间久了会极度倦怠；二是海员都是正当壮年的男性，生理需求总是被压抑，更容易产生性心理健康方面的问题；三是饮食和娱乐活动等相应的生活和精神方面的需求也难以得到满足，很多人会有短暂甚至长时间的情绪低落，甚至产生攻击行为。另外，海上航行风险比较大，也易引起精神紧张和焦虑恐怖。

目前，很多船务公司逐步开始重视海员的心理健康并积极采取措施，如在船上增设各种体育器材和娱乐设施，配备心理医生或指导员上船进行心理疏导或做健康讲座。当然，任何问题靠外力只能缓解，自助者天助之，凡事终归要靠自己才能真正解决，乐观、豁达、让自己的内心小宇宙足够强大，永远是保持心理健康的不二法则。

① 刘贺，张松，苏煜．对我国海员心理健康状况的调查研究．健康心理学，2002，10（5）：P399.

12

收费员：小方寸内度年华

《收费员之歌》如同“我们是共产主义接班人”那般嘹亮铿锵，事实是，每天在小方寸之内消磨青春，要有一颗淡定的心。

行业动态

全国究竟有多少公路收费员？目前没有确切的统计数字。几年前费改税之后，原先二级公路收费站的几十万名工作人员一部分融入了高速收费，随着高速公路建设的突飞猛进，社会招聘和政府安排人员急剧增加，保守估计有上百万的工作人员。这个庞大的群体还会不断补充新鲜血液。

收费员是一份稳定有序的工作，但工资远没有传说中那么高。曾有人在网上说达到八千或一万的月薪，这牛皮也吹得忒大了点。一个普通收费员，如果是事业编制，扣除保险、住房公积金等费用后会达到三千元；如果属于公司聘用，那么对不起，你的企业员工性质就决定了你的二等公民身份，好的省份，也许能拿到三千，边远落后地区，少的才一千多，刚够糊口，养家就免谈了。当然，如果你升职了，情况会有所好转。但升职这条路不是一般的漫漫，得上下求索而未必有尽头。

中国公路造得越来越宽越来越长，高速路也纵横交错，可是老百姓往往不买账，他们抱怨“路费猛于虎”，称每次出车都要被若干次“打劫”，尤其是长途大卡车司机，更是牢骚满腹。作为直接与他们面对面打交道的收费员，免不了要接受这些情绪垃圾的洗礼。不分白天黑夜、不分春夏秋冬、没有假期双休的工作制度，让收费员们同样认为自己很不容易。

我的一天这样度过

我上岗七年了，这份工作来之不易，爹妈花钱找关系让成绩中等的我在初中毕业后上了五年制大专，又七拐八弯地通过更大关系让我得以顺利就业，分配在南京远郊的收费站，还算不错了。我是下午四点的班，在上班前先给你看个短信，同事刚刚转给我的："满怀激情来到岗位，穿着制服吃苦受累，管理条例让人郁闷，屁大点事反复开会，三园建设必须到位，工资不高还得纳税，文明服务不敢懈怠，司机谩骂得赔笑脸……车道纠纷自己来扛，挨打只能私下处理，上个厕所还得请假，监控镜头时时对准……"后面还有更变态更精彩的，问候了领导的祖宗八代，我就不给大家看了。每个在职场混的人都觉得外人不懂他的苦，事实上也是如此，不在其位，不知其味。好，接下来马上轮到我当班了，请跟我来。

首先集合，我们十个当班人员在小班长的正确领导下，统一穿上制服，佩戴上胸牌（没有会扣分罚钱的），列队进入票款室（我们这叫半军事化），挨个儿领取自己的IC卡盒和票款箱，做好岗前准备工作。我今天领的是票款箱，正值十一假期，估计我到下班时会数钱和票据忙到手软了，可千万别吃"肉包子"，也就是少收或多找钱。提着家当跟着班长来到站区的破操场，班长有模有样地对我们进行岗前讲评，将我们耳朵听出了老茧的工作要求再重复一遍。天天这么折腾，谁都能记住。但是，这是规矩，必需要有。然后我们又迈着"一二一"的整齐步伐，如机器人般依次走向自己的岗亭，就是你们看到的小玻璃屋子，冬凉夏热，空调也常常不顶事。

俩班长相互敬礼，一本正经地填写值班日志，交接有关事项。隔壁解放了的收费员李姐一脸轻松，几乎是从座位上弹下来的，交接完毕后，步履轻盈地拎着她的月光宝盒去票款室了。交班给我的小胖则没精打采，慢悠悠地清点着各项物品，其实就是验钞机、灭火器、票据等，一目了然，没什么可磨蹭的。小胖是因为美梦泡汤而失魂落魄，本来说好十一请假带女朋友去丽江散心的，结果班次排不下来，非但没请到假，还要额外加两个班，小心灵很受伤。甭管他们啥状态，我也顾不上问候或安慰了，因为咱得赶紧输入工号上班操作，今天已经是九月二十九号了，路上的车特多，不能磨叽。

正式开工。一辆七座面包车过来，咱伸手示意司机减速停车，等人家摇下玻璃车窗，道一句："您好，请出示你的通行卡。"接过来，在机器上刷下，显示该收费 35 元，人家送上来百元大钞，咱两手并用，打票，撕票，找零，递上："收您 100，找零 65，请走好。"司机是个大胡子，毫无表情地收起票据，走人。依我的熟练程度，整个完成速度应该控制在 25 秒之内，完全符合要求。接着是下一辆，下下辆，公路上汽车川流不息，咱国家的交通超级发达，沿海一带的高速总是车来车往，那就意味着咱们这些人连上厕所的工夫都很紧。

当然，收费的间隙也还是有的，虽然总是那么稀少。大概六点不到的时候，有点内急，肠子里也咕噜咕噜的憋得慌，还好马上要轮流吃晚饭了，要不得急死我。急还不能表现出来，要克服重重困难镇定自若地坐在那儿继续收费，否则摄像头会拍下你的苦瓜脸，咱站长属于没事干时将监控当连续剧看的主儿，弄不好咱这经典表情就会成为他的点评话题。此等吃饭就是填个肚子，一般十来分钟，根本没时间多磨蹭，我赶紧先跑了趟厕所，觉得有点拉稀，心想坏了，这个时候闹病假，谁都不愿意顶，咋办？该不是着凉了吧？肚子啊肚子，给我争点气。明天我妈要回老家，老婆要到后天才休息，要是我病了，可就青黄不接了，孩子都没人带。

还好，晚饭后喝了点热茶，吃了片阿司匹林，肠胃轻松多了。继续收钱撕票的工作，其实我们整天不是发卡就是收钱，要不就是指挥车子快速过车道。这八个小时是车流量比较高的时段，估计今天能收一千辆以上的车，大概能有几十万吧，老天保佑我大脑清醒，绝不多找一分，也绝不少找一分。多找了，自己掏腰包贴，少找了，钱归公。但是只要有司机投诉，咱的工资就得缩水，这属于工作失误，除了把钱还给司机，还得扣五十元或一百元以示惩戒。咱拼命眨着沉重的眼皮上夜班，为的就是这一百来块的辛苦费，错上两次，还不要了我的小命？

天完全黑下来了，忙碌中已经八点半了，大卡车开始多了起来。卡车司机喜欢白天睡觉，月黑风高时上路狂奔，一是夜里车少；好跑；二是夜里警察少，超载罚款的风险小。各地的超长超载卡车连绵不断地过来了，很多司机都是风尘仆仆的样子，疲惫加怨气让他们显得特别不友好。你再怎么微笑服务，他们都爱答不理或骂骂咧咧，操着各种口音骂娘，气呼呼地递钱拿票，说钱都被鬼收走了，跑一趟的血汗钱都贡献给了收费站。有的人骂高速收费是强盗抢钱，我只能无奈一笑，淡定地想：大哥，强盗会客客气气地找零并说再见吗？他们又不是不知道，这些钱与我们的收入无关，不会落入我的口袋半分。当然，我也能理解他们，人家也不容易，不超载挣不到钱，超载吧，安全隐患大，被罚系数大，谁都要养家糊口不是？看到他们，我觉得自己的辛苦程度轻了些。虽然也要打不还手骂不还口，好歹是工作八小时就休息，好歹有固定收入，好歹没什么危险。当然，收费员被司机撞死也是有过的事，让我们兔死狐悲了好久。不过那是很极端的小概率事件，收费员工作时，被冲撞冒犯的事时有发生，但真正危及生命的概率还是极低的。我不会犯傻的，去年我们站上罗大个子，不知道哪根神经搭错了，跟一个爆粗口的警官掐起架来，结果他占了上风，却赔了人家两千多块的医药费，还要赔礼道歉写检查停职什么的。罗大个子一气之下辞了职，半年后给我打电话时反复申明冲动是魔鬼，说事业编制丢了太可惜，外头挣钱也不容易。今晚已经有六个司机朝我翻白眼骂娘了，我依然笑脸相迎。

九月和十月是收费员的春天，天气不冷不热，坐在亭子里没有蚊虫叮咬，也没有刺骨寒风，但是容易睡岗，尤其下半夜，我们称大夜班。大夜班的人是用特殊材料做成的，绝对不可以犯困，被发现一次除了扣钱，还要写2000字以上的检讨，文采不好的话还得重来。十一点左右，我开始有点犯困了，前天的大夜班上完后，睡眠不是很好，三岁的儿子总吵着要我带他玩。小兔崽子，一点不理解为父的苦衷。虽然坚持着没迷糊过去，但工作小人和瞌睡小人在脑海里斗得难舍难分，特别渴望此刻能够多出现几辆豪车美女。我们这些八小时被禁锢在亭子里的收费员，女的希望多看到帅哥配豪车，男的对车没那么讲究，多看到美女就是一种幸福了。但是半夜美女基本在家休息，开车在高速上晃悠的，远看青山绿水，近看龇牙咧嘴，唉，此事古难全。

尾气吸多了，神经处于超级抑制中，来了个彪悍男，大概我伸手拿钱的速度慢了点儿，他猛按两下喇叭，路虎的喇叭不是吹的，在寂静的黑夜里划破长空，震穿耳膜。我的瞌睡小人一下子就跑到爪哇国去了，出窍的灵魂一下子回归身体，赶紧以25秒完事的精神气打发他走了。

进入下半夜车就越来越少了，所以大夜班是最难熬的。坐在岗亭里无所事事的话，我们会搞搞卫生，收拾收拾东西，盘点一下钱和票。我至今记得刚上岗那天，那时先在一级公路收费站实习，制服穿在身上笔挺的，帽子上的国徽闪亮的，整个人神气活现，比杨利伟他们上天时还光荣，下班后居然一夜没睡着，兴奋！现在想想，那时真傻，不晓得珍惜宝贵的睡眠时间，没得睡的日子才开始呢。大夜班上多了，对身体那是相当的摧残，我们站有几个身强力壮的退伍军人，干久了都说吃不消，更别提原先那几个彻骨粉嫩的小美眉了，几年下来，日渐憔悴，让人看着好生心疼。

最大的乐趣是开荒种地。当然不可能开到农民伯伯的田地里去，是在站上围墙内的那点小地方，也有三四分地吧。有些不回家的单身小青年，种了些蔬菜，栽了点花，还很有创意地养了几只鸡，另外一个铁柱子上拴了两条狗。这里比较偏僻，养狗是为了防盗。没上班的时候，我们会聚在那个啥都有的小园边逗逗鸡，耍耍狗，发泄一下对领导的小怨气。正走神间，来了一个开X7系宝马的中年男，大概开车开得无聊了，调戏我：“听说你们的月薪都有八九千呢，是不？让人羡慕啊。”他的好奇心还真重，我朝他露八颗牙进行标准式微笑：“这是季薪。”他的宝马一溜烟走了后，咱也惭愧了N多分钟，唉，咱干着肯定买不起宝马的工作，这里的女人当男人用，男人当畜生用，好好干才是真理。你要不想干，欢迎直接走人，后头排队想进来的，不止一个加强连呢。

今天工作不努力，明天努力找工作。咱都被训傻了，思想溜了会儿号后赶紧回来，发现开始倒计时了，还有十分钟。寻思着下班了赶紧回家睡，明天没有岗位练兵，没有青工比武，没有例行检查，不要排练节目，不是等站日，不用陪领导去搞活动，也没有例会和学习，总算可以放松地休息一下了，迎接咱的是二十四小时后的大夜班。我们全体收费员，不管男女老少，一概最痛恨大夜班。幸亏我是个爷们，荒郊野外的值大夜班，胆子小是容易尿裤子的。同事间经常弄点鬼故事讲讲，总能将那些小美女吓得花容失色，对我们这些男性的依赖空前绝后，这也是一种享受。

得，不发感慨了，又收了两个车，到点了，接班的小陆子哈欠连天地过来了，可怜半夜鸡叫啊。咱的工作还没结束，得跟着班长齐步走，排队到票款室交款去，起码要半个小时，然后大家一起出来，这才表示可以回家睡觉。当然，快半夜一点了我们肯定不回家，都睡在集体宿舍里，等明早再说吧。插个画外音，大家一定很奇怪，怎么没见你提手机？年轻人普遍有手机依赖症，几个小时不玩手机是不正常的。手机在宿舍里，上班时间是不允许带在身边接电话或玩游戏的，否则，格杀勿论。

选择理由 ←

我爸有个开裆裤之交的朋友，他弟弟在省交通厅。初三时，父母和爸爸的好朋友一致不看好我的文考成绩，认为上普通高中太吃力，就别吭哧吭哧地受那个罪了，要是上个五年制大专还好就业。比起很多满脑子怀有不切实际望子成龙幻想的父母，我父母算聪明的，知道朽木不可雕就改做其他用途。没什么多余选择，咱读了交通专业的高职，顺便谈了两场无果的恋爱，然后在人家的帮助下就业，一切还算顺利。这个工作说不上好，也说不上不好，反正在同龄人里，大家都觉得我过得不错。我的心态也还好，偶有不爽，跟在大家后头发发牢骚就没事了。

压力指数 ←

这个工作压力大吗？貌似有那么一点儿，不过实事求是地说，除了上夜班辛苦点儿，压力倒不是特别大。数钱谁不怕数错？银行职员数钱数到手软。迎接检查谁没有？很多人为了迎检几乎是豁出去了。还有客户冲突，我觉得没有交通警察高，大部分人上高速时心中就默认了过路费，跟交警罚款的性质还是很不同的。要让我评定，根据我的理解，又不是什么创造性、突击性工作，又不下达硬性指标，除了服务好一点儿账目准一点儿外也没什么过分要求，压力指数为中等吧。

人际环境 ←

半军事化管理让我们这些兄弟姐妹的关系有那么一点儿战友的味道。“天下哥们有五铁，一铁是同窗，二铁一起扛过枪”，后面不说了，我借用这个段子的意思是：同事之间相处得还可以，亭里的姐妹兄弟是能够互相帮助互相体谅互相掩盖过失的。对领导那当然是“同仇敌忾”了，我们彼此之间约定了暗号，例如摸耳朵提示有稽查偷袭，刮鼻子表示鄙视，捋下巴说明偷笑。至于互相之间帮忙倒个垃圾收拾下床铺都是家常便饭，如果要喊醒睡得如死猪般的同事上夜班，揪耳朵捂鼻子掀被子都不算是侵犯隐私和人身伤害的。

至于领导，嘿嘿，天下的领导都一样，咱就不提领导和咱玩的那些猫捉老鼠的游戏了。人家也是干工作的，基本上，变态领导不是很多，咱能对付。

我所向往的职业

如果可以选择，当然首选升职，最好和领导对调一下位置，让老鼠也来捉捉猫。当然这是说着玩的，事实情况是我对这一行已经很熟悉了，当上站长后可以走来走去管别人，年薪也让人眼红，而且可以经常陪着更大的领导出去开眼界。我要是当了站长，对员工肯定施以胡萝卜法，大棒就不用或少用了，我要以德服人，听上去很和谐吧。

另外，到大企业去当个人事部主管也可以。我们整天接触天南地北的司机，经常要处理矛盾和理顺关系，这锻炼了我的应变能力，让我做人事工作，应该能胜任。再其次是做个私企老板，我同学中办厂做生意的，好几个都开上了宝马奔驰。我也想开个合法经营的加工厂，没有资金困难，管着三五十个员工，一年挣个二三十万，就心满意足了。

入行门槛

入行门槛不算太高，我的同事中，有部队转业的，有高职毕业的，还有中专毕业的，当然也有本科生，基本上他们的专业都和交通或收费有相关性。要进这个系统，有人脉最好，没人脉就考，反正经常招人，逮着机会就是了。当然了，合同制或聘用制是大多数，要弄到事业编制很难。

心理贴士

这工作虽然压力不大，但好心态非常重要。

一是工作基本全程处于监控之下，要克服不适感和被监视感，且将摄像头当练习表情和定力的镜子。

二是要能坦然面对各种冲突和矛盾，保持微笑服务。受委屈时领导未必会帮你说话，所以心中怒火沸腾时只能自己消化，这需要定力和胸襟。

三是工作相对枯燥繁重，站上太多条条框框犹如紧箍咒般扣住你，动不动就扣分罚钱，而做的工作完全没有创造性，就是收费打票加上说“你好”“再见”，做久了就变成了机械作业，所有激情都消磨殆尽。

四是对身体考验比较大。一周正常要值两到三个夜班，收费小亭并非净土一块，身在其中成天对着电脑操作，被灰尘、尾气、噪声和灯光的诸多污染包围着，容易患上职业病，颈椎疼、肩椎痛、视力减退、鼠标手……这些都是常见病，干久了而没有染上其中一样，算你是超人。

13

调度组长：小芝麻官是副的

给做过乘客的人出个题：汽车听谁指挥，司机还是调度？正确答案是：司机听调度指挥，汽车则听司机摆布。

行业动态

汽车站属于老牌国企，普通百姓最常接触到的是售票员、检票员和司机。至于调度员，乘客们大多时候来也匆匆去更急急，通常不太会注意这个岗位。殊不知调度科是车站的中枢系统，客运工作的各个环节都要靠调度员来连接。

车站工作人员大多数属于合同制，也有部分是聘用制和购买劳力制。调度员的收入跟当地经济水平密切相关，也跟车站本身的运营状态紧密相连，与当地事业人员的工资基本相当。

调度员和售票员不同，无须坐在窗口后不停卖票，更不像服务台的工作人员，随时得应付各种各样的提问。调度员每天都在站内忙着协调司机、工人、车辆和货物的走向，有点像十字路口的交警大叔，一心只管小地盘。一个优秀的调度员需要“成竹在胸”——知道自家有哪些资源并如何最优化使用。其次要善于沟通协调，保证各种任务按计划顺利完成。

和普通事业单位人员不同的是，调度员（包括车站其他岗位）越到节假日，越是不可以公休——因为节假日是旅客出行高峰期，车站最忙。做交通这行的，大抵都是这样，假日只能眼睁睁地看着别人出行，自己坚守岗位。当然，车站调度平日要出行比谁都方便，爱上谁的车上谁的车，爱去哪去哪，班次、司机、目的地，可不都在掌控之中？

我的一天这样度过

工作十年，我现在唯一拿得起放不下的是对讲机，唯一陷进去出不来的是被窝。今天早班，四点四十就得到站，起得比鸡还早。当然，赶上夜班，就睡得比狗还晚了，三班倒的工作都这样，不习惯也得习惯。

刚过春运，浑身都疼，天气依然巨冷。五点开班前会，每个人都哈欠连天加抖抖索索。值班站长扫描一下他的兵，清清嗓子对照花名册开始点名……点完了简单说几句，颂扬一下春运期间大家的丰功伟绩——这是昨天站长给中层干部贴的金，今儿他借花献佛了，好话反正不要拿人民币买，骗着大家好好干活呗。

解散后各自回办公室，开始吃早餐。鸡蛋、馒头、咸菜、小米粥，典型的中国式早餐。边吃边说笑，没到上岗时间，相对轻松，可不像前段时间春运，加班车特别多，旅客也到得早，喝粥都来不及，拿上馒头就走。吃完喝完，外头渐渐亮了，两侧的安检仪运转起来，旅客们拎着大包小包陆续进场，售票窗口跟着进钱出票，头班车也在发车场内静候。几个大客驾驶员拿着手续单往签到处跑，快的已经开始检查车辆消防安全设施了，检票员也陆续到位。

一切正常，值班站长拍着我肩膀说："这边你盯着点，我到后头看下。"他喜欢盯冷门，业务很精。我说："站长放心，这边有我呢。"瞧这雄赳赳气昂昂的小人得志架势，是个小头目？没错，我是客运调度科的副科长——副的。吃菜要吃素，当官要当副，咱手下近二十个兵，所有人都要熟悉客运工作的环节并能够及时连接，而我，就是搞具体业务的。咱科做什么？调度车辆，维持发车场秩序，指挥车辆进入预定车位，确保客流、车流合理布置，监督、检查进入发车场的车辆，确保旅客安全。十几年如一日就干这个。

早班车开始检票，电子屏准确无误地显示了检票口和车牌号，现场调度员也各就各位，旅客有秩序地排队、检票、上车，一切都那么有条不紊，跟前几天的情形截然不同。春节是神马东东？人家是大聚会，或吃或睡，旅游消费，而我们，就一个字——累。那么多的加班车要安排，那么多的旅客要运来送去，咱调度科十几个人得拼死拼活，从早上五点半到晚上五点半，然后再从晚上五点半到早上五点半，对班，一干就是十二个小时，其实包括上下班准备啥的，恨不得十六七个小时耗在工作上。今天轻松许多，八个小时的班，再过些日子领导开恩，甚至可以四班转一段时间，每人一天只上六个小时的班。解放区的天是幸福的天，虽然那种班次只有一两个月，但比司机大哥和售票员美眉都轻松许多。

一晃六点半了，班车已经开出去近十辆，青岛、上海、南京……客运和货物装载都按点进行，没有任何不对劲的地方。今天加班车少了些，线路照样多，长长短短的100条还出头，上午班3个小青年、2个小中年、1个资深调度，加上我共4男3女，符合男女搭配干活不累的铁律。

小李有点不对劲，眼圈青的，指挥车子泊位的时候，手忙脚乱，把新跑这条线的司机都给搞糊涂了。三部车堵在那动弹不得，我上去示意第一辆车的驾驶员方向往右打一把，然后后退一点再往左边靠，准确地泊入了装载库位，第二辆车很快也泊准了。小李五官挤在一块，表情狰狞地对我说："谢科，快替我顶一下，肚子疼得要爆炸，得去趟厕所。"笑着让他快去，然后对车辆证件、安全状况、驾驶员手续等做例行检查。驾驶员跑这条线路才半个月，递根烟给我："谢科，我这车新的，下次有加班加点任务喊我，我还有俩朋友都有A证，随时可以抽调。"我将烟夹耳后，说只要保障安全，谁跑都是跑，到时候喊你了别说吃不消。

说话间旅客开始上车，我转了一圈，小李回来了，肚子排空，表情明显放松。看看发车场秩序井然，我捏着对讲机准备上二楼，5号口检票员小崔看见我赶紧招手，原来去徐州的客人今天很多，这趟班车35个座位，现在只检出34张票根，汽车没法走，乘客们开始抱怨。我赶紧安排她和空闲的邱姐核票，自己也上车帮忙，原来是一位操陕北口音的老太太跟着嫁到本地的女儿上车时没有检票。弄清原委了，吩咐司机发车。

调度室今天是心细温和的小赵当班，正常运转。我放心地转回二楼办公室，打开工作日志开始填，填到一半，手机吼起来，是调度小黄，他告诉我，烟台和潍坊方向的旅客突然爆满，上午的两班车票都卖光了，还有很多人在排队要买，估计要调加班车了。我往售票大厅走，对讲机又叫起来，大张告诉我临时从连云港抽调了一辆车，还要增加一辆，暂时没着落。连线老姜，他正在卸货处指挥，请他帮忙抽两辆大车过来，遇到这种问题，他处理起来最妥当。春运期间，他可是调度科的主心骨，大家都说，老姜出马，一个顶俩。九点半，突增的旅客都有了着落，十一点前都能走。我抽空打个电话给老妈问问情况，最近太冷，老人家支气管炎发作，叮嘱她别冻着。老妈说堂妹玲子中午去上海，让我给联系一下车。我告诉她十二点准时在星海酒店门口等，到时候跟驾驶员说是我妹妹就行了——这也算是以权谋私吧，搭个顺车。节假日不行，通常没空位，上不了。回头又给班车司机打了个电话，拜托他堂妹坐车的事情。

十点半车场旅客达到最高峰，卸货的、取货的、送货的，旅客的大小行李，车辆的出站进站，来来往往，热闹非凡。情况不太好掌握，几个调度员在各自号位上忙着指挥车辆的进出站和装卸旅客，其中进出站通道和下客区域最乱。就三分钟不到的空儿，下客区域一下子堆满了人和行李，有些旅客的行李件数多，有的行李个头比人还大，大张急着要清理通道，语气很冲。人一忙乱，就顾不上形象，真是“大道理心里都懂，小情绪难以自控”。我赶紧过去压阵，又用对讲机喊小黄过来协助，几个人齐心合力疏通，十分钟后这里恢复到畅通无阻状态。回到办公室，忙里偷闲喝杯茶，对讲机又响了，服务台呼叫，说有个旅客将皮箱落在潍坊的班车上，让我联系一下司机，送到潍坊总服务台，以免被他人错拿。

到十一点时，发送旅客大概有五千人次了，还算顺利。十一点半食堂开伙，我安排六个调度分两批吃，小李、小黄、大张先去，其余三个等他们回来换班。食堂的饭几年如一日的平淡无奇，大师傅的手艺并没有随年龄一起增长，还没有车站门口快餐店的水平高。我边吃边盘算晚上回家改善伙食，转念再想，其实比吃方便面好多了。春运期间，我们调度科前后总共吃掉有两箱方便面吧，因为实在走不开，只能乘空泡点方便面，待在场地旁的避风处抓紧时间充个饥。

饭后到车场检查返回待班车辆的状况，顺便跟几个交班的师傅了解一下情况，包括沿途道路路况和各个站的客流形势，一会儿交班时好心中有数。

十二点半到办公室，把上午班六个人联系的所有加班车辆记录捋了捋，再去票房找了下微机管理员，了解一下正月二十（明天上午）的预售车票数，又到调度室让小赵将明天的线路班次再次确认，从已有数据看，运力保障在这几日不是问题，明天上午也会比较轻松。

一点不到，下午班的同志们开班前会，我和值班站长与下一班交接。一点十分下班，回家补个午觉睡到近三点，起床后去医院看个朋友。他老人家春节在家放鞭炮，被无情的二踢脚伤了手和胳膊，到现在还没恢复过来。我翻手机给他念孟非微博上的段子：“春眠不觉晓，处处放鞭炮；采菊东篱下，悠然放鞭炮；但愿人长久，千里放鞭炮；众里寻他千百度，那人却在放鞭炮……”他犹在后怕，说幸亏没炸到帅脸，否则没法见人了，并发誓今后再碰鞭炮就自己买块臭豆腐一头撞死。安全重于泰山，他曾经干过五年调度，这句话应该烂熟于心了。他三年前离职办织布厂，好像挺红火的。问他做企业家的感觉如何，答曰还行，以前围着车子转，现在围着客户转，再做几年看看，反正办的停薪留职，将来说不定再折回来，继续拿着对讲机吆喝。我说得了，别回来，你又不是没吃过那个苦。他说调度工作还算劳逸结合，节假日为祖国贡献点儿青春也是值得的。

唠叨到四点半，告别他去幼儿园接儿子，买菜回家做饭。我老婆在上市公司做人事工作，六点才下班。当初谈恋爱时我俩都是不求门当户对、只要感觉到位的主儿，现在老婆职位和我相当，收入却比我高，有空，我就抓紧时间做家务吧。

选择理由 ←

我爸是老调度员，我本来志愿兵当得挺好的，将来还想在部队多走几步，但因为爸爸妈妈身体不好，姐姐又远嫁，只好申请转业。回来后进了车站，考了本科，娶妻生子，觉得工作生活都不错。

压力指数 ←

压力指数中。春运期间、黄金周前后、节假日左右的压力指数高，相当的高。平日里一天客流量最多七八万，节假日时每天都能达到双倍甚至更多。运力有限，调度也需要时间，有时客车因客观原因不能按时到发车场，排队时间长了上不了车，乘客就怨声载道，有些人会将气直接撒在我们身上。我们反正就是耐心解释，若不奏效，干脆装聋作哑忙自己的，也就大事化小，小事化了了。

人际环境 ←

调度科内环境还好，咱科的科长兼着副站长，分管工作太多，平日业务我就管得多些，大家也蛮服从分工的。至于旅客和司机等人，反正咱谦和点儿，遇到有人无理取闹的时候就软硬兼施，基本在掌控之中。

我所向往的职业 ←

本来我很想在部队里混出个人样来，男人嘛，有英雄情结不奇怪，将来一定要让我儿子到部队去锻炼锻炼，实现我的夙愿。

入行门槛

这一行的门槛不算特别高，目前我们单位招聘员工都是大专起点，能熟练操作计算机，党员、退伍军人等优先考虑，年龄不超过35周岁。招聘前要进行考试，主要是基础知识考试和面试，然后公示，按程序签订合同后，就要参加岗前培训和实习了，基本上只要用心、负责，成为一名合格的调度员不是很难的事。

心理测试

办公室新进了一批设备和仪器，可老板不大会用，作为职员的你会怎么做？

A. 跟自己工作无关，不管

B. 把相关资料 E－mail 给老板

C. 占用工作时间，教他使用

D. 私下查资料琢磨，于有意无意间传授给他

参考答案：

选A的人在复杂庞大的办公室生物链条中处于最下层，也就是说，你属于那种经常被弱肉强食的类型。如果你不努力争取早日晋级的话，现在这种状态的你很容易被淘汰。

选B的人很弱小，但是你并不会永远弱小下去。在经历过每一次办公室斗争失败的痛苦之后，你都能从中吸取教训并勇敢地站起来。相信过不了多久，你就能在血雨腥风的办公室斗争中成长为勇敢的战士了。

选C的人有足够的心智去对付来自各个方向不利于自己的邪风，并且具有作为墙头草随时准备随风倒的潜质。大部分时候，你都能保证自己在任何一场办公室战争中都站在胜利的一方，处于办公室生物链条的上层。

选择D的人可是办公室斗争里面BOSS级的人物，办公室里风起云涌，其实很多事件往往就是你发起和做幕后推手的。在你眼里，办公室里的芸芸众生只不过是被自己操纵的棋子，无论他们怎样发力，都奈何不了你。

第三章

娱乐圈

普通人占了多数

14

摄像：小镜头里藏着大世界

傻瓜相机和智能手机能让全民皆摄影，但只有发烧友才能玩出好状态。

行业动态

中国有多少摄影师？据不完全统计，有6000万个，其中大概有一半忙着拍风光片，据说这个数字还在疯长。有位摄影师这样描述摄影师的级别：如果你拍的片子让所有人震撼，你就是大师；如果你拍的片子只是让一部分人感动，那你就是个业余爱好者；如果你拍的片子没有感动任何人，那也不要紧，收藏起来吧，也许若干年后翻出来看，能感动一下你自己。

国际专业婚礼摄影师协会曾经在几年前做了一项研究，并公布了两个图表，一个表述“别人认为摄影师所花费的时间”，另一个则表述“摄影师实际花费的时间”（见图1、图2）。①

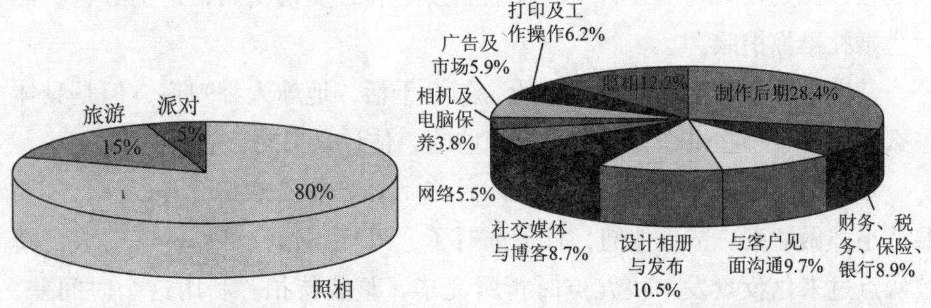

图1　别人认为摄影师所花费的时间　　**图2　摄影师实际花费的时间**

① 中国摄影家协会网．http：//www.cpanet.cn/cms/html/zixun/yejie/20111110/56047.html。

人常说“隔行如隔山”，在这个问题上就有着非常显著的体现。

关于摄影师的收入，以上海影楼为例，通常每月底薪2000元起，加上提成，能达到6000元以上，如果是旺季，月入过万也并非神话，不过相对会辛苦一些。剧组摄影师则因剧组和人而异，差距会很大，新入门的可能只有3000元每月，而只需动动嘴皮子指挥的老鸟则轻松拿上万的月薪。如果是纯商业化运作，例如参加大型活动或婚礼庆典之类，通常摄影师加机器的出场费可以达到400元以上一场，不过这种机会不是天天有，所以收入也不是很稳定，最重要的是，你的技术能被人承认，还得有人脉。

→ 我的一天这样度过 ←

我供职于一家大型摄影工作室，几十个工作人员中，搞摄影的同事八九个，老板称我为首席摄影师，其实就是个荣誉称号，具体事宜都是老板发号施令。比起几个年轻人，我入行早点，而且跨行做过，先在剧组混了两年，后来到北京某电视台任职两年多，还在某杂志兼职过，再后来因为父母年纪大了，不得不回到家乡，然后在朋友牵线下，进了这个工作室。掰着手指数一下，十年似水年华就这么过去了，最大感触是，各样的相机、摄像机玩过不少，长见识了。

工作室业务很广，承接广告、婚纱摄影、活动庆典……大小活计都接。老板人脉广，大小单子源源不断，所以我也总是很忙。今天的日程排得满满的：上午拍一组新婚照，然后拿给设计师去做相册；下午按老板的布置为一本时尚杂志拍专访，随杂志记者一同前往，是两个模特，不算一线红人，但是在圈内挺有名气；晚上朋友婚礼，友情出席，送上红包，然后为婚礼摄像拍照。

其实摄影师都是在明处忙活的，怎么干活，地球人都知道，但是具体怎么操作，有哪些讲究，我们心里想些啥，估计只有同行能明白。

今儿拍的这对新人五一结婚，四月二十号之前要拿到所有成品，还要照片小样做请柬。恭喜他们，日子选对了，天气不错，可以一气呵成。新娘八点过来化妆盘发，快九点时折腾完毕，整装待拍。利用这个时间差，我将昨天拍的所有资料拷贝给设计师，然后就和新郎唠嗑，套套近乎，大体知道他们的喜好和期望。九点进摄影棚，先给容易搞定的微胖界新郎官来几张西式礼服镜头，再给新娘拍几张婚纱照特写，这是热身运动。

然后开始拍合照，稍微有点难度，我是导演，他们就是演员，要让长相平凡、身材一般的新郎新娘看上去宛若潘安再世、天仙下凡，是需要技术和耐心的。有个众人皆知的笑话，傲慢的女演员对摄影师说："你要将我最好的一面拍摄出来。"摄影师谦恭地说："女士，我也很想如此，但是我没法拍你最好的一面，因为你把它压在椅子上了。"旁边小音箱里放着《甜蜜蜜》的歌，但新娘有点紧张，动作僵硬，我就将这个笑话讲了一遍，小美眉的面部肌肉明显放松。赶紧调光，调焦距，让新娘先摆造型，然后新郎站到旁边，我示意两人含情脉脉地对视，从眼神、嘴唇到手势，一点一点调整，手里则忙着按快门，每个姿势都要拍七八张，这样后期制作时挑选余地大。

拍完一组，让新郎新娘去换晚装礼服，化妆师还要配合修改头饰，我更换下背景。几分钟后他们进来，重复刚才的一系列程序。然后新人再换唐装，换休闲海军衫，换田园系列。田园系列有点烦，因为还要弄出骑自行车的造型，这个时候同事来帮忙，将自行车固定好，让新郎新娘做出在春风中沉醉的姿态和表情，整了好一阵才拍完。这对儿悟性还不错，摄影棚里前后花费一个半小时，算利索的，遇上大冷天或大热天，就没这么顺畅了。

十点半，司机张哥开着依维柯接我们一起去星海广场拍外景。我拿摄像器材，助手小李拿衣服和化妆工具等，新郎忙着帮新娘提婚纱，急匆匆地出发。到了广场，顾不上人多，赶紧找地方，摆造型，按快门，让新人看小样，折腾到十二点多，张哥给我们买来快餐，就在车上解决午饭。吃完后新娘补妆换衣服，继续前往滨海大道再拍一组。这对新人订的是两万好儿的套餐，大多数花样都得给他们弄上。拍完时，已经下午两点多了。回工作室，将所有照片拷贝给设计师，自己坐到电脑前上上网，权当休息一会儿。

下午四点，杂志社的车来了，我随刘记者去采访中国第一对双胞胎职业模特，她们曾获得第四届中国职业模特大赛华南冠军、全国季军，也是奥运礼仪上的"模特姐妹花"，最近在大连参加活动。这对姐妹的资料我昨天看过，整天面对镜头的职业模特，太多的专业团队已经给他们拍了更多专业的图片，我要超越，基本没戏，只能见机行事了。一路上和刘记者聊了聊，大致知道了采访提纲和图片要求。半小时后在一家服装设计公司见到姐妹俩，都是运动装扮，请来的化妆师正忙活着，记者自然而然地引入话题后开始了采访，我一边调试机器，一边注意听她们的谈话内容，同时又留意着背景。刘记者准备充分，我拍的时候也很用心，原定采访加拍摄一小时，结果不到四十分钟就全部完成。我将照片给姐妹俩回放，两人笑得阳光灿烂："不错，特别自然传神，这些照片我们要了。"赶紧拿笔写下人家的邮箱号码，回头发给她们，希望以后可以有更多合作。

五点半，告别所有人，独自背上我的长枪短炮，打车去香格里拉酒店。我的发小结婚，虽然有婚庆公司全程忙活，他还是点名要我去全程摄像。天下哥们有几铁，第一铁就是同窗，所以这个忙一定要帮。再说哥们的婚纱照也是在我们工作室做的，于公于私都得认真对待。屁颠屁颠地赶到酒店，新郎新娘已经到了，先送上红包，被拒绝也要送，毕竟是铁杆。然后拿出我的宝贝尼康 D700 对着他们"咔嚓咔嚓"一番，再架好索尼摄像机，准备捕捉好的片段。等到仪式开始，咱更是忙得不亦乐乎，除了让摄像机照常工作，还得拿着相机找好角度拍照。婚礼嘛，对大多数人而言只有一次，留点珍贵的镜头实属必要。宴席开始后，抓紧时间吃个半饱，新人开始敬酒我就跟在后面跑。

婚礼结束时将近九点，搭另一哥们的顺风车回家。四岁的儿子已经睡了，老婆在看书。床头堆了一大摞，我真怕砸下来，小心翼翼地请示下老婆，将它们搬进了书房。瞄一眼，真是啥书都有，我老婆阅读方面从不挑食，哪怕一本老版的《养猪指南》，她都能读得津津有味。今天不打算再倒腾机器了，否则老婆大人会吃醋的。她常说，机器才是我的第一情人。我嘴里说"哪能呢"，内心里还是认可这一说法的，谁让咱是摄影发烧友呢，跟她是读书迷一个道理。

选择理由 ←

我曾经看到一组拍摄小昆虫吸花粉和露珠的作品，小蜻蜓被拍得纤毫毕现，每根细绒毛都仿佛在微微颤动，让我拍手叫绝。一花一世界，一树一菩提，假如没有微距摄影，凡夫俗子的肉眼是没法领略那些让人惊叹的美的。很多看来微不足道的事物，用镜头将它们表现出来后，常常能够拨动我们心底的弦，引得我们慨叹不已。我就喜欢做这样的事，所以我选择摄像、拍照，是地道的发烧友，而且是高烧级别。

压力指数

压力指数中。技术第一，技术成熟后，就靠沟通和眼光了。总的来说，和平年代，从镜头中得到的乐趣比较多，即使审美疲劳也无所谓。

人际环境

我们工作室环境不错，光风格不同的拍摄室就有五个。人际关系也简单，化妆师、服装师、文案以及我的摄影师朋友们，大家在一起说说笑笑，挺愉快的。至于顾客，大多数是比较好处的，也会遇到不满意甚至吵架的情况，那时以老板和老板娘出面处理为主，我们通常无须上火线。

我所向往的职业

如果再选择职业，我可舍不得改专业，而是会选择那些可以跟大自然亲密接触的岗位，如纪录片《人与动物》的摄影师，或者到《国家地理》杂志去当摄影记者。这两者都很难，梦想而已。我最大的梦想是可以世界各地到处跑，用镜头和摄像机记录更多的美妙时刻。至于新闻拍摄，就不考虑了，太磨人，又时常拷问人的灵魂，压力忒大，不太容易享受摄影的乐趣。

入行门槛

入行门槛比较模糊，拍客如此之多，拿着卡片机到处晃悠还能整出好照片的神人也不是没有。作为一个专业摄影师，对手中的机器要异常熟悉且能灵活使用，要有良好的色彩感觉和合理的构图能力，还要有捕捉瞬间场景的敏锐眼光，如果视角也独特的话，会干得很出色。

我国摄影师职业资格证书分为五级，即初级摄影师、中级摄影师、高级摄影师、摄影技师和高级摄影技师。通常情况下，一个摄影师的薪水与他的级别是成正比的。

心理贴士

这里有个很极端的案例，一名出色的新闻摄影师的悲剧。

“真的，真的对不起大家，生活的痛苦远远超过了欢乐的程度。”这是凯文·卡特的临终遗言，他是普利策奖得主、南非摄影家，33 岁时自杀身亡。

报道是这样说的：1993 年，卡特和西尔瓦一起赶到北部边界去拍摄遍

地饿殍的苏丹叛乱活动。他在灌木丛中看到图中的小女孩艰难地向食品发放中心爬行。正当他蹲下来拍照时，一只大鹰落在镜头里面。卡特小心翼翼地选好角度，沉默着等了20分钟，希望那只鹰能展开翅膀。拍完照片后，卡特赶走了大鹰，然后坐在树下，点起一支烟，念着上帝的名字放声恸哭。

这张片子，为他赢得了新闻摄影的最高荣誉，随之而来的却是铺天盖地的质疑和抨击。人们纷纷批判质问：身在现场的摄影师凯文·卡特，为什么对小女孩的危险处境袖手旁观？连他的朋友也认为他当时应当放下摄影机去帮助小女孩，而不是只顾着拍照片。

两个月后卡特自杀身亡，他在遗书中试图解释和道歉："我被鲜明的杀人、尸体、愤怒、痛苦、饥饿、受伤的儿童、快乐的疯子的记忆纠缠不休，总是警察、总是屠夫……"做一个新闻摄影师，尤其是前往非和平地区履行职责，往往要有强健的神经系统，那些血腥的、非常规的镜头，的确会时时冲击着人的视觉系统，拷问着人的意志和良知。

从事新闻工作，理论上是真实的现场报道，不说假话，但是不说假话就意味着一定要将残酷的现实完全呈现给不知情的人吗？这永远是一个道德两难问题。入行稍久的新闻从业者都明白：很多事情发生后，如果你不管不顾地说实话，是要付出代价的。任性而为，永远不是一种好的职业品质和生存方式，哪怕你坚持的是颠扑不破的真理。

15

首席小提琴手：高雅音乐走向平民

对应于“乐器之王”钢琴，小提琴被称为“乐器皇后”，如今这高雅的西洋乐器也走入了寻常百姓家。

行业动态

中国的琴童有多少？有调查者称超过三千万，这绝对是个不可小觑的数字。目前，我国有42家交响乐团（不包括学校内由学生组成的群体）。学西洋乐器，除了走炉火纯青的独奏之路，还可以进交响乐队，因为交响乐队是音乐王国里的器乐大家族，是高雅音乐的象征，欣赏交响乐则是贵族气质和艺术水准的体现。

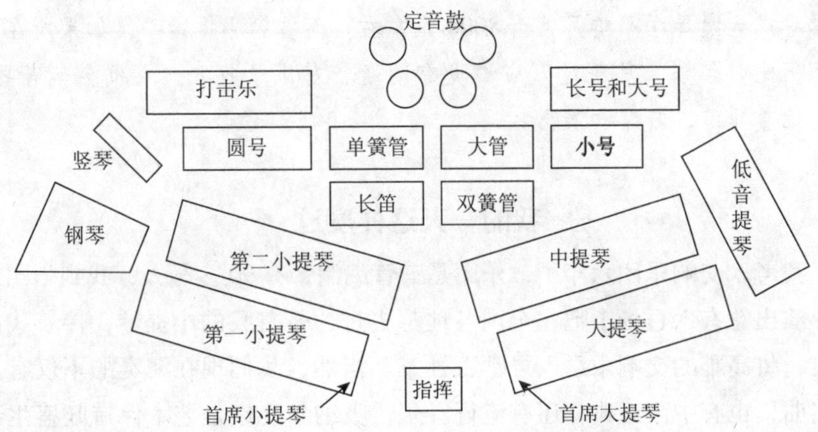

交响乐队通常由弦乐组、木管组、铜管组、打击乐组和色彩乐器组组成，人数规模按照编制不等。双管编制乐队的总人数有60余人，三管编制

乐队的总人数有90余人，四管编制乐队的总人数约有110人，当前我国经常在外巡演的交响乐团成员人数超过5000人，小提琴手占了三分之一。前面这张乐队演奏时面向观众的位置排列图，可以清楚地看出演奏员的组成及各自位置。

让孩子学一样乐器，是望子成龙的家长们所乐意为之的事情。但是真正能够学到出类拔萃并在长大后以此为职业的，则不到千分之一。曾经在论坛里看过一篇帖子，大意是学小提琴（其实大部分乐器都有这样的功能）的好处很多：能提高人的文化素养、审美观以及情商；练习过程中眼睛要不停地扫射乐谱，可大大提高孩子对事物的关注能力，养成认真专注的学习习惯，一辈子受用不尽；左右手齐动，能促进左右脑的平衡发展；世界范围内，拉小提琴的人群中至今没有发现得偏瘫的，这大概是其独特的演奏方法和左右手神经调节作用所致。这番概括，让家有琴童的家长们颇感欣慰，纵然将来不凭此物吃饭，学了总是有用的。

真正成为一个专业的小提琴手，需要多年的基本功，而且是童子功。除了好老师，还要有悟性，再加上坚持不懈的练习。台上一分钟，台下十年功，用在这件事上一点也不夸张。等到修成正果，百里挑一者才能考上音乐学院，顺利毕业后再去考乐团。乐团的考试考核也是很苛刻的，按照国际惯例要拉幕避嫌，走后门是不可以的，专业能力不出色的趁早放弃。

根据各招聘网上的信息，以北京、上海、苏州等城市为例，乐团的小提琴手或大提琴手平均月薪为8000元左右。而首席小提琴手，如果所在乐队演出比较频繁，月薪过万应该没有问题。对应于收入，人也会辛苦些，总是忙着排练、赶路和演出。

我的一天这样度过

我考入交响乐团六年了，乐团是三管编制，有90多号人，我到乐团后大小演出总有六百场了吧，全国各地都去过，带着我的小提琴，伴着我的队友，将高雅的交响乐送入寻常百姓家。当然，我们现在演奏的不仅有西方名曲，也有中国经典，还有流行音乐，吸纳新元素是艺术保持旺盛生命力的要义。

这是我演出生涯中普通的一天。团队乘两辆大客车，昨晚在上海演出，十点半回宾馆，今早八点集合，去浙江一个二线城市的剧院演出。这个月有十几天在外面演出，属于演出旺季。

镜头拉到我们团队这边，早上八点，大家照例查看自己的宝贝乐器以及演出服装，嘻嘻哈哈上了车，说笑了一会儿，车上了高速就逐渐安静下来，有人开始打呼噜，有人插上耳机听音乐，有人发呆，有人发短信，跟平常大客车上所见到的景象没什么两样。不同的是，我们全部是搞音乐的，指挥、乐手和歌手，还有主持人，也是演员出身。

十二点多到达目的地，先吃饭，平常会议常有的普通工作餐。餐毕上车直奔大剧院，拿下十八般武器进剧场，下午的任务就是排练，以便晚上演出时能够顺畅自如。

剧院环境还不错，大家各自拎着吃饭家伙找个地方先坐下来。团长带着乐务等人忙着摆椅子、放谱架、分谱子，为排练做着硬件准备。乱纷纷半个小时过去了，上台就座，调弦，定音，吱吱呀呀的声音此起彼伏。调音往往比演奏本身还重要，一个音不准，就会影响整体效果。

通常大家欣赏交响乐，开场时首先看到的是乐团各部演奏员坐定之后，首席小提琴手进场，举着小提琴向观众行礼，然后转身向首席双簧管示意。接着双簧管会吹出中央A，精确到物理学上，每秒振频为442赫兹。

标准音一出，木管、铜管、弦乐按照既定顺序开始调音。木管乐手小心地推拉了一下管身，调整着竹片，示意可以了；铜管乐手先移动了下U字形的主调音管，然后再按键下的U形管，也很快到位。弦乐器会慢一些，要先对A弦，再以五度同奏方式调好邻弦（低音提琴调的是四度）。大提琴跑音了，陆指挥转头朝大提琴部看一下，用目光去寻找是哪架低了半个音。第三大提琴手朝他点个头，示意正在调试，陆指挥继续看小提琴部，二十多架小提琴一起奏鸣，侧耳细听，音准都基本到位，只有一架小提琴略高半个音不到。陆指挥和我一起找，声音来自第二小提琴部，很快就校准了。别看我啰啰唆唆说了这么多，其实台上的调音时间不会太长，通常是在观众翻节目单看好第一首曲目时，也就短短几分钟。

调音结束，我在自己的位置坐定，大家一起看着陆指挥，主要是看他的眼神和双手，音乐会是否正式开始，他说了算。大多数交响乐团都是如此的礼仪和程序，鲜有例外。

曲目是既定的，中外经典名曲和影视名曲穿插进行，演出过不下二十场了。临近国庆，主办方提出要增加两首曲子，独唱《我爱你，中国》和交响曲《红旗颂》。后者是我们团曾经的压轴曲目，去年建国六十周年时换成了《歌唱祖国》，为的是带动观众一起参与。今天晚上要演奏，必须得好好温习一下。

排练就此开始，从开场曲柏辽兹的《幻想交响曲》第二乐章开始，中西名曲和影视经典曲目穿插进行，两位主持人、五位歌手（都是国家一级演员）和我们一起排练。排练和正式演出的要求差不多，唯一不同的是，排练时指挥可以喊停，纠正某个地方的节奏和演奏力度，有的地方甚至可能重复上好几遍，而演出时是绝对不会发生这种状况的。偶有小误怎么办？不可能停掉重来的，只能继续演奏，除非内行，通常情况下，非专业出身的观众是听不出来的。

磕磕绊绊地排练了近两个小时，中途我们几次站起来活动一下，尤其是大小提琴手，长时间保持雕塑的姿势，是个活人都吃不消。演出时大家看到我们站起来致礼，总以为是国际惯例，其实活动身子骨也是重要原因。对了，曾经有人很好奇地问我们，排练时穿不穿礼服？当然不穿了，礼服说白了就是穿给别人看的，平常排练也穿，有意义吗？

排练基本顺利，主办方点的两首歌还要再来几遍。《我爱你，中国》由团里的张莉老师演唱，她的女高音没的说，我们伴奏得相对轻松些，毕竟主角是她，练了两遍就过了。而《红旗颂》久不操练，必须精益求精，反反复复排了四五遍，陆指挥才示意暂停，休息一小会儿后又练了两遍才罢休。

大家说说笑笑地收拾物件，放松一下，准备迎接晚上的“战斗”。我们团的首席小提琴手、首席大提琴手、首席长笛等并不是固定不变的，人性化地轮流来，除非你实在没法在大型演奏时挑起独奏的重担。通常演奏骨干每个季度都能担当首席或副首席一到两周，所以大家坐的位置也经常变化。我是这个月的首席，顶着这个荣誉称号，待遇会稍高一点，除了底薪外，排练半天200元，演出一场300元，而副首席和普通演奏员会依次各降20元，差距不是很大，整个团队就比较和谐。当然，水平高的，荣誉多的，不演出时还会有很多社会活动，身价也会高许多。

演出八点开始，七点半我们必须全副武装，包括调音，不能等上台了再调来调去，那时候就是个例行公事，只能微调而已。

晚餐主办方招待，比中午稍微丰盛一点，但和平时的觥筹交错不可同日而语，一是不喝酒，二是掐时间，六点开吃，七点结束，连饮料和汤都喝得很少，因为演出中途不能去WC。吃完饭跟随乐务到后台换衣服，这种季节三两下就完事，女歌手穿镂空礼服也不会冷。要是赶上元旦和新年可就苦了，那叫面子好看里子受罪，如果空调效果不好，近距离都能看到她们身上起了一层小鸡皮疙瘩，都是冻的。男士稍好些，燕尾服加长裤，不会太热也不会太冷。

七点半，观众陆续进场，我们在后台将各自的武器拿好，调音，热手。乐务再次检查椅子和谱架谱纸，团长这里转转那里瞅瞅，此刻他不转悠就不踏实。指挥则安静地待在角落里，听我们调音。要上场前他都是这副姿态，一旦上了台可就是激情四射了，属于那种在沉默中爆发的主儿。

七点五十，演奏员全部就座，观众席三三两两地有人在走动，大部分座位都满了。这是让我们内心暗喜的场面，最怕的就是台下稀稀拉拉没什么人，那还演出个啥劲呢？

你若恰巧在现场，就可以看到我们乐队规格不低：后排右边长笛、双簧管、单簧管、大管各2支，短笛、英国管、低音单簧管、低音大管各1支；后排左边小号3支、圆号6支、长号3支、大号1支，另有打击乐器3席；前排左手边第一小提琴部16把，第二小提琴部14把；右手边中提琴12把，大提琴10把，低音提琴6把。光这些乐器，就值几十万了。

灯光打下来，演出按既定程序来，今晚的气氛不错，专业摄像机三台，记者也不少，长枪短炮地对着我们狂拍。我用眼睛余光能看到很多观众在摇头晃脑，该鼓掌的时候掌声也哗啦哗啦的，挺提气。歌唱演员唱《菊花台》《红旗飘飘》《天路》等歌曲时，场下跟着打拍子哼唱，气氛特别热烈。交响乐团走下神坛，借了流行歌曲的东风，在商业演出中占得一席之地，未必是坏事。

就西方观点而言，交响乐演奏员是要沉浸到曲子中的，幻想曲、随想曲、狂想曲、叙事曲、进行曲、变奏曲，不管曲子狂野热烈或清冷孤寂，演奏员所呈现出来的宁静和高贵，要能给人遗世独立的感觉。到了中国，规格不变，但曲目选择已经入乡随俗，多了亲切和温暖，我很喜欢这种感觉。为艺术还是为人生，我希望两者兼顾而不是水火不容。

第六首由我独奏小提琴协奏曲《梁祝》，演奏完毕，一个小女生上来献花，小小年纪倒是很会来事，还请求跟我和指挥一起合了个影。中场休息的时候，有个小朋友拿着小提琴到台上来，拉了一首《舒伯特小夜曲》，这是节目单中没有的，大家有点意外，小家伙拉得像模像样，现场又掀起了一股热潮。有互动的演出，更容易带动我们的情绪。演出十点结束，我们谢幕，观众起立鼓掌，灯光下我感觉到高雅艺术与普罗大众的距离越来越小。

艺术来自生活，让生活更有味道，演奏员也是普通人，有七情六欲和喜怒哀乐，和观众共同创造出这样一个美好的夜晚，本身也是一种享受。等观众退场后，我们收拾东西，上车去宾馆休息，明天在浙江还有一场演出，然后可以回家休息一周，欢度国庆。

选择理由 ←

热爱音乐和舞台，喜欢那些流动的旋律，拉琴从来就是我生活的一部分，割舍不了。

压力指数 ←

压力指数中。我刚考入乐团的时候，我们乐团曾经陷入困境，面临体制改革，走了很多优秀的演奏员。衣食足而知荣辱，艺术家必须先消除后顾之忧，才能心无旁骛地表现和创造艺术。乐团只好进行市场化运作，积极向二线三线城市发展业务，经常排练新曲，演出多了后，大家的收入福利有了保障且逐年提高，于是队伍才稳定了下来，艺术水准也保持住了。

人际环境 ←

艺术家是人不是神，总的来说这是一个大家都身怀绝技而又各有分工的团体，对音乐表演而言，凝聚力还是挺强的，否则各奏各的调调，早就解散了。其他的和普通团体没什么大不同，也有明争暗斗和鸡毛蒜皮，也会有人搞些阴谋阳谋丰富谈资。我感觉还好，自己眼光不投注在那些方面，人际关系就很好处理。另外，我们虽然面向的是变化不断的观众，但人家以欣赏为主，而我们，更多地专注于艺术表现，所以也就谈不上有什么交往了。

我所向往的职业 ←

不拉琴，我可以做什么？那就到高校当音乐老师去，应该很轻松体面，不会像现在这样到处跑来跑去，也能积累些粉丝，过上闲庭信步的生活。

入行门槛

入行门槛很高，绝对不是小提琴或钢琴之类的乐器考个十级八级就能做的事。通常交响乐团都是到音乐学院去招人，只有那些演奏技巧高、表现力强的毕业生才会被选中。要想自己的座位前移，要想担纲首席，就更要精益求精了。

心理测试

做个小测试，通过选世界景观来看看你适合做哪些职业吧。

你参加了世界景观惊奇之旅，其中有一项活动是让你站在一扇特殊的窗户前面，按下某个按钮之后就可以观赏到你从未见过的景色，你希望看到的是什么？

A. 充满挑战的崎岖山路　　B. 任何和食物有关的景色

C. 一片绿油油的草原风光　　D. 海天一线的远眺美景

E. 任何和树木有关的景色　　F. 有繁星点点的黑夜

参考答案：

选 A 的人属于千里马型，很有智慧和执行力，适合发展的领域是计算机、贸易、金融、出版、新科技等。

选 B 的人属于快乐猪型，不喜欢在讲求规则、追求业绩的体制下发展，适合发展的领域是创意、室内设计、美容、烹饪等。

选 C 的人属于勤劳牛型，执行力强，有责任感，适合发展的领域是文秘、行政、教育和专业技术等。

选 D 的人属于悠游鸟型，有与生俱来的好口才和公关能力，适合发展的领域是传播、演艺、推销、公关和旅游等。

选 E 的人属于聪明猴型，头脑灵活但偶尔缺乏耐心，适合发展的领域是新闻、医学、法律、政治等，可以冲刺金字塔顶端。

选 F 的人属于神秘猫型，忽冷忽热，极端情绪化，活得比较自我，适合发展的领域是心理分析、写作等。

16

歌手：从流浪到流行，路有多遥远

我渴望成为许巍第二，虽然这条路无比艰辛。

行业动态

中国的歌手多如过江之鲫，大舞台、小舞台和地铁站台等都算上，总有几十万人。在普通人眼中，对他们三六九等是分得很清楚的，标准就是：谁的出场费多，谁的名气大，谁就是赢家。虽然艺术是高雅的，但老百姓们依然通俗地认为：歌星是最轻松的职业，屁股一扭就来钱；影视明星也是很炫的工作，既出了风头捞了名气，又赚足了票子；影视歌三栖明星就更牛了，全能冠军，代言广告更是肥得流油。

大城小市中的歌手很繁忙。除了名气大舞台大的，小地方能唱的也忙着赶场子，这里婚庆那里喜宴，包括高考谢师宴、生日庆祝会、单位周年庆等各种场合，出个场，唱一唱，起码两百到四百。赶上好日子好线路，一个晚上可以跑四五个场子，轻松赚回一两千块，有无掌声根本不重要。凭着几首滚瓜烂熟的歌，比白领们兢兢业业上班看老板脸色挣得还要多。

流浪歌手是相对边缘的群体，尽管他们中不乏天才和能手。世界上有很多大都市充满了艺术气息，而街头艺人的表演更为城市增添了别样的情怀。国情有别，当前这样一批人在中国的生存状态，远没有欧美街头艺人那样优雅从容。

中国的旭日阳刚组合，就是典型的流浪歌手组合。吉他手刘刚和主唱王旭在公主坟地铁通道中唱起“农民工”版的《春天里》，因朴实无华的风格受到网友追捧而摇身变为网络红人，并上了2011年央视春晚——那个一刻值万金的大舞台。他们是幸运的，一度红遍大江南北，频繁出演。但随着时光流逝，人们对他俩的关注度渐渐降低。想在娱乐圈这个大林子里飞得更高，没几把刷子是很难的。

流浪歌手的出路在哪里？当前很多网站贴出启事，招募那些执着坚持音乐梦想的流浪歌手，年龄从18岁到50岁，然后主办方将为其中的10强打造唱片，邀请他们参加颁奖典礼。假如实力足够，这是一条通往成功的路。还有就是报名参加各种选秀节目，反正快男快女星光大道之类的节目层出不穷。如果运气好，也许可以一鸣惊人后扶摇直上。

另外，可以走商业包装路线。如果家庭有实力有背景，或者自己碰到贵人和星探，人脉够了，那也就意味着有了在各类媒体和大众视野中现身的可能。歌星不是天生天然的，全是人造卫星，说白了就是拿钱堆。请人写词要票子，作曲要票子，编曲要票子，进一次录音棚也不是小数目，监棚要花钱，要拍成MTV，同样是钱开路。至于打榜和宣传，那更要使劲拿钱砸。没有几十万的投资，一首歌是没法传唱到大街小巷的普通老百姓耳朵里的。当然了，笑到最后的才是赢家。杨丽娟追星可以追得倾家荡产，恨不得连老父性命都搭上去；实际生活中，为实现歌星梦倾其所有甚至债台高筑的也大有人在。

我的一天这样度过

我的状态在流浪歌手中算比较好的，确切地说是非常好的。我一直认为：桃花源里可耕田，要想在一个行当里混得好，技巧必不可少。我是这个二线城市中的一名歌手，部队转业后编制放在文工团，常常团里也有演出，那就意味着坐着大巴到处漂泊。团里是发基本工资的，每场演出也会小有补助，虽然不是真正的流浪，但我认为自己属于流浪歌手。不随团演出的日子，我和各个婚庆礼仪公司都有业务往来，每天中午或晚上会奔波于不同的歌厅饭厅，为人们助兴，收入也还不错，介于小白领和大白领之间。母亲不能理解我的选择，她总是说我应该停下这样奔波的脚步，早点安定下来。每年我都会用一个月左右的时间让自己成为纯粹的“游唱侠”。通常在三四月份，这个时候相对清闲，我会到外乡去做流浪歌手，体验生活。曾经被醉酒的客人辱骂为“戏子”，推搡着让我滚出去；曾经唱了整整一个晚上，琴盒里只有几个钢镚儿；也曾经被街头的混混追赶，挥舞着老拳让我识相点……但我不在乎，因为我有梦想，足够让我坚持下去的梦想。

这是平常的一天，上午睡到八点多，起来后到团里转了下，明天要到外市去，准备下服装，和大家照个面，搞清楚上车时间和我的节目，顺便帮音响师大李调试了音箱和话筒——我也是音响发烧友。

中午到妈妈那儿吃饭，爸爸临时有公务不回来，妈妈做了好几个菜，直让我吃，又唠唠叨叨地问我什么时候结婚，说我同龄伙伴的孩子都会打酱油了，三十多了，也该成个家了。我左耳朵进右耳朵出，嘴里“嗯嗯”答应着，这可是个大事，急不得。下午在家谱曲，我的《再次燃烧》系列中有一首歌名叫《男人的吉他》，歌词是我女朋友写的，很有感觉，至少我这样认为：

我想做那把吉他，陪你一路歌唱到天涯，偎依着你的肩膀，那样宽厚；数着你的心跳，就算风吹雨打也不怕……那个男人有一把吉他，伴着他走过了秋冬春夏，拨动琴弦唱起歌，让我不顾一切爱上他。那个男人有一把吉他，他的嗓音偶尔会沙哑，梦中我成为吉他，随他风雨兼程走天涯。①

她说这是凌晨四点醒来后的灵感，从床上爬起来拿纸笔写下，总共十分钟不到，真正的一气呵成，后来就没再动一个字。我信，爱如潮水，灵感一旦涌来，挡都挡不住。她写得顺当，我谱曲却很不容易，反复写旋律，就是不满意，这已经是第四稿了，我却才写了一半不到，又准备推翻重来。稿纸已经撕掉了好几张，抽烟、喝咖啡都没法给我灵感，干脆扔掉吉他，吹了段萨克斯，胸中的郁闷一扫而光。中途接了好几个电话：有两个朋友开的婚庆公司约我晚上去唱歌，我跟他们定的时间分别在七点半和八点，一个是生日宴会，一个是婚礼，两个饭店离得有点远，要赶了；还有个朋友自已请客，希望我能去唱个歌，吹个萨克斯，自然要答应的，不过会晚点儿，他说没事；一个开酒吧的朋友问我晚上十点有没有空，要带上吉他和萨克斯，今晚那里有一个同学聚会的专场，人家要唱怀旧歌曲的吉他手，欣然答应；还有妈妈，问我晚上几点开饭，我说老规矩五点半，今晚跑三家，早点吃好去候场。算算今晚大概有六百的收入，这是五一节期间，一年中的旺季了。平时一个月能这么忙十天，日子就大大的好

---

① 本文中所有歌词均为歌手原创，引用请注明出处。如需合作，请联系 QQ 455723303。

过了。

吃完晚饭，开上我的摩托——不好意思，养车太贵，停车太难，所以小城里摩托车最方便，只是吉他要背身上，萨克斯要放在后面特意定做的后备箱中。到了鑫鑫酒店，找到三楼大厅，生日宴会尚未开始，跟主持人磋商下，我第一个唱，一曲 KTV 式的《吉祥如意》，一曲萨克斯《回家》，也算对得起观众了。七点三十分完成第一个项目，在稀稀拉拉的掌声中平静离场——客人们肚子都饿了，推杯换盏地忙着吃饭应酬，我的节目形同虚设。早已习惯了这样的场面，心如止水地在七点五十赶到盘龙宾馆，婚礼刚刚开始，首先唱的是老熟人，一个美女音乐老师，她唱完后，主持人念众多的邮政礼仪花篮贺信，我起码要到八点二十才能离开，只好坐在音响师身旁静候。

八点十分主持人宣布轮到我献歌，婚礼上我准备的是萨克斯曲《今夜感觉我的爱》，吹完后有些累，再唱一首《美丽的神话》，本来可以和美女音乐老师合唱的，可惜她要赶另一个场子先撤了。我想着如果运气好，也许可以邀请到有实力的女嘉宾，给晚宴来点气氛，就大喊了一嗓子，没想到真有人应和，还是个单位女领导，我们两人热热闹闹地完成了这个节目，赢得掌声一片。我知道这掌声大半是给我搭档的，咱是绿叶，照样开心走人。八点半赶到不远处哥们的请客场地，原来是他家孩子十六岁和他四十岁生日，父子俩一天过生日，幸福！歌都是自家人和朋友们唱的，需要我来点真货，没的说，虽然有些累，还是萨克斯先上，吹了曲《月亮代表我的心》，然后吉他弹唱许巍的《完美生活》，这次掌声非常热烈。哥们让我坐下吃点水果，我说真不够意思，都没请我。他说肯来唱歌就行了，朋友们都没破费，就是一起聚聚，他也不想影响我走场子，毕竟这是五一期间。

陪哥们说了会儿话，时间还早，但是又没地方可去，就直接去了酒吧。聚会的那帮人还没到，酒吧里稀稀拉拉的坐着一些人。这是中年人常来的酒吧，音箱里放着低低的怀旧曲，舞台上没人唱歌，酒吧老板老季正跟调酒师说着什么。我要了杯热奶茶，给女朋友打了个电话，承诺过了五一陪她逛街。老季递给我一份曲单：《同桌的你》《驿动的心》《把根留住》《青春》《光阴的故事》《睡在我上铺的兄弟》《模范情书》……一看就知道是“60 后”或者“70 后”的聚会，其中大部分我都能弹唱，心里有底了。十点没到，二十几个男男女女进来，酒吧一下子拥挤起来，我兀自弹唱，一首又一首，他们时而用心倾听，时而大声喧哗碰杯，时而窃窃私语，我垂着眼皮唱自己的歌，这样的气氛真是很好，我就想一直这样唱下去，唱下去，沉醉到老……歌声里，我的脑海中浮现出一幕又一幕。

上个月刚出去流浪，这次选的线路是昆明—丽江—大理一线，国内旅游大热的线路，一个月的旅行，边走边唱，挣的钱基本花在路上，算扯平了。漂泊，要的是感觉和经历，坐火车是最好的选择。“在路上”的体验是我所不能舍弃的，没有它，生命会变得苍白无趣。

十五岁时，我有了自己的第一把吉他，父亲给我买的，他是公务员，特别开明的那种，除了我在报考音乐学校时提过反对意见外，基本上他对我说的最多的一句话就是：“你是男子汉，所有的问题要自己扛。如果有困难，可以找爸爸。”我深深地感激他，无数次妈妈为我着急流泪抱怨的时候，都是他默默地顶着压力，劝慰她，说他们一辈子就被装在框框里动弹不得，让我飞吧，能飞多高就飞多高，想飞的翅膀是捆绑不住的。如果不是父亲，我早就乖乖地回家当了一名音乐老师，娶妻生子，每天按部就班地沦陷在日常生活中，直到白发苍苍。我能想象那个让我觉得悲凉的情景：偶尔我也会拿出落满灰尘的吉他感慨一番，弹唱一下那些溃不成军的曲子，嗓子生涩，手指僵硬，再无创作的激情。我不甘心一辈子就这么过去，我是一只痴情的鸟儿，愿意为音乐这片绿荫重复我的歌谣。

我曾经去过很多地方，海南、昆明、西安、哈尔滨，北京也待过一段时间。每个城市都给我不同的感觉，流浪歌手这个行业，真的是直接感受城市脉动和世态炎凉的好视角。这样漂泊的状态，注定我的爱不会为谁停留，而只能以分道扬镳为结局，所有伤痛和遗憾，都融入我的歌声里。

回到家已经十二点了，还是毫无睡意，于是上网，看到一些久违的朋友在线，挨个儿发去问候，知道了老奔正漂在北京，他是不撞南墙不回头的主儿，一心想和公司合作，专业唱歌。我问他的近况，他说找了家经纪公司，人家说他的歌深深地绝对地把他自己打动了，却未必能打动别人。这也许是托词，要打造一个好的歌手，需要大把的钞票，还要有人脉。他的运气暂时还没那么好，我只好岔开话题，叮嘱他别在北京泡妞，留下太多爱恨情仇不是好事，将来某天成名了，会被狗仔队挖得体无完肤，绯闻比音乐出得多，让我们情何以堪？他发了个哭着上吊的表情过来，说他很想遇到灰姑娘，在这个城市里他太缺少温暖了，可惜从他面前飘过的美女都是浓妆，对他这种非主流的歌手瞟都不瞟一眼，那种愿意跟着一把吉他走天涯、愿意为了虚无缥缈的爱情而吃苦受累的傻妞，如今已经基本绝种了。他很羡慕我，工作半漂泊半稳定，可进可退，爱情有着落，无需再伤感徘徊，算是善终的类型。

快一点了，将《男人的吉他》曲谱琢磨琢磨，没啥突破。我想做一个《再次燃烧》系列，虽然还没有正式进录音棚，但是词曲都已经有了，十首歌，除了《再次燃烧》和《男人的吉他》，还有《分享》《初秋的午后》《理想歌》《从容》《心之云彩》《致吾爱》《给我勇气放弃你》《做人不妨低调》，每一首都是原创，都是我真实心路历程的写照。“再次相逢，我醉在微凉秋风中，你淡定的笑容，让我忘了所有的痛。我听见自己的心微微悸动，多年来未改情衷；悄然中变幻了时空，你的一颦一笑我依然懂；你的好，在我心里依然那么重……”① 这是主打歌的歌词，纪念我柳暗花明的爱情。词是我写的，模仿许巍未到火候，但是经女朋友润色后，群里的朋友都说不错。她是中文科班，目前在一家大企业当策划部副主任，短婚无孩型，我高中同学，我暗恋多年的同桌的她。我就这样一路唱歌一路蹉跎，三十三岁那年，在一次同学聚会上得知她离婚了，鼓足勇气去找她，她很意外，答应我先相处。不过我觉得她就是我的准老婆，以我三十多年冷眼热肠看世界的感觉，这辈子就是她了，你们从我的歌里也应该能看得出来。这么想着又忍不住给她发了个很缠绵的短信，躺在我的单人床上，想着明年该换个大房子成个家了。

选择理由 ←

英国诗人马洛说：成功只有一种——按自己的意思过一生。而我，执着地爱着唱歌这件事，并希望自己能够成为创作和弹唱为一体的实力派歌手，舞台小点也不要紧。

压力指数 ←

如我这样的生存现状，在民间草根歌手中算是比较幸福的。还记得校园歌谣的扛旗人沈庆（代表作《寂寞是因为思念谁》）、逯学军（新作《一觉醒来》）那些人吗？他们都是清华的高才生，曾经以词曲创作为己

① 本文中所有歌词均为歌手原创，引用请注明出处。如需合作，请联系 QQ 455723303。

任，掀起了校园民谣的狂潮，在那个年代里歌声嘹亮，很多“60后”和“70后”都是在他们的歌声中度过校园生活的。后来听歌的和写歌唱歌的人一起长大，听歌的人按部就班地工作生活，他们在音乐的苦海中拼命挣扎，然后回头是岸，“还俗”后做设计师，做讲师，白天计算器，夜晚弹吉他，将写歌唱歌当成了业余爱好，因为那是实在舍弃不了的音乐梦想。如此曲线救国，反而活得自由舒畅了。

其实大多数歌手的压力很大，有的甚至连生存都成了问题。能坚持下去的，都是特别执着的：你是不是像我在太阳下低头，流着汗水默默辛苦的工作；你是不是像我就算受了冷漠，也不放弃自己想要的生活……歌手的未来是不是梦？很难说。

人际环境

每天，有一百多名流浪歌手在北京的地下通道里歌唱，旭日阳刚就是其中的一个组合。很多歌手一如十几年前的许巍，做着流行音乐工作者的梦，四处奔波、走穴演出，在歌厅驻唱、做伴奏乐手，算是小众歌手。每天遭遇不同的人群，也许会遇到知音，也有善良的人会帮他们一把，也有些时候会遇到蛮横冷漠的面孔。当时，许巍歌曲的主题词离不开“茫然、孤独、绝望、忧伤、等待……”。漂泊，流浪，都是看上去很诗意、实际上特枯涩的概念，这不仅仅是许巍的遭遇——家人从起初的不理解到后来的不舍心疼，甚至旁人的冷漠无视，都不要紧，只要自己的歌声有人喝彩、有人共鸣、有人支持，他们就有动力，在茫茫人海中继续朝着梦想前进。

我所向往的职业

不唱歌的话，我想做个摄影师，拿着薪水带着镜头到处跑的那种，透过镜头看世界，拍各种各样的明星，拍形形色色的风景。

入行门槛

要成为歌手不是很难的事，前提是你五音要全、声音要适合唱歌，要会吉他之类的乐器，如果想原创，词可以请人写，但乐谱乐理是要通的。

如果你真有音乐才能，又想要更大的舞台，那么参加各种选秀或者综艺活动吧，例如雅琡唱片推出的中国唱片业第一个天使投资“造星计划”，旨在帮助那些具有天赋且才华出众但尚未被发掘的优秀音乐人才。众多在黑暗中仰望星空的追梦人，无时无刻不在祈祷自己早点遇到星探或者伯乐。

心理贴士

有一首歌叫《流浪歌手》："带着五两吉他，手捋三两琴弦，嘶哑出二两醉人的歌。站在天桥的中央，站在人世最为繁华的路口，只为讨遇七两春天的爱情……"

流浪歌手，来自外部和内在的压力很多。举个极端的例子吧，许巍曾经得过抑郁症，每日盘旋于脑海的都是放弃自己的生命。"大概是在2003年吧，我在音乐创作上遇到一个瓶颈，当时心情很不好——不想听自己写的歌，可又写不出来满意的作品。那种感觉很可怕，很郁闷。整天躺在沙发上昏昏欲睡，到了晚上该睡觉的时候又睡不着，睁着眼睛，静静地看着时间一秒一秒地流逝。最可怕的是，不想见人，不愿和任何人交流，包括我的妻子。我开始想到了死，并钻牛角尖地认为如果创作生命已经终结，那么生存在这个世界上已经没有什么价值了。"这是许巍在《抑郁是只纸老虎》中的开头，搞艺术创作的人通常更敏感、忧郁、情绪化，心理健康问题不容小觑。比起常规工作，要更能耐得住寂寞、守得住清贫、扛得住漠视，要抬眼看天、低头创作，这是一种苛求，如果没有对音乐的超常热爱，没有超越常人的坚强意志，是坚持不了的。

濒临事业或生活的绝境时，你抑郁吗？抑郁症其实就像伤风感冒一样常见，却又难以觉察。这里推荐一份抑郁自评量表SDS，由W. K. Zung于1965年编制而成①，本测验为短程自评量表，操作方便，不受年龄、性别、经济状况等因素影响，适用于各种职业、文化阶层及年龄段的正常人或各类精神病人，目前已广泛应用于门诊病人的粗筛、情绪状态评定及调查、科研等，详见百度百科抑郁自评量表条目②。如果觉得自己意志消沉，对生活失去了兴趣，则要引起注意，早点进行心理咨询或看医生，心和身一样，总有疲倦生病的时候，需要治疗和康复。

---

① 国家职业资格培训教程心理咨询师三级．北京：民族出版社，2011：240－242。

② 抑郁自评量表．百度百科．http：//baike. baidu. com/view/954408. htm。

17

明星助理：背对星光用力成长

当明星助理，为的是将来成为经纪人，颇有点卧薪尝胆的意味。

行业动态

对普罗大众而言，经常被媒体狂轰滥炸着，很多明星都成老熟人了——当然只有咱认识他们的份，断断不会反过来。但对明星背后的经纪人或助理，大家则完全陌生。经纪人是干什么的？他们是演员明星的幕后军师，为他们出谋划策和联络外界，从事着居间、行纪、代理等业务。美国的经纪人职业已经有60年的历史了，以CAA等三家经纪公司为核心的经纪公司网罗了美国80%的艺人。中国的文化经纪人曾经是少数人的职业，而且历史短暂。目前虽然公司很多，但以单打独斗者居多，而且举贤不避亲，很多明星的经纪人都是亲朋好友甚至家人。

虽然行业尚不成熟，但随着国内大繁荣大发展的趋势，经纪人这个职业的发展前景依然被普遍看好，堪称“金领职业”。中国人口基数庞大，各类文化经纪活动日趋活跃，专门从事演出、影视制作和节目策划的各类文化公司也层出不穷。当前从业人员还不到整个行业需求的20%，因此文化经纪人被列入了“上海12类紧缺人才”。[①]

现在更多明星让家人做经纪，请外人做助理。助理是按月拿工资的，标准意义上的助理，通常就是负责陪同“明星”（明星尚在成名的途中）并完成他们每天的行程安排，诸如订机票、联系媒体和主办方，更包括贴

---

① 金领职业．搜狐财经职场创业频道．http：//business. sohu. com/20070606/n250414629. shtml。

身照顾。规模小的公司，助理还会负责明星的宣传工作。

跟着明星做助理是种相当励志的活法。刘若英、金城武当初都曾是陈升的小助理，后来成了两颗晃眼的星星。周杰伦也曾经做过吴宗宪的助理，据说超级叛逆，比主人更有个性，现在如日中天，红得不行。有这样的榜样放着，谁还敢瞧扁小助理?

经纪人可以和明星抽佣分成。虽然和明星的薪酬比起来，经纪人拿的不算多，但和小助理们比，经纪人的薪酬又令人眼热。总体来说，文化经纪人的薪金状况比较复杂，明星自己聘请的，经营什么样的主就会有什么样的价码，有的经纪人直接从演员的合同里分成，跟着主子水涨船高。如果是在经纪公司供职，则只能拿固定工资。经纪人助理或明星小助理的月薪一般有四五千元，相当于普通工薪的收入。

文化经纪人大都是以前专业文艺团体里的演员、经营者或模特等转行而来。和奔波做苦力的小助手相比，经纪人靠智谋吃饭，要帮明星争取戏剧、唱片的工作机会，帮助接广告谈价钱。当小助理们有升职机会时，首选通常是做经纪人。乐观地看，随着未来文化创意产业的兴起，文化经纪人和助理们将会有更大的发展空间。

我的一天这样度过

人生如戏，全靠演技。平头百姓总喜欢从戏里看人生，由此衍生出庞大的追星族。粉丝们关心明星的喜怒哀乐胜过自己的顶头上司，往往以崇拜明星为荣，以一无所知为耻。

我也曾是发哥的超级大粉丝，如今这颗心淡了许多，回到了尘俗，每天早上出门牢记四个字，伸手要钱——身份证、手机、钥匙、钱包，一样都不能少。检查一遍后出门坐公交，八点到小丫头住的别墅，提醒她带齐证件，告诉她今日行程：上午去电视台录公益节目，中午飞杭州，出席晚间的服装代言活动并接受采访。明天中午返回，下午拍户外写真。她懒洋洋地套上大衣，吩咐我给她泡茶，收拾衣服——四套，另有赞助商提供的两套礼服。其他如化妆品、小零食、充电器也一并收拾，给她装好一个大旅行箱，上车。

我曾干过三年娱记，堪称“狗仔队”中的活跃分子。漫漫人生路，总会错几步，做着做着终于醒悟，这条路不是长久之计，于是进了这家公司。一开始是雇佣制的，伺候了好几个主子，出名和非出名的都有。明星也是普通人，所谓光芒都是人造出来狂欢大众的，信不信由你。去年我开始当全职助理，跟着这个彻骨粉嫩的小丫头。她是富二代，二十一岁，大专读了一半就扔下了，家里钱多，父母也舍得砸，公司用了大牌经纪人来经营她。我从小丫头身上看到了三顾茅庐的现代活剧：一个人没文凭没工作经验都不是问题，只要有本钱（才学或容貌或银子），就有人帮你炒作提高知名度，时机成熟后自会有人提款上门高薪聘请。

舍不得孩子套不住狼，她们家用钱源源不断地砸，渐渐将丫头堆出了明星范儿。小丫头既要演戏，又要参加各类节目和代言，还要接受采访，露面机会很多。我自然也累，看在人民币的份上坚持下来了——五六千的月薪，外加出差补助啥的，在助理群里也算挺有面子。

九点到电视台，造型师给她化妆、做发型，短短半小时，小丫头如重做系统般焕然一新。她化妆时我候着，端茶送水递电话，审查妆容是否有瑕疵，捧着接着她的衣服。她的经纪人比她大牌，大场合人家才会出现，今天这种小事情，都是我操心。九点半开始录节目。今天就义工问题进行深入探讨，现场还要和嘉宾互动。大的问题该怎么说，经纪人都已经教过她了，也跟电视台说好了应该问什么和怎么问。至于稿子，我包里有两份，刚才在车里已模拟过一遍，应该不成问题。小丫头前段时间做了几次义工和慈善活动，到孤儿院敬老院等地方献了爱心，有物质保障也有精神食粮，温暖弱势群体。当时经纪人让我联系了电视台，有记者摄像跟着，公司出了车马费，今天算是水到渠成的一个仪式。

录了一个多小时，基本没出差错，反正不顺畅的后期会剪辑掉。我送上热咖啡，替她批上大衣。小丫头边走边忙着发信息，刚才的神采飞扬和仪态万方全没了。她有了心仪的人，高中同学，似乎是灌篮高手类型的，目前在杭州上大学，但对方似乎没感觉，从不主动打电话，短信接五个回一个。令人不能自拔的，除了牙齿，还有恋情，小丫头为此很是失魂落魄。我很明了那小子不爱她，但我没好说出来。

十一点上车去机场。司机准备了午餐在车里，小小一份营养餐荤素搭配，黑白红绿黄五色俱全，在餐厅特意定做的。朋友是营养师，我托他配了十来个套餐系列，保证小丫头营养均衡且不长肥膘。丫头没胃口，随便吃了几口，然后从大包里拿出夹心巧克力，边吃边发呆。

到机场后，我抓紧时间办手续，托运行李，还要瞄着小丫头，可不能把她弄丢了。她一直在看手机等信息，对她而言，杭州之行不只是去做个活动这么简单，但对方一直没回应，这让她情绪很低落。登机前我掏出手机帮她发微博，告诉粉丝们她下午到人间天堂杭州，晚上会参加服装代言活动……其他的，让公司宣传部和网络推手们忙活去吧。

我们坐的是头等舱，我让她戴着墨镜摆出自然态的POSS拍了几张照片，留着下飞机后再发微博。喝完咖啡后，她情绪略有好转，关注点也转到了迫在眉睫的晚间活动上，我趁势简要说了下这家服装公司的背景，此次活动的动机是新品推介，为秋装和冬装订单做的功课，出席人有商户、媒体、买手和达人等。她要换五套衣服，四点半彩排，晚上六点半活动正式开始，七点半酒会，九点半结束。小丫头叹口气，说还不如当个没心没肺的小人物，找个喜欢的人，在油盐酱醋中惹惹鸡毛蒜皮，开心才是第一要义。我轻言细语地安慰她，有所得必有所失，爱情会有的，快乐会有的，开心的钥匙攥在自己手心里。小丫头说身边围绕着的全是晴天帮她打伞的人，不晓得将来下大雨时还有几个人帮她撑着。这话虽然幼稚，却不无道理：人家可不都是看在人民币的面子上为她服务的嘛，不为名不为利，你当人家学雷锋啊？

主办公司姜主任在机场迎接，小丫头朝人家点个头，兀自边走边拨号码，有点耍大牌的味道了。我拿上大包小包，听人家一路介绍活动情况，不敢漏掉任何一句。车上姜主任又跟小丫头交换情况，她情绪不佳，只是“嗯嗯”地应着。刚才电话终于打通了，人家说晚上要参加女同学的生日Party，丫头一脚踩空，倍感失落。到了二楼活动现场，很多人在忙碌着，经营部小刘带丫头到旁边一个小房间去，那里有专门衣架，挂着为她定做的衣服。第一个场景，小丫头身穿白色连衣裙，坐在秋千上看书，由男模特们缓缓推出，随着音乐做一次仰望蓝天的动作，做一个伸懒腰甜甜入睡的姿态。其余各个场景都在纸上写着，也早发给我们了。小丫头进更衣室后坐着发愣，我将衣服递过去她也不接，失魂落魄的。没错，白娘子故意下雨骗许仙的伞，祝英台十八相送时装疯卖傻调戏梁兄……咱国的经典传说告诉我们：伟大爱情的开始，不妨由美女先耍流氓。但人家愣是不接招，小丫头拼着劲奔跑，却华丽地跌倒，又不肯认输，是不是陷入情网的女人都很傻？

但是她不可沉溺于此，尤其是现在，得拿出范儿来。我递上热茶，给她讲了个笑话：几只螃蟹在锅里觉得很热，其中一只顶着锅盖跃跃欲出，对旁边的说：老兄啊，太热了！旁边的螃蟹淡定地说道：想红，就得忍着！

丫头听懂了，开始换衣服，造型师也过来帮她弄头发，我在一边伺候到走完场。近六点了，小丫头说饿，我先给了她几块巧克力，再赶紧出去给她找吃的。主办方正在铺桌子摆椅子，每个桌上都有水晶碟子，我拿了点话梅、苹果和两小袋饼干返回，小丫头边做发型边啃苹果，时间紧任务重，眼瞅着执行主任进来催，该候场了，于是我又急忙收拾东西跑到后台去，大包小包的累死我也！

一小时不到活动结束，有两家媒体的记者过来拍照，问了几个小问题，无伤大雅，无关紧要。小丫头露着八颗牙齿笑得很灿烂，配合地做完小采访后去三楼餐厅参加酒会。酒会上不停有人过来打招呼，小丫头应一下就忙里偷闲地发短信。我端个酒杯跟在她后头转悠，不时往嘴里塞点爱吃的。其间，接到经纪人老万的电话，说下周三去某二线城市担任活动嘉宾，主题是品质生活，家居品牌商赞助，资料发到我邮箱里了，务必早点拿给小丫头熟悉。

酒会后，小丫头让我陪她打车在杭州城里转悠。美丽的杭州城真大，人多，车更多。转了好多地方，她说要吃兰州拉面。吃面时她终于没忍住又给对方打电话，人家说已经睡了。丫头脸上写满失望，快快回宾馆。洗澡前她让我陪她聊天，问我爱情究竟是什么。这可是个超级大命题，我三十岁，谈过三场无果恋爱，喜欢过五六个男人，如今才找到真爱准备结婚。她才二十一岁，跟我已有代沟，该怎样才能让她明白：是那个人，不说他也懂；不是那个人，说了也没用；是那个人，不等自然会遇到；不是那个人，原地也会走丢？等她阅历渐深后，有了“展眉消宿怨，一笑泯恩仇”的能力，也许会发现幸亏当初错过了这小子。

唠叨到十一点多，伺候她洗澡睡下，我回自己房间，洗澡上网，给她再发两条报喜不报忧的微博，折腾到十二点多，累了，关灯睡觉。

选择理由

我其实还是蛮有娱乐精神的，工作不像普通白领那样三点一线乏味无比，每天都能认识不同的人，新鲜好玩。个人评价自己：细心、善良、嘴巴紧，文字功底也不差，是个好助理。

压力指数 ←

压力指数高。先给大家看段历史资料：1996 年，毛阿敏“税案”案发后不久，其经纪人老野上吊自尽，遗书上写着“我的走，和任何人任何事都无关系，因为我的身体不行了，我是自己愿意走的……”①，老野是不是被自愿，外界众说纷纭。但江湖险恶，进退维谷的老野以这样的方式谢幕，难免让其他经纪人有如履薄冰之感。而更多时候，煮熟的鸭子飞到别人盘中或单飞了，也会让经纪人很伤心。所有投资中，投资“人”其实风险最大，不可控因素太多，压力自然也随之加大。

做助理相对担当少些，精神压力小点，但要伺候好艺人，保证其心无旁骛地拍戏搞活动，也不容易，需要察言观色、手勤眼快，很多时候还要当替罪羊和灭火器，总之要时刻准备着，一切以主人为核心。

人际环境 ←

娱乐圈是是非非多，而助理和艺人几乎如影随形，公私界限比较模糊，面对艺人、媒体和公众，眼中只有主人，却又要掌握好分寸，懂得平衡和取舍，对助理而言是门重要的功课。

好的经纪人和明星之间应该双赢共生，其关系更像是水和舟。容祖儿称其经纪人霍汶希为“工作上的母亲”；而王菲和陈家瑛、孙红雷和赵宝刚等合作默契，圈内有口皆碑；古巨基、陈慧珊等则直接将经纪人或者助理变成了密不可分的枕边人，也传为佳话。但机会可遇而不可求，缘分也是很不靠谱的事情，所以很多经纪人和明星之间的关系是复杂而微妙的，明星和经纪人反目成仇者也不鲜见。

我所向往的职业 ←

离开娱乐圈，找一个耳根清净点儿的工作，例如到郊区买块地，挖个鱼塘，盖间房子，经营一个农家山庄。不忙的时候，坐在河边钓钓鱼，鱼儿们愿者上钩，自己则吹吹风晒晒太阳发发呆，那小日子，肯定特舒服。

入行门槛

据一项数据统计，北京现在各类明星助理中，大学本科以上学历的占

① 肖执缨. 毛阿敏前任经纪人老野自杀之谜难解. 羊城晚报，2001－03－21。

70%以上，今后，高学历会成为这项工作的敲门砖。例如，华谊兄弟招聘明星助理就会以名牌大学本科生为条件，然后才考察综合能力。但是，明星助理对专业却没有限制，目前，学国际贸易、电子商务、计算机、英语的大学生成为助理的最多。假如你曾经是按摩师、会熬粥煲汤的营养师、懂得拔罐针灸的理疗师，或者是个厨师司机保镖一肩挑的全能人才，那么你做助理时薪酬会很高。

从2000年开始，北京市工商局与文化局对文化经纪人进行资格认定。其认定条件为：具有完全民事行为能力，有固定住所；大专（含）以上文化程度；申请经纪人资格前连续三年以上无违法犯罪记录；掌握有关法律法规和政策，具有从事文化经纪活动所需的基本技能和专业知识。有证后，还需工商部门注册登记后方可开展经纪活动。

想做演出经纪人，必须要有很好的心理素质，要有丰富的娱乐圈、名人关系常识，要有一定的人际交往能力，加上营销知识和文化素养，最重要的是做人要诚实可靠，要让名人信得过你。

心理贴士

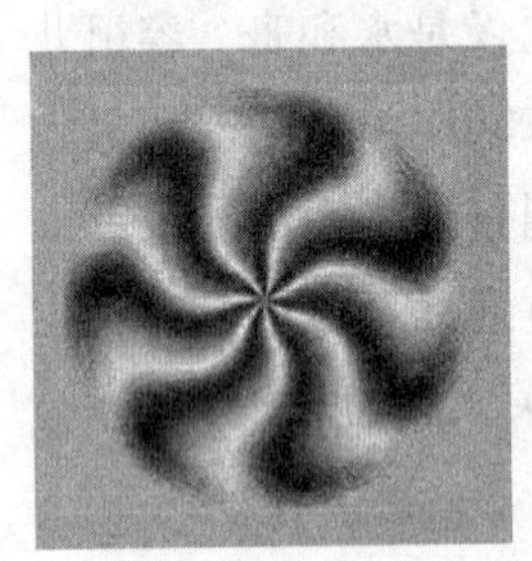

这是一张静止的图片，底色为紫色，风车为大红色，请盯着它看一会儿，然后再看后面的参考解答。

美国曾经以此作为犯罪嫌疑人的心理测试，他们看到的图片是高速旋转的，而大部分儿童看到的这幅图片是静止的。

如果你觉得风车转得很快，说明你内心的压力很大，反之你越认为这张图片是静止的，也就投射出你的内心压力越小。如果测试结果是你觉得转速特别快，最好接下来的每一天都测试一下，如果一直有如此感觉，那就要让自己好好放松一下了。

18

小演员：大多数人忙着跑龙套

读万卷书不如行万里路，行万里路不如阅人无数，阅人无数不如名师指路，名师指路不如自己去悟。对演员而言，自己去悟不如贵人相助。

行业动态

中国演员网搜星地带里网上注册的演员有两万多名，当然这远不及实际数目。在我们这个泱泱大国，每年有成千上万名影视专业的毕业生走出校门。除了专业对口的毕业生，还有众多成长在电视机前的“80后”“90后”，他们追求自我展示和能量释放，热衷于参加各种选秀活动。当演员、当歌手、当主持人，只要与影视能沾上边的，他们都乐意折腾一把。他们有着黑洞般的自信，相信天生我材必有用，即使不能一夜成名，也相信自己这颗硕大无比的金子发光只是迟早的事。

中国到底有多少演员？拍过电影、电视、各种戏曲、话剧，甭管拍过啥无名剧，只要露过脸都算演员；拍过几百上千集电视剧的是演员，跑过小龙套，甚至连台词都没有只闪过背影的，也认为自己是演员。从表面上看，中国让大家耳熟能详的星，似乎就那上百个在闪呀闪，其实演员的基数非常庞大，固定签约经纪公司的有十来万人，加上群众演员，几十万人甚至上百万人是有的。

中国演员的收入，是很多媒体津津乐道的热门话题，因为它太抢眼球了。国人眼里看明星都是雾里看花，大家普遍认为只有明星才住得起豪宅开得起豪车，他们出入有保镖往来俱富豪，活脱脱成人版的奥特曼。福布斯排行榜每次发布中国艺人收入时，都会引起围观讨论，那些让小百姓望洋兴叹的天文数字，让所有渴望成功的小怪兽们羡慕嫉妒恨。没错，神马都会成浮云，但在一切变成浮云之前，日子是实在的，活在当下才是真理，如果可以沉醉在富贵温柔乡里，傻瓜才拒绝快乐。

马克思说过：供求关系决定价格。当前中国，演员的劳务是完全按照市场的供求关系定价的，谁说了都不算，市场才是唯一标准。演员们的收入有着天壤之别：好演员、名演员一年的产值可达几千万，而一般演员和群众演员一天下来可能连小时工的薪水都挣不到[①]。投资人追求的是效益最大化，投资明星是典型的赢利行为，他们愿意给明星大把的钞票并因此获得更多，这是互利互惠的公平交易。小演员和群众演员却铁定在这个市场上收益微薄，谁让供总是大于求呢？假定你是投资人，同样品质的一堆演员让你挑，你是选出价一百一天的路人甲还是五十一天的路人乙？大凡脑子发育正常的人都知道后者价廉物美。这就是残酷的行规和天杀的现实，骂娘也改变不了分毫。也别怪制片导演周扒皮，市场很吊诡，他们很多时候也会血本无归，很多通不过审查的电影电视剧到最后只能锁进阁楼成废物，砸下去的财力物力精力统统打水漂，有些投资人还因此负债累累。

对新手和怀揣明星梦的群众演员们而言，有太多的同行在抢并不金贵的饭碗。很多人坚信只要抓到一个机会，美好的人生便会由此开启。很多表演系毕业生为了自由拍戏宁愿放弃稳定的工作，北京电影学院主管学生就业工作的学生处处长王昱华并不认为这是急功近利的表现，他说："都是千里挑一才考进表演系的，肯定怀揣着梦想，他们趁着年轻去闯一闯可以理解。"[②] 从另一个角度理解，如果青春不再，从事演员这个职业势必难上加难。演技派是慢慢熬成的。

而演员中有一个不露面的特殊群体——配音演员。和普通意义上的演员一样，他们穿梭在不同的人物和故事里，穿越在各行各业和各式人生之间，体验不同人生带来的喜怒哀乐，只不过一个在台前一个在幕后。配音演员的酬劳并不多。给《指环王》配音的姜广涛说，他给《指环王》系列配音，三部成片最后才拿了3000块；给韩国电影《外出》配裴勇俊声音，一部电影下来才拿到了600块左右。[③] 因为钱赚得少，所以优秀的配音演员并不多，很多人因此而转行。

---

① 揭秘演员的收入．铁血网．http：//bbs. tiexue. net/post2_ 3528752_ 1. html。

② 媒体上的北京电影学院．http：//www. bfa. edu. cn/news/2010－06/04/content_ 37515. htm。

③ 新浪网影音娱乐．http：//ent. sina. com. cn/s/m/2011－12－19/04503510986. shtml。

我的一天这样度过

毕业后我到离家乡不远的横店漂着，出道两年也拍过几部小戏，大多时候演“店小二”“路人甲”，也在几部大戏里客串过大臣、谋士或小舅子等角色，在群众演员里算比较幸运的了。

人家有背景，而我只有背影。前年从一所名不见经传的民办艺术学院毕业，专业是热门但不实惠的主持和表演。读书时长得帅成绩好，我一直以为自己是悬崖一枝花，没料到进入社会后才发现：原来咱不偏不倚就是人海一粒渣。

人海一粒渣今天六点二十分起床，和另外几粒渣从合租地坐公交车赶到剧组所在酒店。今儿拍的是古装戏《江南传奇之十五贯》，我和另外两个人一起，被造型师大姐三下五除二给装了假发，变成明朝的翩翩美少年和肥头大耳的嫖客甲乙。各自怀揣着被某位名导意外发掘、一夜之间成长为某男郎的小心思互相打量，都笑了。我两个月前被刮成秃瓢儿，上周才一寸长的头发又如韭菜般被割了，假发好比大帽子压着，有点热。

其他人穿衣服的穿衣服，拿道具的拿道具。早饭到了，豆浆、馒头和鸡蛋，我们匆匆吃两个馒头后上车。有的演员根本来不及吃，妆也没化好，赶紧往兜里装两个鸡蛋就跟车前往“清明上河图”（影视城的一个景点）。开拍前，导演招呼所有的群众演员和主演合影留念，这个很人性化，我们都热烈欢迎。我仔细看看穿了戏服的梁冠华、赵亮、高雄等人，想着能和8个主演全部合上影就好了。我的影集里已经有上百张和明星合影的照片了，远的有张曼玉、张嘉译，最新的有黎明、汤镇业，那是前天我在人家剧组做牛做马老半天才逮着的机会，特不容易。我个人觉得，明星也是人，例如孙俪就特随和，有些大牌则真的很难接近，那就算了。

大家喊“茄子”喊“田七”，拍完就开工了。剧务、布景、造型、化妆、摄像等各就各位忙活起来，导演照例拿着本子吆喝来吆喝去。“左青龙右白虎，中间文个米老鼠”，这是我们对导演的调侃，见过很多导演，大牌的小牌的，基本上都叫不出我们的名字，我们这些小演员却能叫出所有在横店拍戏的导演的名字，总想着能托关系托朋友，多弄点角色多接点活儿，哪天说不定就红了，人生有太多偶然了。

布景完毕，演员们各自进入角色，清明上河图这边拍的都是繁华热闹的人间天堂生活。我和其他几个群众演员先是拿着包袱在街上走来走去，演川流不息的过路客。稍后我再扮一个小贩，化妆师给我贴上假胡子，套上更旧更破的短袄，在梁冠华、赵亮他们经过时卖力吆喝："又大又甜又便宜的红薯嘞!"这个镜头只拍了一遍导演就示意OK了，让我有点儿受宠若惊。

电影是制造梦想的工具，在横店，我每天看的都是梦想背后的实情，现实总是比理想骨感。今儿这两个场景前后拍了将近两个小时，三番五次地重拍，播出时可能剪得只剩下十分钟。其实那些大演员也不容易，一个动作可能要重拍十遍八遍，拍完一个镜头后，他们就赶紧躲到后台背台词去。那么厚的一本台词集，够折腾的。哪像我们，眨眼工夫就能说完的几句话，副导演说一次就记住了，想多来几句都不可能，正所谓瘦子永远体会不到胖子站在秤上的忧伤，胖子永远理解不了瘦子轻易被推倒的凄凉。

一出戏拍完后，剧务带着工作人员准备下一场的背景用具，群众演员处于无所事事状态，又得候着，很多人就穿着戏服晃来晃去找人拍照留念。眼力好的进步青年甚至中年就赶紧上去帮忙搬搬道具打个下手，跟剧务和副导演混熟点儿总是好事，有时他们会让我们留个号码，这样有点小角色啥的我们会优先。剧组为了节省开支，通常只带主要演员过来，就地找演员是常事，如是多优先级次，也许就能碰到贵人或伯乐。

拍戏的空闲时间，看着那些名导名演在场地上忙来忙去，我常有种幻觉，觉得有朝一日我也会成为其中一员。命运这玩意儿有时并不按常理出牌，但大多时候会天道酬勤。远的如北漂王宝强，就是从各个剧组当武行做群众演员后一炮走红的。他活得这么励志，我为什么就不行？论脸蛋，我比他帅多了；论演技，我好歹科班出身；论吃苦，我也常候到大半夜为剧组跑龙套，也忍着痛当沙包，任坏角们拳打脚踢。人在江湖漂，必须要挨刀，我的底线是不毁容就行。更鼓舞我心的是"横漂"张超理，人家曾在80多部影视剧中当了无数次群众演员，如今成了电影《梅兰芳》的副导，跟着陈凯歌大哥混江湖，牛不牛？还有李明大哥，也是草根演员中出人头地的典范。3000多的"横漂"中，我年轻，有实力，被幸运之神砸到脑袋的概率并不小。

不做白日梦了，还是帮着把桌椅抬来放好再说。吭哧吭哧帮着布景完毕，导演一声"开拍"，我又做起了大摇大摆的家丁，狐假虎威地跟在知府后头从街上飘过。不晓得将来屏幕上会不会晃过我的小脸，哪怕只是惊鸿一瞥，也算没浪费我用心做出的表情。

一晃剧组的午饭来了，毫无悬念的两菜一汤，拍摄现场是不许吃饭的，所有演员各自拿了自己的一份，找个地方米西去了。我们几个哥们边吃边说笑。名演员在家吃香喝辣，在这里也和我们吃的一样。汤和菜味道都不咋样。大张说："我诅咒这个厨师一辈子买方便面都没有调料。"老李说："我要把他绑草船上借箭去。"胖丁境界高，不谈吃喝谈演技，他说大张："你上午演的那嫖客可是形神俱佳，相由心生，你小子就是只披着羊皮的色狼，你要成名了，很多美女都会被你潜规则。"大张瞟瞟旁边说："哪天我发达了，豆浆买两碗，喝一碗倒一碗。"我们笑他暴发户嘴脸，永远上不了该上的档次。其实演艺圈也很乱，咱们又没有浑水摸鱼的机遇，连谈个恋爱都高不成低不就的，只能过过嘴瘾了。

吃完饭还有点儿戏又补了一下。没活儿的大小演员们就在那儿聊大天，也有的躲在一边打瞌睡。剧组宣布下午去明清宫苑，我们就向乾清宫开进，一路上遇到好几支队伍。最近秋高气爽，各景点在拍剧组不少，有黎明、方中信和汤镇业主演的《血色黎明》，还有《女人天下》，剧情不太熟。作为一个小演员，咱们几个知识青年胸怀横店所有剧组，没事就分头出去刺探情报，有时还见机行事互相推荐，总比骗子公司招聘来得更迅猛更实在。实话实说，挣钱很不多，但大家都乐此不疲，在如戏的日子里穷开心。

下午在乾清宫的戏份挺多，和上午一样，咱继续跑龙套，扮演家丁和另外两个不重要的角色。抬轿子那场拍得不顺，连着抬了三次，搞得我腿发软，趁没戏时偷偷跑一边去打了会儿瞌睡。平常我喜欢研究那些明星，琢磨他们的演技。他们其实很辛苦，日日开工赶进度，不是在拍戏，就是在拍戏的路上，全不是我们所想象的整天过着纸醉金迷的腐败生活。

晚上不开工，坐班车到剧组酒店，再坐公交回出租屋，收拾行李。五个人合租了一个100多平方米的套间，厨卫厅俱全，月租金200元，在横漂中算很奢侈了。吃饭时（我们五个人合伙吃）跟我同室的胖丁羡慕地说："哥们有好角色别忘了通知我，在导演面前给我美言几句。"我们所有人都加入了演员工会，昨天工会通知我明天去武夷山拍戏，据说我的戏份会大大增加。我属于群众演员里面的特约演员级别，今天这样能拿到一百多，而很多人只有五十。我曾在《三国》《生死线》《书剑恩仇录》里客串过不少角色，最多时一集能拿到好几千。人家问收入如何，我回答一般，其实算是中等偏上，加上手脚勤快地帮帮忙弄点儿小补贴，一年四五万元收入是有的，养活自己够了。我一个哥们说，吃这碗饭到最后只能落到“求包养”的地步，我没那么悲观。

选择理由 ←

对我这个小“横漂”而言，每天生活在各种各样的剧组里，也坚定地活在自己的曲线成长计划中。学习黄海波，挣两千却能拿出一万的范儿，谁让咱热爱这行呢？人生也许就是一出戏，哪天不愿演下去了，再说吧。

压力指数 ←

压力指数高。背井离乡、寻找剧组、打杂跑龙套、收入不稳定、父母亲人不理解、影响成家立业、不知道自己何日成功等因素掺杂在一起，足够让人的压力成倍增加。只能这样说：每一个热衷当演员的小龙套都是苦在其中且乐在其中吧。

人际环境 ←

人际环境当然很复杂，小横店是个大林子，啥样的鸟都有。横漂们削尖脑袋想结识导演副导演，可惜很多时候都是热脸去贴冷屁股。还要跟演员工会的那帮人处好关系，对记者该说什么不说什么，对游客什么能说什么不能说，作为一个在横店生存的老混子，都是有讲究的。

谢晋说，“要拍戏，到横店”，每年都有源源不断的人带着失望离开横店这个“中国好莱坞”，也会有成群结队的梦想者前赴后继，他们宁可放弃稳定的工作，也愿意靠每天30元的超低额片酬生活，就是为了圆“触电梦”。这里明星多但是一般人见不着，所以各种趣闻逸事满天飞，随便问个群众演员，都能津津乐道地说出很多，例如谢霆锋喜欢打游戏，刘晓庆特喜欢吃火锅，张曼玉、梁朝伟则喜欢骑着自行车到处找好吃的……在全亚洲最大的电影梦工厂，也许坚持就是胜利，也许会一无所获。

我所向往的职业 ←

作为一个长得还算偶像的小演员，梦想当然是当大明星，拍很多的大戏，出入有随从，往来是巨星，多好！宁可在宝马车里哭，不在自行车上笑，这句话用在寻找爱情上大错特错，可用在事业上，肯定是对的。

入行门槛

专业演员的专业和学历起点高，综合要求也多。当群众演员则没那么多门槛，长得歪瓜裂枣或口齿不清都没事，毕竟剧中常需要人客串“丑角”。

心理贴士

这里贴一张百度文库中的《压力测试图》，先仔细看一小会儿后再看答案。

参考答案：

1. 如果你看到波涛汹涌，说明你压力很大，那么请马上休假调整一下。

2. 如果你看到微波荡漾，说明你压力中等，可请假小休几日，也可边工作边偷点儿小懒，放松一下心情。

3. 如果看到很多颗榛子，很好，说明你没什么压力，请继续为美好生活或远大理想而努力奋斗吧！

19

秀导：天天指挥美女帅哥粉墨登场

黄瓜必须拍，人生就要嗨，每一场很嗨的秀后面，都站着一位精明能干的秀导。

行业动态

首先解释一下秀导的概念。秀导也是导演的一种，只不过我们概念中的导演是拍电影、电视剧或者搞大型晚会的。而“秀导”则是专门为服装、化妆品、汽车、演唱会等各类品牌秀担任指导的圈内人，主要教导模特造型、美姿、传授保养与走秀秘诀等。换个思路：模特在前台出风头，幕后指挥非秀导莫属。

一场时装秀，舞台上蹦跶的是模特，旁边媒体、达人、嘉宾及设计师们看的却是时装。秀导的首要责任是安排好人，让展示的N多套服装都显得惊艳无比，既凸显主题又完全适合模特的风格。几十位模特如何摆阵容，出场序列及出台姿态等均在考虑之列。次要责任是布好景，舞台设计、音乐、灯光都要协调，真正演绎出设计师想传达的主题和意蕴。

秀导的工资相当于小白领，名气威信高了以后，执行活动多了，则其收入远非小白领可以追赶的。目前，中国的秀导还是个小众职业，但随着人们对时尚的追求，随着经济文化的大发展大繁荣，各类时尚秀、商业秀将会越来越多，秀导的需求也将持续攀升。艺术类学生如果热爱时尚、喜欢挑战，不妨从小跟班做起，慢慢坚持，就会从小苗长成大树，从工资少少的跟班变成钞票多多的达人。

→ 我的一天这样度过 ←

儿子爱赖床，八点我妈催他起来上幼儿园，他非要到我被窝里来撒娇。半梦半醒之间他用手摸摸我的脸，突然冒出一句："小娘儿们，我回来了。"我从混沌中被吓醒，自己没空管儿子，瞧他跟他爸都学了什么！赶紧喊我妈过来，告诉她要严加管教。我妈笑坏了，原来人家说的是灰太狼的口头禅"小羊们，我回来了"，儿子逗我玩呢。这整天忙得都顾不上儿子了，以后有时间得跟孩子多待会儿。

这一吓就醒了，边带着儿子起床边想今天的安排。晚上有场时装秀，古典系列，秀场的布置正在进行中，虽然昨天已经跟广告公司谈好，但不盯着肯定不行。下午模特们走场排练，晚上七点正式开始，整场秀短短一小时不到，但从最初的与客户沟通、创意、提案，到方案通过、联系场地、面试模特、安排灯光音响……我已经忙活了近二十天，今儿是最关键的日子。

坐地铁到秀场所在的大酒店，一路上手机响个不停，助手小成打来电话，说他已经在现场盯着了，广告公司出的背景颜色不正，问我怎么办？紧赶慢赶走进秀场，工人们正在紧张布置，小成告诉我，风雅颂的主题设计中，京剧、书法、民俗、青铜器、水墨画等元素基本融合在内，但有两处的红色显得很暗，广告公司说现在换已经来不及了。我细细浏览了下舞台四周，的确有两处红色不正，来不及换，只能用灯光弥补，告诉小成一会儿提醒我跟灯光师沟通。

T台已经摆好，跟婚礼用的"星光大道"差不多，二十厘米高，中间是透明光亮的玻璃材质。我上去走了走，比较滑，模特们穿高跟鞋走时很容易摔跤，于是赶紧让广告公司去买十米红地毯，剪成二十厘米宽，在中间铺上，旁边用透明胶带固定住。又到后台查看，服装公司的人正在分门别类地挂衣服，三个系列九十多套，旗袍季、礼服秀和休闲风，两位设计师根据编号在旁边添加配饰。每件衣服都是根据模特的身材和定妆照精雕细琢出来的，是他们的心血之作。

不知不觉十一点多了，快餐到了，二十几个现场人员匆匆吃完，继续忙。一点模特队到，造型师也拎着包进了后台化妆间，我和设计师根据模特的定妆照和编号，开始安排她们的出场序列。模特换衣服时，换装阿姨站在专业衣架旁，拎着衣服饰物在侧帮忙。乱哄哄地试装将近一小时，每个人的衣服配好饰物备好，出场顺序定好。模特们陆续换上第一套衣服，几个造型师跟着忙得不亦乐乎，不过他们都是快手，三下五除二盘好头发化好妆，戴上配饰，模特们在后台边安静地站好，还有几分钟就可以彩排了。我又到前排去跟灯光师沟通，背景红色略暗，注意换个角度变光过去，可以让整个背景色柔和些，红色不正的感觉就淡了许多。音响是租的，三十多万一套的进口货，已经到位，音响师学音乐出身，现场感很好，我将节目单给他，提了些简单要求。他点头默认，继续专心调音。

模特走台前有个舞蹈表演热场，是市歌舞团的一班演员，很多小姑娘我都认识，队长跟我更熟，轻车熟路带着姑娘们走了一圈，摆了造型，又将两个队形根据场地作了小调整。彩排开始，丫头们伴着音乐翩翩起舞，姿态古典优雅，配合中国风主题，结束时再将绸带拉开，将服装品牌秀的主题和名称显示出来，然后模特表演开始。

模特们伴着丝竹乐开始走步，候场时我跟她们强调，动作要温婉，找点弱柳扶风的温柔感含蓄味，不是大刀阔斧向前迈的范儿。丫头们习惯了时尚风路线，此次音乐节奏舒缓，她们要轻走慢摇，二十个人一圈下来十一分钟，比预定时间快了近两分钟。一到后台她们就乱成一团，纷纷脱衣更装，换装阿姨拿衣服给她们挡着。彩排前后台该清理的无关人员已经都请走了，丫头们走光现象虽然严重但无所谓，我再次申明步调要优雅从容，要演绎出小桥流水、悠闲飘逸的古典风。

上半场的旗袍秀走完后，插一段古筝表演《高山流水》，我指挥后台工作人员协助演奏员搬乐器，俩丫头是艺术学院学生，穿着紫色长裙袅袅上场，演奏得很专业。演完后继续礼服秀，礼服秀后再安排小提琴独奏《梁祝》，演奏者是音乐学院的高才生，男孩子穿白西装打红领结，优雅有余而激情不够。他的表演为后台赢得了宝贵的七分钟，丫头们抢妆换衣服就从容许多，我在后台叮嘱她们下一场是休闲风格，脚步轻快表情放松，要充分表现出生活的欢乐。

丫头们开始走台的时候，我站到前排看，美女如云啊，男人在这里眼睛根本忙不过来。问君能有几多愁，模特堆里矮一头，模特们身高都在一米七三以上，穿上高跟鞋足足高我一头，学舞蹈出身的我一米六五，在她们旁边，觉得安徒生简直就是世界上最成功的谎言家，腿短身矮，丑小鸭怎么能变成白天鹅呢?

礼服秀后，音乐活泼起来，灯光也跟着明快闪动，传统与现代、音乐与光影、复古与创新，都在这个主题中尽显无遗。结束前我要求所有模特挨个儿沿着舞台边缘走一圈，这个时候即使没有人鼓掌，都要优雅谢幕，感谢观众的欣赏，肯定自己的付出。

一个流程下来花掉一个半小时，中途小问题频发：有两个模特的鞋子嫌大，只能用透明胶带绑；还有一个模特抢装时发现下半身裙子被人拿错，留给自己的号太大，被我催得没办法，套上大号裙子，两手叉腰慢慢走上去再走回来，像西施生病了；还有一个没有用胸贴，衣服套上去后特别不顺眼，催着阿姨给她找，结果找不着了，模管赶紧翻包拿备用的，愣是耗去两分钟，只好让别人先上……如是问题一个一个解决，祈祷正式演出时少点儿意外。

磕磕绊绊差不多五点半了，模特们在后台休息，闲聊。生活里没有八卦，如同鸡汤不放盐巴，叽叽喳喳一会儿，一个快嘴快舌的丫头大声喊安静，然后趁大家明白过来之前抢着问："什么马只有两条腿?"众美女齐答："不知道。"她公布答案："奥巴马。"又问："什么老鼠只有两条腿?"再齐答："不知道。"她又公布答案："米老鼠。"还问："什么鸭子只有两条腿?"又齐答："唐老鸭!"她得意地叫起来："错，所有鸭子都只有两条腿!"……丫头们笑成一团，这是最愉快最放松的时刻，我告诉模管，所有模特都不要离开后台（除了上厕所），晚饭时间先吃点水果和饼干之类的小零食，喝水要控制。这样做有点残酷，不过没办法，要在台上完美展现体形和气质，就必须控制饮食，演出结束后随便她们胡吃海喝我都管不着了。

安顿好后台，下去再检查一圈，各类设备都已经到位。六点多就会有媒体和时尚买手等进场，我和几个工作人员赶紧到旁边的小房间内匆匆吃快餐。有的吃总是好的，忙起来推迟两三个小时吃饭也不稀奇。

六点多了，后台气氛开始紧张。前面观众陆续进场，长枪短炮已经架好，工作人员也各就各位。造型师忙着第一轮化妆造型，这次会细致很多，不比彩排时意思一下就行。丫头们边"被化妆"边谈奢侈品，我插嘴："对于你们无敌的青春来说，真正的奢侈品只有一个，好用且真心爱你的男朋友。"大家都笑了。

六点四十，我和助手以及模管将不相干的人从后台请出去，为的是保护模特隐私，防止有人居心不良偷拍，也怕相机闪闪影响模特的表演心情。台前魅力无限，台后春光乍泄，我不希望任何模特因此被炒作，虽然可以增加活动或模特的知名度。在这个圈子里混，得拿作品说话而不是走歪门邪道，这一点很重要，至少我得坚守。

六点五十，音乐开始响起来，表演舞蹈的丫头们已经全副武装候在出场口。设计师也正在挨个儿为模特整理衣服，理好的姑娘自觉去排队，不再作声。关于时装秀，我想起当年初见时，似宝玉见到林妹妹般天旋地转；如今意念改变，发现一切都是过眼云烟。在我眼里，台前的风光不过是表面现象，台后那一大堆破事杂事才是真的，为了保证这片片云烟及时从舞台上飘过以惊艳大众，我干得比驴都多。

离正式演出还有五分钟，我到总控台前严阵以待，密切注意一切动静，大屏幕、灯光、舞美、音响、观众席等一一扫过，表情镇定，心其实悬着。戴上耳麦，对着总控台前的流程单再看一遍，对讲机通知后台助理小成准备就绪，两分钟后开始。模特走秀都是直播，跟录节目不同，没法再来一次，所以我对她们要求很严格。彩排时我对其中两个人发了脾气，一个有些心不在焉，愁眉苦脸的，还有一个抢了别人的衣服，害得旁边模特无衣可穿，造成短时忙乱。舞蹈过后丫头们正式走秀，个个跟在后台时判若两人，出来后艳惊全场，每个人都专业而到位。接着古筝演奏，台前高山流水，台后陀螺直转，不用看也知道，模特们肯定是三下两下把前面一套脱下，换上第二套，造型师和设计师赶紧去一个个整理把关……

八点准时结束，几家媒体冲到后台去拍摄采访。我悬着的心放了下来，谢天谢地，今天没有人摔跤，也没有人走错步或穿错衣服，音乐和节奏都恰到好处，非常好。跟设计师握手致谢，感谢他的精彩创意，他说合作愉快，能这么顺利也归功于前几日双方多次的沟通。

八点半告别各路人马，搭小成的车回家。前几日都在忙，准备明后天好好休息一下，陪陪孩子，替老公添置点衣服鞋子什么的。

选择理由

我本身学的是舞蹈，但过了三十大寿再在舞台上蹦蹦跳跳就很吃力了，加上总要去外地演出，很辛苦。几年前被朋友带着开始做秀导，之后便一发不可收，迷上了这行。

压力指数

压力指数高。这个行业很累人，现场导演可马虎不得，出了问题会被圈内人笑死。要不断学习，提升内涵，室内设计、舞台造型、各种音乐都要懂点儿。我平时有时间就会在提高艺术审美方面下功夫，一路小跑才能跟上时尚的脚步。

人际环境

人际环境复杂，尤其要擅长与客户沟通。秀导的工作主要是整合、串联一整场服装秀或商品秀的演出。需要与客户沟通整个活动的情况，对活动时的舞台设计、灯光搭配、音乐走向提出构想，对模特的服装、彩妆、表现方式都要预设好，与模特之间沟通、教导模特如何走步等也是必不可少的功课。没有一定的交际能力和协调本领，干不来这个。

我所向往的职业

当然希望成为真正的导演，最好能像徐静蕾那样，自己开个鲜花盛开一样的公司，热热闹闹地在圈内混，风风光光地做点事业。

入行门槛

大牌秀导多由名模、经纪人、名化妆师、设计师等担任，很多人由时尚圈、娱乐圈和艺术圈转行而来，也有很多跑龙套的助理逐渐成长起来后做了秀导。秀导对学历并不挑剔，但在组织协调、艺术审美、时尚感觉等方面则一点儿也不含糊。

心理测试

想知道自己是否有当领导的能力吗？做个小测试吧！

有一天，你在路上遇到久未联络的旧情人，你们相约到附近的咖啡厅去坐坐，除了聊聊目前的生活之外，难免谈起以前的时光，这时候，你最怕旧情人提起什么？

A. 两人刚认识时的甜蜜回忆　　B. 分手时的感觉

C. 当初介入你们的第三者　　D. 有一次出国旅行的经验

参考答案：

选 A 的人：领导才能会发挥在小团体里，一旦人多了、关系变得复杂了，你就会掌控不住，甚至招致民怨。“宁为鸡首，不为牛尾”是对你领导力如何的最佳说法。

选 B 的人：在团体当中通常是一个帮大家做事的角色，你的生活哲学是“平生无大志，只求有饭吃”，随遇而安的个性让你完全没有名利之心，觉得照顾好自己最实在。

选 C 的人：有领导的才能，却没有领导的气度。想要让一群人对你服从，可不是很有才华就可以的，你必须懂得唯才是用、能屈能伸、善用智谋，只有勇气和冲劲是不够的。

选 D 的人：是天生的领导者，有指挥群众的天分和魅力。你并不会刻意表现出自己的野心和企图心，但是大家会很自然地找你解决问题，喜欢和你在一起，可能是因为你身上透着一种王者的风范吧！

第四章

传媒业

智慧从哪里来

20

记者：江湖夜雨十年灯，依旧桃李春风

"出镜记者"是个舶来词，原文为"On - camera correspondent and reporter"，直译就是"上镜的通讯员和现场记者"。

行业动态

有人认为中国有多少网民就有多少记者，瞧这话说的，真亲切。没错，记者没法垄断采访权，网民的力量有时比记者大。大多数网民不是记者，但所有记者都是网民，套上马甲开个微博，粉丝一大片的记者为数不少。

扯远了，拉回正题。中国究竟有多少记者？百度知道告诉我们有两个：一个是中国本国记者，另一个是外国驻中国记者。或者你也可以采纳第二种方案，依然是两个，一个男记者，一个女记者。这话跟周恩来回答外国记者中国有多少人民币一样，太极玩得高明。当前我们国家的记者多至十万[①]。有一首民谣这样说："一等记者卖情报，二等记者炒股票，三等记者拉广告，四等记者会上泡，五等记者写外稿，六等记者为本报。"这是基于事实的夸张论调。对多数小记者而言，忙得鸡飞狗跳并不是传说。

记者的主要收入是工资＋稿费。上海主流媒体记者编辑的底薪收入大多在每月3000～5000元，少部分较低的每月有2000元左右，绝大多数是刚刚毕业还处在见习期的记者编辑[②]。这是2008年的统计数据，如今也应

① 凌志军．中国有多少人在从事第二职业．凤凰网读书频道，2011－07－04。

② 平媒、电视、网媒等媒体薪酬揭秘．笨鸟网．http：//www. beniao. com/news/2008－09/0190. html。

随着通胀而有所提升了吧。任何行业都有金子在发光，并不排除在知名媒体任职的知名记者月薪会达到一两万，与之对应的是工作量会远超平均水平。做这行，有固定条线和没条线的差别很大，刚参加工作的菜鸟和老记者差别也挺大，很多行业都是这样，不奇怪。

平媒记者的收入总体而言不如电视记者。电视记者的职位高低与薪资水平密切相关，工作的“质”与“量”也会直接决定收入的高低，假如从事与汽车、房产、娱乐相关口子，薪水会高一些。同时，职位高低也影响着薪资水平。

出镜记者是伴随着电视业大繁荣而发展起来的新岗位，我国出镜记者的出现比西方国家晚了近20年。对这个词，《辞海》和《现代汉语词典》中至今都没有明确解释。出镜记者大体有“现场报道出镜记者”和“人物访谈调查出镜记者”两种，有点像主持人，但工作性质又跟主持人不同。

→ 我的一天这样度过 ←

早上六点不到手机狂响，电话那头一个粗犷的男生一个劲喊我大舅，叫我起来跑步。我对着电话喊了声“我是你大舅的妈”，回过神来想，我有那么老吗？气得把头闷进被子里——电视台要求记者二十四小时不关机，就这点不好，常常被骚扰电话搅了好梦，尤其是一刻值千金的拂晓。

八点赶到办公室，稀稀拉拉的没几个人，还都哈欠连天的。孙淼正在摆弄摄像机，小伙子刚工作两年，通常和我合作做专题采访和谈话类节目，每周三个节目是基本工作量，其余的领导说了算。

今天九点要到人才市场去进行用工荒的专题采访，汪制片给的命题作文。先期功课早就做过，提纲也备好了，上午去人才市场实地采访，下午去企业，指定的采访对象昨天都已经联系好。至于劳动局的分管领导，今天采访不了，初步约定明天上午到他办公室。时间还早，我躲在格子间后面弄了会儿稿子，再稍微补了下妆。

八点四十拿上采访包出发，孙淼开车，我照例先简要说了下今天的采访对象和意图，然后两人开始闲扯。孙淼说：“昨天广播里有个段子，特逗，说找工作到《职来职往》，找老婆到《非诚勿扰》，结了婚到《老公看你的》，有了孩子到《快乐大本营》……你说，电视节目是不是非得跟吃喝玩乐结合起来走庸俗化道路才会红火？咱们的《城市眼色》做得还行，可《读书》这个谈话节目，做了好几年，制片和你我都很辛苦，真知灼见不少，智慧光芒四射，可就是不温不火的，连广告都拉不到，悲剧啊！”孙淼敢想敢说，我很欣赏他这点。

不感慨了，先去探究用工荒问题。个人感觉用工荒的实质是“节前荒”和“节后荒”，平常是不会碰到这个问题的。到了位于郊区的人才交流中心，宽阔的马路边上汽车排起了长队，电瓶车、三轮车和自行车更是大批地涌来。车多，人更多，好不容易找个地方泊好车，我俩各自带着装备进场。此时我充分体验到为什么中国要搞计划生育了，北风那个吹，人啊那个多，我和孙淼被挤散几次，幸亏早有预案，说好在大门厅的右手边集中。一是我要以名称牌为背景说段开场白，二是那里人相对少，大部队都直接冲到各个区间的摊位上寻找买家去了。

孙淼将摄像机架稳并调试好，我拿着话筒对着镜头开始独白：“各位观众，我是记者崔林，现在我身后是市人才交流中心。2012 年春节前后，我市的用工荒问题格外明显，今天已经是农历正月十二了，有岗无人上的问题依然很严重。现在请随我走进人才交流中心一探究竟。”

真正走进去，就发现我刚才说的“有岗无人上”仅仅是上半句，下半句是“有人无岗上”，以大厅里攒动的各色人头为证。我收起话筒，孙淼扛着摄像机，两人在人群中找寻合适的场景和采访目标。横着竖着走了一小圈，决定先采访两个求职者。

我瞄上一个三十多岁的精干男子，说明意图，人家爽快答应，很配合地站到人少的地方并背向密集人群，流利地介绍自己是高级技工，从原单位辞职是想找个更好的工作，国企私企无所谓，能开高工资的就是好单位，能提高福利并提供升职空间的就是好老板。我问得婉转温柔，人家回答得那叫一个单刀直入！很好，握手道谢，再捕捉下一个目标。

又瞄上一年轻姑娘，看上去比我显嫩多了——我今年三十岁，工作有东家生活有婆家，而人家显然在找下家。跟她沟通下，她有点忸怩，用手不停捋头发，脸红红地答应了，我问她多大了，她说 28；问她是否本地人，回答过来打工；问她是否成家了，答孩子两岁了——这点我比她落后。一问一答了很多回合，知道她去年在餐馆当服务员，今年不想重操旧业，想找个轻松且待遇好点儿的工作。她算是普工，优势是年轻、形象好，劣势是没有专业技术。祝她早日找到满意的工作，致谢告别。凭经验判断，对她的采访，大部分都会被“咔嚓”掉。

整个上午都泡在人才市场，还采访了应届大学生、家政工、装潢设计师三个人，又见缝插针地到一家“摊位”前采访了一家建筑集团的人力资源部副经理，人家表现出求才若渴的心情，说施工员、预算员、男性会计很紧缺，一经录用待遇从优。孙淼一个劲儿地拍，这样后期制作才有足够的料筛选剪裁。

十一点半回台里吃饭。上车后孙淼又开始贫了，我说他将来可以做出镜记者，摄像采访制作都能发展，复合型人才。他叹口气说：“得了，先泡个女朋友再谈事业。昨天又被老妈逼着相亲去了，女研究生，长啥样已经全忘了，英文专业，相当跩，大概以为我是个只会摸机器的粗人，一见面就说自己英语八级、日语一级、德语二级，问我几级，我被她鹦鹉式的声音给轰炸到了暂停状态，准备好的段子也想不出来了，只好回答她QQ30 级，黄钻 7 级，红钻 4 级，彩钻 4 级，绿钻 3 级。然后……”他故作深沉地顿了一下，“没有然后了。”我笑得岔气。电视台能说会道的人多，段子也多，做记者的在这种环境里，常能体会开怀大笑的酣畅。

一路瞎掰，问他情人节打算怎么过，他说：“略过……”我想将来我要是做了制片人，一定弄个脱口秀节目，让他主持。当然，他要跟着我进步有点难，我的顶头上司属耐用型的，怎么都不提拔，大概我得熬到白头才有希望。励志的话这么说：只要熬得住，就能熬得出。其实要看你在啥道上，方向错没错。

吃过饭，回办公室弄会儿电脑，修改下策划稿，然后逛逛时尚网，顺便聊会儿 QQ。下午的采访三点才开始，咱在电脑前耗到两点二十，赶紧对着小镜子整了下妆容、头发和衣领，外出采访并出镜得注意点儿形象。

出发后孙淼又嘀咕上了：“中午我看了会儿《感动中国》节目，十年来都是百姓感动政府，什么时候政府可以感动百姓？”我说：“孙淼，咱思想可以有，但不能太非主流，你是媒体人，别乱说话。什么时候让大力给你培训培训，好好整顿一下你的嘴巴。”大力是我老公，跟孙淼老爸是同事，都在政府机关上班，很欣赏孙淼的幽默，但孙老爸恰恰相反，说他儿子迟早要坏在这张嘴巴上。孙淼做个鬼脸吐下舌头，说：“知错就改，改了再犯，犯了再改。”他的确是个好记者的料。

下午采访两个人，服装加工企业的老总和玩具加工厂的人事经理，他们的苦水都不少，服装厂500台机器，目前100多台闲着，玩具厂还缺80号人。两家企业吸引工人的力度都在不断加大，都已经派专人到西部地区的火车站汽车站招工去了。看来用工荒影响了一大片，不晓得市场这只巨手到最后能不能调整到位，大概明年还要做这个话题吧，有些热点问题就像四爷，不是你换台就能逃避的。

采访结束时已经四点半了，孙淼回台里，我半道下车回家，准备后期制作的稿子。五点进家门，老公六点才下班，咱哼着小曲做点小米粥，整俩小菜——平常他做得多，今儿咱也表现一回贤惠勤劳知冷知热的高尚情操。

七点多，老公洗碗，我看电视，发现自己根本搞不清楚观众的口味跑偏到哪个轨道了。拿着遥控器切换，四爷不是和若曦暧昧，就是正和怜儿缠绵，切频道，四爷他喜欢晴川，再切频道，四爷他娶了甄嬛……总而言之，流水的妃嫔铁打的雍正，连四爷都成了优秀的文艺青年，让我们这些电视人情何以堪？

正发笑间，接到主任电话，人员调度不过来，让我迅速前往润欣酒店，交警大队进行酒驾醉驾专项大检查，接我们的车十五分钟后到我楼下。赶紧换衣服穿鞋子淡妆淡抹——其实晚上化不化妆并不重要，都是黑乎乎的，有胜于无而已。

幸亏对酒驾有一定认识，上了车就一直在思考该怎么说。和孙淼赶到主任指定的采访地，发现喝酒驾车还发威的哥们挺多，路边停靠的车有十几辆。孙淼扛起机器开拍，我刚说完简单的开场白，一个喝翻了的哥们就上来用手挡镜头："拍什么拍，我电视台和上头都有人，小心收拾你。"孙淼不理他，旁边俩警察过来将他弄走。我开始了采访，被问到的两个当事人都还清醒，一个劲地表示很后悔，说春节期间喝酒开车更不对。然后我又采访在现场督办的大队长和政委，最后简要点评，告诉大家喝酒伤身又伤胃，酒驾危险还破费。

九点半，乘警车打道回府。孙淼说："瞧那个遮我镜头的孙子，典型的小事无理取闹，大事没头没脑，神也救不了他。"开车的警察"扑哧"一声乐了："你们记者真逗。"逗的是孙淼，像我这种不卑不亢字正腔圆的主儿，也就是个平庸记者了。

选择理由

不唱“铁肩担道义，妙手著文章”的高调，太悲壮。我学的传媒专业，不当记者当什么？过五关斩六将地考进了电视台，折腾两年后还当了出镜记者，咱挺满意，偶尔会抱怨下工作没时没点和领导变态。

压力指数

压力指数高。台内实行末位淘汰制，每个季度都要考核。工作时间不固定，场所也变换不停，遇到突发情况上一线，面临的情况都是未知的，例如火灾、车祸现场，一般人没法承受。再有就是在一层层撕开真相的面纱过程中，调查采访的阻力大、磨难多，甚至会遭遇人身攻击。最有代表性的是揭示记者生存状况的报告文学《封口费》中，有如此标题——《你不收我的钱，我就要你命》。很恐怖吧？虽然因公殉职的记者是少数，但也够让我们不寒而栗了。

人际环境

人际环境复杂。一是台里人才多竞争强；二是采访对象不停变换，需要有较强的适应能力和协调沟通能力。

我所向往的职业

不当记者，我希望自己可以从事更有规律、压力小点儿的工作，例如园艺师什么的，侍弄花花草草，美容怡情。

入行门槛

不管是电视台、电台还是平面传媒或网络传媒，招聘记者对学历的要求相当一致，本科起点，假如你是专科，那工作经验起码五年以上才有报名资格。

记者除了文字基础，还要有很强的社交能力，能和条线建立良好关系，以便构建起顺畅的新闻渠道。说白了，记者的工作富有创造性，一个合格的记者要有新闻敏感度，脑子要灵活，什么话该说什么话不该说心中要有数，吃苦耐劳的品质也必不可少。如果是出镜记者，太丑会吓到人，而普通话和口头表达能力的要求也相当高。

心理测试

你最希望在公园看到以下哪种建筑物？

A. 童话式的糖果屋　　B. 充满 SPA 禅风的木屋
C. 有牛有羊的牧场　　D. 人文气息的庙宇
E. 豪华独栋的别墅

答案：

选 A 的人：未必不切实际，但有时会有逃离现实的渴望，与其说你期待在事业上有所成就，不如说你更希望有一个人，能成全你、了解你。

选 B 的人：对物质的享受其实并不那么留恋，物质不过是你实现心灵期许的用具罢了。你在事业上对自己会有“做什么就要像什么”的期许。

选 C 的人：能够同时兼顾事业的发展与家庭的幸福美满，对你而言，事业与家庭有一项不完满，都是莫大的缺憾。

选 D 的人：事业将不会循着前人铺好的规则走，你的内在风格独特，在事业上将有一番不同于社会现状的作为。

选 E 的人：对事业有一番期许，理想高远，希望自己能达到一定的社会地位，另外你也希望自己的经济能力能够同样高人一等。

21

自由写手：码字，痛并快乐着

我有一个梦想：先看别人的书，再写书给别人看。现在终于如愿以偿，成了码字能手，幸与不幸，一言难尽。

行业动态

用句文艺些的话来说：中国目前的各类写手像天上的星星那样多，应该不少于六位数，甚至可达七位数。

如此庞大的数目中，一部分是自愿沉入，他们对写作的热情堪称“你问我爱你有多深，月亮代表我的心”，还有一部分是迫于谋生发展的需要，不得不整天绞尽脑汁拼凑文章——此类群体，大多是有工资的或正在读大学的，算是兼职。自从网络上的“泰坦尼克号”《第一次亲密接触》风行之后，网络小说就以燎原之势走入寻常百姓家。在大学里流传着这样一句话：“网络小说在大学里，一个寝室至少有一个人在看，四个寝室中会有一个人在写。”可见网络写手的普遍性。再如，当前开博的有700万人之多，经常更新者超过70万人，写博，不过是日常生活的一种记录或痕迹，自娱加娱人，大多数充其量是学生时代的日记而已。

这样一个大众写作的狂欢时代，靠做写手来养家糊口的占比并不多，行业内统计到2011年夏时还是三位数，比中国大熊猫总数少了近一半。一天十几个小时对着电脑，从大脑里蹦字，就算吃奶挤草，速度也来不及，更别提胸中得有读者、有点击率、能够在纸媒上发表、稿酬多少的现实问题了。厚积薄发、赢得市场、稿酬多多，那是要基本功加灵气加人脉加勤奋的。尤其是网络写手，只靠收费网站的点击率提成的收入生活，那简直是新时代的神话。通常情况下，除了大家都叫得出名字的那几个网络大虾，如痞子蔡、宁财神等，当前写手月入5000就很极品了，除非得到出版社的青睐，有实体书出版，否则完全靠写字为生，根本就是个超级冷笑话。我国大陆的稿酬通常比较低——当然，那些牛人除外。在美国，千字稿费通常在750美元到2000美元之间，高级别的如《纽约时报》，折合成人民币后千字都在万元以上。大陆的高级报刊的稿费则在千字百元左右。欧洲就更是自由撰稿人的天堂了，一月做一次调查采访或写一篇文章即有5000元人民币的进账。

中国的自由撰稿人，写得热闹，活得辛苦。有很多网站和杂志是无稿酬的，例如很多行业的刊物杂志，也许还要你自己掏版面费，否则就没机会发表，教育类尤其如此。当然，看在评职称争先进的面上，很多人认了。在台湾地区会有所不同，如台湾一本8万字不到的书，稿酬能到400美元左右，对一些熟练高产写手而言，一周左右是可以拿下的。但是网络写手多如牛毛，出版机会又很有限，通常只有曝光率高、被读者和市场认可的那部分人才会被出版商看中，其他无名写手，只有望梅止渴的份。

而一些文化工作室招聘的写手，就更属于日产一两万字的劳苦人民，头也不抬地坐在电脑前不停敲字的那种。原创千字三十到四十元，编著千字一十到二十元，那是正常概念。能够拿到千字五六十元的，那肯定是水平不错且文字有特色的了。当然，书稿的类别不同，联系的出版社不同，稿酬也会有所差异。写手，期盼着稿费改革的盲区早点被发现，早日享受到码字的幸福。

→ 我的一天这样度过 ←

我是新时代的爬格子虫——写手，除了周六、周日有四个家教和两个培训班的任务，其余时间就是专职码字。本科中文系毕业后，我曾应聘过一家教育机构的老师，后来人家解决不了编制和待遇问题，而我又痴迷于文字，就半兼职半写作地晃悠到现在，下半年的某月某日就是我的三十大寿了，男友还不知寄养在谁家。

睡到自然醒那是肯定的，毕竟咱昨天写到夜里近四点才睡。也不是勤奋，是有了灵感，有一气呵成的原始动力，否则你趴电脑前半天一个字也憋不出来，还不如到大街上溜达去，好歹能够平缓一下日益僵直酸痛的肩椎和颈椎。这年头电脑用多了就会得这种杀人于无形的职业病，你懂的。

今天十二点起床，拉开窗帘伸个懒腰，看窗外明晃晃的阳光，灿烂的一天由此开始。一边给自己泡杯咖啡，一边继续构思昨天爱情小说里的情节——男女主人公新婚第一个早上应该是怎样的表情和对白？这是一本签约的书，书名暂定为《错过，就是无缘》，不是很浪漫唯美，因为我想写得深刻些，最好一不小心能够追随《围城》，我每写一点东西后，对钱钟书先生的敬仰就如滔滔江水一般奔流不息。

将睡衣换下，打理下头发，边喝咖啡边开电脑。先打个电话问候下我的同行“穿皮鞋洗澡”和“水浒世界红楼心”，然后在房间里转悠两圈，否则还没开写就容易生出夜深的幻觉。一居室的房子，电脑椅后就是小床，没地方散步，很容易日夜颠倒不分季节地昏睡。好了，写作开始了，刚才说了，这是本签约的书，千字五十，税后。也就是说，甭管一天写多少字，都是有米的，不像刚出道那会儿，写了一大堆，病急乱投医似的到处投稿，结果全部石沉大海，一连两三个月一分稿费都没有的日子，把我急得真想随便找个长得挺帅的路人甲问问：大哥，要未婚文学女青年做老婆不？小女子愿意如影随形跟你到天涯，只要有口饭吃。

比起刚失业专职做写手时那段心灰意冷、无米下锅的日子，这样的写作状态已经是超级小资了。昨天写到了男一号钱槌（欠捶）和女一号甄莎莎（真傻傻）各自离开“最爱最爱”的异地恋人，理性地决定结婚且到了度蜜月的旅游途中，地点放到丽江的某个客栈，然后钱槌忽然发现了自己不能舍弃的前女友巫小萌就在隔壁客栈的门口似笑非笑地看着他……电脑键盘“滴答滴答”清脆地响个不停，一会儿就出了一千多字。咱今天挺在状态，好歹咱也去过一次丽江，渲染一下情调是不吃力的，当然了，那还是四年前和前男友一起去的，写起来颇有温故之感，要知新，就看想象的翅膀有多硬了。

一个小时后，电脑管家提示我暂停，咱设这个程序是为了劳逸结合，否则等你停下来时，会发现眼睛酸疼、颈椎僵硬，身体的各个零部件全不是自己的。咱虽说姿色一般，但还是向往爱情的，早早熬成黄脸婆，代价太大。其实写作不是个好职业，像我此刻一个小时写了近三千字，算是出货率高的。二十五万字的写作计划，三个月完成，与很多写手相比，时间还算宽裕。

北京时间两点半，照例到“撰稿人之家”“中国写手论坛”等地方浏览一番，看有没有好的征稿帖，无功而返，慨叹这几个论坛已经变得面目全非，好多大虾都跑了。三点，下楼去转悠一圈看风景。其实根本无风景可看，咱租住在通州老小区，房子破得不能多看。不过我还是喜欢待在这里，跟老鼠娶了空姐蝙蝠同理，这里好歹也在北京，文化气息浓，混在这里，总有一种沉溺的味道。北京的写手占了全国很大的比例，估计十来万人总是有的，我认识的那些写手，有混得比我好的，稿费高，出版社和书商求着供着，更多的是混得比我还惨的，除了没有比鸡起得早外，那可是“干得比驴多，睡得比狗晚，吃得比猪差”，到最后拿得比民工还少。遇上无良编辑和书商，血汗全被别人剽窃了都无从追讨。自我宽心一番，信步到了楼下的小卖部，哇，今天的晚餐好丰盛：红烧牛肉、小鸡炖蘑菇、排骨、海鲜，哎呀，太丰盛了，我是买康师傅还是今麦郎呢？

手机响了，是“水浒世界红楼心”，我的好姐妹，也是漂在北京的自由撰稿人，状态跟我差不多，不过她专门写纪实作品，有时也跟在人家后头写励志书，就是市面上那些抄来抄去没实际内容的垃圾。她人长得甜，人脉比我广得多，最大理想是找个海归带她出国定居。她说这几天不出活儿，让我陪她聊聊。估计是又失恋了，钓金龟婿哪那么容易，很多男人粘上毛比猴子都精，高手较量，留下的都是内伤，看来得做她的心理咨询师了，开导受情伤后抓狂的小女人，我在行，谁让咱是写爱情小说的呢？

苦人见苦人，想想都头疼。只是咱在这个城市也没几个贴心的朋友，救她就是救自己，何况她爆的料对我的写作是大大有用的，所以咱连最美味的牛肉面都忘了买，直接往公交站台跑。

“红楼心”租的房子离我这不远，两站路就到。她还赖在床上，如蔫黄瓜一样形容枯槁，让我这丑女稍感平衡。果然她一肚子苦水，原来好不容易写的纪实书稿居然全部成了笑话。那个主人公，也就是她的采访对象、众人眼里的成功人士，携款外逃，当初许诺她的稿费自然没了。缺了所谓大款的赞助，这种为小老板唱赞歌的书除了自费出版别无他路，带她远走高飞出国定居的誓言瞬间成了锥心的讽刺。唉——精致的五官没掩饰得住她朴素的情商，又是一个好题材！做自由写手，也是要讲职业道德的，卖艺不卖身。像她这么没脑子，趁早别在这个行当混了。

让她抱着我痛哭一场，顺便说些不能真正解痛的安慰话，“红楼心”的情绪好了许多。她说她想找个正经的工作了，凭她的文字功底和形象气质，到大公司做个文员，月收入三四千应该不成问题。我点头称是，就她目前的状态，的确不适合窝在出租屋里写作。我建议她等月底房子到期后重新找个两居室，我们两人合租互相照应，我怕她崩溃。下午五点，“红楼心”决定找前前男友去蹦迪，我坐车返回小屋。上楼前先在小吃店里点了份百吃不厌的牛肉拉面。回屋开灯，加件外套，北京的秋天寒意已深，继续把自己扔回椅子上去，写钱槌失魂落魄地看着前任恋人远去……

这次写了近三个小时，状态依然很好。当然中途也稍作休息，打开网络看了篇旧文《广州鸟儿就这样走上了撰稿人之路》，又转到冯唐的博客踩了踩，还对着脏乎乎的窗玻璃发了一会儿呆，回忆了一番峥嵘岁月。算了算，今天写了有一万多字了，决定放松一下，于是打电话给做律师的高中同学卢金伟，他住的地方离我很近。

和他就是坐坐咖啡厅，谈人生谈理想谈生活，唯独不谈爱情。聊到“红楼心”的事，我问他可有高招挽回点儿损失，他连连摇头，说蠢女人真多，看上去那么精的一个丫头，咋就这么没脑子呢？他似笑非笑地看着我说：“你不会也那么傻吧？成天写爱情小说，就是很少实战，不如你就从了我吧，众望所归。”我说你别跟我玩暧昧，妹不吃你那套。他笑：“我看过一篇文章，说21世纪最热门的职业包括律师、心理医生和自由撰稿人，现在看来，好像咱俩依然是北京的边缘人啊。怎么样，还习惯吗？要是撑不住，可以到我们律师事务所来，凭你的能力，绝对没问题。”

去打杂也可以，但我的兴趣还是写作。初涉这个圈子时，我曾经满脑子一筹莫展和惊慌失措，曾经义愤填膺地和无良书商高声理论却无可奈何，如今已经独自度过上千个挑灯而写的孤寂夜晚，习惯了这样的状态。对自小喜爱文字的我而言，一年两三本书的出版费、杂志社发表文章的零碎稿费，加上网络上贴文字的提成和周末兼职的收入，基本上每月保持五六千元的收入，小富即安了。我知道很多自由撰稿人写着写着就跑了，这条“曲线救国”的羊肠小路布满荆棘，拥挤不堪，能够挣扎到彼岸的，都是幸运儿。

告别卢金伟，散步回到小屋已经十点多了，打开电脑，备好充饥的水果，我的指尖又不由自主地开始了舞蹈。今天的状态真的很好，再写三个小时没问题，这部书稿又可以提前杀青了。写完这部，我决定休息一下，到北京周边转几天，舒展舒展身体，顺便也结交几个新朋友。写着别人或热闹或烦恼或浪漫的爱情，我也不能总让感情世界荒芜，我需要在茫茫人海中遇到一个有心动感觉的单身好男，和我一起在北京互相取暖、慢慢变老。

选择理由 ←

有个写手网名叫“不写手发抖”，他取这名字我特理解。我是不折不扣的文字控，从小就爱写东西，还发表了一些文章，当然都是随着自己意愿而写的。发表之后，家人的赞扬、同学的羡慕，还有老师的鼓励，让我飘飘欲仙了好久。没人时我就把那些保存完好的铅字小文拿出来回味上几遍，想着它到底好在哪里，这种沾沾自喜带来的快感刻骨铭心。年近三十，我依然会为文字狂，当写手是心甘情愿的，如许巍那样多年苦苦追寻自己的音乐之梦一般。若是哪天没灵感了，厌倦了，另外找份简单的工作做一做即可，当然业余还是要写一写的，说得矫情一点：不写，灵魂就没处安放。

压力指数 ←

压力指数高。写作是个闷骚的活儿，咱国传统作家习惯于在写作中生存。网络时代，则必须先生存再写作。适应市场是生存的第一要义，让自己的小工作室成为批发兼零售的文字作坊是必需条件。对写手而言，质量和产量都很重要，文字能够卖出去，靠的是操作，产销对路才可能形成良性循环，否则就会逐渐走上绝路。

短信写手要求就更高了，他们的创作过程堪称艰苦卓绝，娱乐别人的过程可一点儿不搞笑，想以此为生，跟登蜀道差不多。

另外，对大多数写手而言，文字速度的要求也是一种煎熬。有的书签下合约后半个月或者个把月就要交稿，每小时没有两三千字的速度，那就代表你无法完成任务。只有像冯唐那样的超级牛人才能游刃自如，拿高薪后业余写作，玩票的心态自然跟求生存时大不同。

人际环境 ←

人际环境还好。编辑、书商、文化工作室的同行得想方设法多认识一些，有个比较，才能找到比较靠谱和投缘的。好的编辑、书商会让你的利益尽可能最大化，谈判得好，一部书稿弄个万儿八千的，还让你少交点血汗税；遇上心眼多又贪心的合作者，也许只能弄个半价；要是运气不好，碰到心狠手辣的，也有可能血本无归。

当然了，遇上笔会、书会、洽谈会、交易会这些场合，你得两眼发亮到处搜罗机会，要有比较醒目的书名，还要有一张拿得出手的名片，能够恰到好处地推销自己，机遇才有可能撞上你的腰。

我所向往的职业 ←

不做写手，我做书商去，不用费大劲就可以拿到好稿。不是吹，从小就博览群书的我，对书稿的鉴别力还是有的，对作者的好孬也是有判断力的。基本上，我这辈子是要跟文字纠缠了，一日不读书不写字就会觉得面目可憎。死了都要写，不淋漓尽致不痛快，呵呵。

入行门槛

曾经以为作家的入行门槛很高。如今这个娱乐时代，传统作家也许还在冷板凳上“十年磨一剑”，想写出超越时空的“巨著”，但是网络作家群体却在马不停蹄地敲击着键盘，几十万字的小说，也许一两个月就新鲜出炉并连载不休。成为网络写手，硬件上只要有电脑和网线，软件上的要求则很难一概论之，但是起码的文字悟性和写作能力还是要保证的，否则误人也误己。

做代理写手的要求会高许多。某咨询公司应聘代理写手的选手如云，其中有著名政法学院研究生，知名医学院大四学生，跨国公司办公室秘书，某211高校的建筑系博士……此公司的业务范围如下：论文代写、营销策划书的撰写、英文简历，另外诸如入党材料、学习心得汇报等也在其列。很多白领也在工作之余码字，这些业余票友相对而言学历高、工作好，高薪之余圆写作梦，是专职写手所羡慕不已的，以《明朝那些事儿》一举成名的当年明月就属此类情况。

心理贴士

知我者谓我心忧，不知我者谓我何求。做写手，须注意以下几点：

1. 战胜孤独。写作是个贫困和荣耀并存的事情。除却纸媒，在网络上发表文章也能结交许多志同道合的人。长期专职做写手，要能战胜孤独感和与世隔绝感，这特别需要一颗热爱生活、善于调节的心，不能总为旧的悲伤浪费新的眼泪。

2. 保护身体。长期坐在电脑前，各种职业病如影随形，浑身上下会变得处处不听指挥。熬夜、喝咖啡提神会导致生物钟紊乱，不固定的作息时间对家庭生活也很不利。

3. 心态平和。网络写手的著作权和版权是很难得到保障的。作品被其他网站随意转载还算阿弥陀佛，有些网站不但不附上原文出处和作者，还偷天换日地写上自己的名字，这种“复制＋粘贴＋小改动”的公然剽窃让写手们很愤怒，却又拿他们没办法。此类吐血事件经历多了，文章写了后先不贴出来，尽量先让纸媒用。

22

编辑：为人作嫁衣，也是快乐

华文天下图书公司总经理辛继平先生曾说："干了出版就走上了一条不归路。"我理解为调侃加热爱。

行业动态

早在2007年《新闻晨报》就报道过，中国估计拥有网络编辑人员近300万人，传统媒体有编辑记者75万人①。时隔几年，编辑从业人员的数量也应该有了显著的变化。

以北京为例，先来看看招聘网上晒的北京图书编辑工资概况②：编辑们最低工资为每月1900元；平均工资为每月3534元；最高工资为每月7000元，拿到这个级别的估计都是资深高手或江湖老鸟。

另据业内人士透露，就目前总体状况而言，网站编辑的工资普遍高于平媒编辑，如新浪、搜狐等几大网站的编辑税前可达5000元人民币，加班奖金、公积金等另计，房产类甚至可达每月8000元。相对来说，平媒编辑又比出版社编辑稍微高些，而且工作自由度更高。而挂靠事业单位和科研机关的收入相对固定，单就收入来说，可算同行业中下水平，但福利和稳定性则是其他编辑所不能比的。一般编辑如果不往策划方向转，就不要想多拿奖金啥的了，乖乖地读书做学问，保持心灵宁静安稳。如果转向搞发行，就要有人脉和关系，要善喝酒应酬，因为绩效跟奖金是直接挂钩的。

值得一提的是光芒四射的时尚编辑。智联网曾发布过一项统计数据，

① 星岛环球网. http：//www. stnn. cc/society_ focus/200701/t20070105_ 436792. html。

② 北京图书编辑薪酬报告. http：//www. job592. com/pay/beijing/2276. html。

说中国时尚类媒体助理编辑平均年收入在2万~3万元；中高级编辑的年收入则可达到5万~12万元，这在国内编辑中已经算是极品了，但跟国外同行相比，依然有很大的差距。当前中国一线城市中，一个小时尚编辑即使一个月不吃不喝，也未必买得起一件大牌的衣服，可还经常要出席各种宴会派对，有限的薪水能够应付不失礼仪的基本行头就不错了。如果没有超人般的意志，坚信几万、十几万的垃圾也总归是垃圾这一真理，如果没有丰厚的身家在后头做支撑，那身在时尚圈，内心冲突就会多一些。时尚编辑如果在中国最好的时尚媒体工作，薪酬可能略高于其他的媒体同行，但总体而言并没有什么让人艳羡的绝对优势。

→ 我的一天这样度过 ←

图书小编一天生活的流水账如下：上午看稿，中午沟通，下午谈稿，傍晚去书店闲逛，晚餐和男友共进，然后回家看肥皂剧或上网。

美好生活从早上开始。八点二十五分，我从沙丁鱼罐头似的公交车里弹出，八点半到单位，跟哥们姐们打打招呼，问候下有黑眼圈的姐妹兄弟——我敢打赌，其中一大半绝不是爬格子或挑灯夜读给熬出来的，喝酒K歌或是谈情说爱的可能性倒是极高。

等待电脑开机，泡杯菊花枸杞茶后继续前几日的工作，看一部关于爱情案例与心理分析的书稿，这是付印前的最后一遍，行话叫核红，也就是检查三校清样上要求改正的地方是否有未改或错改的，目录与正文页码是否一致等，过了这一遍，书就直接付印了，一点回旋的余地都不再有，所以咱得吹毛求疵地看，争取鸡蛋里再挑点儿骨头出来。

半年前，我联系上作者，然后谈具体合作事宜、报选题、订合同，然后没事就问候作者一下（其实是骚扰和催稿），到如今对纸样进行编辑加工，可以说是全身心投入，对它的感情一点不掺水分，说句大言不惭的话，几乎可以和作者媲美。当然，书到了销售环节能不能卖得火，我也没绝对把握。市场很邪门，我们一致看好的书，未必能卖出好成绩。有些我们觉得不咋样的庸书，它往往还就火了，领导常说我们的眼睛是斜视，需要矫正，其实他老人家没事也会慨叹人心不古，好书卖不出好价，没辙。

一口气看了一个多小时，其间QQ上不时有朋友和友好作者发来的段子，忙里偷闲地回复一下，算是一点儿小乐趣。十点半上厕所一趟，动动有点酸疼的脖子，避开领导的视线，在办公室内转悠两圈，抖抖手啊抖抖脚啊，这样蹦蹦跳跳才不会老。同办公室俩姐们受我的感召，也起来扭脖子伸胳膊，俩哥们倒是沉得住气，一个在认认真真地写选题策划书，另一个在跟装帧工作室沟通封面修改事宜，没有要休息的意思。三个女人一台戏，何况是书读得多的女人，自然会趁机八卦下，明星吸毒劈腿，富商引起公愤，某小店的衣服价廉物美，某美食城的小菜味道极佳，跟街头市井小女人并没有什么不同。轻松十来分钟，大家自觉归位干活儿。

一部书稿反复看上几遍，除非你特别热爱，否则总会有点审美疲劳的。这部稿子从交稿到现在，咱好歹也看过三五遍了，十一点多的时候，终于核完了，版权页也顺便瞄了下，觉得该过关了——当然百分百没问题是不现实的，差错率在万分之一以内就是合格产品。在清样上龙飞凤舞地签上大名，再一溜烟跑去送交领导审读，领导不在。好，咱就放着，总之此书告一段落，上午工作也该按个暂停键，号召大家米西去。

中午和办公室四个同事一起到附近的商贸大厦地下餐厅填肚子，吃完后有人闲逛，有人回办公室眯着。我要逛逛消食，总是坐着干活，身材会变形的。张姐前儿买衣服时慨叹“遍寻不着，犹叹当年小蛮腰；空余恨，一身五花膘”，我可不想步她的后尘，要跳要笑要俏要苗条，这是我的人生理想。

一点半回办公室，一哥们趴着睡觉，连口水都出来了。另外俩美女一个在翻杂志，一个在看微博冷笑话。我的电话响了，一个高中同学打过来的，让我给她八十多岁的爷爷想想办法，一部关于解放战争的小说，三十多万字，老人家写了三年多，最大心愿是不自费出版。我没招儿，我们社肯定不出，只好在QQ上挨个儿询问，先给他联系了几家图书室，均被婉拒。又问做小说和畅销书的朋友，告知买个书号两万块，还不包括印刷费，何苦呢？头脑一转想了个歪主意，出版事项我继续留意，让她找个快印公司，先印几本，让健康每况愈下的老人家过生日时高兴一下。

这事算处理完了，但是同事们却开始唏嘘不已，对老人家表示同情加钦佩，对当前的出版和市场现状发点小感慨，对写作的意义说点反动言辞。正说得来劲，领导施施然从门前过，咱赶紧拿起《出版科学》杂志来翻，不想破坏自己勤奋善思的好员工形象。

另两个人表示鄙视，咱也不管，扔了书，开始想前天选题会的事，一想就有点郁闷，但是绕不开逃不掉，要是放弃，就表示前期所有努力都泡汤了，还是决定用功一下，力挽狂澜。这是一本关于求职技巧和职业心理的书，我信心满满，结果选题论证会上愣是没让过，问了我一连串的问题：书的主要卖点是什么？你觉得好，为什么别人没人写？文字特色和技术操作如何结合？作者自己改了若干遍目录和标题，已经有些不耐烦了。从前天选题会告诉他结果到现在，人家一声不吭，连QQ都没上。咱厚起脸皮拨他电话，结果人家正在外头办事，约好三点QQ上谈。

为了策划这个选题，我也费了老劲，最近一个月都在琢磨，在网上书店、实体店转悠了N回，进行市场调查，然后形成选题思路并预约书稿，这些环节依次来过，人家已经写了一部分了，中心领导本来是很看好的，结果发行的一掺和，愣是被搁置起来。我安慰作者好事多磨，其实心里也很急，这几天要是拿不出满意的修改稿，也许就真的没戏了。这个作者跟我合作良好，况且现在质量好的原创作品本来就难碰，作者认真，文字态度和水平均OK的也非常难得，实在不舍得放弃，何况我一直认为这个选题不错，后期销售应该是没问题的，职场生活可是人生的大命题，职业心理，多诱人的字眼啊！

端起茶杯在办公室里不出声地踱步，思考选题定位和书名，这个定下来，分类不清的目录才好调整。是定位于心理疏导还是心理测试？是职业心理知识普及还是职业心理探秘呢？仅仅是一本求职的实用手册呢，还是一本技巧和趣味并重的职业心理按摩书？就这样纠结着，因为作者自己也没想明白，没有几个回合的辩论否定，书的框架是没法成型的。转了好久，顺便帮同事看了下选题策划，然后坐回电脑前，找我的作者。人家果然守时，我将情况如此这般说了，他又开始打退堂鼓，他情绪一波动，我就赶紧拿棒棒糖哄着，帮他想，帮他改，两人通力合作，两个小时内将目录推翻了三次，书名想了二十多个，感觉越来越好，我们两人的构想也越来越契合。暗喜，不时发个搞笑的表情过去活跃一下气氛，人家说要去接小孩了，咱只好偃旗息鼓，约他明天改好传给我。

接着，又做了两份稿费的手续。做人得讲诚信，咱答应人家什么时候结酬，就得在心里装着这个事。之后，又看了下咱的发行数据，今天好几本新书都有添货，小开心一下。虽没有大卖，细水长流也是好的，总比静止不动好得多。嘚瑟一天，该下班了，同事已经开始温情脉脉地跟亲爱的人儿联络约会事宜，单着的也开始呼朋唤友找食吃。男友接我去吃小龙虾，吃完后到附近的图书大厦里转转，他关注电脑、手机，我到畅销书柜转悠，人家看书的内容，咱关注的点可就多了，书的封面设计和版式，书名是如何取的，宣传语的亮点在何处，甚至字体的选择和字号的大小，除了内容，书的外在呈现也是品质的重要体现。其间偷偷用手机拍了两本喜欢的封面，网上的图总觉得不清晰，自己拍的多好。

晚上回家，写了个简短的博客，也就是发点小感慨。这世界千奇百怪，有人爱用脑子思索或嘴巴说说，有人喜欢动笔勾画形成图画，有人则用键盘记录点点滴滴，我属于第三种，没办法，职业和兴趣使然，我需要在读、写、评中得到更多的灵感，越多越好。我做编辑工作有三年了，天天向上，自己独立做的书有二十来本吧，不包括集体项目，离一个优秀编辑还是有点小距离的。

选择理由 ←

我为什么喜欢在出版社当编辑？一是我爱读书和读人，希望可以借此交很多有见识的朋友，特别是能够与名人、学者面对面，这是难得的资源。二是比较有成就感，每每在书店看到自己责编的书，心里都会美滋滋的，那些成果一月月一年年累积起来，想着都美。三是需要不断学习、迎接挑战。不断设立新目标并克服重重困难去实现，自己见多识广后，生活就很有趣味，我体验，我快乐，我沉醉，此中之妙绝对是外人难以理解的。①

个人感觉，对女性而言，做编辑是个好选择，腹有诗书气自华，可保持气质，可显出涵养，对家庭和孩子也好处多多。

压力指数 ←

压力指数中等偏上。中国的时尚杂志是一群月薪八千的编辑告诉一群月薪三千的读者，月收入三万的人怎么花钱。杂志编辑时效性很强，编的稿件什么时候都有可能出现意外，稿子被毙或突发事件需要成稿刊登，临时变故调整内容，这个时候必须处变不惊。天窗是绝对不可以开的，时间

---

① 杜恩龙．编辑工作的魅力．中国编辑网站．http：//www. editorworld. com. cn/stkl/gd/jqys/201011/1084. html。

是肯定不能变的，品质更是不能降的，但是，内容要依然精彩。[①]

而图书编辑则靠谱得多，他们在出版过程中是核心人物，工作时间相对固定，也有相对弹性，通常不像杂志编辑那么十万火急，但一本书的战线会拉得很长。做选题策划时总是很狂妄很大胆，到了执行阶段就傻眼，只能硬着头皮慢慢想办法。也想找名家拉升人气，但名人总是很忙，好容易七拐八弯预约到，一旦拿到书稿，那是绝对的大牛，自信心空前膨胀。

作者群培养有点难度。好稿好作者肯定有，但如大海捞针般，一是人才依然在黑暗中摸索，还没撞到咱这棵树上来，二是才子早已经被人挖走，此地空余黄鹤楼。没办法，只能巩固老作者、发掘新作者，希望可以挖到富矿。

书能不能卖得好，虽然表面上看是发行部的同事在操心，但孩子终究是自己的，生了孩子，自己不管可不成，况且与咱的荷包还息息相关呢。

人际环境

《编辑部的故事》看过不？都是嘴皮子高手，能把日子过成段子的主儿，说说笑笑活跃气氛是咱的拿手活。竞争肯定是有的，但还不算惨烈，大家心态挺平和。对我而言，这样的人际环境挺适应，关键是要做到领导满意、作者满意、读者满意，还需要功力。

我所向往的职业

不做编辑，就到宾馆做个大堂经理吧，待人接物，做做管理，剩余时间就翻翻报纸读读书，那样光鲜体面的生活，看上去不错。

入行门槛

在专业背景和学历要求方面，一般要求拥有新闻、汉语言文学等专业大专及以上学历。[②] 图书编辑的要求一般如下：①文字功底好，有图书编辑组稿经验，中文专业为好。②有创意思维，接受事物快，诚实肯干。③教辅编辑和专业书籍编辑要求有一定的专业知识。④有一定的电脑操作水平，能够使用一些做图、文字编辑工具，熟悉网络。[③] 如果是出版科班

① 采访编辑手记．中国编辑网站．http：//www. editorworld. com. cn/stkl/hm/201011/1079. html。

② 陈畅编著．100个最具前景的职业．北京：机械工业出版社，2009：90。

③ 图书编辑．百度百科．http：//baike. baidu. com/view/1138089. htm。

出身，或具有一定的资历，可参加出版专业资格考试，考试详情可到各地人事考试网络进行查询。近些年，图书编辑的门槛似乎越来越高，研究生学历已很普遍，博士也并不稀奇，但待遇却没能正比增长。

心理贴士

看上去编辑工作稳定、单纯、清静，但每个行当都有自己的特点。当前社会急剧变革，出版行业改制，媒体竞争激烈，出版社通常都实行任务与效益挂钩、竞争上岗、末位淘汰等制度，编辑集策划、组稿、编辑加工、校对等任务于一身，除了雕琢文字，还要考虑营销推广、成本与收益、后期销售等事宜。加之这是个“为人做嫁”的职业，被动烦琐的日常事务日复一日地消磨着人的激情，职业倦怠在所难免。

编辑是文化产业内容的把关人，其心理健全与否，不仅影响自身的发展和完善，也影响着出版物的质量。有些文献研究表明：编辑人员是心理健康问题的高危人群。但笔者也在现有资料的基础上对各行业心理健康状况进行了纵向比较，并没有显著的证据证明编辑这一行业更容易引发心理不健康。

根据姬建敏教授的建议，提高编辑心理健康水平，可以从以下几方面入手：一要创造宽松的环境和较好的工作生活环境；二是了解心理卫生知识，提高自身的认知水平；三要保持健康的情绪，学会调节情绪；四是建立良好的人际关系，学会去爱别人；五是培养多种兴趣，学会自娱。① 相对而言，这些心理健康的常用方法适用于任何行业，对编辑而言，最关键的是做好后四点。其实，对经常接触各类书籍、广闻博览的编辑们来说，他们的悟性足够高，这些都是相对容易做到的。

① 姬建敏．论编辑的心理健康．河南大学学报（社会科学版），2001（1）：126。

23

网络管理员：我是网络多面手

生活多美好，有吃有喝有电脑。要是你电脑玩得特别好，那可就成了单位里的香饽饽了。

行业动态

网管这个职业属于“先存在后定义”的类型。回首20世纪末，中华大地忽如一夜春风来，电脑网线遍地开，网管们也如雨后春笋般应时而生。中国专职和兼职的网管数目没法准确统计，其存在形式多种多样：机关事业单位有网络管理员，那是公务员编制；稍微有点规模的企业也有网管，也许还兼任行政工作；计算机要从娃娃抓起的各学校都有网管，通常由计算机老师兼任；街头营业的网吧肯定也离不开网管，否则没法正常营业。网管的收入也各不相同，高的也许月薪上万，少的只有一两千，当然总的薪资水平是呈正态分布的，大多数人在两千元到五千元之间。

按照国际标准化组织的定义，网络管理是指规划、监督、控制网络资源的使用和网络的各种活动，以使网络的性能达到最优。[①] 网管应该有五大管理功能：故障、配置、性能、安全和计费。网管的技术要求其实很高，也很烦琐，尤其要不断刷新知识，跟不上计算机和网络知识的日新月异，面对着乱七八糟的网络故障和硬件问题就会茫然无措。

不同单位对网管的要求也千差万别。IT信息系统规模大的企业，网管可能只需负责机房的网络运行和日常维护；而很多小企业只设一个网管，不但要负责设备，还要负责网络和系统安全；更多的小公司和事业单位则

---

① 网管．百度百科．http：//baike. baidu. com/view/6076. htm。

需要网管能进行简单的网站建设和网页制作等，担当起网络传播的职责。

由此看来，网管就是个大而全的万金油职业，什么都得懂一些。所以，总结下来，一个合格的网络管理员最好在网络操作系统、网络数据库、网络设备、网络管理、网络安全、应用开发六个方面具备扎实的理论知识和应用技能，才能在工作中得心应手。

我的一天这样度过

早上起床时，昨晚涂抹的千里追风油效果没发挥到最佳，肩椎和颈椎还隐隐作痛。作为一个计算机专业的毕业生，每天跟电脑打交道的时间比和老婆在一起的时间还长，如果没沾上这些现代的小毛病，就不是正常材料做成的。正挥舞着酸疼的手臂刷牙时，手机响了：“启奏皇上，有一刁民求见，是接了还是斩了……”嘿嘿，我设的铃声，很有个性吧？我们这行的人都喜欢整点儿新鲜玩意儿，让生活充满恶俗的小趣味。

打电话的是财务部主管。最近财政局在卫生局进行财务审计，财务科加班加点好几天了，关键时刻网络出了问题，邮件不好收，数据库也打不开，让我马上到单位去解决问题。看看手机才七点半不到，赶紧抓起桌上的面包边啃边去等公交。二十分钟后赶到财务科办公室，几个人正一筹莫展。无纸化办公年代，网络一瘫痪，系统就完蛋，小地球不转，大家都傻眼。看了其中一台电脑，显示网络连接上了，但是打不开网页，更别提登录网络账号了。再看看另外三台，都是一样的毛病，赶紧跑到机房口挨个儿检查接口，服务器有个接口脱落了，原来是线断了，三下五除二解决问题。回到自己的办公室，开机，登录QQ、MSN、POPO、E话通……跟得了强迫症似的，一个都不能少。没发现什么求助信息，有些不习惯，回头一想是没到上班时间，于是不慌不忙地翻看《电脑报》，作为一名网管，经常充电是必需的。

一晃八点半了，办公室李主任来电，说医政科新招聘的副科长今天正式上班，办公室有一台闲置电脑，让我去重新装下系统并按照局内规格设置好。跟负责网站编辑和网页舆论监督的小王说了下，噔噔噔到三楼医政科，电脑主机和显示器已经放好，电工兼木工兼勤杂的老李正在接电源线。先将连接线各就各位，再打开软件包，拿光盘给那台七成新的电脑安装系统并设置网络，又装上了瑞星杀毒软件网络版客户端和360安全卫士。

其他常用软件赵科长说他自己亲自倒腾，于是我告退。回到我的办公室发现 QQ 头像闪个不停，疾控科的薛科说她的打印机总卡纸，要更新了。这个可不是我说了算，回复她跟办公室联系，修或是换由李主任定夺。九点半，局全体人员会议，传达省卫生会议精神，没啥新鲜内容，但我也装模作样地边听边记录，这些内容小王要协同办公室整理后发到单位的门户网站上，我有跟踪监督的责任。

十点半会议结束，科教科的薛科拉住我，抱怨他的电脑最近总死机，让我给修理修理。跟他去打开系统文件查看，原来是垃圾文件严重超标，系统文件已经部分损坏，导致整个系统濒临崩溃，只能重装。他要我授之以渔而不是只给他鱼吃，装个傻瓜型的恢复系统，他回去还要对付家里那台速度跟蜗牛差不多的台式机。我给他弄了个“一键恢复 GHOST”软件，做了备份，告诉他用移动硬盘拷回去就可如法炮制。不到二十分钟搞定，薛科给我发了根“小熊猫”，可惜我不会抽，拿手上带走，回头给烟鬼老爸，让他解解馋，老爷子抽根好烟能陶醉上好半天。

转眼十一点了，小王正在忙门户网站内容的上传，下属单位每天都有文章报过来，他要先送到办公室审核，然后才能传到网站的对应栏目。我打开网站运行后台仔细嗅嗅，没有黑客光顾的迹象，于是开始对网络进行例行检查。局里总共八十多台电脑，光纤接入，平时宽带占用率很稳定。今天查了后觉得不太对劲，整个网络性能在迅速下降。我赶紧用瑞星在线控制台查询，发现有个异常 IP 正拼命对外发出访问请求。喊小王一起来看，手忙脚乱地进行抓包分析，对照 MAC 地址定位了肇事电脑，对远程客户端信息提取分析后，我确信这台电脑已经 N 个月没有升级病毒库了，目前感染了蠕虫病毒，不晓得他的主人咋能继续用下去。先下手为强，我远程操纵着升级了病毒库并给这台电脑杀了毒，然后整个网都查杀一遍。查杀过程中办公室打来电话，说公共 FTP 平台上传、下载材料都不灵，已经折腾了近一个小时。我说正在处理中，再等十分钟就可以用了。

干完这活儿已经过了十一点半，QQ 上还有好几个头像晃着等我回话，赶紧一一回复完，和小王一起去食堂。

吃饭时医政科小马盯着我问如何邮件合并，我说必须手把手教，他笑着说自己又不是美眉，我哪有动力，还是让他自己尝试好了。我暗想，凭他的技术怕是搞不定，还要找我。饭后我不回家也不午睡，就在网上瞎转转，论坛里泡泡，学点技术或打会儿游戏。

今天和我大学里的兄弟季刚在网上下象棋，这哥们如今在一家电脑公司写软件，是个“天才”。他最牛的表现是大二那次考数学，我们都战战兢兢的，因为苦学半年了也没整明白。开考后，我们闷头做题，他也一样，前两张卷子勉强做了大半，他估计能得40分。第三张卷子简直是天书，我们都傻眼了，只好胡乱做着。他一个劲儿地让给他抄，动作太大引来关注，老师的眼睛如黑猫警长般对着他，直到快交卷他也没得到任何援助。这位仁兄急中生智，在老师不备时撕下第三张卷子装进口袋，趁着场面混乱递上卷子后出了考场。

成绩公布时，我拼死拼活复习后才得了57分，交钱补考；而他老兄居然堂而皇之地得了60分……全体舍友就他一人过了，我们含恨瞪着他却无能为力。此刻一边下棋一边聊着往事，我说：“哥们你真牛，职场上也是你最狡猾。其实，最老实和最无赖的同学都未必能混好，就你这种介于君子和小人之间的家伙最轻松。”他说：“那次纯属侥幸，估计是老师没找到卷子怕承担责任，所以最后一张全给分了。”计算机系牛人一直很多，下棋、打牌打败电脑是小菜一碟。混到如今，大多数已经成了单位的小骨干，但升官的不多，大概总和电脑而不是人打交道，所以情商没进步。老婆一看到我没完没了地打游戏就挖苦我，“你干脆和电脑结婚去吧”，季刚说大同小异，他老婆也爱这么说，他同事的老婆也是如此口头禅。看来，哥的确不是一个人在战斗。闲聊中季刚还告诉我，最近一种新病毒“通犯”有点猖狂，是一个写软件的高手弄出来的，让我留意。一点半跟他和棋，我俩下棋时总是说的话比落的子多。看屏幕看得眼有些花，到卫生间去洗了把脸，然后去小马办公室，那家伙正在捣鼓邮件合并，不晓得怎么搞的，到了最后一步就是变不出想要的数据。我让他回头一步一步演示，原来Excel表格最上行的栏目名称没输入，指导一下，成了。

两点回到办公室，小王在审核网站稿件，说分管宣传的乔局问他模板是不是可以更新后弄出点特色来。这个……有点难。创意是局长们的，但活儿得我们干，这可不是一蹴而就的事。人家大公司名企业都是团队在弄，咱这小单位就俩人，成天应付许多破事杂事，小王光做舆论监督那一块的“网络哨兵”就花去近一半精力，领导以为是个网管就啥都行，其实我技术也不算精进，无语。

发一会儿愣后坐到电脑前，转悠到各政府门户网站，看人家的网站，反正原创太艰难，咱就东拼拼西抄抄算了，遇到难关就向师兄师弟求援。转了一会儿，想起季刚说的“通犯”病毒，于是上黑白网络看2011年11月15日病毒预警，果然是“通犯”变种jbge，这是一个盗取“地下城与勇士”会员账号的木马程序，如果已经插入其中，它会利用消息钩子等技术盗取玩家游戏账号、密码以及金钱数等信息，然后发到黑客指定站点，给游戏玩家造成损失。这个游戏我还是比较热衷的，当然上班时通常不玩，机关作风建设将网络游戏列为禁令，我也不敢开杀戒，弄不好会丢饭碗。说回“通犯”病毒，我看后并不紧张，杀毒软件咱是最新版的，网络监控也是开着的，要找我麻烦，没戏。

中途又有几个人在QQ上询问一些很初级的问题，一一回答。四点多发现下属单位的电脑对服务器发起了恶意攻击，有可能是病毒或木马搞的鬼，我赶紧封了他们的IP，然后给下属单位网管打电话，告诉他们赶紧杀毒或下载安装木马克星软件，等查杀完毕并确认没有问题后再回复我开通IP。五点出头将他们的IP分别开通，吹着口哨下班。

选择理由 ←

对我而言，通往创业的路总是在施工准备中。其实，我当初很想留在中关村创业，但父母死活不同意。我只好退而求其次，回家乡考了公务员，还好专业对口，干得还算顺手，差不多的问题都能对付过去。

压力指数 ←

压力指数中。网管要对网络安装与配置、单位网络维护、客户网络维护和技术文档编写比较熟悉，要能熟练解决各种日常遇到的硬件和软件、网络及线路问题。熟能生巧，见多了做多了，很多问题自然迎刃而解，而且，网络上的信息量大，只要经常更新知识，是不会被淘汰的。

人际环境 ←

人际环境一般。我们在机关里属技术人员，打交道最多的是电脑，不掺和政治斗争，所以人际关系相对单纯，领导叫往东不往西，叫打狗不骂鸡，基本上生活就和谐了。

我所向往的职业 ←

不做网管，我还是到中关村去做电脑代理吧，那是我未了的心愿。当然，现在要说服老婆一起创业估计很难。放着公务员不做，自己创业，人家八成会以为我脑袋被门夹过了。

入行门槛

网管通常由计算机专业的毕业生或在计算机方面有特长的人担当。

当前可参加的考试主要有两个：一是Sun Solaris 10操作系统认证网络管理员考试，面向的是在互联网环境中或网络方面具有三年以上管理Sun系统的考生。考生必须通过Sun认证系统管理员考试，才能参加这门考试。二是MCSA认证，是为那些在Microsoft Windows 2003和Windows. NET Server平台环境下对现有网络及系统进行管理、故障排除等工作的专业人员而设计的。此外，网络管理员认证还有中国国家软件等级考试认证（该证书除国内承认外，日本、韩国也承认）和思科认证等。

心理测试

上司眼里你是猪头还是人才？来测一测吧！

小巷内发生老婆婆被杀死的案件，如果你是著名的神探，你会推测她是被哪种武器杀死的呢？

A. 菜刀　　B. 斧头　　C. 水果刀

参考答案：

选A的人有“大猪头”倾向。有时候你的工作表现烂到让老板对你忍无可忍的地步，恨不得想杀掉你。这类型的人要有心理准备，因为老板心中虽然对你有期待，可你永远都只能把100分的工作做到20分、10分，如果不好好发奋的话，很可能就是下一个被裁的对象。

选B的人属于“小猪头”型。很多时候你工作很认真，但个性迷糊的你会让老板又好气又好笑。这类型的人虽然在工作上非常实干努力，本分之内的事都会做得非常好，可是在生活上、个性上会比较迷糊，老板会觉得你像个永远长不大的孩子。

选C的人是“人才”。这类人表现得如猴子般灵巧聪明，老板会对其疼爱有加。这类型的人在工作方面的表现会让老板很满意，他们不仅在专业上非常认真，而且在待人处世以及人际关系上也做得非常好，因此在老板心中具有很重要的地位。

24

主持人：光鲜职业挑战多多

吃主持人这碗饭，甭管电台或是电视台，除了形象，更要有头脑。

行业动态

中国有多少出镜或不出镜的主持人？电视台、电台、各类节目、各种活动，到处都是。除去国家级的中央电视台，每个省市县都有自己的电视台。全中国共34个省级行政区划，排除一个台湾省和两个特别行政区，还剩4个直辖市、5个自治区、22个省，22个省中还包括250个地级市，60个地级单位（地区、自治州、盟）和390个县级市，另外还有1480个县和150个县级单位，虽然不能做到完全统计，但应该不少于2000个电视台。而广播电台也不会少到哪里去，通常有电视台的行政区就会设有广播电台。

这么多的电视广播节目，幕后靠编导记者摄像，幕前就靠主持人来传播信息。最牛气的中央电视台有300多个主持人，其中还不包括出镜记者；而中央人民广播电台则有200个左右的主持人。经济发达地区的电视台、电台同样兵强马壮、人才济济。毕业生并不看好的市区县级的广电媒体，因为机制灵活且求才若渴，年轻的毕业生反而有很大的舞台，不但可以尽情展现才华，而且升职空间很大。

这是个高压力高要求的职业，这点从每年各级各类主持人大赛中就能看出来。但是，主持人的工作性质和艺人却很不同。艺人是娱乐大众的，只要不触犯大众道德底线就没事。而主持人则要有相当的政治头脑，哪怕是做生活类节目，也要有一定的政治敏锐性，不该说的坚决不能说。他们是国家各级各类媒体的代言人，是国家和政府新闻舆论机构中的一员，面向社会大众进行信息传播，代表了党和政府的意图，绝不可以信口开河。

主持人的收入不一而足，总体而言属于所在城市的白领阶层。一个县级电视台的主持人年薪在五万到十万元之间，央视有些主持人的年薪也只有十来万。赵普本来想回应“央视主持人月薪超过20万”的传闻，于是在微博上大方晒出自己的工资，没想到“6000元的月薪”非但没能抵挡住传闻，反而引来网友更多的猜测和质疑。① 其实，很多地方台金牌主持人可能年薪有几十万，许戈辉是凤凰卫视签约花旦，据说年薪有百万之多。

最让传媒界大小主持们羡慕的当然是中央台的俊男靓女了。随便在百度上搜一搜，2008年他们的年薪是这样的：罗京，28万；水均益，26万；鲁键，26万；周涛，22万；敬一丹，22万……李咏，20万；王小丫，15万。时至今日，GDP水涨船高，她们的年薪也应该被刷新了吧。但是由于央视的特殊性，决定了其主持人不可以随意代言产品，所以这些主持人的广告收入或代言收入显然无法与地方台主持人相比。也就是说，央视主持人的腰包未必比地方台主持人更鼓。当然，央视主持人恐怕看重的不是收入，而是这个巨大的平台。

另外，作为需要出镜的电视台主持人，置装费是一笔不小的开支，虽然无须跟明星似的从头到脚都披挂上名牌，但行头太寒酸也说不过去。中央台会给每个主持人2万元的置装费，赵忠祥指出，“这不是不太够，而是太不够”，而且这还必须是央视在编人员才有，外聘的免谈，所以主持人提到上镜衣服就头疼，只能自己花钱买衣服上镜，有本事有门路的就跟厂商借或者由厂商赞助。②

相比较而言，电台主持人就轻松许多，因为她们是通过声音传播来工作，无须将形象展示在观众面前，虽然他们中的很多人也挺上镜。

至于电台主持人的收入，那跟电视台就不可同日而语了。县城电台的主持人属于普通事业编制的，月薪也就三四千元，再跑跑场子挣点外快，年收入超过十万元的，就是人脉很广、活动较多的金牌主持了。

→ 我的一天这样度过 ←

我在二线城市的广播电台工作，当初也是费了老鼻子劲才考进来的。

---

①② 央视主持人年薪到底有多少．扬州时报，2010-11-12（A23）。

我们台长思维活跃、敢于创新，所以电台的节目也算与时俱进，内容五花八门。有车友专栏，包括实时天气和交通之道等；有音乐咖啡厅，古典音乐和流行金曲一网打尽；还有经济栏目，股市行情和致富之路；也有时尚生活，告诉你怎么玩怎么生活才舒服；更有体育频道，从国内到国外的体育比赛，甚至健身小常识都播；健康知识是我们台的招牌栏目；另外，类似“知心姐姐谈心”的夜话节目更是必不可少，“情感”“职场”“生活困惑”这些类别是分得很细的，迎合观众是第一要义。

用台长自己的话说，咱台是一个集“时政性、知识性、趣味性、娱乐性”于一身的优质传媒单位。行了，不王婆卖瓜了，下面给大家说说我的工作情况。我们台从早上六点开播，到次日凌晨一点结束，每天的播出时间为 19 个小时，不打折不凑整，就是没水分的 19 个小时。拼盘式的无所不有的节目背后，必然有几十号人马在支撑，大家各有分工，反正大多数要早出晚归。管新闻的记者要外出采访，回来后埋头写稿，要关注路况直击，要进行现场直播；我们播音要熟悉稿件，除了新闻类和实时类外，其余节目要查大量资料预备稿子，要准备音乐，要检查器材，要候场。至于乱七八糟内部运作的事情，就免谈了，哪个单位都有，事业单位更麻烦，请示汇报加落实，一个程序都少不得，大小领导的顺序还不能乱。

得，不叨叨了，这一天由六点半的闹钟正式宣布开始，六点五十五分下楼梯，到小区对面吃早饭，七点十分多一点儿上公交，七点半准时到台里，跟上早班的同事打个招呼，导播已经在外间忙活，我换鞋进第二播报间，准备八点的《新闻早知道》。我是今天第一个进播报间的主持人，虽然这之前我们电台已经对外播报了两个小时，其实都是重复昨天的故事。

开电脑，看稿子，先念上几遍，有的地方停下来推敲下，确保顺畅准确。七点五十，将手机之类的放到外面工作室，这是纪律，不遵守会影响前途和钱途。播音进行中，要保持绝对安静，就算一根针掉地上，都会给领导以如雷贯耳的震动。

七点五十五，将各个按钮送上去，查看各指示灯是否正常，播放栏目的片头音乐，然后打开麦克风，进入真正的准备状态。八点整，开始播报，对着电脑屏幕开始念稿，自我感觉声音是放松又亲切，已经到了渐入佳境阶段。我们台播报新闻时可以有简单的评论，当然方向要正确，导向要健康，语气要恰当，写稿的记者和导播已经简单给了意见，我稍作调整后开始读稿。

相比较而言，录播节目会轻松些，因为可以推掉重来，不行的地方还可以若干次地重录。我们台的装备比较先进，效果自然不会太差。直播的状态会紧张许多，刚上直播间那会儿，我每次出来都发现衣服被汗给浸透了。如今驾轻就熟，也有了自己固定的听众群，不时还可以接到观众来电或明信片——这年头观众来信几乎绝迹了。但是网络时代也有好处，城市论坛中，经常可以看到一些粉丝听众的评论支持，很受用，给我的小马达增添了不少动力。当然，批评的帖子也会冷不丁地冒出来，初看到时心里会咯噔一下，甚至对发帖人会有小小的抗拒或抵触情绪。随后认真消化，连续几日痛定思痛，再次播报或主持时就会引以为戒。

前十分钟是各地新闻：广州房管局发表声明，取消限购没有时间表；中国近半数省份养老金收不抵支；县城示范小区变身烂尾楼；大学城不会以拥有五星级酒店为荣……都是小报抄大报式样的拼盘，连标点符号都一样。中间十分钟是地方新闻速递，无非是市委书记接待了领导，视察了开发区，市委、市政府又开了哪些会议，领导又发表了什么重要讲话，反正跟咱们市电视台前一晚的新闻差不多，然后是具体的民生问题。新闻播久了，我概括为：我市的前途是光明的，道路是有点小坑洼的，领导会想办法的，幸福生活和我们只隔着一层透明玻璃窗。

我有个艺术家朋友口无遮拦，常讽刺我这个新闻主播："前十分钟，领导们很忙；中十分钟，全国人民很幸福；后十分钟，世界其他国家的人民都生活在水深火热之中。如此高度雷同，是不是新闻主持人都是同一个模子里捣鼓出来的？"我回答道："我是播音员，不是嘉宾，不是评论员，不该说的不说。"没错，罗京老师说了一辈子话，却没有一句是自己的，别人觉得悲哀，我却能理解这个英年早逝的帅哥。在其位就得尽其职且守其责，做自己该做的，这是职业道德。

新闻播报之后，是长达十几分钟的广告。这个时段是你方唱罢我登场，什么乱七八糟的广告都有，从路上跑的汽车到你穿的袜子，甚至"天才第一步，雀氏纸尿裤"。同事们经常会在办公室里冷不丁地冒两句广告语，语气基本可以乱真，"别看广告看疗效，一般人我不告诉他，地球人都知道"或者"他好，我也好。你好我好大家好，究竟好不好，用了就知道"，大家挤眉弄眼，笑成一团。没办法，电台得生存，光靠上头拨的那点钱，添置设备都不够，更别提各种开支了，只能如此向市场找生存之道。播广告是最简单的活儿，导播会自动切换。我轻手轻脚地将自己的东西收拾好，出门，将地盘让给十点钟播报的同事。

上午没什么大事了，通常我会回到办公室准备下午的《音乐咖啡厅》和《健康之友》的播报资料，这样下午上班时间就可以到四点左右，整个中午处在从容又享受的状态中。当然不是每天都这样，有了采访安排，有了其他活动的主持任务，就得服从中心工作了。

十一点下班，回家吃饭。坐在饭桌前，老妈又开始跟我唠叨该要个孩子了，三十岁了，工作也稳定顺利了，万事俱备只欠东风。我点头说是是是，在职研究生明年上半年毕业，只要论文顺利过关，就可以考虑这件事。

吃过饭，睡个小觉，一点半起来，开始琢磨我的毕业论文。题目还是很炫的，《论播音主持在演播空间中的个性形象》，我已经查了大量资料，论文框架也搭得差不多了。在我们这种人才扎堆的地方，学历是鸡肋，最多算昂贵的敲门砖，有了未必管用，但没有是万万不行的。

三点丢下论文出门。坐公车往电台方向去，半途经过中心商场下来溜达一圈，明天晚上宣传部联合环保局举办大型公益晚会，我和另一个帅哥担任主持，他反正西装礼服，我得给自己找件出场衣服。转了几个柜台，没瞧见喜欢的，想着明天中午到定点的化妆工作室去租那件绿色小礼服。

四点过十分到办公室，和同事说笑一会儿，上直播间，开始我的《音乐咖啡厅》播报。六点不到去单位食堂吃简易工作餐，吃完饭后继续去直播间，准备七点二十的《健康之友》。如果晚上有其他活动，如明晚就要主持一个大型公益晚会，通常上午就会录好所有内容，互动环节由其他同事顶上。八点完成一天工作后出直播间，碰上主持深夜谈话节目的奶茶姐姐和绿茶小哥，他们十点才开始节目，半夜结束。奶茶姐姐一见到我就抱怨自己被当成了情绪垃圾桶，整天接受痴男怨女的控诉，弄得自己也超级郁闷，很想找个心理医生疗伤。我安慰她，不要在别人的故事里伤心伤肺，要冷眼看红尘、热心解忧愁，好人会有好报的。她笑着推我一把，让我别在她眼前晃悠，以免惹她羡慕嫉妒恨。

此刻繁星满天，电台里还有十来个同事在奋斗着，这半年我主持这三个栏目，无须熬夜，和台里一半多同事比起来，幸福指数中等偏上。朋友面前，我是疯癫的，能说会道的；独自一人时，我是脆弱的，喜欢思考的，管它上帝发笑不发笑；至于陌生人群中，我是安静的，一个平凡的小资女子。现在的我坐在回家的公车上，是后两者的结合体。“岁月静好，现世安稳”，这句被炒得略显恶俗的话，其实是我现在的内心理想。

选择理由 ←

做主持人是我的梦想。我们电台内部有个自我调侃的段子，“听了你的音，动了我的心，见了你的人，吓掉我的魂”，你懂的，意思就是咱电台主持人和电视台主持人不是一个级别，躲在调频立体声之后，也许是听众心目中的温柔帅哥和靓丽美女，在现实生活中其实长着蛤蟆王子的脸和歪瓜裂枣的身材。我当初也曾想过考电视台，但掂量掂量自己的相貌，实在没勇气，声音倒不错，也有做知心姐姐的潜质，所以报考了电台，感觉这个职业还蛮合胃口的。

压力指数 ←

主持人压力指数偏高。电视台的又高于电台，出镜者高于不出镜者。逢到大型活动或意外事件，到现场进行直播工作的主持人压力尤其大。

人际环境 ←

人际环境复杂。这行的水不算最深，但绝对不浅。要想游刃有余地前台风光、后台滋润，没有足够的情商、智商以及深厚人脉，是拿不下来的。潜规则？也许有，但是我没看见，所以只当没有。

我所向往的职业 ←

我希望到电视台当编导去，主持人得听我的，借他的嘴巴说我的话，哈哈！别看主持人在镜头前风光无限，实则内心沧桑，因为编导说了才算，自己乱作主张会被骂得狗血喷头，甚至被替换下场。

入行门槛

首先是普通话要相当达标，达到一级乙等是最低标准。央视国家级电视台播音员、主持人的普通话必须要达到一级甲等水平，比国家级普通话测试员还高。像毕福剑和阿丘的普通话没通过广电总局的考核事件，曾经在网上被炒得沸沸扬扬，一度被传会下课或调岗。关于普通话水平，很多省份明确要求：省级单位播音员、主持人达到一级甲等，地市、县级单位播音员、主持人要达到一级乙等。其实读得准只是基本要求，音质上也要求清晰圆润，明朗干净，让人听了觉得舒服自然。

其次是要通过广播电视播音员主持人资格考试科目，取得主持人资格证书。考试内容包括综合知识（政治、法律、经济、社会、文学常识等）、广播电视基础知识和广播电视播音主持业务，这三样是笔试。然后是通常意义上的面试。甭管是文稿播读还是话题主持或者你的面容衣着和姿态，用官方话语的表达方式来说，都要有助于塑造媒体形象，有助于先进文化的传播。

心理贴士

心理素质不好，承受能力不强，绝对当不好主持人，尤其是出镜的主持人。

主持人在台上表现的并不是自己，他们是编导手中的“棋子”和“道具”。这经常会招来观众的质疑，认为媒体虚伪，主持人说话很假。学者周峰指出：“中国电视节目上不去的一个重要原因是‘假’，尤其是主持人的语言，很少是自己的所思所想，大多数扮演的只不过是代言人的角色。”英国谚语说：“人总是离自己最远。”而节目主持人是并非以表演为职业的艺人，他们是公众生活中的社会性角色，具有作为社会人的多重属性，他们应当将自己真实的一面毫不掩藏地表现出来。① 但实际上这很难，崔永元离开《实话实说》节目组便是一个例证。经常在说需要的话和说真话之间进行艰难的权衡和选择，令很多主持人表面笑容灿烂而内心纠结不已。而说错话、乱说话导致更严厉的批评的主持人则屡见不鲜。曾经在网上引发口水战的“上海人说上海话是一种陋习”事件中，很多评论者就认为，主持人本人可以有言论自由，但当他在一个具有传媒性质的岗位上时，就不可以随意说些具有煽动性的话了。有些话冲口而出又被广为传播，后果会很严重，大家都懂的。

---

① 应天常．从机械复制到生命密码的演绎．电视研究，2001，1。

第五章

服务销售业

跟着市场的脚步走

25

移动经理：营销成绩是职业生命线

发展中的问题在发展中解决，这句话用在我们这个行业上，再确切不过。

行业动态

中国移动通信集团公司主要经营移动话音、数据、IP电话和多媒体业务，并具有计算机互联网国际联网单位经营权。2000年中国移动通信集团公司揭牌，2001年11月26日中国移动通信集团公司的第一亿客户代表在北京产生，标志着中国移动通信已成为全球客户规模最大的移动通信运营商。[①] 当前中国移动用户已经有6.5亿了，数量居世界第一，移动市值也高达一千多亿。有学者认为：中国移动从国内一个电信业小弟在10年内成为国内电信业老大，并成为全球最多用户的运营商，有一定的偶然因素，但也是必然的，有了好政策，碰上好时机，在战略上不失误，整个队伍兢兢业业，这些因素加在一起，才能成就一个成功的企业，才能向一个伟大企业迈进。[②]

中国移动员工分为A、B、C三类，A、B类属于正式工，C类属于劳务派遣制，所有员工加起来有40多万人。既然分了等级制，薪金和待遇便也不同，C类劳务派遣制的待遇相对会低些。以沿海某二线城市为例，A类和B类的普通职工，一年工资加上各种奖金和福利，大约有8万元，相当于当地公务员的收入，而C类员工大概只有3万到4万元，相当于普通打工仔。中层高层的收入又另当别论。

---

① 中国移动通信发展史．豆瓣社区．http：//www.douban.com/note/37768549/。

② 中国移动十年成老大：时势、战略和管理．C114中国通信网．http：//market.c114.net/220/a475644.html。

我们最常接触到的是客服人员，有声线甜美的10086和笑容可掬的客户经理。客户经理比客服高一个级别，主要是针对重点客户服务，能全面、负责地解决客户的问题，稳定住客户群并不断拓展市场。所谓拓展市场，说白了就是要能和联通电信铁通网通争客户，抢先将红旗插上别人的山头，挖号挖墙脚挖资源，无所不为，能抓到老鼠的猫就是无敌机器猫。

但中国移动的KPI考核办法也是相当顶真的。发展市场开拓客户的那些个考核竞争自不必说，随时要防备的巡查暗访更不可小觑，至于每个月都要发出彩信短信让用户更活跃，更是行业内公开的任务，实属寻常。

我的一天这样度过

早上七点二十分在小区门口吃完灌汤包，付钱时发现手机没带，忘情地喊了一声："八格牙路，手机忘带了！"身边一喝粥的大爷立马掏兜，然后站起来往外走："娘希匹，我也忘带了。"旁边的人纷纷跟着摸手机，可见大部分人是被手机依赖症附体上身了。返身回家拿手机，领导要求我们24小时开机，如果说生活是一团麻，手机则让我的生活拧成了天津大麻花。

八点差五分到办公室，我们部门15个客户经理齐刷刷地都来了。两分钟后部门经理（我们称他为形象大使）召开早例会，他说："秋风送爽，丹桂飘香，在这美好的季节里，大家要憋足了劲进行大冲刺了，国庆长假前将所有客户回访一遍，为他们做出最好的安排，保住老客户、争取新客户，黄金周里挖出黄金来，中秋前多挣几块月饼钱。"

头儿说的句句在理。接着大家做简要汇报，每个人都说说自己的客户情况，再谈谈下一步的宏伟目标，然后顺便抱怨下客户难维护、要求多，等等。工作难做，抱怨有理，其实从暑假到现在就没消停过，营销部策划了若干个活动，联通铁通电信都紧随其后。我们移动先说你充话费，我送油；一个星期后，联通也搞出花样，你送油我也送油；再隔两天，天翼也跟上了，充话费，你送他送我也送，送得更多用得更多。商业竞争就是马不停蹄地憋着劲比，不被别人策反就是幸福。然后客户就跟我抱怨："为什么你们话费那么贵，这个业务那个业务的还要收费？天翼连机子都是免费的。"咱只能赔笑脸解释，虽然有些条例我也觉得不太合理，但还得说圆了，客户就是衣食父母，小心伺候着准没错。轮到我时，我说要为一家上市公司办理400业务，意向已经达成，下午去拜访落实。

短会开完，同事们个个表情凝重，各自忙着开电脑或翻记事本开始打电话。习惯性地先看邮箱，再上QQ，有些客户喜欢留言，有些喜欢没事就发个邮件，反正得筛查一遍，防止漏掉要紧业务。QQ上没发现与工作有关的动静，段子倒是有几个，存下来，可以给公司的小姐妹们用，省得找写手创作。她们的短信指标每月有几千条的业务，不定期给用户发搞笑段子吸引他们转发，不联手活跃那些业务，怎么能考核合格呢？

整理好了桌上乱七八糟的文件，打开记事本开始拨电话："李主任你好，我是移动小温，贵公司的客户经理。昨天您发来邮件，说要为新招聘的二十个员工加入公司内部虚拟网，是这样的吗？那我就着手办理了，谢谢您，改天去拜访您。"得到肯定答复后，拿着名单开始一个一个地拨，确定号码没错，再和机主本人沟通，告诉他单位的决策，说明加入虚拟网需要增加10元费用，其中的套餐和优惠也一一说明。这样做是为了防止投诉，被投诉也是件让人很头疼的事。

十点多，在外地上大学的弟弟来电话，让给他交话费。我到楼下营业厅查了下，果然只剩下十块不到，可见异地恋对移动发展的贡献着实不小。给他弄了个充200送200的套餐，他说："收到短信提醒了，谢老姐了，交话费时才知道自己的话很值钱，我会省着用的。"

不跟他磨叽，抓紧时间喝点茶，冷静一下，给自己打打气，再给建材公司的吴总打电话，这个家伙装孙子，号码都大半年没用了，欠费三个月后被营业部收回，又重新卖给其他人了。如今他老揪着不放，让把这个号还给他，否则他就不依。跟他好话说尽，又跟刘经理磨破了嘴皮子，好容易给吴总申请了个尾数9090的号，上蹿下跳地搞好手续，他却鸡蛋里挑骨头，说没他原来的好。这种号码也是要出钱的，一般人低于1000块门儿都没有。今天吴总大概更年期提前了，不得要领地废话了老半天，我只好使出撒手锏，答应再送他一部手机（刘经理说不到最后关头不松口），他才装着很不情愿地答应了。我也是无了奈了！要不是看在他们单位几十号人的份儿上，要不是想着下月他们的新办公室要装移动宽带，这孙子说啥我也不伺候了。没理时自然要大事化小小事化了，可有理时也不能理直气壮，郁闷！

十一点出发，到我联系的一家大企业门口摆摊去，公司的车十一点二十将我们送到企业门口，跟门卫大爷打个招呼，放好广告牌和小桌子，将彩色宣传单摆好，“亲情一加一”，在中秋前期推出，多应景！

员工们下班后开始往外走，女员工总是眼尖，纷纷聚拢过来，营销部小成嗓音甜美，广告词也倒背如流：“您好，移动公司现在推出‘亲情一加一活动’，只要您存200元话费，接下来的10个月每月保底消费30元，就可以获得这部诺基亚1682，这10个月中移动公司还会返您200元话费。”

众人议论纷纷，有认为很划算的，有说是圈套的，有人开始办理，也有人拿了宣传单就走。俩小姑娘一个填表一个收钱，我帮着发宣传单。正忙着时，有个黄毛小年轻拿着手机阴阳怪气地说：“移动很黑啊，我给大家读个段子。中移动老总上公厕，守门大爷：进3毛出2毛。老总一愣：出来还收费？大爷：双向收费。老总出来又被拦住：你蹲的是8号坑，交1元选号费，放了个屁，交1元漫游费，超3分钟，交1元超时费。厕所有背景音乐，彩铃2毛。如常光顾，还是办厕所套餐划算。老总怒：哪儿的王法？大爷：动感地带，我的地盘我做主！”大家轰然笑了，几个男的还大声叫好。我们三个女的虽然也在内部传过这个段子，现在被他当场拆台还是很尴尬，该怎么办？我急得血往上涌，幸好司机胖张拿着矿泉水过去亲热地钩住他胳膊：“哥们喝口水，都是为人打工的，混口饭吃，开个玩笑就算了啊。”

那黄毛小年轻见好就收，口里叫着“吃辣子鸡去”就走了。我们继续忙，半个多小时后收摊回公司吃饭。其实，平时我们十一点半就能下班回家吃饭了，不回家的去食堂，今天搞活动，中午时段自然不能错过，晚些吃饭也在情理之中。

吃过饭没回家，玩会儿电脑，看到一篇题为“移动客户经理的能耐”的帖子，惊为天书，赶紧复制，打印下来学习。一晃就是上班时间，刚整理了会儿客户资料，表姐来电话，说怀疑姐夫在外头有人了，让我给查下通话记录。想法弄好后通过邮箱发给表姐，让她沉住气，千万别出卖我。突然很有查下自己老公通话记录的冲动，忍了又忍没有手贱，人家表现挺好的，没事找事就是添堵，信了他吧，放自己一马。

如果表姐感觉属实，那就不排除姐夫还有联通号码的可能。自从有了手机，偷鸡摸狗这事就方便多了，也更容易留下把柄，电影《手机》里就表现得淋漓尽致。然后闺密打电话来跟我抱怨——只要是移动号码呼我，对方统统免费，所以她就八卦了好半天，说她的号码不知道是被银行还是房产公司给卖了，整天有骗子发信息或电话骚扰。我教她一招：上网查出骚扰号码所在城市，然后找到当地的同性恋交友网站，注册账号，留那个手机号码；或在当地房屋出租网上发帖，市中心两室一厅月租300急出手，留下那个号码并注明24小时开机。她连说很好，这就动手。

手机时代，生活多彩。现在回到严肃的工作状态，两点半去办400业务的上市公司。办公室王主任接待了我，我说明来意，告诉他已经联系过陆董并得到同意。王主任说具体事项由他来办理，让我再简要介绍下400的功能和好处。我就如此这般地将业务详情介绍了一遍，王主任很认可，末了让我把资料给他，他跟分管的王总请示下，下周我们就可以开始后续跟进工作。

回到办公室时还不到四点，表嫂来电让我帮她的店长换个好号码，询问近期行情。好号码谁都喜欢，但是价码高，我到营业厅找几个姐妹问了一圈，帮她记录下几个号码，每月最低消费都不少于300元，爱莫能助。

四点半客户经理部新来的丫头小敏回办公室了，愁容满面，说刘经理放她出去挖号，要挖联通的十个号，她像没头苍蝇一样，到现在才策反了三个人，还都是熟人。告诉她不要紧，慢慢来，这种日子我也熬过，必须苦一段时间才会摸着门道。只要不挖自家人的墙脚引起内讧，怎么着都行。一边跟她说话，一边将记事本翻开，将上面近期的工作计划浏览了一下，已经做完的轻松地画个五角星，需要重点跟踪的人和事用红线标出，明天要为几个准备出国旅游的企业高层办国际漫游，除了收保证金还得联系租机事宜，不可掉以轻心。

快五点半了，手机和QQ群上都没有开会通知，很好，除了一周一次的班后例会，我们经常会动不动就开会，听领导源源不断地提要求敲警钟，告诉我们3G时代很快来临，到时候通信行业比的就是服务，产品同质化了，谁家服务好客户多，谁的薪水才会多……压力好大啊！

选择理由

理由很简单，我本科毕业找工作时移动正招人，然后三考两考考上了，当时文凭在公司算高的，同期还招了很多大专生和职高生。后来待遇一直不错，也就干下去了。

压力指数

压力指数高。考核是悬在头上的达摩克利斯剑，业绩说话，其余免谈。营业厅如花似玉的姑娘成了堆，但公司内部都说移动没有女的。为什么呢？因为这里把女人当男人用了。女客户经理呢？听起来好听，实际上就是做营业厅的销售，跑腿是最家常的活儿了。最怕那些过度维权人士的没事找事和纠缠不休了，头疼啊，豆腐掉到灰里，吹不得拍不得，只能将就着，说起来，每个人都有一本心酸的战斗史啊！

人际环境

人际环境复杂，内有考核外有竞争，更大的运营商都瞪大眼睛瞧着对手的动作呢，头儿打架，小的出力流汗。内部也有竞争，营业厅的哥们姐们工作氛围会好些，大家打成一片。做到客户经理，对不起，商业机密就不会随便说了，每个人都憋足了劲用心干活，落后就会挨打，这个谁都懂。

我所向往的职业

改行后做什么呢？最好能做个大企业的会计，只要数数钱就行，都是人家求着我，很牛的。

入行门槛

既然是行业老大，招员工当然会苛刻一些，要求自然比别的企业高得多，学历高、技术精的百里挑一者会更有机会，否则就要靠拼爹拼钱拼人脉了。通常在大多数企业，文凭不过是一张火车票，清华的软卧，本科的硬卧，专科的硬座，民办的站票，成教的在厕所挤着。火车到站，都下车找工作，才发现老板并不太关心你是怎么来的，只关心你会干什么。当然，中国移动这种大的垄断性企业有点不同，招聘正式员工时有严格流程，一般都是校园招聘且只招应届生，所以读书时一定要珍惜机会。当然，如果你曾经是应届生如今是专业技术人才，移动同样欢迎你。如果你想成为C类员工，门槛会低很多，不计较你是否“211”或“985”出身，但待遇相应也会低一些。

心理测试

做个心理测试，看看你是否善于把握机会。

有个年轻女性向你问路，恰好方向与你相同，你会如何？

A. 告诉她方向相同，可以一起走

B. 很详细地告诉她，再从后面跟着

C. 你会默默地带她到目的地

D. 告诉她走法，自己另走一条路

参考答案：

选 A：人生何处不相逢，这是一种缘分，你能借此同行，可以说是个善于利用机会的人。你做事负责，也能有涵养地为对方着想，懂得尊重别人。

选 B：你把自己的事和别人的事分得很清楚，但不会只告诉人家方法就不管了。你会认真地关注一件事，直到它成功。这种处事习惯也能使你得到许多好机会。

选 C：你是个只顾自己、自求满足的人。你无视对方的困难，而一味强求，因此你会制造敌人，但因为你的态度强硬，也有不少人会跟着你走。你属于政治家类型的人。

选 D：你意志软弱，讨厌被人误解或低估，一旦被人重视，又会觉得是一种负担，因而感到厌烦。你没有意气相投的朋友，也没有敌人，是个作风相当独特的人。

26

家政中心：本事才是金饭碗

工欲善其事，必先利其器。古人多有智慧啊，十个字，够咱琢磨的。

行业动态

家政服务属于新兴的朝阳行业，发展潜力大，并且涉及千家万户。大城小市中的家政公司如雨后春笋般冒出来，有的渐渐壮大，有的却没能挺住，经营不善而后关门大吉。在家政行业生存，关系是泥饭碗，会碎的；文凭是铁饭碗，会生锈的；本事和服务才是金饭碗，会升值的。

家政公司主要面向家庭进行服务，在相当程度上促进了家务劳动的社会化。至于服务项目则是五花八门、无所不包：打扫卫生、照顾老人孩子、做饭洗衣，这些都是传统的家务活；现代点儿的如筹办红白喜事，包括婚宴、丧事、寿席和其他家庭庆典；而日常零打碎敲的事件，诸如房屋维修、家庭教育、电器维修、送餐上门、庆典用品出租等也都可以囊括在内。目标只有一个：让生活更美好。随着社会的不断发展，城市居民迫切需要家政服务，数量上呈节节攀升态势，种类上在不断细化，服务水准的要求也越来越高。

发达国家中从事第三产业的人员已占全部从业人员的60%～70%，家政服务属于第三产业，占比很大。据调查，中国约有70%的城镇居民对家政服务有需求。中国的家政服务主要有三种类型：一是中介型，优点是社会效益较好，缺点是经济收益甚微。二是员工制，家政服务员经过统一培训考核后，由家政服务公司安排工作并全程管理，工资也由家政公司支付。家政服务涉及供求各方切身利益，家政服务人员关心的是工资待遇和劳动关系，雇主关心的是信誉、安全和优质服务。员工制管理模式不但解决了这些问题，而且具有投入少、风险小、收益高的独特优势。[①] 三是会员制，这是介于中介制和员工制之间的一种模式，经营管理相对灵活。

当前，各个城市对家政服务的市场需求都很大，需求层次也在不断提高，客户更期待出现职业化、高技能、高素质的家政服务人才。但目前市场上的家政公司服务水准明显滞后，供求很不平衡。月嫂、家教、保洁、护理、营养，每一个行当都需要做得更专业、更精心。合理的运营方式、稳定的客户群、良好的沟通与互动以及彼此认可的薪酬，都是家政市场健康有序发展的要素。

宁波 81890 家政平台体系很值得推广，企业加盟以后要签协议，协议中明确规定，要公开向市民承诺服务的态度、价格和质量。如果被消费者投诉，不解决将被黄牌、红牌警告，甚至被“踢出”联盟。平台还分别为家政公司、家政服务员建立了诚信档案。在宁波，如果某家政公司没能加入 81890，就意味着它没有竞争力，它将很难生存。

→ 我的一天这样度过 ←

六点半闹钟大叫：“懒虫起床！懒虫起床！”我捂住耳朵把头埋进被子，五分钟后，闹钟又不屈不挠地吵起来，爬起来摁掉，穿衣刷牙洗脸吃早饭。瞧，起床这么难的事情我都做好了，接下来一天应该没什么会难倒我了。

我是自谋职业者，个体户得自己找活干才会有饭吃。五年前，我和嫂子一起办了这个家政服务中心，开始两年经营惨淡收入不高，三年前加入了宁波 81890（拨一拨就灵）家政平台，最近两年逐步走上正轨，目前公司每年纯利润达到二十万，我和嫂子都算是白领收入了，不比当公务员的哥哥差多少。

七点到一楼办公室，其实是十来个平方的门面，原先哥哥家的车库，五年前旧城改造时拓宽路面，因祸得福成了门面房，又做了个楼梯直接通往二楼哥哥家，四室一厅的一百二十多平方就成了我们家政公司的办公地点。父母当时也拆迁，于是哥嫂一合计，在马路对面小区又买了一大一小背对背的房子，一家人工作生活都方便，我爸妈还能帮我们不少忙。

---

① 中国家政服务行业发展概况与前景分析．百业网．http：//www.100ye.com/senseshow/1346194.html。

打开记事本后拿起电话拨号，顺便将电脑开机。今天要去三家进行保洁，嫂子都已经写在记事本上了，人员昨儿都已安排妥当，我再通知一下，让他们过来领保洁用品，然后再叮嘱一下客户的要求。我们两人各有分工，嫂子负责市场，诸如招人、联系业务、和客户沟通，我则管内务，管店、管钱兼管家教那一块。

等着保洁工来的时候，我抓紧时间啃烧饼，上网看看新闻。八点不到，保洁工陆续过来领走保洁用品后奔赴前线。

今天有大型人才交流会，嫂子一早就去了人才市场，几个客户托她找月嫂，价钱高点儿不要紧，但要“物有所值”。我们公司养着五个保洁工和两名老师，都是拿800底薪再加业务提成的，保洁工干得好一个月可以拿到2000，老师每月2500左右，寒暑假超过3000。相比那些皮包中介，我们公司人员相对稳定，服务质量也有保障得多。

正给盆栽浇水时，来了位大妈，张口就问月嫂有没有，急用，最好现在就去上岗，价钱好说。预约的都没货，我只好笑嘻嘻地先表示下同情，再让她留下联系方式和住址，告诉她一有空闲月嫂就立即和她联系。我们门店玻璃上贴着经营范围：专业家教、家庭保洁、专业月嫂和钟点工。住家保姆没涉及，纠纷多、报酬少而责任多。目前就手头这些活儿，干好就不容易了。

坐下，打开Excel表格，将这个月的账简要理一理，将人员工资、电费、门面费、税费、接送车辆费、电话费等要支出的一一列出，下周就是月底了，该发的工资要发，该交的税也少不了。再查看进账，有几家客户的钱还没收，还有两个孩子的托管费没交，该催催了，当然这个都由我嫂子出面，她搞营销出身，社会经验足，催债很有一套，软硬都行。我提早列出各种款项，让她掌握情况。

电话响了，客户投诉，说钟点工昨天打扫时砸坏了他家的花瓶，还伪造现场，将花瓶拼凑在一起用透明胶带粘上了，今天一碰就坏了，要我们原价赔偿。又是一桩头疼的纠纷，客户是难缠的小市民，钟点工又粗枝大叶，详细记录，回复客户由汪经理回来处理。嫂子是灭火器，我充其量是个接线员。

中午在公司上网打了会儿游戏，嫂子吃过饭后给我带了些来，告诉我招了两个愿意做月嫂的，还有两个愿意签约做钟点工的，要培训，下午要联系市劳务中心培训处。家政员不培训是不行的，容易让人啼笑皆非。有个段子，说小保姆嗓门特别大，主人叮嘱："今晚来的都是有身份的人，说话务必小声一点。"吃完饭，主客一起玩牌，小保姆收拾完想早点休息，于是凑近男主人耳边小声说："那我先睡了哈。"我可不希望我们这里出现此类经典笑话，所以对培训很重视。此刻再告诉嫂子有几户出了点小情况，投诉过来了。嫂子接过记事本，皱着眉头开始想法子。女强人嫂子的口头禅是："靠家里，你可能当上公主；靠男人，你可能当上王妃；靠自己，才能当上女王！"她喜欢当女王，指挥往哪我就往哪。偶尔哥哥和她闹点小矛盾，我都是帮着她，害得老哥总看我的胳膊，说往外拐怎么就不疼呢？翻着记事本和账本想了一会儿，嫂子开始打电话。她在这，我就到楼上去看看孩子们今天要做的奥数题，术语叫备课，就是将自己没把握的先做一遍，以免到时候将军。

差不多三点半了，公司每天租用一小时的小公交到了门口，我上车和司机一块去两公里外的学校门口接孩子。本学期有四十六个孩子在我们这儿托管，十五个需要我接，其余都是家长接了后送过来。

四点半左右孩子们接回来了，五点前孩子们完全以做作业为主，由两位老师陪着。老师三点上班，收拾桌椅、备课，等着孩子们回来。其中一位是退休不久的语文老师，跟嫂子熟，负责督促和检查作业，包括作文提高。前年我们又招聘了一个师专英语专业的毕业生，负责英语提高班，分成三个段，每段半小时，一二年级孩子练习英语对话，三四年级孩子伴着动画听老师讲英语小故事，五六年级孩子听英语资料，进行专门的听力训练。这个课程是我安排的，也是我们的核心项目。

五点半大家吃饭，这顿晚饭由我妈和嫂子负责做，菜是送货上门的，通常是一荤一素一汤，孩子们一人一个托盘，边吃边吧唧吧唧说话，热闹非凡。老公要是没应酬，也来这里吃饭后回家。

没上英语提高班的十二个孩子都在奥数班。做完作业吃过饭后就集中到我所在的小房间的大条桌前，每天五道题，一道例题四道举一反三题，每个年级都有自己的专门教材，自己先看例题再尝试解决问题，我一对一辅导。教材是我参考了几套奥数题后编印的，仅限内部使用，从不外传。

今天，一个学奥数非常吃力的孩子和邻座说："有时候做语文卷子时，我觉得自己好像是英国人；而在做英语卷子时，我又觉得自己变回了中国人；现在面对数学题，我发现自己成了外星人……”小子除了功课，其余啥都好，爱劳动爱手工爱助人，但是家长对那些优点视而不见，只盯着分数这一短板。今天来接时又问奥数学得如何，我如实奉告，略有进步但不明显，家长的失望之情溢于言表，希望给孩子加大题量以便尽快见效。我说会根据他的情况来定。其实孩子的话雷到我了，对待望子成龙太心切的家长，有些事情无须抬杠，表面服从偷偷反抗。就我而言，还是要照顾到孩子的情绪和能力，一点一点让他自己生长最好。

所有题目都做完的孩子可以自己画画、读书或者等家长来接。有两个孩子家长来得晚，我跟其中一个二年级的小男孩聊天。我问："你的理想是什么?"答："吃得好，穿得好，过得好。"我启发："你的理想能不能更高些?"答："吃得更好，穿得更好，过得更好。"旁边来接的家长听了笑得岔气。其实和孩子在一起，很有意思。我们做得最成功的就是家教业务这一块。因为英语和奥数师资过硬，光这块每个月净收入五六千元不是问题。又赚钱又有意思，这让我觉得很有成就感。

通常八点半前孩子们会被陆续接走，然后我直接回家。明天是周六，上午我可以睡个懒觉，嫂子会在店里接待，下午孩子们还要补习半天，我会很忙。周日我们会晚点开门，我睡足后到店里守株待兔和电话联络。家务基本都是老公做，当然就是打扫下卫生而已，搞家政的跟理发师很相似，都是让别人更美，却没空理自家的园子。

选择理由 ←

人家都说找工作时有三个业——行业、职业、企业。专业要考虑，然后进入一个合适的行业，选择一个好的企业或事业，做自己喜欢的职业，这个观点绝对正确。我学的是中文专业，分配时没找到铁饭碗，只好到别人的家教中心去干了两年，都是辅导数学，积累了不少经验，然后自己开张，做得还不错。也许我天生适合干这个吧，我考了教师资格证，但更喜欢创业和管理。

压力指数 ←

压力指数大。做生意开公司，最辛苦的是小老板，弄不好就是赔本买卖。

人际环境 ←

人际环境复杂。有客户、有保洁工、有雇佣教师、有学生，还要跟税务、工商等部门打交道。

我所向往的职业

当然是当高级白领了，每天穿上职业装优雅地去上班，有很多姐妹一起嘻嘻哈哈逛街八卦，日子不要太滋润了。

入行门槛

家政中心入行似乎没什么门槛，很多公司找个小门店，一张办公桌、一部电话加一个人就直接开张了，但要生存下来并做强做大就没那么简单了，需要人脉，需要服务，要舍得吃苦，还要善于管理。

心理测试

日常做点发财梦，是每个地球人都可以有的理想。做个小测试，看看你的发财梦是否切合实际。题目如下：如果有一天你走在街上，发现高高的围墙上有一个小小的洞，你不由自主地走过去想看个究竟，你希望自己从那个洞口里看见什么呢？

A. 一对男女　　B. 富丽堂皇的大宅邸

C. 花园或草坪　　D. 看门狗或警卫

参考答案：

选A的人是标准的乐观主义者，开朗坦诚，喜怒皆形于色，因此容易和人打成一片，人际关系相当不错。因为你是个乐观的人，所以一定要仔细审核自己的致富目标是否切合实际，是否在自己的能力范围之内。

选B的人是金钱的崇拜者，憧憬着奢华的生活。挣钱目标是客观的，总会有办法致富。要引以为戒的是：努力工作是为了干一番事业，不要为了金钱而太过于拼命。

选C的人很现实，其目标总是很客观并且能实现。这样的人稳扎稳打，同时也比较老实、不会说谎，将是上司的忠诚心腹。如果再多点闯劲和激情，就更完美了。

选D的人比较胆小懦弱，因为总是担心有人监视自己，所以做事特别小心谨慎，唯恐出错，非常适合做与会计有关的工作。因为怕冒险，怕钱多了惹麻烦，所以他们通常不会发大财，生活安宁，目标现实。

27

酒店公关：情商低者请止步

做服务的，就是要想客人之所想，急客人之所急。切记：客人的事比起自己的事，永远是优先级。

行业动态

酒店公关经理属于中层管理人员，其基本职能是向销售总监汇报工作，服从其工作安排，尽自己所能建立酒店的良好形象。其职责主要有管理、资料准备、与新闻界和各社团联系、应酬贵宾及庆典活动、酒店宣传和危机公关等。

大堂经理是酒店派驻大堂的管理代表，相当于“管带”，其工作更为烦琐。如果说公关主要是对外，那大堂除了对外，还要对内，他们是酒店的神经中枢，是酒店和客人之间沟通的桥梁，要协助前台部经理做好日常接待工作：主持前台班次的全面协调；督导迎送服务，贯彻执行服务程序，督导问讯应接服务的进行，满足客人的合理要求；很多时候还要在前厅接待，有效地解决投诉，搞好与各有关部门的协调。

当然，不同规模的企业对公关经理和大堂经理的要求也不同，中、小型企业对公关经理的要求更偏重于具体业务能力；大型餐饮企业则要求他们有良好的工作意识和服务态度。随着中国餐饮行业和酒店业的蓬勃发展，公关经理或大堂经理的职业前景是十分乐观的。

公关经理和大堂经理的收入要视其所在酒店的具体情况而定。通常情况下，北京地区四星级以上酒店的大堂经理的月薪在4000元以上，位置介于领班、主管和总经理助理或总经理办公室主任之间。公关经理和大堂经理都是现代酒店和餐饮企业中非常重要的角色，有能力有涵养的人才能够在这个岗位上如鱼得水，带给客人如沐春风的感觉。这两个岗位也最能锻炼人，当好了，完全可以胜任副总经理一职。

→ 我的一天这样度过 ←

早上七点起床，当然得靠闹钟提醒了。一日之计在于晨，我的早晨就是匆忙吃过早饭后上班，至于孩子和老公，都得自力更生。

到了酒店进更衣室换上制服，白衬衫、紫罗兰西装套裙加上浅紫色短领结，还好，干练又不失柔美的设计，当中也有我的功劳。

八点还没到，先开电脑，给自己泡杯咖啡——这个爱好很小资，多年的习惯已成瘾，不喝就没精神。助理小娴正在回邮件，看我到了，立马将新到的《新闻周刊》等报纸送过来，告诉我凡是与酒店公关和管理有关的页码都折了起来。朝她赞许一笑，这丫头灵活勤快，又肯学习，可是个做酒店管理的好苗子。将折过的报纸翻出来，先扫描下题目，再一目十行地浏览一下，在感觉对我们酒店有用的地方拿红笔画个五角星，回头交给小娴，她自然会将相关篇目剪下来贴到专用本上并按日期编号。了解行业的发展状况，多搜集商业情报，是公关部的必修课。

邮箱里有三封邮件，一封是祝我生日快乐的，我都忘了还有两天就是自己生日了。不过两天后还会有人提醒，因为我们在附近蛋糕店做了备注，所有员工过生日时都会收到一盒蛋糕。去年是鲜花，后来姐妹们抗议说鲜花固然好看，但没法炒肉丝或凉拌，还是蛋糕实在。想想我们前台每天都鲜花怒放，姐妹们也个个如花，见怪不怪了，于是将鲜花改成了蛋糕，当然都是送到人家家属手上的，这样员工们心里暖和，还倍儿有面子。

还有两封都是公务信函：一封是邀请我去参加本地酒店公关经理论坛的，得请示总经理后再说；还有一封是大客户的反馈信息，对酒店电梯口的提示语提了一点小意见，我记录在本子上，待会儿开晨会时讨论。

八点半晨会，我们各部门正副手都提前两分钟到小会议室，没人敢迟到，请假需要总经理亲自批准。这时候总经理已经巡视完毕，也将自己办公桌上的材料翻阅过了，他可是出了名的工作狂，整个酒店的方方面面都在他脑子里装着，而且还分区了，跟硬盘一样牢靠。

会议开始，各部门先就昨日情况进行简要通报：财务、前厅、销售、保安经理等依次说过去，总经理喜欢用数据说话，我们各部门就简明扼要地说，其他人拿着纸笔拼命记，即使可以不记也要装模作样。然后总经理迅速将营业状况、能耗数量、安全设备、宴会计划、会议安排、重大活动等做个梳理，他滔滔不绝地说，我们马不停蹄地写，没人敢懈怠。我们酒店的人都知道，总经理的能力跟脾气成正比，如果手下有谁让他下不了台，他会让这个人连上台的机会都没有！这年头，谁是老大谁说了算。半个小时过去了，各部门开始提出要商讨的问题，他通常都会迅速决策，我们执行就是。九点零五分散会，大堂经理留下，晚上酒店有个酬宾酒会，该我发的请柬都发出去了，贵宾也联络到位，还有几个小问题，总经理要跟大堂经理详细商讨。

九点十分回到办公室，小娴告诉我宣传样册送过来了，人家在等我的回音。让小娴回复对方一个小时后再来，争取今明两天定稿。酒店 3 号楼目前正在装修，新增加了会议厅、小型棋牌室和 KTV 歌厅等功能厅，用了五年的酒店使用指南已经 Out 了，新指南的小样就在我手里。我先逐页翻一遍，总体感觉还不错，色彩搭配雅致温馨，再一页一页翻看，没发现明显错误，只有几张图片和文字要稍作调整。初审后交给小娴，让她逐字逐句推敲核对，酒店各部的电话号码务必准确无误，另外中英文对照部分得严加推敲，一个词都不能放过。省里 2009 年就发了江、浙、沪联合下发的公共场所中英文译写标准，小娴手里有一套，她英语基础比我还好，自然让她把关了。咱是五星级酒店，公关部负责的宣传资料，说啥也不能成为短板或笑柄。

十点，印刷公司的设计师小鲁准时来了，我让小娴先将文字上的小错误一一标出，让小鲁知晓，然后就小样的色彩、图片和排版等交换意见，小鲁边记录边提出自己的想法，有两张图片效果不尽如人意，用软件修改后仍觉不理想，他提出要重拍。同意，让小娴联系影楼，多拍一些备选，所有的图片都要存档，下午三点前要把这事办妥，争取今天再出小样，明天晨会给总经理过目，要是能一次签字付印就万事大吉了。

十一点不到，某银行办公室的孙主任带着助手小韩过来谈下个月的接待问题。这个客户是新挖过来的，人家以前都住银行附近的某个酒店，这次是他们系统内的一个大型培训会议，参会对象规格比较高。我从朋友处闻到风声后主动跟孙主任联系，上周他们来考察过，行长已经同意了。今天是来谈判的，会议室、住宿、吃饭等问题要一一落实，价钱和服务也要敲定。柔中带刚地跟孙主任聊了一大通，该做的记录一样没落，因为好多事情要汇报，还要跟营销部沟通落实。十一点半了，邀请孙主任和小韩一起吃个工作餐，感受一下酒店的氛围和服务。席间边吃边聊，我们的话题无所不包，无论人家谈什么，我都不温不火不卑不亢。临走时，孙主任很满意地说："五星级就是五星级，服务生培训到位，公关经理优雅得体，相信我们一定会合作愉快。"

送走孙主任他们，回办公室休息一小会儿。本来想到大堂那边看看情况，想想还是算了，大堂经理韦娜是个能力出众的"白骨精"，有啥问题，她自然会跟我沟通的。职场上要有铁打的神经，也要有职场的情义，我跟她关系很铁，号称酒店的姐妹花。当然，她比我能喝能说能妖，王熙凤式的，我充其量是探春，跟她不是一个路子，也不在一个段位。跟她在一起，经常能听到大堂里发生的趣事，有些堪称经典。

晚上在主三楼举行招待酒会，是酒店的专题酬宾活动。董事长、总经理的致辞老早就拟好交给他们了，不过我还是让小娴准备一份，用请柬的红色外壳包装好，有备无患。我的祝酒词也早写好了，虽然简短，但是要脱稿也得提前准备准备，看稿可是有损酒店形象的。背了一会儿稿，小娴进来告诉我，招待酒会现场按照计划已经布置得差不多了，韦娜让我过去看看。起身往主三楼走，边走边在脑海里又将祝酒词过了一遍，确认确认再确认，大型场合就是这样，准备得再多，也总是感觉不够。

现场一大堆人，铺桌子摆椅子放鲜花，忙得团团转。韦娜问我对背景满意不满意，答曰满意，喜气洋洋的，看了很有过节的感觉。挨个儿再审视一遍各个角落，将有的部位略作调整，让小娴继续盯着，回办公室，再跟总经理联系一下相关事宜，提醒他致电给几位贵宾。

下午五点半，赶紧躲起来补个妆，检查一下自身形象。六点不到，开始到大堂迎接参加酒会的客人。韦娜笑得面若桃花，这个妖精，让她做大堂经理真是再合适不过。我受她的感染，笑得也没有平日那么含蓄了，酒店形象，自然清爽有文化，只要不把大板牙露出来吓人就行。

七点，酒会正式开始。七点十分轮到我发言，无非是"春光正好，高朋满座，常来常往"之类，然后号召大家举杯，席间再挨个儿敬酒，觥筹交错，宾主尽欢。

九点，将最后一位贵宾送至主楼门口上了车，挥手作别，回家。酒喝得有点儿多，不敢开摩托，打车，反正才起步价。平日我是滴酒不沾的，只有大型活动时才喝些红酒。

记得十年前毕业前夕，姐妹们说上学是拿钱混日子，上班就是拿日子混钱了。咱们这些学酒店管理的，要靠实力而不能当花瓶，要让自己升值而不是贬值，我想我做到了。

选择理由 ←

我本来是想做陪同翻译的，因为自己学的是英语专业，底子还不错，应聘几次碰壁几次，痛定思痛后发现这个岗位特难对付，对现场反应能力和专业的要求，的确不是我这种没经过新东方魔鬼训练、没到西方国家待过一段时间的本科生能胜任的。失落一阵后想通了，既然方向不对，及时止步掉头是最好的止损方法，于是退而求其次，经过笔试、面试后到酒店公关部工作，五年后做到经理副职，前年提正了，这个部门挺锻炼人。

压力指数 ←

压力指数高。华雄含泪告诉后人：千万别把关公错听成公关，混淆视听，犯低级错误，以致低估了对手的实力。像我今天这样从早到晚宅在酒店里并不是常态，很多时候要出去跑市场拉关系找客户，还要盯住同类酒店，以防被竞争对手黑到。一旦出现公关危机，咱就是灭火器，得第一时间将不良影响控制住并设法补救。

人际环境 ←

人际环境复杂，是个承上启下的工作。餐饮部开门喜迎四面八方客，来的都是客，全凭一张嘴；住宿部则来的都是有身份的挑剔客，硬件软件哪样都得到位。我们跟客户斡旋、沟通、协调是常事，而面对领导和同事，也要把握好分寸。理想状态是：我和韦娜一出现，就要让各色人等都有如沐春风的感觉，将不和谐的问题统统解决掉。很难吧？要智慧，还要度量。

我所向往的职业 ←

曹操请徐庶是个老故事了，给我的启示是：人才的恶性竞争是可以不择手段的，哪怕到了自己公司白拿薪水不干活，也不要让对手抢了人才去搞策划，影响自己企业的前途。我可不想成为板凳队员，所以几家单位挖我，我愣是没去，因为前途未卜。如果硬要改行，那我就去证券公司做管理吧，薪水翻倍，时间上也自由点，起码不用起早贪黑。

入行门槛

这里以一则酒店大堂经理的招聘启事为例[①]。公司名称是北京君雄物业管理有限公司，规模为100～499人，地址在北京怀柔小中富乐二区18号院。该职位具体要求为：①说标准普通话，有3年以上三星级酒店的相关工作经验，兼备前厅、客房、销售、餐厅经验者优先；②大专及以上学历，具备良好的沟通及组织协调能力、良好的书写能力；③良好的形象气质，年龄在24～30岁之间，身高1.63米以上，注重细节，敢于承担责任，执行力较强。

工作内容：①检查前台接待日常工作，审核所有预订、预留、欲离房，处理宾客对酒店服务和客房设施等方面的投诉；②负责审核以及各项成本控制的监督和巡查工作，负责并协助有关酒店服务、实践操作的员工培训；③协助酒店经理的日常管理工作。

心理测试

尽管你有一定的专业知识、社交能力以及坚忍的意志和为之奋斗的目标，可是，如果没有选对职业，就不能最大限度地挖掘出你的潜力。下面这个测试可以在职业选择上助你一臂之力。

下面有4种花，请选出你喜欢的一种。

A. 木棉　　B. 玫瑰　　C. 郁金香　　D. 香水百合

参考答案：

A. 木棉花是一种朴素的花，从其高高的树形看，你选择木棉花，说明你是一个爽快的人，是不会耍阴谋诡计的人。你交友处世都喜欢直来直去，从不在背后用阴招儿。你不适合从事经营类职业，如果具备文学艺术天分的话，写作也是能挣大钱的行当。

B. 你是一位浪漫、任性而无拘无束的人。你追求宽松的生存空间，把一生中最好的时光都用在如诗般的虚幻中，你颇有艺术天分。请注意：你的挣钱机会不是从事体力职业。

---

① 酒店大堂经理．北京普加．http：//bj.pujia.com/zpcanyin－ppjqqguipmtf。

C. 你是一个感情丰富的人，对情感十分热衷。但你做事有虎头蛇尾的毛病，如果有一天，你能做到从头到尾一丝不苟地工作，你就有发财的希望了。

D. 你是个生活态度非常严谨的人。你的生活总是有条不紊，你的发式永远不会改变，你喜欢洁净，有较高的审美能力和创造力。劝你一定要选个好职业，你是个标准的“百万富翁”胚子。

28

装饰设计师：度身定做别人的家

设计师们大多以模仿代替了创作，以平庸代替了创新。当前形势下，要混口饭吃，不难；想出好作品，不易。

行业动态

现代室内设计是个新兴职业，真正专业化和职业化也就数十年的事。

中国的装饰设计师保守估计不下百万，无论是特专业还是较业余的，都算在内。外装饰不谈，光是中国室内设计师网——室内设计师联盟中，就有数十万名注册设计师，他们或亮出自己的宣言，或贴出自己的作品，争奇斗艳，满园春色。

设计师们的待遇也各不相同。高级室内设计师年薪百万的在中国约占室内设计师的10%，数目很诱人，但大部分设计师达不到这一层次。这里以深圳一家具有建筑装潢资质的公司开出的薪资为例。

工资待遇

岗位	工资（底薪+提成）	工龄	年薪（万元）
助理设计师	基本工资+提成 （CAD施工图按0.6%提成） （3D效果图按150元/张提成）	第一年	2~4
		第二年	4~6
		第三年	6~8
主笔设计师	基本工资+提成 （按工程量的3%提成）	第一年	5~7
		第二年	7~10
		第三年	10~15

从上表中可见，资历经验固然重要，实际工作能力才是关键。提成究竟有多少，不好估计，也许会成为设计师年薪中的重要组成部分。

当然，我们也不能盲目乐观。在2011年，相比前几年的繁荣暴利，室内装饰业已经算不上是“春天的故事”。房地产市场急剧膨胀时，买房装修成了全民皆感兴趣的大事，很多装潢设计公司意气风发，用力扩张，将红旗插到了更多的地方。随着楼市调控力度空前加大，银行信贷不断压缩，市场购买力也跟着下降，地处房地产下游产业链的室内设计装饰产业也随之遭遇寒流。上游水源干涸，下游当然会被牵连，从业者们只好怀揣复杂情绪观望等待，盼着再次上演前几年生活大爆炸的盛况，赚个盆满钵满。

→ 我的一天这样度过 ←

被窝的力量就像地心引力般难以抗拒，对我而言，冷天起床是件特别需要勇气的事。开着我的二手破车在七点二十九分到达郊区连体别墅六排五幢，客户还没到，将车熄火，下车在初春的郊外迎风抽烟，等。

天气乍暖还寒的，挺凉，竖起衣领团起身子，自我感觉有点猥琐地转悠起来，大门敞开的就多瞄几眼，看看人家是咋整的。虽然我们这个二线城市的设计师都是喊着要一流作品，然后模仿复制着弄成了三流作品，但站在庸人的肩膀上也比平地好，总归可以看得远些。咱必须得承认自己是凡夫俗子，否则不至于年薪才十万。

七点四十五分，张经理到了。我接过土建的施工图纸，跟着他开始在房子里转。他自己偏爱纯中国的红木家具（其实很多是伪的），老婆女儿反对，要欧式的，二比一，他只好放弃。是现代欧式还是古典欧式？十二岁的女儿要现代欧式带田园味的，那是他们一家在书店翻图册后达成的共识。房子共三层，每层有一百五十平方米左右，算是豪宅了，唯一的缺点就是离市区远了点儿。当然，这一点咱只在心里偷偷想，打死也不会说出来的。这年头，穷人都往城里钻，富人又开始住郊区了。

依次看过楼梯间、厨房、卫生间、卧室、储藏间，主人家是兴之所至，走到哪里说到哪里，吩咐二楼主卧的卫生间改成小书房，隔壁小书房改为卫生间，次卧和孩子书房之间弄个移门。我拿着图纸按在墙上做记号，精神要领会正确，否则后期设计、施工都要跟着改，麻烦。曾经有客户一家四个人四种主张，做到后来我差点疯掉了，真想从他们家八楼直接跳下去。这次运气不赖，客户提的要求都蛮靠谱的，他说最好五十万搞定，包括电器和家具，弄到可以拎包入住的程度。我笑着说，如果所有东西都只买大牌的，这个价肯定不够，等施工图出来后再详谈吧。

九点半了，絮絮叨叨沟通完，张经理说暂时先这样，早点把效果图和预算弄出来，得他老婆孩子都同意了才行。我说放心，别墅咱做得很多，保证四性，即功能性、安全性、可行性、经济性；弄好六要素，即空间、色彩、光影、装饰、陈设和绿化，装修会经济又洋气，效果是舒服又雅致。

这几句话我张口就来，根本不过脑子的，毕竟混江湖也有五六年了，知道人家需要什么。其实室内设计是个表里不一的活儿，看着养眼漂亮、体现格调品位都是皮囊，内里工序才最重要，空间策划、结构细节、用料及工艺等都要讲究，住进去烦恼才会少。如果净整些华而不实的玩意儿，客户不久就会发现上当受骗。但是很多客户选方案时都跟找老婆时的心理一样，优先选美女而忽略心灵和脑子的含金量，顾不上多想可持续发展的千秋大计。

到办公室打开图纸皱眉思考一番，拿出欧式设计图集翻到哪页看哪页。图集上不少案例做得很经典，受此启发，对客厅的地面和墙面有了初步想法。再上网浏览，借鉴人家的经验，看看怎样移植翻新最出彩。嘿嘿，有人要说我们在剽窃了，别说那么难听，每个人出生时不都是原创，可活着活着，大家都成了盗版不是？所以，面对现实吧，这种行为纯属正常，语文术语叫借鉴，数学名词叫类比，物理学称之为参考系，历史上还叫文化大统一呢！总而言之，一切皆为我所用，目标只有一个：设计出让客户满意的方案。

忙活一阵后到吃饭时间。饭毕，我赶紧上小阁楼的休息室躺会儿。孔子曰：中午不睡，下午崩溃。孟子曰：孔子说得对。我曰：前辈总结得真到位。我要是哪天没午休，下午基本上就不出活儿了，别说灵感，连走路都磕磕绊绊的。

两点不到起来，一头扎到电脑前，客厅的效果图初具规模。再次用审犯人的眼光盯着瞧，改了几个小细节，沙发移了个角度，地面颜色略显单调，铺上一块大地毯，加个可移动屏风隔开餐厅，好多了。

埋头苦干了半个多小时，大学时最要好的哥们跟我语音聊天。昨天日本地震，哥们人在东京，显然是受到惊吓了，说得手舞足蹈。我理解他受伤的小心灵，用了下QQ的窗口抖动功能示意我懂的。只听对面咣当一声便没动静了。我“喂喂喂”了好半天，哥们才气喘吁吁地说：“老兄，你别抖啊，我以为又地震了呢，白跑了，我住的可是七楼，吓倒一大片。”哈哈哈笑过，想起张经理上午特别提到的事：吊顶所用材料务必轻巧结实，顶灯有个性但要轻巧，万一地震才不会砸伤人。于是毫不犹豫地将客厅的大水晶灯删掉，但灯和光是屋子的灵魂，画龙点睛也没那么容易，我陷在里头思维跳不出来了。

决定放大脑和眼睛的假，到十里外的圣地宾馆去看看装修效果。圣地是个集休闲、餐饮、住宿、娱乐于一身的宾馆，我们三个设计师前后折腾了近一个月才拿下所有设计项目。大厅和宾馆设施是我设计的，餐厅是大刘设计的，KTV和棋牌室是胖子主攻的。目前，大厅和宾馆设施装修了80%，再来一两次，估计就能完工了。宾馆老板见我一次诉一次苦，说赚钱的速度跟乌龟爬一样慢吞吞，花钱的速度跟兔子奔一样快，目前已经超预算20%了。这怨不得我们，谁让他转身日出掉头雨，三两天就冒个新想法出来呢！人工、材料、时间，啥都是成本。

施工头邱胖（文雅点的说法叫邱项目经理，名片上也确实这么印的）立在大厅指挥工人干这干那的，各种效果基本出来了，正在进行灯具安装。超级大的水晶吊灯，要是地震，我的妈呀，一砸一大片哪，后果不堪设想。不过木已成舟，我也不提这个，提了等于自断活路。

我们最后定下来的方案名称叫“梦想之旅”，特哗众取宠的一个主题。这年头，不会包装不会吆喝不会秀一秀的设计师一定会吃亏的。大厅尤其接近主题，凸显的是光亮派风格，炫耀新型材料及现代加工工艺的精密细致及光亮效果，大量采用了镜面和平曲面玻璃、磨光花岗石进行装饰，照明也相应地用了投射、折射等新型光源和工具，金属及镜面和各种灯光互相辉映衬托，人如同走进了水晶宫，我很期待装修完毕后那梦幻般的感觉。

像警犬一般每个角落细细看过，基本没走样，有几个小细节处工艺还需加强，跟邱胖交代了一下。他说：“不错了，你的设计也太麻烦了，工人套上显微镜干还差不多，你的小细节都是要费大心思的，一般人还看不出来工用多了，我就是个冤大头。不过弄好了，估计咱公司以后能接到更多的活儿，老总给你大红包的时候，别忘了请哥们撮一顿再捏个脚啥的。”

我嘴里说着哪里哪里，大家一起发财嘛，其实心里还是乐开了花——爱听表扬是所有人的劣根性。当和尚遇上钻石，岂有装聋作哑之理？

晚上，邱胖喊我们几个做设计和装修的朋友一起喝酒聊天，他上周刚接了个私活儿，除了为他保密，我们还悄悄帮点小忙。吃完饭去酒吧，他要一份绝对伏特加，一份朗姆酒，一份龙舌兰酒，一份白兰地，一份金酒，一份威士忌，一份二锅头……混合均匀。追求刺激的胖子让服务生调酒，说这款鸡尾酒他来命名，就叫“Tomorrow”，然后死胖子一口干掉一杯，也让我们一口闷。喝下去后，火烧火燎的，脑子开始发糊，眼前的胖子变得眉清目秀、玉树临风起来，我在脑子里反复想，为什么叫“特猫肉”呢？

等我知道为什么，已经是第二天早晨了，老婆正用带刀子的眼神看着我，勒令我自己清理战场。于是我在各种酒的怪味环绕中，一边洗床单一边构思人家的卧室装修，太阳每天都是新的，我也是。

选择理由 ←

我学美术出身，觉得房子装修就是丑小鸭到白天鹅的跨越，值得我们去奋斗。甭悲观，装修设计是个永续行业，房地产业哪怕低潮到海平面以下，在城市化进程如火如荼的中国，装修的刚性需求也是实在的。只要装修业敢天长，我就敢地久。

压力指数 ←

压力指数中。市场需要专业知识足、设计能力强的设计师，除了要研究结构、建筑体系、各类材料之外，更要同人打交道，弄清客户的心理需求，最大限度地使他们感到舒适兴奋。拿出初步方案、出效果图和施工图，都有一定的时效性，更要将艺术性和技术性整合好，保证物理设计（声学和光学）、设备设计（给排水、取暖通风、电气通信）、软装设计（窗帘、饰品等）等因素，另外还要考虑室内风水，设计也不是盲目的，要有心理学和物理学依据，不完全是迷信。

人际环境 ←

不同的人花不同的钱，要求达到不同的效果。客户就是上帝，把他们伺候好了才能财源滚滚、生意兴隆。至于公司内部，总共三十几号人，处得还不错，我们几个设计师还是挺被器重的，士为知己者忙，内心舒坦。

我所向往的职业

要是早几年的话，我应该闭着眼睛和朋友一起贷款开发房地产，这个行业风险大利润高，朋友圈中有不少人为此大富，当然离大贵还有点距离。现在不敢轻易试水，因为险滩暗流明显多了，怕触礁，那就会变成死螃蟹，还不如像小虾米一样活蹦乱跳的。等时机成熟后我想自己开公司，希望到时“一个好汉三个帮”。

入行门槛

装饰设计师，一般的培训学校要求高中以上学历，有美术功底则更好。

全国室内建筑师技术岗位分为两个类别：一是公共建筑装饰工程设计类，分为高级室内建筑师、室内建筑师和助理室内建筑师三个级别；二是住宅室内设计类，分为高级室内设计师、室内设计师和助理室内设计师三个级别。

级别	报考条件
室内装饰设计员三级（高级技能）	大学专科及以上学历；或大学专科、本科在读学生
室内装饰设计员二级（技师）	大学毕业满4年；或取得三级职业资格证书满5年的
室内装饰设计员一级（高级技师）	大专以上学历；或取得技师证书，年龄需28岁以上
室内装饰设计员各级别的报考条件可根据个人具体情况进行适当放宽。	

室内装饰设计员考试分为理论考试（《室内装饰设计员理论知识》）和专业能力考核（《室内装饰设计员实操知识》），二级和一级还须进行综合评审。凡经考核认证合格的设计人员，均由中国室内设计师协会发给统一的“全国室内建筑师（室内设计师）技术岗位证书”，该证书在全国建筑装饰行业内和建筑装饰市场上均有效。

心理测试

你对事业成功的欲求高吗？不妨做个测试了解一下自己：冬天的滑雪场上，有一个人正在斜坡上滑雪，仔细看一下前面，地上凹陷了一个洞，有一只巨大的熊正在洞穴里冬眠，可是，这个滑雪者却对这一切浑然不知，你觉得这个人的下场会如何？

A. 在到达洞穴之前突然滑倒　　B. 有人告诉他有危险而转变方向

C. 轻松地跳过洞穴　　D. 掉到洞里遭熊攻击

参考答案：

A. 这种人爱做白日梦，常有浪漫幻想，对算命之类兴趣浓厚，很重视运势及运气这些东西，认为诸事不顺都是运气不好惹的祸。他们中的大多数还相信有 UFO（不明飞行物）存在。

B. 这类人身边铁杆儿朋友多，有了困难朋友就会义不容辞地伸出援手，因此常有贵人相助。他们通常会很乐观，自己做不来，会有别人帮忙解决问题，所以即使有欲求不满，也能够很圆满地化解开来。

C. 这种人相当勇敢果决，对自己的努力与才能很有自信，遭遇挫折反而会激起他们内心的战斗意志，这种人欲求不满度相当的低。

D. 这类人欲求不满度似乎很高。当有麻烦事发生时，他们会把过错往别人的身上推，而且因为老是爱往坏的地方想，所以有时候事情明明有好转的迹象，最后也会变得非常糟糕，无法收拾。

29

淘宝店主：别叫我宅女，叫我居里夫人

感谢光顾小店的每个人，尤其感谢那些给我好评让我冲钻的亲们。

行业动态

淘宝最初是淘宝自由集市，卖家多达600万家，他们曾经是淘宝的主体，也曾经被认为是假货的集散地。为了改变淘宝给人的只卖山寨假货的印象，淘宝开拓了高端品牌集中的淘宝商城。商城卖家在6万家左右，绝大多数都是真货，因此交易额也一直飞速增长。

淘宝现在平均每分钟售出4.8万件商品，单日交易额峰值已经超过了北京、上海、广州的社会消费品零售单日额，据说2012年的总交易规模会达到1万亿元大关，总注册用户（买家人数）已经超过了3.7亿。这绝对是一个不可小视的消费群体。

为了改变自身形象，脱离山寨假货的嫌疑，淘宝一直在控制自由集市的规模，大力主推淘宝商城的销售，越来越多的买家都被分流到了商城。赫赫有名的二八法则在新兴十年的电子商务中同样得到验证——淘宝集市如一个巨大的露天市场，也许只有5%的卖家在赚钱，还有95%的卖家在稀里糊涂地玩陪练。

2011年10月11日，淘宝发生小卖家“暴动”，发生了中国互联网界乃至整个IT史上最疯狂的一幕。10月12日晚，37500人同时在线，某人发出一个商品链接，说：“大家去暴吧。”库存上千的商品瞬间被秒杀为零，商店无法访问了。① 这场暴动其实没有赢家，淘宝变成了大“伤城”。

① 熊雯琳，黄旭．淘宝“伤城”：五万人围攻大卖家．电脑报，2011-11-17。

马云输了。事发时他远在美国，连发两条微博进行回应，结果招来更多的骂声；大卖家遭到了无辜的伤害，系统瘫痪，多少人赖以生存的公司也许就此完蛋；暴动的小卖家同样输得一塌糊涂。马云的态度很坚定，宁可违背理性也要提高门槛，虽然他迫于压力，后来宣布延缓时日实施新政，但事情的实质并未改变。而凑热闹的竞争对手也未必能得到什么好处，京东、当当等电子商务的大小卖家，谁知道下一次会不会轮到自己倒霉呢？

可以肯定的是，淘宝集市卖家的生存环境将会恶化。马云说：今天很残酷，明天更残酷，后天会很美好，但绝大多数人都死在明天晚上，却见不到后天的太阳。如果你的信誉等级还在三钻以下、以代理代销为主，如果你没有自己的专门品牌或是独家货源，商品没有价格优势，如果你的资金不够充足，甚至没有能力在淘宝网上进行有偿的广告推广，毫无疑问，你就会有关门走人的危险，也许最终只有鲨鱼级别的卖家才能够笑傲淘宝的江湖。

当初在淘宝上开网店的人群堪称庞大，有的人中途退出，也有人咬牙坚持了下来。坚持就是胜利，这话曾经是对的。如今淘宝新政出台，《2012 年度淘宝商城商家招商续签及规则调整公告》中大幅提高了 2012 年度商城商家的技术服务费和保证金：在淘宝商城开店，运营成本至少要增加 6.4 万元。很多人要一下子从春天过渡到冬天，没有足够的口粮和衣服，可如何应对？技巧和方法，智慧和毅力，在这个转折关头显得格外重要。

我的一天这样度过

开网店的时候，我还在读大二，那时候做的是文学梦，喜欢在网店里顺便写点八卦与心情糅合的小文章，用今天的话来讲就是软文。我做的是孕妇店，主要是因为我姐姐在家乡有实体店，货源不愁。女人总是天生爱浪漫，怀孕的女人更需要文字的滋养和别人的理解，很多人买着买着就成了我的粉丝，回头客越来越多。后来网店就加入了消宝，得到的好评也占绝对数，偶尔有个中评或差评，我就和客户联系，想方设法沟通补救，直到人家将评价改过来。现在想来，当时真是超级敬业的状态。

大学毕业后，我在北京漂过一段时间，北漂的生活太没质量，于是我回到家乡专职忙淘宝店。父母最初很反对，好好的大学本科生，和高中毕业的姐姐一样开小店，这不是笑话吗？后来见我铁了心，只好认了。其实全力以赴做的第一个月，我就获得纯利润三千多块钱，不比在北京的工资少。

铺垫了这么久，现在说说我的这一天。今天已经是公元2011年10月26日。半个月前刚发生了轰动世界的“淘宝伤城”事件，我这个热血青年也振臂一呼，参加了由五万多名网友共同进行的暴动。我对韩都衣舍、欧莎、七格格、优衣库这些商城大卖家都没意见，相反，我超级羡慕他们取得的辉煌成就。可是对我这样的个体淘宝店主而言，淘宝的门槛也一下子提得太高了，要不了多久我们都会跨不过去，即使勉强熬过，也遍体鳞伤加半死不活了。这让辞去工作、靠此生活的我情何以堪？

不管了，先做好眼前的生意再说吧。今天应该还是从凌晨十二点一分算起，那个时候咱还没睡觉，守在电脑前，有两个睡不着的姐们在跟俺有一搭没一搭地聊衣服。我一边应付着她们，一边在帮派论坛和旺旺群里闲逛后再发帖子，当然都是掩饰得特巧妙的软文了，文学也要为我的人生和事业服务。一点时撑不住了，洗洗睡下。

八点准时起床，飞一般地收拾停当，和姐姐坐地铁去白马市场。淘衣服和批发服装可是门学问，我姐很在行，经常到厂家直接去拿货或定做，赚头大多了。拉回来，继续说进军市场的事，到了市场，直奔几家常去的店，都是老熟人了，拿货，装袋，结账，走人。两小时不到，我和姐姐的两个大旅行包就满满当当的了。回家后忙着用挂烫机熨衣服，在房间里用模特和背景给衣服摆造型，拿尼康相机拍照，传上电脑，用Photoshop软件编辑美化，传上网店。姐姐在实体店里也挂着旺旺，吃饭前告诉我，上午实体店没开张，网店倒卖掉三件衣服了。呵呵，可见如今网络多普及。

十二点妈妈催吃饭，饭后继续上图，不时应付亲们的问题。一点半的时候困了，挂个离开，请亲们留言，小眯三十分钟。醒来后浑身又充满了力量，留言倒是不少：东莞的朋友留言，问这周末去不去她那拿货，我说去，她的货确实不错；有一个妈妈抱怨，给她的婴儿服装没想象中好看，赶紧安慰，并推荐更好的几款，当然也贵些；两个姐姐询问衣服价钱，赶紧在手边的记录本上查了代号后回复——不是业务不熟，而是千头万绪，我的脑子并不比计算机好使，很好，她们只稍微还了下价，而我没松口，只答应包邮，她们也就下了单。我赶紧在文档中复制下收货地址、电话、产品货号及具体要求，给姐姐发过去，她有时间就在店里备货包装，快递公司晚上八点会从她店里取走所有物件。说实话，一个人开网店，确实有点吃不消，没有姐姐的鼎力支持，我可能会更辛苦。

下午四点，再挂个离开，步行二十分钟到姐姐店里去转一圈。姐姐正忙着应付顾客，还没来得及打包，我自己动手装货封好，填物流单。到隔壁零食店买个手抓饼，拿瓶可乐，大摇大摆地站在落地玻璃窗前，边吃边看路上车来车去人来人往，这是一种难得的享受，并不比坐在高级咖啡厅里逊色。吃完，换姐姐休息吃零食，帮她理理货，顺便闲聊。姐说今天收到张五十的假币。我说淘宝这点倒是超级好，从来不会收到假钱。姐又急我的婚姻，说都二十六了，该有个男朋友了。我倒是憧憬着，但总不能在街上随便抓个吧，等缘分吧，如同在旺旺上守株待兔一样，总会有人自投罗网的。

六点步行回家，吃晚饭。吃完后陪爸妈看会儿电视，旺旺挂在手机上，时不时地回复下。八点半了，姐姐实体店打烊，我就重新坐回电脑前，听歌，浏览网页，写点小文章，等待着自己撞上门来的顾客。姐姐一直建议我将来和她一起做实体店，可我很犹豫，毕竟现在实体店的费用太大，而且收入不是很稳定。我的出路在哪里呢？我还曾经幻想开个淘宝书店，现在看来根本没法做。想想，弄不好还是要回到单位去，实在不行，好好复习考个不太热门行业的公务员吧，这是父母最希望我做出的职业选择。

十一点多的时候，旺旺敲门声逐渐稀少且接近于没有，简要盘算下，在账本上做记录，今天发出去大约二十件货，净收入应该在二百五十元左右，很不错了。心满意足，立刻睡觉！女人总熬夜不好，这是姐姐对我的忠告，何况咱还没嫁人，黄脸婆的气色是千万要不得的。

选择理由 ←

选择淘宝创业是退而求其次。毕业前，我最大的梦想是留在北京进出版社或者杂志社，当编辑，钓帅哥，继续做我的文学大梦。中国有580多家出版社，其中有200多家在北京，近一半了。就实现文学艺术梦而言，北京的机会自然更多。

大学毕业后，我曾经留在北京做公司文员，每个月除去租房、吃饭、交通等必要的生活支出，收入所剩无几。淘宝店倒是没舍得丢，但对早出晚归的我而言，确实有些难以分身。没多久男友觉得生活压力太大，选择了逃离北京，回家乡考公务员去了。我怎么办？网店没他帮忙，难以为继。狠下心，关了爱情的窗，回家乡专心做淘宝，吃住和父母一起，挣的钱基本不怎么花。如今想来，我的选择其实属于无奈下的妥协，但干到现在，感觉还好，挺适合我这样热爱生活、喜欢臭美、生性小资的人。

压力指数 ←

电子商务行业的竞争很激烈，想比别人做得好，就要付出更多的努力。做网店销售最难的是创业初期。这个时候要有启动基金，要准备好充足的钞票以度过没有收入的一个月、两个月，甚至更长时间。前期要跑市场、要逛其他人的店，了解行情，然后组织货源、回家熨烫拍照，接着制作店铺的各项内容。这时候很多人都是时刻守着电脑不离开，电脑上的“叮咚”声听起来就是天籁，也许点开后就是个广告，有广告也是开心的，说明有人知道咱了。学着接待每一个找上门来的客人，细致温和地沟通，了解人家的需求，积累起最初的客源，想方设法让生意做成功。

网络上没有“酒香不怕巷子深”的说法，必须得吆喝着吸引人气。有时一连几天旺旺都不会响一声，货物无人问津的滋味是郁闷的，没有收入的日子是灰色的。最初的难熬期很多人都会吃不消，万一遇上“职业差评师”捣蛋，那更是雪上加霜。咬牙坚持下来，慢慢生意多了后就会轻松一些。当然冲钻也不容易，要做到皇冠级别更是辛苦，成交量要在一万单以上，那得叫多少次“亲”、磨多少回合的嘴皮子啊！

人际环境 ←

做网店，寂寞孤单是难免的，宅是正常状态，若总是在外面跑，单子也跑了。勤奋点的每天在线时间都会超过 10 个小时，甚至 12 个小时，做大做强以后，可以雇个比你还宅的小二替你眼睛不眨地守着旺旺。店家工作的人际环境除了供货商和物流公司，大部分以网络为主。虽然那是一个虚拟的平台，但每个旺旺后面都是一个真实的人。反正客户里各色人等都有，有无理取闹的，有锱铢必较的，有挑剔尖刻的，当然大多数是善良之辈。我们最怕人家给差评或中评，影响信誉和钱途，所以对所有顾客都特别小心。

我所向往的职业 ←

在淘宝混江湖如此之久，颈椎、肩椎、鼠标手这些毛病多少有了一些。要是可以顺着我的心情换职业，那当然换个不那么宅、可以少用电脑少叫亲的行当了。我最想当的是音乐老师，弹弹琴，带孩子们唱歌跳舞做游戏，轻松愉快，生活阳光。

入行门槛

门槛很低，只要不是文盲，一台电脑、一根网线就可以开店，但是台阶高且陡，正如一首歌里所唱的：“蜗牛背着重重的壳呀，一步一步地往上爬。”

心理贴士

兴趣是开网店的良好基础。如果你对电子商务行业不感兴趣，如果你不喜欢互联网和淘宝销售的沟通方式，那还是别蹚这个浑水了。能把淘宝店做好的，都是超级大网虫，那种一天不上网、世界就要垮的类型。

艰苦创业是开网店不可少的精神。据一项调查结果显示：在淘宝上开店，如果最初的几个月不成功，几乎能让一半的卖家放弃继续经营。有近48%的卖家在忙活1个月后，看不见成功的曙光便选择走人；有25%的卖家会在勤奋2个月后见成效甚微，于是甩手不干；还有大约15%的卖家挺了3个月，见成功还遥远，也忍痛弃爱了；只有不到12%的卖家会在艰难地做了3个月后继续坚持，而80%的大卖家正是从这些人中产生的。

沟通及宣传促销的能力很重要。在淘宝要勤奋发帖，而且要发精华帖，温情脉脉且真诚善良，更要细致耐心地看帖和回帖，在无形中提升知名度和人气值。另外，还要多到其他购物网发帖发广告，当然这里面很有技术含量，不能反复地用一种腔调。在适当的时候给新老顾客免费送点小礼品，笼络人心是永远有效的营销方式，人家肯光临，你的店铺人气就足了。基本上和实体店的促销宣传策略大同小异，关键看你怎么做了。

30

医药代表：硬件软件都要行

毫不讳言地说：这个行业鱼龙混杂，我希望医药界早日规范运作，迎来良性循环的春天。

行业动态

医药代表，就是医药市场终端销售的人员，他们跟药店、医院、药厂直接联系，主要通过医院的医生开药、药房等把药品销售出去。此职业是舶来品，在国外已有40多年历史，核心任务是“传递药品信息、收集临床反馈”，被业界看作制药厂家与医院、医生之间的桥梁。到了中国以后，医药代表这四个字的意义变得有些不伦不类，原先高雅专业的职业变成了众人眼里的“奸商代言人”，颇有些“橘生于淮南则为橘，生于淮北则为枳”的意味。

这个职业发展前景如何？先来看一则来自《现代金报》的新闻，题目很抢眼球——“招聘单位年薪20万招医药代表 学生纷纷转行投递”。内容是这样的：医药改革后，许多公司业务发展很快，正是需要用人的时候。在浙江医药高等专科学校举行的医药类专场招聘会上，很多学生放弃了自己原先的专业，而选择当医药代表。[①] 为什么医药代表如此有吸引力？因为报酬高，现场甚至有企业给医药代表开出了20万元的年薪，虽然注明那是特别优秀者，但谁不认为自己有个舞台，就可以挥洒出更多精彩呢？所以其轰动效应自然不小，学生们趋之若鹜。

---

① 章萍，王华锋．招聘单位年薪20万招医药代表 学生纷纷转行投递．现代金报，2011-12-21。

医药代表的提成高是大家心知肚明的事情。新入行的医药代表，一开始就能拿到4万元以上的年薪，业绩好的超过10万元，奖金还另外算。年薪20万元，对肯吃苦技术高的营销员而言是可以做到的，如此高的报酬，让毕业生们热血沸腾，抛专业而挤破头也就不足为怪了。

国人对医药代表褒贬不一。老百姓会骂看病贵，医生乱开药，除了体制原因，医药代表也在其中推波助澜，所以媒体称他们为“黑心药代”。而如果有家人或朋友当医药代表者，则多半会羡慕其钱赚得多且来得快，想着这是一份好工作。遗憾的是，医药代表这个职业至今尚未进入《中华人民共和国职业分类大典》中，颇有点名不正言不顺的意味。中国医药企业管理协会保守估计目前药代不会少于100万人，而真正接受过“医药代表资格认证”培训、取得专业培训证书并承诺遵守《药品推广行为准则》的医药代表，截至2010年底，全国只有2.7万余人，仅占整个行业从业人员的3%不到。①

这个庞大的群体，在众人眼中，大多数没读过正规大学，善于使用歪门邪道，为了达到目的而不择手段。正是他们诱惑医生乱开好药，多开可有可无的药，才使药品价格节节攀升。看过《温柔的背叛》中医药代表安然的那一部分吗？妖女安然和她的美女同事们所塑造的医药代表很极端，但也影射了不少社会现象，说明医药行业的潜规则很不少。

→ 我的一天这样度过 ←

闹钟叫起的只是我的躯壳，叫不醒我沉睡的心。北京时间六点半，我必须起床，边洗漱边琢磨昨天在医院里听来的段子：上帝有个活要承包出去，印度、德国、中国三个公司前来竞标。印度人说：“这活得3万，材料1万、人工1万、我赚1万。”德国人说：“这活得6万，材料2万、人工2万、我赚2万。”中国人说：“这活得9万，你拿3万，我拿3万，活给印度人干。”上帝拍了拍中国人的肩膀说：“小伙子，有前途。”

这个段子我一直在琢磨，连上帝也喜欢雁过拔毛，那怎么会有不吃鱼的猫呢？我是一家日资制药公司的医药代表，负责推介一种骨伤特种药，对骨折、骨裂、骨头坏死很有效。七点半从家出发，此刻公司里其他组的

① 王梦婕．一个医药代表的一天．中国青年报，2011-03-15。

同事都在匆忙赶往公司开晨会，我们推广组没有这个节目，大家都是早早就放出去捕捉猎物的老鹰——得到各自区域的医院盯着。

公交堵，地铁人也多，辗转几站，八点多一点匆匆赶到某医院。我先熟门熟路地到骨科办公室看一下，医生都查房去了，到护士站跟美女小护士们套个近乎，发点口香糖，经常在这儿混，得给自己营造点人气。不久，张副主任查房返回，我赶紧跟上，先介绍自己是某药的推广人，张主任点个头表示认识。确实见过，上个月让在医院工作的堂哥请他一起吃过饭，还意思了一下——这是行规，公司有专门的推介费，即使你鄙视，整个行业也还是如此，别人都这样做，你不如此，就是自断活路。

趁张主任翻病历的间隙询问下此药的使用情况，张主任简明扼要地点评了一下，整体效果还不错。既然是特种药，自然价格不菲，每盒近5000元，我早上查过，这家医院本月用掉了二十多盒——怎么查，做医药的都懂。正说着，科室一把手邱主任也来了，我跟张主任笑了一下算告别，再去邱主任处问询。邱主任忙着准备上手术室，踢皮球说张主任清楚情况，于是我又跟张主任聊了一小会儿。说实话，跟医生聊天很长见识，我在几年的医药代表生涯中，学到不少医学知识，总体感觉医学从来就不是纯粹的科学，鬼佬们说医学应该是：To cure，sometimes. To alleviate，more often. To comfort，always. 翻译成中文就是：偶尔治愈，常常缓解，总能安慰。经常闹病光顾医院的人是否有同病相怜之感？

一晃快九点了，我依次到骨科医生办公室转一圈，送上市场部的小礼品——印有药品名称和标志的不锈钢杯，还有处方笔、便笺纸等。这些品牌提示物会让医生们在不知不觉间对我们的药品加深印象，市场部深谙润物无声花更红的道理。当然也不是傻傻地送完就走，还要跟医生们沟通沟通，问是否有问题和建议，回去要反馈，然后下次来还要回复，否则我就真成了地道的药贩子了，有愧于医药本科的学历。聊天过程中不忘将一本薄书放到医生面前，书里学问多，既有咱们公司骨伤特种药的说明，又有孝敬给医生的报酬，每个人都不一样。医生们见怪不怪、心领神会。

九点一刻时，外科医生们都没人影了，上手术台的上手术台，忙事的忙事，我挥挥手去内科。除了坐门诊的，此刻内科医生大多在办公室，我一去就找熟脸的医生发香烟，不抽烟的发口香糖，不熟的也握个手，递烟发糖打招呼，一回生二回熟嘛。主任室在隔壁，我给内科各位仁兄发完小纪念品，然后进主任室，门反正敞开着，装腔作势敲了下，送上纪念品和那本“书”，再递上公司研讨会的资料汇编和日本的医学刊物——估计他不懂日文，所以对应的翻译稿公司都给贴在每页后头了。这工作做得够体贴入微的吧。主任很满意，趁他心情好，就跟他多聊会儿，尽量装得很无意地，将公司的特种骨伤药信息糅合进去，当然都是正面信息了。

这一聊就是二十分钟，直到有医生进来谈工作，我知趣地准备离开。主任说：“小何，帮我取个快件，这个公司不像话，还要我自己去拿。”我看了下地址，不远，于是打车过去将一大包沉沉的东西拿回来送到主任室，主任有点忙，我道个别麻利开溜。根据多年经验，此刻骨科门诊应该闲下来了。果然邢医生正在收拾东西，给他送上品牌提示物和那本薄“书”，人家坐的是专家门诊，跟他聊一聊我们的特种药，顺便提及下个月有个专题研讨会，将邀请函递给他，请他参加。他一口答应，咱趁热打铁邀请他共进午餐，他说自己感冒了，并拿出袋子里的白加黑以资证明。

有一则笑话说，老虎感冒了，要吃熊猫。熊猫很委屈，问为什么。老虎说：“广告上都说了，感冒要吃白加黑呀。”看来医生们生病了，选药也是跟着广告来的，都说不看广告看疗效，其实还是广告先入为主。既然人家身体不适，我也不再坚持，上午工作告一段落。

坐地铁返回公司，一是解决午饭问题，二是上午的资料用光了。十二点到公司，工作餐就是楼下小饭馆的两荤两素一稀汤。吃进肚子的东西，四分之一用来维持自己的生命，另外四分之三是用来生病养活医生的，将来到医院看病，也要用其他药代推荐的药，但愿我不会遇到黑心药代和唯利是图的医生。吃完回办公室，没几个人在，大多在外头漂，跟我一样漫天撒网广种薄收。

休息一会儿，带上充足弹药，继续上阵。下午到第二家医院如法炮制。我一共负责八家医院，这个星期要全部再跑一趟。下午情况基本是上午的翻版，大部分时候是顺利的，但轮到一位刚下手术台的老教授时，这招不灵了。头发花白的教授轻蔑地对我说：“我做了几十年医生我不清楚什么药有用？都是些仿制药，换汤不换药，换包装不换成分，摇身一变涨了几十倍，骗我去忽悠病人，良心大大地坏了。”我并不气馁，还满脸堆笑地解释：“教授，您误会了，这种药是日本专家新研制出来的，好多大医院都在使用，贵医院是我的联络点，我也是医药本科，不是信口开河忽悠您的，要不您试试?”教授只顾低头写医嘱，头都不抬：“你以为自己是小狗撒尿啊，尿到哪哪就是你的地盘？出去，以后别再进我的办公室。”我只好灰溜溜地转战下一目标。类似的情况我和同事们遭遇过不少，但我们搞营销的早已练出了基本功——城墙厚的脸皮和翻云覆雨的嘴皮，反正我老婆就夸我情商越来越高了。我们不但会了解医生的性格、兴趣以及其家人的爱好，甚至连人家祖宗八代都调查过了，学会了精准地投其所好。没办法啊，能卖出药就是英雄好汉，否则就是狗熊笨蛋。这种药目前还在推介期，还没有大量进药库，医生开处方时还有所保留，所以我必须硬着头皮往前冲。想想你就懂了：国内大小药厂近5000家，跨国企业研发能力强是事实，但大多企业模仿能力更强，用不了多久，就有更便宜的同类药出来，提留给医生的未必比咱的少，到时候人家买谁的都行，干吗要买你的？近阶段不赶紧打开市场，就会坐失良机。

该拜访的拜访过，该派送的派送掉。下午五点多，联系第一家拜候的骨科一把手邱主任，说好了六点二十去医院接他赴宴。我怕堵车，提前二十分钟到，然后在楼下等。我们市场部刘经理、营销部汪经理托朋友请的他，还有另外两个主任，我自然得席间伺候。下周我们公司要在主城区某场馆举办一场专家讲座，主题是保养骨骼、预防损伤，邱主任作为主讲人，我们还有很多细节要跟他敲定。幸好邱主任喝酒很少，我们几个人都没有牺牲，九点不到，再打车送邱主任回家。

九点二十分到家，从员工模式切换回老公老爸模式。八岁的儿子一见到我就跑过来让我脑筋急转弯，问李时珍临死前最后一句话说的是什么。我答不上来，儿子不屑地说：“亏你还是做药代的，连这个都不知道！老李当然这么说：搞错了，这草有毒！”我大笑，一天的疲劳烟消云散。

选择理由 ←

我是医药本科，本来可以到研发处，后来一位师兄鼓吹做药代更好，我就动心了。师傅领进门，修行在个人，这十年我业绩越来越好，心得体会也越来越多，等老了再写回忆录吧，现在不方便说太多，会下地狱的。

压力指数 ←

压力指数高。虽然薪水让人眼热，但业务不佳的人会被炒鱿鱼，公司的哥们姐们都提倡活在当下，今朝有酒今朝醉。别看我们整天在外头言笑晏晏，其实朝不保夕的危机感如内衣般紧紧包裹着我们。工作的所有要义只有一个词：业绩，业绩，还是业绩！

人际环境

搞营销的，人际环境都是两个字：复杂。销售代表是特殊材料做成的，要学得八面玲珑口吐莲花，要善于察言观色周旋拍马，要有舍不得孩子套不住狼的大无畏精神，总之要豁得出去。

我所向往的职业

如果可以换职业，当然选压力小且不用成天奔波的工作了。我有个表姐夫在供电局当科长，轻松自在收入高，我很羡慕，哪天要是轮到我做那美差就好了。

入行门槛

如今医药公司招聘医药代表时，基本都要求有本科学历或医药大专学历，不是谁都可以套上药代的外衣的。但这个行业依然泥沙俱下，从药品领域到推广手段，再到个人素质和工资收入，水可不是一般的深，没有好的水性，潜进去就会很辛苦、很纠结。

心理测试

看脚步测事业，请选出最符合测试对象实际情况的选项。这个人走路时：

A. 脚尖先着地　B. 脚板先着地　C. 脚向内弯行　D. 脚跟先着地

参考答案：

A. 小人型。如和他合作做生意，很可能惨败收场；如和此人做亲密知己，很可能会留下惨痛教训。有这种坏习惯的人，宜早矫正。

B. 成功型。如果行路步幅不大不小，双脚步行时不会左右摇摆，脚跟及脚板一起落地，说明此人稳重，做事多说话少，可望少年时一飞冲天，也有贵人扶助。但注意不要用脑过度，否则容易引起神经衰弱。

C. 容易失败型。如行路时双脚步小及向内弯行，脚跟少许到地，此人做事全无信心，为人懒散，如不改变自己的缺点，将会一事无成。

D. 事业型。脚步很大、脚跟先接触地面者做事充满信心，论事业更易少年得志，只是做事有点粗心大意。

第六章

传统职业

稳定中也求创新

31

医生：人体机器的保养维修工

人体机器无比精密复杂，保养维修可是个高难度的技术活。

行业动态

中国几百万医务人员，其中全国执业医师（含助理医师）160万人以上。医护人员的工作是比较辛苦的，尤其是外科医生、手术护士及“120”值班医生等岗位，人犯病通常没有预约程序，所以他们的生活实际上很没有规律，随时要应付突发情况。

看病难是大多数国人的感觉，找专家看病难、社区好医生少更是人大代表的呼声。目前最缺的是儿科医生，因为中国儿童占比20%，儿童医师只有区区6万名，美国每千名儿童有1.36名儿科医生，我国每千名儿童仅有0.23名。儿科医生这个职业的生存现状不佳，中国医师协会儿科医师分会会长朱宗涵认为：比照发达国家标准，我国至少还缺20万名儿科医生。[①] 对于医生的生存现状，冯唐认为，这个职业的生存现状不佳，当前的医疗环境似乎越来越令人担忧：整体素质加速变差的医护群体，将多种不满发泄到医护个人身上的加速老龄化的病人群体，只凑热闹、但求耸人听闻、基本不深入思考的自以为是的媒体。[②] 说到底，破译并改变生命密码是个千古难题，医生很多时候干的也许就是费力不见好的活儿。

一方面是医生的紧缺，另一方面是医学院本科生就业老大难，这种形势让人有点摸不着头脑。实事求是地说，培养一个医学本科生代价不小，

① 儿童看病成难题．中国护理教育网．http：//www. nurse91. com/new. asp？id = 44878。

② 大医．冯唐博客．http：//www. fengtang. com/blog/？P = 385。

如果能够一毕业就留在大医院，则业务能力和个人发展的空间都很大。如果分到基层医院，也算差强人意，毕竟还有一定的平台。如果连工作机会都没有，那怎么办？本科生只好继续读研，研究生则继续读博，这样才有机会留在城里的大医院。

关于医生们的待遇，江湖上也是众说纷纭。有认为医生收红包收得手软的；有认为医生拿医药回扣后工资可以基本不动的；有人哀叹其实医生没有传说中那么有钱，就是个辛苦劳作拿死工资的行业。大城市大医院医生的收入和地位会好许多，但小地方小医院医生的收入和地位并没有传说中那么高。

这是一个不可缺少、与百姓生活紧密相关的职业，基层医院的医生也许面临的困境更大。《人民日报》2011 年 4 月 22 日曾发文，题为“中国基层医生待遇低缺编制，过半认为职业前景一般”①，作者黄碧梅以问卷调查的方式，对山西省晋城高平市、长治襄垣县和沁源县的县级医院、乡镇卫生院及农村卫生所的医务人员进行了探查了解，得出的结论是：医生的工资待遇比当地职工平均水平低三成，其中 87% 的调查对象认为，他们的收入在当地处于中等水平，13% 的人认为收入偏低，没有一个调查对象认为自己属于高收入人群。这种自我判断与官方统计基本吻合。对于职业前景，53% 的调查对象认为前景一般，42% 的人表示很有前景，5% 的人表示很悲观。不管如何，13 亿中国人民呼唤培养出更多医德高尚、医术精湛的医生，涌现出更多老百姓能够见得着用得上的专家，让大家看病不再那么难和贵。

我的一天这样度过

本人是一所三甲医院的胸外科医生，博士毕业七年，辛苦程度在医院里应该属中上，跟“120”急救医生比起来可能稍微好一点，没手术的时候，神经不必绷那么紧，有手术的时候，按部就班，突发情况没他们多。

周四早上七点，闹钟准时唱起欢快的《猪之歌》，习惯性地装睡一下，赖到闹钟第二遍响，按掉，一个鲤鱼打挺起床，五分钟内穿衣洗漱完毕，下楼买早点上公车，边吃边看路边高楼，二十分钟后到达病房，今天有两

① 新华网健康主页 . http：//news. xinhuanet. com/health/2011 -04/22/c_ 121335815. htm。

台手术。套上白大褂，先去几个病房将自己的病人查看一遍，挨个儿问下身体状况，思考如何对药物进行调整，到办公室时心里大体有了个计划。

八点钟交班，值班医生、病房护士及ICU护士等分别交班，将要传达的文件也一并交接。这个时候相对轻松，医生、护士会在交接完毕后口无遮拦地乱开点玩笑，给沉闷的办公室制造点欢笑。

八点半跟在主任医师后头查房。我们这个科室有五个住院医生跟在后头，主任对两个刚动过手术的重症病人询问得特别详细，还仔细观察了一番，然后告诉我和另外一个同事如何开医嘱，我赶紧在心里默念两遍，免得到时候不能完整回忆或领会有差错。

八点五十开好医嘱，准备上手术室。穿过走廊下电梯去手术室，外头照例或坐或站了很多表情凝重的家属，我已经习以为常，镇定地进去换衣服。今天主任到场，我主刀，另一个比我更年轻的同事小李医生协助，麻醉师和体外循环组的医生们已经做好全部准备工作，正抱怨主任查房耽误时间长了，没办法，主任还没来呢，成了专家就会特别忙。在医院工作就是如此纠结，不忙代表你业务能力不强，没什么病人，忙了自己又会失去自由，总是有人跟在后头预约、咨询，手术也特别多，有时一台手术就是十个八个小时。没有超强的体力和精力，还是别做专家了。

主任到了，观察完各项指标，示意手术可以开始。这是一例二尖瓣狭窄换瓣手术，本来患者和家属想做球囊扩张，但心脏彩超和其他各项检查均显示她有中度的二尖瓣扩张，再扩张也许会导致其病变加重，建议其换瓣。患者四十多岁，身体其他指标尚可，昨天我已经将她的种种情况和家属做了详细的说明，今天手术还是很有把握的。套上橡胶手套，拿起手术刀……具体手术过程就不说了，平常人，尤其是晕血的女性，听到这些会觉得很血腥。其实这种技术已经很成熟的手术，对我而言是相对轻松的事情，风险小，程序熟，病人的各项指标又比较正常，所以每个人各司其职，按照手术的各项要求一丝不苟地进行就可以了，大概十一点半左右手术结束。根据我的感觉和主任的反应，这应该是一台完美的手术。

脱下手套和口罩的时候，才感觉自己全身已经湿透了，也有想上厕所的感觉，这才想起上午还没如厕——通常我早上吃得比较饱而喝水很少，因为一旦上了手术台往往不晓得要坚持多久，这种时候要上厕所就是件特别麻烦的事情。若肚子饿了，最多喝点牛奶扛一下，实在没办法进食，所以我们外科医生经常开玩笑说自己属于“胃子”不好的人，啥时候做到院长的位子，这个毛病就痊愈了。

十二点多，和麻醉医生一起护送病人回重症病房，电视剧里经常出现的那种，床超宽，家属只能眼巴巴地隔着玻璃朝里张望。床边的设备特多，监护仪、呼吸机、麻醉机、心电图机……包括气管切开所需的急救器材，看上去特惊心动魄。其实如果什么都用上，那基本上病人也就没得救了。麻醉医生和重症病房的王医生在交班，护士也在交接工作。等他们做好交接手续，送走麻醉医生后，我不敢大意，继续观察病人，等她的生命体征完全稳定下来，简要地跟王医生交代一番，快一点时回办公室。

家属等在重症病房门口。其实小李已经跟他们简要说过了，主任也给予了肯定的答复，但他们仍然需要从我这里再次得到证实。我告诉他们手术是成功的，小李将盒饭打开，热乎的，看上去不错。一旁的护士小刘说是病人家属买来的，说声“感谢”，拿起筷子就吃，上午耗费精力挺多，饿了。吃两口又招呼病人家属也赶紧吃，告诉他们夜里精神点，盯着病人，有什么情况及时报告值班医生。他们连连点头，这种时候，我得承认病人和家属都不容易。

吃完饭，再到重症病房看一看，放心地找个安静角落眯一会儿。两点半还有个小手术，单纯的二尖瓣狭窄，做个球囊扩张，小刘上，我做指导，比上午这个轻松一些。两点二十到手术室，小刘已经严阵以待，小伙子有点紧张，我用眼神示意他放松，这个手术很快，四点不到就结束了，然后就处于观察状态，等着帮病人脱离呼吸机。小刘全程紧盯，丝毫不敢懈怠。我拍拍他的肩，再去重症病房看了看病人，和王医生交换一下意见，得知一切很好，就到办公室写病历，检查明天手术病人的资料，为明天的工作做一些准备。手术，对病人来说是大事，对我们来说乃兵家常事，几乎天天有好几台，当然疑难杂症都是主任主刀，有时候还请外面的专家过来会诊、指导，甚至主刀。我们跟在后头全程观摩，能学到很多东西。

快六点了，今天的两个病人术后情况都很稳定，夜班是小刘，我可以下班回家了。上了公交车，还有座位，放松地靠在车窗上，看外面华灯初上车来车往，想着早上出来时女儿甜甜还在被窝里，这会儿我回家一定又缠着我要去超市了，那个红色遥控赛车，她是不买到手决不罢休啊！

总的来说，这是一个相对平稳有秩序的白天，不晓得夜晚是不是也会如此，让我一觉睡到大天亮吧。暗自祈祷大家身体健康，希望夜里不要有急诊手术，那样我可就惨了，半夜三更起来上手术台，甚至到天亮都未必能下台。有时遇上情况很危险的病人，就得没日没夜地待在重症病房，这些状况发生时也是做医生最辛苦的时候，躲不开逃不掉。

选择理由 ←

我曾经做过职业心理测试，答案显示我尤其适合做医生。我很冷静理性，遇到紧急情况也能当机立断。其实，当初考医学院是我老妈的意思，后来找工作又是老爸托的关系，但我干得还不错，如今已经评上副主任医师了，就这么干下去吧，每当医好一个病人，还是小有成就感的。

压力指数 ←

压力指数高。手术医生的压力肯定大，手术台上的意外太多了，没有万无一失的说法，哪怕你准备得再充分。病人毕竟不是机器，一旦出了问题，自己虽然尽了全力，也会很难过。当前紧张的医患关系无形中也让我们觉得压抑。而如果是急救性质的手术，更是十万火急，不管春夏秋冬白天夜晚，有时候一站就是十几个小时，忍饥挨饿尽量不上厕所，这是大考验。跟社会上很多职业比起来，这个职业的性价比其实并不高。

人际环境 ←

一个科室里同事关系倒是好处，反正听主任的话，尊重同事和护士就不会错。有点为难的是医患关系，这个全国人民都关注的话题，其实是医疗人际关系中的关键。调查访问中，很多医生和患者都认为医患之间基本上没有沟通或沟通很少，缺乏真诚和信任，加之媒体不时曝出患者打医生或者大闹医院等事件，而广为人们所诟病的“红包”和“医药回扣”问题也使这个职业遭到很多质疑。医患关系不和谐是大家普遍认同的现状。

患者少得门可罗雀时担心饭碗，但如果像战时医院或灾后医院那样人满为患也是一种折磨。不论白天黑夜，走在医院里，目之所及都是临时病床和各色吊瓶，人也会变得有些麻木。

我所向往的职业 ←

不当医生，我也想学冯唐那样，从协和的医学博士做到麦肯锡的合伙人，经常做空中飞人，略有闲暇就用拿过手术刀的手写些纵横肆意的文字，迷倒一大群。当然，我没他那天分和脾性，那就做个导游吧，带着游客到处跑，只要动动嘴皮子，将人文典故吹得天花乱坠就行，免费游山玩水还赚钱，真没什么压力。

入行门槛

医生的入行门槛比较高。一般起码医学院本科毕业或以上学历，在医师指导下，在医疗、预防、保健机构中试用期满一年的，才可以参加执业医师资格考试，拿到医师资格证。

具有下列条件之一的，也可以参加执业医师资格考试①：

1. 取得助理医师资格证书后，具有高等学校医学专科学历，在医疗、预防、保健机构中工作满二年的；具有中等专业学校医学专业学历，在医疗、预防、保健机构中工作满五年的。

2. 具有高等学校医学专科学历或者中等专业学校医学专业学历，在医师指导下，在医疗、预防、保健机构中试用期满一年的，可以参加执业助理医师资格考试。

3. 以师承方式学习传统医学满三年或者经多年实践医术确有专长的，经县级以上人民政府卫生行政部门确定的传统医学专业组织或者医疗、预防、保健机构考核合格并推荐，可以参加医师资格或者执业助理医师资格考试。考试的内容和办法由国务院卫生行政部门另行制定。

心理贴士

与其他职业相比，医务人员的心理健康水平普遍偏低。② 南京医科大学附属无锡市第二人民医院普外科的马涛和李建平采用应用症状自评量表SCL－90和应付方式问卷，对无锡162名不同医院、不同手术科室的医生进行了一次调查，发现有不同程度心理问题的人数为54人，其中男性37人，女性17人，每三个外科手术医生中就有一个被心理问题困扰。他们认为，外科医生的心理健康状况与其不同的应对方式相关。③

应对方式与心理健康之间的确呈现出一定的相关性，不同类型的应对

---

① 医师资格证．百度百科．http：//baike. baidu. com/view/2377316. htm。

② 李永鑫，李艺敏，白杨．医生的心理特征和人格相关性研究．河南大学学报，2005，24（3）:32～33。

③ 马涛，李建平．外科医生职业应激下心理健康与调适分析．南京医科大学学报，2009，3：43。

方式可以反映出人的心理发展成熟的程度。应对方式问卷有6个分量表，分别为解决问题、自责、求助、幻想、退避、合理化，6种应对方式在个体身上有不同组合形式。[①] 如果是解决问题—求助型，属于成熟型，在生活中会表现出一种成熟稳定的人格特征和行为方式；如果是退避—自责型，则属于不成熟型，遇到问题常会以“退避”“自责”“幻想”等方式应对，情绪和行为均缺乏稳定性；如果是合理化—混合型，则集成熟与不成熟的应对方式于一身，表现出一种矛盾的心态和两面性的人格特点。不同的人，面对相同的压力，反应会千差万别，主要取决于其应对方式。

如果总是觉得压力大、不顺心，则不妨找个应对方式问卷做个测试，看看自己可以从哪些方面入手改善自己，从而让自身的小宇宙变得更强大。

① 应对方式问卷．百度百科．http：//baike. baidu. com/view/4721707. htm。

32

大学教师：学历特高的一个群体

大学老师，相对清高地活在象牙塔中，在这个浮躁的年代，看上去似乎比一般人坦荡从容一些。

行业动态

教师这个行业涉及千家万户。根据中新社北京2010年9月2日的报道，中国普通中小学专任教师已达1064.01万人，县镇以下的中小学教师占到79.5%。在第26个教师节到来之际，教育部召开新闻发布会，发布了这一组数字。其中，城市教师218.07万人，县镇教师372.99万人，农村教师472.95万人。在农村学校中，专科以上的小学教师、本科以上的初中教师、研究生学历的高中教师分别达到67.25%、49.38%、1.34%，分别比上年提高4.43、7.06、0.27个百分点。①

2009年9月8日，中国社会科学院发布2009年《人口与劳动绿皮书》，指出未来12年我国义务教育教师需求将减少100万人左右。但是高中及高等院校预期教师需求量总体上将呈递增趋势。未来12年，我国普通高中教师需求量约增长42万人；中国现有高校教师100多万人，到2020年将增长为200多万人，需求量约增长100万人。②

至于幼儿教师，似乎前景不很明朗。一方面有说法是将幼儿园纳入义务教育阶段，另一方面则有很多人大力呼吁将高中纳入义务教育阶段。

① 中国新闻网. http://www.chinanews.com/edu/2010/09-02/2507709.shtml。

② 社科院发布绿皮书统计. 中国经济网. http://edu.ce.cn/young/campus/200909/09/t20090909_19971975.shtml。

2009年2月4日，江苏省政协委员魏青松和李永达向政协会议提交了两份提案，分别是《关于在我省确立高中阶段义务教育的目标并逐步实施的建议》和《关于争取尽早将幼儿教育纳入义务教育范畴的建议》①；江苏省人大有关人士也透露，《江苏省实施〈中华人民共和国义务教育法〉办法(修订)》已经列入江苏省五年立法规划的消息，但究竟是幼儿园还是高中将被列入义务教育阶段，尚未有明确说法。

关于教师待遇，各色人等争议颇多。2009年教师节前夕，温家宝总理在北京三十五中进行调查研究时提出：一个国家重视不重视教育，首先要看教师的社会地位。要不断提高教师的政治地位、社会地位和生活待遇，让教师成为全社会最受人尊敬、最值得羡慕的职业。② 2009年起，我国义务教育阶段学校实施绩效工资，原则上教师工资不低于当地公务员平均工资水平，此举从一定程度上提高了中小学教师的社会地位和生活待遇，也影响了很多人的职业选择。

在中国，教师是一个历史悠久的传统职业，从“天地君亲师”到后来的“臭老九”，到如今时不时爆出来的各种负面新闻，教师已经由原先绝对权威的角色演变成“平等中的首席”，这是研究者提出来的非常人文的定义。虽然从业者队伍庞大，但教育仍然是一项相对特殊的工作，因为每一位教师都是完全不同的个体，打交道的也是活生生的人，而非程序固定、没有生命的机器。社会急剧转型时期，任何事情总免不了泥沙俱下，加之媒体时不时施加的软暴力，教师的形象在某种程度上被扭曲了，一方面被架上神坛，另一方面又被妖魔化了。教师和学生，谁是弱势群体？这样的话题如今已屡见不鲜，也一次次拷问着每一个从业者。

→ 我的一天这样度过 ←

先自我介绍一下：男，31岁，未婚，心理学博士，主修发展心理学，大学讲师，心理咨询师二级，工作4年，在一所综合大学的教科院教发展心理学课程，以提高未来教师的心理学专业知识和传播心理健康理念为己任，同时担任校心理咨询室值班老师，月基本收入六千元左右。

---

① 新浪新闻中心. http://news.sina.com.cn/c/2009-02-05/030817150130.shtml。

② 人民网教育频道. http://edu.people.com.cn/GB/9996473.html。

今天周五，七点半起床，骑单车到食堂用膳。咱跟学生一样，住的是研究生公寓，一层楼二十来个单身汉，给点租金，一人一间，住得挺舒服。实事求是地说，除了稍微偏僻一点，住在学校里，吃饭、安全啥都不用操心，人文环境是非常好的，可惜现在不可能按职称资历啥的弄福利公寓了，学校东侧教授们的公寓楼环境真是好，羡慕嫉妒恨哪。拉回正题，八点吃早餐，八点二十分到达上课教室，今天是大课，教育系的发展心理学，学生们睡眼惺忪的，有的拎着水壶，有的还吃着包子。虽然我们院长明文规定不许将吃的带进教室，但总是防不胜防。一般情况下，对这些无伤大雅的行为，我都是睁一只眼闭一只眼，但如果破坏环境，那还是要稍微提示一下，毕竟这些学生将来大部分都是要做老师的，院长非常重视大学生日常行为习惯的规范化管理，还做了专门课题。

开笔记本和投影仪，看屏幕上反光有点厉害，顺手拉上窗帘，按开电灯，继续等学生。大三的学生已经有很多是老油条了，这届我带了快两年，大部分学生都熟识，偶尔也会出现花名册和人张冠李戴的现象，所以提问时我一般假装看电脑屏幕直接喊名字，倒也唬住不少学生。当然也有极品：一次，某男生上午上课时就趴在桌上呼呼大睡，我在他身边走了两圈都没醒，干脆大声喊他起来回答问题，旁边同学赶紧推醒他，这个神人迷迷糊糊直起身，摸了摸课桌里面，然后特愤怒地吼了声："老板，我键盘呢？"这家伙在校园里一度被传为牛人，围观者甚众。

八点半准时上课，看看座位，估计还有几个睡懒觉的家伙正在起床的进程中，他们待会儿会从后门偷偷溜进来，因为我每节课都会留十来分钟时间做点小作业，并当场收上来，他们想做假都没法下手。说实话，我当年上本科时老师也是这么对付我们的，效果比较好。凡事太仁慈或者只顾照本宣科而不管学生状态如何的老师们，他们的课堂总是一团糟。心理学理论是相对深奥和枯燥的，需要趣味性作业和实际应用操练才能真正掌握。逃课这事，谁在大学里没干过？不过，如果逢院长给他们上课，估计没人敢迟到早退甚至缺课，因为院长会一个一个点名，这是很让学生们抓狂的事情。

今天两节课的内容侧重讲少年期（青春期）的心理发展。我本科时曾在小学实习过，读小硕时曾在初中实习过，读博时做课题，又跑到高中蹲点将近一年，所以讲发展心理学算是游刃有余，例子多，能够理论结合实际，不时加点小噱头。加之青春期是每个人相对难忘的时期，内心体验丰富，总觉得世界是自己的，大人们不能理解，一会儿激情满怀，一会儿又忧郁消沉，而如果青春期不小心遭遇到更年期，各自的心理博弈就更加激烈。所以，我顺着提纲用自己的叙述方式讲，概念很严谨，但案例很鲜活，偶尔还有点信口开河的评论，学生们倒也听得津津有味，不时发出会心的笑声，精彩处还会给点小掌声。如是氛围中，我体验到做老师的幸福，被需要，被肯定，被欣赏，想传达的思想和知识能得到应和，也挺满足的。

讲到四十五分钟时小休，让学生喝喝水上个厕所，或者走动走动，人的注意力要保持在高度集中状态，也就这么长时间了。再硬耗下去，大家都勉为其难，搞疲劳战可是心理学之大忌。休息十分钟后继续开讲，剩十分钟时发作业纸，题目是《回顾我的青春期情绪变化》，三百字左右即可，但卷面要清洁美观。这个要求有点特别，不为别的，字也是形象展示，平时这么要求，我带的学生试卷都比其他系的看上去舒服很多。

十点一刻离开教室，包里多了五六十份作业，下周上课前必须看完。开课伊始，我会联系上节课的内容对学生作业做个简单幽默的点评，效果不错。当然，好的作业我也会复印或扫描下来，留着以后写论文或者做课题时用，所谓教学相长，就是这么回事。

到办公室后，看了会儿作业，然后协助同事维护下联合瑞文的测试软件，将机房里的四十台电脑挨个儿检查了一遍，除了一台有点问题同事在攻克之外，其他没啥异常。看电脑开着，我也坐下来测一测，我们弄这个就跟玩游戏似的，我图快，求速度而不求精准地跟着感觉走，基本没什么提高，报告结果还是75%，也就是在人群中我是中等偏上的智力，我这个维护软件的同事则变成了测试油条，也瞎折腾答案，他老人家自测最高纪录能达95%，几乎是天才级别了。

十一点半吃饭，吃完饭午睡。我属于“中午不睡、下午崩溃”的类型，大概是因为用脑多吧。两点到心理咨询室值班，三点前没生意，抱着笔记本在咨询室里做一个上课用的PPT，明后天的心理咨询师培训班要连上两天，同事有个老版本的PPT，我要加进自己的内容才可以讲。三点来了一个学生，一个内向的大二男生，失恋后连课也不想上，整天很消沉，觉得不对，请求支援。这个是我的强项，失恋乃兵家常事，天涯到处是芳草，现在跑掉的，就是不适合你的，你丢失的是一个不爱你的人，而她失去的是爱自己的好男人……反正心理暗示、励志加分析，悟性高的孩子会很快从负性情绪中觉醒，正常学习生活，没多久就能投入下一次恋爱。

四点多一点儿又来了一个大三学生，为将来毕业时考研还是就业而纠结，给我念顺口溜“大四不考研，天天像过年”，说周围有太多的人都在为考研奋斗，看过学哥学姐起早贪黑啃书本，为占座吵架，为学习搬出宿舍租房子，为找资料网上被骗，为咨询填报被嘲笑，看到那些保送研究生的家伙们猪一样地睡，又说陪学长去求职，发现找工作的是狗，考研究生却是猪狗不如。这个家伙倒是蛮贫的，我被他给逗笑了，想起了自己的考研生涯，也顺便说给他听听，然后启发他根据自己的实际情况进行利弊分析。其实，他这个还没有构成心理问题，稍加点拨，让他自己思考后做出选择就行了。五点时接到一个电话，是本市一个学生家长求助，初中生的逆反案例，处处和家长对着干，学习成绩也每况愈下，怀疑孩子早恋了。家长要替孩子咨询，问晚上过来是否可以。顺便提下，这个家长本身是高中教师，有点黔驴技穷的无奈。这世上有几种笨鸟，一种是先飞，一种是不飞，还有一种是下个蛋，把希望寄托在下一代，这个家长属于第三种情况。晚上是同事值班，写一个便条放在电话机旁，任务转嫁给他了。

五点半，学生们已经吃晚饭去了，没去食堂的也成双成对地到外面吃喝去了。下班，坐公车到女朋友家吃饭，讨论结婚的很多细节问题。人家比我小四岁，是我小硕实习时认识的。吃完饭和女朋友一起手拉手逛超市，明天买家具啥的她去打前站，如果中意就她说了算。女朋友面若桃花，说她多看几套，到时候让我定。哈哈，咱要的就是这句话，皆大欢喜的民主和谐。搞心理专业，哄好女朋友是业务水平的具体显现，也算学以致用吧。十点钟甜蜜吻别女友回宿舍，再次检查明早的讲课稿，十一点钟进被窝，充实的一天就这样交代过去。

选择理由

“桃花源里可耕田”这句毛诗，我很喜欢。选择这个职业是因为心理学在中国起步晚，尤其是应用这块，天地广阔，大有作为。另外，也有女朋友的原因，到本市发展才能和她在一起。女朋友在外企，不知怎的就是觉得大学教师挺好，收入稳定，环境良好，压力不大，心态年轻，寒暑假又很长，她说将来要做教授太太，哈哈，就这点可爱的小虚荣心，也暗合了我的兴趣和性格，所以和学院一谈即合。

压力指数

除了完成教学任务外，还要拿到课题、发表论文、完成科研任务，这是大学教师必需的，否则评职称就没希望了。掐指算下，压力指数中等偏高。

人际环境

大学教师的人际关系相对单纯。虽然随着时代变化，呈现出交往范围扩大化、交往形式和内容多样化、人际交往深度不平衡，趋向于表面化等特点，但相比于社会上很多行业，仍然存在一定的封闭性和单一性，人际关系比较松散，相互依赖性差，有时还存在“文人相轻”和功利性倾向。① 总的来说，做一个大学教师，从助教开始，到讲师、副教授和教授，良好的人际关系必不可少，对学生、对同事、对领导和团队内其他成员，都要有一颗谦和宽容的心，也要经常从年轻学子那里汲取新鲜思想，让自己保持年轻态。

我所向往的职业

要是将来可以换行，我选择到大公司去做个幕僚，就是出谋划策型的军师，可以到处跑到处看，可以写写策划出出点子搞搞咨询，不必经常埋头写论文就行。

入行门槛

这一行的门槛比较高，首先是学历要求一般人没法达到。1999 年，教育部曾颁布了《关于加强高等学校教师队伍建设的意见》，提出到 2005 年，教学科研型高校具有博士学位教师的比例要达到 30% 以上。发展到如今，但凡像样点的大学，进入要求都是博士起点（很多明确规定从本科到博士专业相同），有的还要求有博士后经历。特别是“211”和“985”工程大学，还要看看你拿博士那个大学的知名度如何，然后再择优录取。有些学校兴许也招硕士，但引进之后只能做辅导员或行政人员，没法上讲台。

---

① 汪汉荣. 高校中青年教师人际交往人际环境. 华中农业大学毕业硕士论文，2005。

心理贴士

不少中小学教师自嘲，说他们是“拿着卖白菜的钱，操着卖白粉的心”，其实大学教师压力也大，而待遇未必比中小学教师高到哪里去。大学教师通常会感觉科研压力比较大，写论文不是个轻松活儿，而且付出往往没有回报，没有论文，没有科研成果，日子就难过点，因为晋升职称、考核评估都离不开它。同时，大学教师又是一个角色过多的忙碌者，教学和研究，两头都不能放。这时中国教授们就比较羡慕美国大学的“双轨制”，搞教学的按照“助理教授、副教授、教授”的序列发展，直到获得终身教授职位；而进入研究系列的人员则专心拿科研课题。大家对自己的地位、待遇和发展方向都有比较明确的定位，而且两者之间可以互相转化，只要获得聘任就行。①

《南京晨报》消息称：南航对教师进行调查的500份样卷结果显示，职称或职务晋升成为教师第一心理压力。而这样的问题在青年教师群体中表现得尤为突出。除此之外，工作压力、工资待遇等成为困扰教师心理健康的最主要因素，其次为人际关系、子女教育、婚姻家庭等。② 当前中国，这样的情况在知识分子成堆的地方都是客观存在的，要轻松，只能自我减压了。

---

① 黄润．浅谈我国大学教师的角色实现．中国校外教育（理论），2007，9。

② 王宁宁，王晶慧．大学教师压力大，评职称排第一位．南京晨报，2011-05-26。

33

职业军人：我是投笔从戎者

军中精英的荣誉可不是那么好拿的，魔鬼式的训练后，我们都成了铁汉子。

行业动态

我国目前对外宣布的军队人数为230万，其中陆军140多万，海军近24万，空军47万，第二炮兵约10万。武警部队的总兵力是120万，主力部队占了80万，其他警种，如武警边防部队、警卫部队、消防部队、黄金部队、森林部队等总兵力约40万。民兵预备役更多，在1000万以上。

关于兵源，以前是地方征兵为主，中央军委从部分高校进行征集新兵的试点始于2001年，在校大学生应征入伍工作于2005年全面启动。

军队接收大学毕业生与我们通常所说的应征入伍不同。征兵入伍属于服兵役，具有义务性。接收地方高校毕业生，是指大学毕业生或研究生直接到部队担任军官或文职职务。他们在首次评授军衔、评任专业技术职务、确定专业技术等级以及住房分配等方面，与同期入军校学习的毕业学员享有同等待遇。大专毕业生见习期满可定为排职，少尉军衔；本科毕业生见习期满可定为副连职，中尉军衔；硕士研究生可定为正连职，上尉军衔；博士研究生可定为正营，少校军衔。另外，上学前有工作经历的将另行考虑。而毕业研究生的配偶或恋爱对象是普通高校毕业生，符合参军、接收范围和条件的，也可根据需要接收入伍。

2009年在高校中最具吸引力、最能聚焦眼球的新闻事件，当属国家和军队出台相关政策措施，招收总数将达12万名之多的大学生入伍当兵。[①]之前大学生进入军队，都是以从事指挥管理为主的军官，而这12万名大学生新兵都是义务兵。这是军队建设史上具有标志性意义的事件。当前中国的大学教育已由精英教育转入普及教育，12万不是一个小数目，占义务兵很高的比例，几年就可以实现义务兵以大学生为主体的构成，对于改善军队知识结构具有战略意义。

我的一天这样度过

离开部队所在地出来拉练已经四天了，我们二连负责夜间警戒巡逻，四点不到我就站在了帐篷外，只听得呼噜声此起彼伏。天已大亮，我面向东方深呼吸，一轮红日将欲出，万水千山总是情，我是没事找抽型，免不了诗兴大发，无限陶醉。

洗漱后转一圈回来，起床号响了，小官小兵们洗刷完毕装上背囊出早操。所谓早操，不是排成队后伸胳膊踢腿，而是绕着山脚下的停车场跑，每天四圈，前天有好事者用汽车跑了一圈后算了下，我们晨跑总里程大约五公里。不消说，跑下来之后那个喘啊，衣服都往下滴水。大家跑完，除了喝水，就是朝向风大的方向，渴望着山野的风来得更猛烈些。

炊事班早就做好了稀饭，煮了鸡蛋，煎了大饼，参训的一百来号人就地蹲着，捧着碗大口喝粥大口咬饼。我一口气喝掉三碗，现在饭量是上大学时的三倍，重返青春发育期，可见投笔从戎，变化无穷。

六点半，训练开始，上午主要是基础科目，直角转弯、S路、加减挡和倒车进库等，跟驾校有点相似，但要求苛刻多了。我大三时就拿了驾照，当时也算是领军人物，到了汽车连，才发现自己真是一介书生，除了嘴凶，百无一用。有几次坐车让老汽车兵给吓得不轻，有两次我甚至闭上双眼不敢再看，以为自己肯定和车一起掉下悬崖直接挂了。多次有惊无险后，我的开车技术和心理承受力突飞猛进，如今别说开车，就是修车，咱也很在行。

好，不吹了，训练。这次参训的有三个连，大家暗自比着，成绩太差会丢人。我连有几个兵技术很过硬，但也有几个新兵技术尚在初级阶段，

---

① 公方彬．中国军队招12万大学生士兵，保证技术军兵种成军．中国青年报，2009－07－31。

一有情况就手忙脚乱，我得重点盯这几个短板。军营笑话多，我自己也出过不少状况，记得入伍后我第一次参加训练，都是大学生，教官命令道：“抬起左腿，伸向前方！”我因为紧张而把右腿伸了出去，结果和旁边的左腿并在了一起。教官十分恼火，喊道：“是哪个小子把两条腿都抬起来了？”大家伙笑得滚成一团，特不成体统，一时在新兵里传为笑谈，我也被戏称为“两条腿连长”。

基础科目训到十点钟，休息一小会儿，喝点水松弛下神经，然后进行复杂道路驾驶。我身为副连长，和士兵们一样，所有项目一个不落，很多时候还要做表率，没技术，任凭你说破大天，那些小兵们才不买你的账。

这个拉练路段用来提高车技是再理想不过，有松沙路，有泥泞路（昨天下午刚下过大暴雨），也有涉水道路，全程来回跑下来有五六十公里。我和士兵小武合一辆车，夹在车队中间前进。一开始让他坐旁边先观察体验，走出一段后，一连有车出了状况，抛锚了。这辆车出了问题后赶紧靠边修理，其他车继续前进。烈日当空，空调效果也差，小武坐我旁边一个劲喝水，我让他省着点喝，每个人的水都是定量供应的，到了下午山穷水尽，就只能看别人快意而自己干咽唾沫了。他是“90后”的新兵蛋子，我是“80后”的老兵油子，友情提醒是必须的。

跑过一段松沙路，泥泞路小武开，他坐得笔直笔直的，手死死握住方向盘。小武入伍一年多了，也执行过好几次任务，按理说这段坑坑洼洼的泥泞路应该可以对付，可开着开着，他一个方向没掌握好，车陷进泥里出不来了，加油门后轮子空转。糟糕！我赶紧下车，先用千斤顶，发觉不管用，又拿出车里自备的木头三脚架垫在下面，让小武挂空挡上，两个人费了九牛二虎之力终于将车弄出淤泥。后来类似这样的情况不少，好几部车都陷入困境，各使各的招，实在不行几个人一起发力，推也推走了。

小武有点怯场了，怕再出状况拉连队后腿，想让我上又不敢说，我看穿了他的心思，要他继续，哪里跌倒必须哪里爬起来，不把这关过掉，遇到特殊情况，岂不死定了？小武硬着头皮继续开，才歪歪扭扭走了五分钟不到，又“轰”一下重蹈覆辙了。小武眼泪都快出来了：“连长，我真的不行。”我横他一眼：“别哭，据说流出来的眼泪就是脑子里进的水。这次你来处理。”小伙子连续几日在烈日下训练，皮肤由红到黑，此刻挥舞着黑黝黝的手臂开始行动，我帮忙之余指点了两次，终于处理好了。

继续上路。这回他轻松多了，说自己的优点是勇于认错，缺点是坚决不改，家里人也笑他是猪头。我说都得有这个过程，我一开始比他还惨，完全抹不下面子，咱虽然不是国防生，但本科学的是汽车应用，进部队时已有驾照，当初是作为人才引进的，结果给大家伙儿的感觉不过尔尔，郁闷了很久后奋起直追，才逐渐挺起了腰杆。

整整一上午，我们在车里训练了四个多小时，回到训练地后开饭，中午稍事休息。下午的训练会有意思很多，是勤务科目演练，颇有戏剧性，跟电视里放的战争片相似。

两点不到，张副营拿着对讲机和指导员开始对喊，训练开始了。这次我的任务要重得多，要指挥我们二连迅速反应。

张副营一声令下，我们各自冲向汽车，上车发动、决定路线、开进隐蔽区域兵搭设的伪装网，从“敌机”的视线范围内彻底消失掉。这个过程要求8分钟内全部完成，我们连的车不折不扣地做到了，只有三连有部车没来得及，估计连长要朝那士兵黑脸了。

躲在伪装网下一小会儿，接到命令要我们装运物质弹药，朝预定的山沟走，三点前运送到位。服从命令是天职，我们连跟在一连后头，编队装货，发动后一路疾驰。别祝自己一路顺风，有些人和车极可能会半路失踪，不信等着瞧吧。

走出一会儿，前方传来爆炸声，烟雾迅速弥漫开来，前方一片雾茫茫。一连是打头阵的，消灭敌人并抢修道路自然是他们的任务，大部队以龟速继续前进。车子颠来簸去地穿越了最难走的一段路程后，我们连的3号车突然死机了，趴在路中间宣布罢工。好在4号车的胖子及时反应踩死刹车，才没有亲吻到前车的屁股。胖子捋了一把汗，和修理能手大贤下车去帮忙，我也从6号车下来赶过去支援。以往这种小问题手到病除，可今天大贤说啥也不灵了，我也没能搞定，只好十几个人一起发力，将车推到旁边去，好让其他车继续通过。

大贤留下继续修车。话说有个士兵喝醉了酒，回到营房，值班的中尉把他叫去训话。中尉向他历数了喝酒的种种害处，然后说：“假如你不喝酒，说不定现在已经当上军士了，难道你不喜欢提升吗?”那个士兵回答说：“说实在的，我一杯酒下肚后，就觉得自己已经当上上尉了。”修理能手大贤跟他一样有些贪杯，估计有几天没喝到酒了，这小子找不着状态了。

不提也罢，总之他们要想办法解决问题。我们边走边等，在此过程中一连也赶上了大部队，整个车队又恢复正常行驶。没过五分钟，第二道考验就来了，我们车队前方又是浓烟滚滚，这次没有爆炸声。对讲机里传来指挥官的声音：“有毒气！各队员赶紧做好防护工作，拉开车距，放慢速度往前走！”大夏天的，尽管热得要中暑，但是小命要紧，我们三下两下全副武装小心前进，大家眼睛都瞪得像黑猫警长，总算没被“毒”死。

过了毒区，脱掉防毒服和面罩，满身都是汗。接下来又有几个小考验，我们也一一对付过去，当然小状况总是不断的。快四点钟时，我们连首先抵达预定地点。指挥官的公鸭嗓又在吼叫：“二连一班侦查预定区域安全情况，所有人提高警惕，防止被袭！”一班的几个小伙子身手敏捷，纷纷跳下车，匍匐前进，搜索一圈后朝我们示意此地带安全。负责侦察的几个小伙子身上被划破了好几处，衣服上也是啥颜色都有。

喝水休息一会儿后，车队返回，所有的程序再来一遍，正副驾驶换岗。这次我让小武操作得更多，“当兵不吃苦，不算尽义务；武艺练不精，不是合格兵”，这道理他懂，操作也大胆多了。整个车队熟门熟路，五点半就到达了训练地，返回时少用了半个小时。

晚饭野炊。虽然训练得七倒八歪，但提到野炊，大家都跟猴子似的兴奋，找干柴、挖土坑、洗菜淘米挖野菜，个个忙得屁颠屁颠的。晚饭时，指导员让大家多吃点，明天起早出“远门”，直到晚上才开饭，就靠很少的干粮扛着，主要是训练我们忍饥挨饿的耐力。

晚饭后，开始往身上抹清凉油、红花油，因为蚊子牌轰炸机开始了大规模的夜袭行动，不想每天都弄得一身红包，就得先发制人。我还是谈蛇色变的主儿，每天都会不厌其烦地在帐篷旁边挖一圈排水沟，再多撒些硫黄粉，这样双保险。我可不想学许仙，咱已经名草有主了。女朋友在部队医院工作，也是从医学院毕业后参军的，我俩志同道合，都觉得部队生活比较有意义。

明天的任务更重，今晚的闭光驾驶训练项目暂停。大家开始搭帐篷，当然不是所有人都有帐篷，得轮着来。我们二连今晚睡汽车，还不错，至少比站岗放哨舒服多了。

选择理由

我在大学里学的是汽车应用技术，一毕业我就当兵去了，当然也拐弯抹角地找了点关系后才分配到汽车连，先去边疆两年，直接授予中尉军衔，定为副连职，我很满意。两年前调回浙江，现在我服役已经五年了。我的理想是能当到上校，当然这个只有自己知道。理想就像内裤，要有，但不能逢人就证明你有，对吧？等着吧，将帅始于卒伍，一切皆有可能。

压力指数

压力指数中等，主要是训练艰苦且技术要求高。感觉压力大的时候，就默念那句民谣："苦不苦，想想萨达姆，累不累，想想多国部队。"想起我大三时听过的一次讲座，老师问我们的辅导员："能不能做200个俯卧撑？"辅导员是个窈窕熟女，想都不想答："不能。""给钱。""也不能。""现在我是一个强盗，如果你不能，就杀掉你孩子。能不能？"辅导员咬咬牙答："能。"可见，人是逼出来的，不置于真实场景，就不知道自己有多大潜能。部队，特别锻炼人，让我这一介书生更有男人味了。

人际环境

部队这个超级大熔炉并非真空，社会上有些习气，部队里也有，但是没那么严重。天下哥们有五铁，战友们在一起很能同舟共济。下级服从上级，平时执行命令也没啥废话。听转业的前辈们说，部队的经验在地方貌似很不好使，言下之意是后悔转业了。猪能否快乐得像人，我不知道，但人可以满足得像猪，目前我就是这样的生存状态。

我所向往的职业

如果不当兵，我希望进汽车企业，例如通用、大众什么的，做个技术类人才也不错。我最大的理想是开个汽车专卖店，卖动力十足的越野车，但投资动辄上千万，摸摸口袋没有钱，歇菜。

入行门槛

地方大学生入伍成为现役军官的标准：全日制统招本科及以上，获得学士学位，英语四级，有的会要求计算机二级或是党员。另外，体检要达到部队的招生标准，这是硬杠子，没有不行。

对于大学生入伍，国家有很多优惠政策，如可以提前预征，实施学费补偿、助学贷款代偿、优先选拔使用和优先升学就业等。

地方高校毕业生参军入伍的程序是：毕业生报名；部队对接收对象进行考核、体检，与接收对象签订协议；毕业生就业主管部门鉴证、纳入就业方案并派遣接收对象报到；统一办理接收对象入伍手续；组织入伍的毕业生军训，见习锻炼；对见习期满的毕业生定岗位任职。

心理测试

你的抗压能力如何？做个小测试吧：夜晚睡觉前，你会选择一盏什么样的灯放在床边，伴你进入梦乡？

A. 纸做的灯罩　　B. 华丽雕像　　C. 卡通造型　　D. 乡村山野

参考答案：

A. 你是个外柔内刚的人，平日不轻易表达自己的意见。你的容忍度颇高，即使难以忍耐，依然会尽力去适应环境。生活中你的抗压性最好，达到95%。

B. 遇到压力时，你会找其他渠道来舒缓紧绷的情绪，让自己不那么沉重，然后等到心情平静下来，再慢慢思考解决方法。你的抗压性为86%。

C. 你有点讨厌麻烦的事，所以遇到突如其来的意外，会显得不耐烦且担心难以处理得当，若碰上临危受命的情况，你很容易慌张。若是给你有规律、较固定的工作，通常你能做得很好。你需要足够的安全感，抗压性稍弱，只有68%。

D. 你很重视原则，多数时候能和别人合作，看上去比较随和。可是若对方的要求超过你的底线且无商讨的弹性，你就会想方设法地进行抵制。或许双方兜个圈子来谈，就不会弄得那么僵。你的抗压性是45%。

34

园艺师：长成一棵开花的树

梅兰竹菊饰雅居，碧叶青枝添新意。莫道一花无春色，绿染满眼皆情趣。

行业动态

网上一度盛传招聘赴瑞典园艺师（工作+移民）的帖子①：要求花卉、园林、园艺相关专业毕业，持有四级或四级以上花卉园艺师资格证书；具有3年以上园艺、园林绿化行业管理或园艺、园林工程技术工作经验，具有一定的英语交流能力。体格健康，无传染病，无犯罪记录。年龄要求也相对宽松：25~45周岁，性别不限。合同期限为2+2年，雇主按照目的国法律法规规定，每两年签订一次，工作满一年后，每年提供至少4周以上的带薪年休假，含在途时间。

以上条件并不苛刻，待遇也挺让人动心：月薪18000瑞典克朗以上，换算后相当于人民币17000元左右；工作签证后也享受当地免费医疗、教育等相关福利——众所周知，瑞典的福利好得让人流口水，而家人也可以同时或工作半年后申请加入陪伴，期间也可回家探亲，真是很人性化。2008年12月，瑞典最新的、更为宽松灵活的劳工移民法正式生效，在瑞典工作4年后可以申请永居，5年后可以申请国籍。当然，作为一个堂堂正正的中国人，不管怎样也改变不了咱的中国心，但又赚钱又体验异国情调，人生苦短，不妨性感，如此活法还是很让人期待的。

以上例子并非崇洋媚外忘了本，只是用来佐证园艺师的职业前景还是

① 瑞典园艺师（工作加移民）．中国行业信息网．http：//cnlinfo. net/info/11442875. htm。

很不错的。在国内，园艺师的待遇与所在单位和自身资历息息相关。高级园艺师或园艺设计师月薪过万也不是神话，初入职场的小实习生，先在苗圃花圃里做个小管理员，凡事亲自动手慢慢摸索，最初一两千元的工资确实微薄，但随着经验值的增加，薪水也会随之上涨。总体而言，这个工作专业性强，且具有常青树的特点，盆景花卉越来越频繁地出现在各种场合，也进入了寻常百姓家。随着城市人口的急剧增加，人们对美好生活的要求会会越来越高，园艺师的舞台也会越来越宽阔。

但园艺师要耐得住寂寞，花圃经营是一回事，管理花草又是另一回事，要懂植物各个阶段的生长规律，要能顺应季节变化对花草进行栽培和修理，要会给花草防病治病。总而言之，要懂花言木语，才能让花圃内千朵万朵竞相开，万紫千红总是春。

→ 我的一天这样度过 ←

对我这个习惯晚睡晚起的人而言，起床是会呼吸的痛，谈到起床，我的每个细胞都痛：被人叫醒会痛，闹钟响会痛，不定闹钟也痛，而不想起床必须起床最痛……七点起床，绝对不早，实际上我老公六点就驱车去了苗圃，家住附近的三个工人五点不到就起来剪花，六点半拿花的客户会取走各自需要的品种。而我，通常要晃到八点以后才能到。这时就会妒忌花草们，因为它们从来无须起床。

女儿由我妈照应，我吃过早饭登上开往郊区的公交，八点十分才到。老公指挥着工人们将几棵香樟包扎好，装上了卡车，准备运往客户处。我顺便问下明天订花的数量，大致知道玫瑰要二十多斤，郁金香、百合各要三五斤，兰花有近三十盆，还有几盆名贵盆景，都在掌控范围内，无须调货。如今情人节、三八节都已过，尤其婚礼不再扎堆，销量逐渐降下来纯属正常，接下来要养精蓄锐，迎接五一。老公是野心派，力主扩大规模，但我没点头，市场有风险，扩张须谨慎，目前的状态挺平衡，没必要打破。

我先去温室看看兰花，北方天气有点乍暖还寒，兰花暂时都摆放在朝南的架子上，没敢搬出去，会冻着的。它们正是抽芽的时候，我查看了几盆，照管兰花的吴阿姨比较细心，花蕾、花叶上都是干的，只有盆内稍湿，昨天下午我吩咐她早上浇浅浅的水，看样子分寸掌握得很好。阳光照进来，玻璃棚内暖暖的。久入芝兰之室，我的鼻子也不敏感了。但聚会时姐妹们都说我身上有玫瑰香或兰花香，近朱者赤嘛，这不奇怪，只可惜容颜却没有玫瑰那样娇艳。

玫瑰前期剪得太多，如今花蕾多而盛开的少。这是我们的主打产品，虽然和空运过来的相比成本也不低，但销路还是很不错的。第一批花已经开过，昨天下午我刚让吴阿姨修剪过老枝，现在我拿着剪子，将残留的枯枝和病枝毫不留情地剔除掉，留着会成害群之马，不但抢营养，还容易传染病害，影响第二次花开的盛季。是不是和谈恋爱有异曲同工之处？

修剪了一趟，一个多小时就过去了，思量着让吴阿姨下午给玫瑰补点肥，十天前刚施过，今天该追加一次速效磷肥和钾肥。隔些天最好买点牛粪过来，这样可以给玫瑰增加营养——别见怪，鲜花开在牛粪上是很合理的事情，没有牛粪的全力以赴自我牺牲，哪有鲜花的自在怒放风情万种？正出神时，吴阿姨领过来一对小情侣，小伙子说今天是女朋友生日，他上次开车经过花圃，看见门口的牌子上写着“玫瑰百合郁金香”，于是带女朋友过来，送她一个春天。肤白貌美的小姑娘脸上红扑扑的，一看就知道是刚刚跌入情网的好孩子。我褪下手套给姑娘戴上——玫瑰刺太多。小姑娘显然没来过花圃，两眼放光，举着剪刀四处晃悠，看哪一朵都是好的，又不敢下手。我指导她小心地拨开花茎，剪刀下去咔嚓一下，一枝新鲜玫瑰就拿在手上了。小姑娘蹦跳着送到男友鼻子下，两人使劲腻歪起来。

我心中灵光一闪，这个业务倒可以拓展。要是老公再提扩大经营的事，我就这么办，开辟一片自选园地，吸引大家来参观采摘原生态的花，可以白看，摘多少收多少钱，不黑吧？

他们这边秀甜蜜，我让他们慢慢挑，然后穿过大棚旁边的小温室，到隔壁的郁金香和百合花房，这便是钢管温室，比玫瑰花房小多了。吴阿姨正在沿着地畦给郁金香施肥，告诉我盆栽的已经弄完了。这是我昨天下班前交代的任务，马上要到花期了，营养不够花就开不大。查看下，花蕾不少，空气中飘荡着各种肥料的味道，我挑了个盆栽郁金香放到门口去，上面有五六个花蕾，而且有三种颜色，既高产又丰富，是我几个月前花心思栽培的品种，一般只送闺密或好友大客户，常来常往，和气生财。

百合花长在另一侧，我打开滴灌系统，让百合喝点水。摸摸地上的土壤，还是显得有点硬，前天刚测量过其中的盐分，含盐量有点高，近期不能施肥了。于是吩咐吴阿姨，明天到附近人家买10斤砻糠和草炭，等这批百合移盆后加进土里拌匀，改良一下土壤结构，否则花会越长越憔悴的。

看看时间已经近十一点了，打开花房的门，通风半小时，百合花需要呼吸新鲜空气。人家说女人如花，其实花也如女人，需要呵护，世上万事万物都是相辅相成且相通的。

老公忙完手头事情过来了，两个小恋人也捧了99朵玫瑰在外面等着结账。老公还挺有眼色的，让小伙子给一百元就行，我说外送一盆郁金香。小姑娘叫起来："太便宜了，我同事情人节给他女朋友买一束99朵的玫瑰五百多元啊，心疼死了，说去掉了一个猪屁股呢。"言毕自己先掩嘴笑起来。我也笑了，看来他同事也是经济适用男。带他们到工作室，将枝条长长短短排好再稍微修剪一下，搞点满天星穿插其中，拿粉色花边的透明玻璃纸帮他们包装好，小恋人欢欢喜喜地告别。老公说真是蓬荜增辉，咱俩老家伙就没这份浪漫。

中午到附近婆婆家吃饭，婆婆手艺不错，每天买菜做饭，挺支持我们的工作。没错，我是夫唱妇随，开的夫妻店，老公和我是园艺专业的大学同学。毕业后，我在园林公司当技术员，他学《乡村爱情》里的赵玉田，回乡在自家的田周围承包了一大块地，投资苗圃。一开始亏得鼻青脸肿，为了不让双亲跟着喝西北风，他差点就放弃苗圃去打工了。后来他在环保局工作的舅舅看不下去了，给他拉线，卖掉了好多苗木，又承包了几个单位的绿化工作，苗圃才起死回生，现在效益还不错，请了三个工人，他对外经营，技术上完全顾不上了，于是我在孩子一岁时辞职回来亲自打理。

我以养花为主，苗圃的东半部主要长树，其他品种不多，主要是樟树，好长易活，而且卖起来也值钱，就是生长周期长了点。老公的专业丢得差不多了，整天以市场为主，有时候也帮人家弄点园林设计之类的。不过基本知识他还是懂的，常嘲笑那些特业余的人往往心血来潮，养花花死养草草亡，甚至养个金鱼都满不了月。但要真把花圃扔给他管，我也不放心。我原先实战少于理论，慢慢摸索，加之我本身喜欢玫瑰、百合、郁金香，既怡情又赚钱，一举两得。去年我妹妹大学毕业找工作，专业难对口，我就说不看专业，找工作就要找个你乐意做的，这样早上八点到晚上八点都是高兴的。后半句是：将来找个喜欢的人结婚，这样晚上八点到早上八点就是开心的。高兴最重要，这样的生活牛不牛？至少我做到了。

当然做苗圃不可能暴利，忙起来时要起早，贪黑倒不必，温饱小康绰绰有余。最关键的是，每天闻着花香，全无钩心斗角之郁闷，也没赶进度超目标的急躁，倒挺有养老的从容宁静，妹妹羡慕死我了。她目前在一家公司当白领，说起来每月四五千，但上海生活成本太高，去掉各种费用，到了月底就成了真正的工资白领。她计划一年劳动合同到期后就到我花圃里来，或直接在城里开个花店。我说都可以，保证比当小白领舒服。

午饭后继续待在花圃里，到地窖里看了下，菊花保种的根都一个一个包好了放着，防止烂掉。还有些花种，也包得严严实实的。吴阿姨打扫完就可以下班了，到附近人家买点砻糠和草炭啥的。我吩咐另两个工人拌点花土将外头的百十个花盆全部清理好，明天好将百合和郁金香移盆。

两点多，老公在办公室里打三国大战，我开着他的小轿卡——就是赵玉田开的那种，到十几里外的一个苗圃去，我有个同学家在那儿，她可是自己家承包的果园，做得不错。我给她带去了两盆郁金香、两盆兰花，还有一些花种，她和我的心眼都大得像窟窿，坐下就开始八卦，聊当年同学，聊果树花圃行情，觉得自己还真是人尽其才了。偶尔有人过来买果苗，她都打发给了在旁边准备农药的工人，跟上学时一个做派。

四点回苗圃，老公正接待买盆栽的一小拨人，挑的都是很名贵的牡丹、君子兰、铁线莲和宝莲灯。客户提出，我们要定期去保养维护。这是一家准备开业的大宾馆，怕养不好，风景变成败笔。老公看我，我说行，不过不是免费的，我的时间可以免费，但交通费、材料费需要他们付。人家一口答应，于是签订花草保养合同，这就意味着我每个星期都要抽时间去他们那边一趟。幸亏像这样的客户不多，否则我就没这么从容了。

回到办公室，上网研究会儿新品种，在同学群和园艺群里晃一晃，讨论进什么树和花种最合算。被一种彩虹玫瑰给吸引住了眼球，当前中国还没有这个技术，我也肯定研制不出来，从想法到触动再到实践和收获，都是十年一剑。一直到下班回家，我都在叨咕彩虹玫瑰的事，老公说，只要国内引进了，我们就搞这个，我高兴，他发财，最佳组合完美搭档。

五点半，安排好苗圃值班事宜，我和老公回到城里的家。女儿一见到我就问有没有给小朋友们准备好花苗，她们幼儿园大 5 班明天下午要来参观花圃。我说妈妈不会给她丢脸的，女儿就甜腻腻地黏在我身上说："我就说我妈妈是养花能手，这下她们要信了。”

选择理由 ←

我上高二时一度厌学，成绩急剧下降，整个人也颇有抑郁症倾向。父母听从高人指点，带我出去旅游，时值世界花卉博览会在昆明举行，在花花草草中流连了十来日后，我的郁闷一扫而光，并决定学园艺专业。

压力指数 ←

压力指数中。主要是担心花草会被不当的养殖方式给整死，有时要防涝，有时要防旱，还要防虫害和传染病。总的来说，我还比较专业，所以压力并不算大。

人际环境 ←

水仙花儿开，凌波仙子来。花花草草是很怡心怡情的，和花草在一起，人会很单纯，心态也平和。虽然在商言商，也跟很多花草批发商打交道，还管理着几个工人，但总体而言烦恼很少。我知道现实中很多人的大脑已经被体制化了，整天忙着算计，不是算计钱就是算计人，我不费那个劲。

我所向往的职业 ←

目前苗圃离家远了点，长住农村也不方便，所以我还是希望老公能一个人将苗圃经营下去。我呢，就在城里开个鲜花店，将插花艺术再钻研提高下，大学时选修过，凭我，小店一定能做得红红火火。

入行门槛

园艺师职业资格共分三级：助理园艺师、园艺师、高级园艺师。每年统考四次，时间分别为4月、6月、10月和12月。经职业技能鉴定、认证考试合格者，颁发加盖全国职业资格认证中心（JYPC）职业技能鉴定专用章钢印的“注册职业资格证书”，该权威证书全国通用。当然，实践出真知，能将理论运用到实际中，才算英雄有了用武之地。

心理贴士

盘点六种性格最适合的职业，看看你是哪一种？

编号	性 格	主要特点	适合职业
1	亲力亲为型	务实、坦率	电工、牙医、外科医生、生物医学工程师
2	探索型	善于分析、头脑灵活	教授、软件研发人员、助理医生、兽医、图书管理员
3	艺术型	充满创造力和想象力	园艺师、美术设计师、导演或制片人、室内装潢设计师、编辑
4	社会型	乐于助人、有耐心、有同情心、慷慨大方	校园心理师、中介人、护士、物理治疗师、社会工作者
5	进取型	有竞争力、精力充沛、外向	经理人、财务经理、销售代表、销售经理
6	传统型	有条不紊	会计、保险精算师、理财师、技术文档撰写者、建筑工程监理

35

会计师：管的都是别人的钱

世界上最有钱的人是奥特曼，因为所有取款机上都印着他名字的缩写“ATM”。此笑话说明会计们和奥特曼一样，看上去很有钱，但都不是自己的。

行业动态

中国到底有多少财务人员？我们不知道准确的数据。据相关报道，在2006年的时候，就已经达到了1000多万人，这是一个非常庞大的数字①，跟教育工作者的数量大体相当。其中拥有中级职称——也就是可以被称为会计师的有一百多万，注册会计师只有十几万，堪称百里挑一。

会计的职业发展有四大方向：一是“做会计”，就是普通的财务人员；二是“查会计”，包括注册会计师、政府和企事业单位的审计人员、资产清算评估人员；三是“管会计”；四是“研究会计”。

大部分会计都分散在企事业单位中担当着不同角色。70%以上从事着最基础的会计核算，包括开票、报税、登凭证、做总账等，在企事业单位月薪3000元左右，工龄越长工资也会越高。如果在效益好的大企业且长期驻外，月薪可达6000元以上，如建筑业或房地产会计。从事着中基层管理工作的财务人员大概有百十万，包括成本核算、成本分析、常规的财务审核、ERP总账模块管理，其待遇自然高出一头，月薪通常超过3000元，高的可达10000元以上。另有高级会计30万人在从事着高端的财务管理工作，如战略预算、投资融资等，他们有注册会计师证书，或是资深元老，

① 中华会计网校. http://www.chinaacc.com/new/234_236_201109/23wa978342364.shtml。

或在会计师事务所任高管，月薪通常过万，年薪百万的也不乏其人。

总体而言，会计是一份传统而稳定的工作，所有在职场混的人都要跟会计打交道，而每个凡人的亲朋好友中也总能列出一两位会计，只不过段位各有不同。中国有句上不得台面然而口口相传了上千年的词语——经手不穷，对大部分会计而言，是成立的。单位的各项活动、福利、补贴，只要靠得上边的，财务人员多多少少会沾点儿好处，尽管灰色收入不算多，但总比一点儿没有好。

→ 我的一天这样度过 ←

早七点闹钟大响，本想再赖会儿，想起昨天看到的一项芝加哥大学的研究成果，说赖床会导致体温过低，分泌大量的褪黑素，整天都显得更累且昏昏欲睡，继而影响晚上的深度睡眠。趁理智小人占上风的当儿，努力用此理由说服自己立即起床，洗刷吃喝后上班，八点钟准时到岗。

我是大企业的一枚小会计，财务科七个人，咱入行最晚年龄最小，自然从出纳干起了。到办公室的第一件事，开电脑，然后扫地抹桌子。此活儿已经干了一年多了，在我没有升职之前，估计就是我的专利。

杂事干完，该干正事了。刚思考今天要做些啥，市场部孙科长过来了，昨天下午他就跟我说了今天上午要预支八千元出差，没想到这么早。看他那副着急的样子，我赶紧打开保险柜——里面现金一万零五百元钞票，昨天没有送银行，就是为了避免一大早去银行。数掉二十五张，剩下的再用点钞机复核，拿信封装好交给他。他拿了就走，忙请他留步，拿出借款单，让他填好日期和金额，再签上名，办好借款手续后再走。

这件事办完，办公室孙姐也到了。打过招呼，我再次检查了下现金库存，只有两千五百六十八元了，不过除了孙科长，其他人没说今天上午要用现金。现在报销都到银行办理，直接打到卡上，然后我短信通知，省了很多事。习惯性地打开网银，查看下银行的存款余额，这个问题随时会被领导问到，有备无患。

孙姐一边理账本一边问我晚上是否有空，说有个小伙子不错，不妨见见。我脸红了，咱已经25岁了，依然小姑独处，有人关心总是好的，免得被流年时光耽搁成剩女。她简要说了下情况，然后约定下班后跟她走，我答应了。她说：“三人行，必有电灯泡，我们准备夫妇奉陪，你就当朋友会面好了，不要有心理负担。对了，今天上午将工资单核对好，明天要发工资了。”

你看，到底是老江湖，一两句话公私兼顾，工资表人事科已经做好了，我要做核对，将需要扣的“三金”和报税的部分再核查确认下，所有数据都是 Excel 表格做的，轻车熟路，过一遍没发现问题，便递给总账审核。

弄工资表的时候有两个科室人员来报销，接过他们的票据，先复核各项手续是否齐全，贴的票是否规范，再用计算器算一下数额是否正确。办公室司机老马该改名叫马大哈了，明明是 2346 元的邮费和过路费，他老人家写成了 2436，没办法，给他现场演算一遍，必须退回重新请领导签字。老马嘴巴咧呀咧，拍拍自己的圆脑袋，五官挤在一起，表情痛苦地走了。数学没学好，后果很严重，我核对票据和数额时都分外小心，错了就得自己赔，行话叫“吃肉包”。至于赚，只有千分之一的可能，小概率事件，就不指望了。

我们是一家大型服装生产企业，上个月又招进来二十多个工人，发放工资需要到银行办卡。于是我又去人事科找倪科长，复印新进员工的名单和身份证，倪科让管档案的小许办理。小许是我的小姐妹，两人边八卦边复印整理，数好了二十六个人二十六张复印件。估计上午到银行办好所有存折和卡，差不多就到吃饭点了。

拿着材料跟孙姐说一声，开上我的小助力车出发。今天周三，银行人来人往，我拿出 VIP 卡一刷，直接到里头的 VIP 客户专柜办理。26 个开户，留 26 次密码，初始密码全部定为 181818，中国人都喜欢——要发要发要发，吉利！

办完各项手续，客户谢经理送我一个不锈钢保温茶杯，上次年会时发的，我没来，不是没时间，是资格未到，咱科长桌上就有一个。然后谢经理笑容满面地向我推荐理财产品——说实话，我是个月光族，工作两年，工资加起来赚了五六万，除了吃喝玩乐，给自己买电脑换手机啥的，基本折腾得差不多了。虽然手里每天都要过很多资金，但自家兜里真的是空空如也。拿了几张宣传单，告辞离开。庆幸自己没在银行里，要不每个月考核啊绩效啊，就我这心理素质，肯定未老先衰。话又说回来了，人都是逼出来的，我现在是小菜鸟，雄心勃勃地计划着三年内考到注册会计师，没准几年内就能锤炼成职场达人。

回到办公室已经快十一点了。有个供货商在等着开转账支票，正和孙姐聊着天。我跟人家笑嘻嘻打个招呼——这是从银行学来的，我以前出去办事的时候，看到很多财务人员都喜欢板着一张会计脸，一副人家欠他钱的样子，特没劲。所以我自己对着镜子先练会了微笑、微笑、再微笑，露几颗牙齿不重要，舒服才最好。人家看在人民币的面上，对我可都是笑容可掬的，咱也要礼尚往来不是？

孙姐说李科长已经同意了，先给人家开五十万的转账支票。领导说了，我照办，拿出支票簿，小心地在每一个栏目里填好，写完了送给孙姐，她说没问题。供货商接过支票，一边说谢谢，改天要请我们喝茶，一边从兜里掏出手机，手机正吼着“数完钱再接你电话”，很搞笑。

哈哈，我也很喜欢这个铃声，赶紧去下载。弄完了，孙姐问了下银行余额，说下午中层干部开会，她要先报告给科长。于是我又啪啦啪啦敲键盘，除了上网银查看外，还要电话查另外两个开户行的账目，然后还有两张七天通知的存单，汇总之后将数目告诉孙姐，跟早上基本没啥变化。总的来说，咱企业目前资金运作良好，虽然外债也不少，但手头还是有钱可用的。孙姐说前年她刚来时公司可是有了上顿没下顿，三角债拖得副总和科长的脸成天多云转阴的，筹钱发工资是头等大事。那时一度人心不稳，现在日子好过了，舒坦多了。

跟着孙姐忆苦思甜下，各自回家。中午公司有工作餐，不过我通常回家吃，妈妈做的饭菜和大厨比，是优先级的。

下午一点半到班。孙姐没到，我好好学习——注册会计师的书可真难啃啊，怪不得全国通过率那么低，咬牙切齿地看了两页，感觉如读天书，放下，将上午的收款单付款单拿出来检查，输入记账凭证。还没弄完，孙姐到了，带来副总的几张出差报销单，还有近期招待费的单子，手续都完备了。她吩咐副总的钱要尽早到账，招待费转账的单子就不急了，这个我知道——酒店转账我们通常要到季末或年底一次结清，平时按条目收着就行。马大哈订正过的票据也送过来了，我按照老规矩再给他复核一遍，这次分毫不差。他自己也笑了，说再错干脆回家和儿子一起上三年级去。

看看手头报销的票据，加起来有十来份了，正好孙姐吩咐我去银行电汇，还要取一万元现金给后勤部。收拾下要带的东西去银行，这次去的银行就在开发区里头，很近，为了平日工作方便。上午去的银行在这儿也有分行，为啥要跑那么远去开户？还不是为了帮营业部的朋友完成指标！

此刻去银行三桩事，首先是办电汇，填写好收款公司，盖上财务章和人名章，收好存根联、第一联以及手续费单，这个就算完毕。

第二桩事是往几个报销户的卡上打钱。钞票不是万能的，有时还需要信用卡，对我而言这句话再贴切不过。自从报销打卡后，我从烦琐的杂事中解放出不少，否则没事就数钱，看着舒服实则痛苦。此刻我将表格递进去，上面有名字、卡号和打款金额，人家稀里哗啦忙活半天，从公司账上将钱转到个人卡上，然后手机短信就通知主人钱有了。由此我深刻地感受到科学技术特伟大。

第三桩事是取钱。开个现金支票，用途写“备用金和差旅费”，验钞机飞速转动。每个柜台前都有队伍，在我后头排队的人发现站错队了，在我快要结束业务的时候跑到自动取款机那儿去了。我偷笑下，将钱放进随身斜背的大包里，再将各项单据统统拿过来，全部放信封里一起带走，回去慢慢理了分类入账。回到办公室时已经快四点了。将时间比成金钱真是再贴切不过，它们的共同特点是不禁花，不知不觉就没了。

电话通知后勤部来取走现金，凭工作经验知道，四点后业务会很少，除非急事。我开始编制今天的记账凭证，登记现金日记账和银行存款日记账，将工作表中的完成事项给注销掉。我有记工作日志的习惯，看上去不会有虚度年华的感觉，也免得年底总结时大脑一片空白，什么都回忆不上来。基本上今天的工作已经到尾声，核对下现金余额，编好出纳日报表，接下来的时间我自己看书，努力瞪大眼睛理解那些深奥的理论。五点下班，孙姐有事先走了，我查看下保险柜、抽屉是否锁结实了，再关门反锁，用手使劲拨拉两下确定门保险已到位，这才放心回家。

晚上吃过饭后洗衣服，真开心，口袋里有钱！老妈不开心了：“我说你个丫头，自己是会计，钱怎么乱放？”哈哈，老妈原则性还真强，管人家的钱小心翼翼，自己的小钱就睁只眼闭只眼吧，等我将来挣到大钱再清醒点就行了。为了挣大钱，晚上我连电视也戒了，端坐书桌前边嗑瓜子边继续啃我的注册会计师教材。

选择理由 ←

没啥理由，老妈让报的，她自己在事业单位当会计，觉得女人干这行妥当清静，将来对家庭理财也好。她老指望我考公务员进机关，但我没兴趣。我也有小小的野心，不想一辈子记账跑银行，将来想到事务所去工作，可拓宽人脉和业务范围。

压力指数 ←

压力指数中。单位效益还可以，收入中等，人也不辛苦，和我这样成长过程一帆风顺的娇娇女的能耐挺匹配，但若想进步，压力就大多了。

人际环境 ←

人际环境不复杂，因为咱就是跑腿干基础活儿的，领导让做啥做啥，细心认真不出差错就可以。

我所向往的职业 ←

成天跟枯燥无味的数字打交道，有些为人作嫁的感觉，没大意思。我希望自己成为新闻记者，世界各地到处跑，人生充满了变数和刺激，有悬念的日子才叫生活，不然只能叫活着。

入行门槛

会计入行门槛不算高，但要做到一定级别，就不容易了。

从事会计工作的人员，必须取得会计从业资格证书。担任单位会计机构负责人（会计主管人员）的，除取得会计从业资格证书外，还应当具备会计师以上专业技术职务资格或者从事会计工作三年以上。目前，我国实行考试制度，凡有高中以上学历者均可报名考试，考试合格者可获得“会计从业资格证”。①

心理测试

了解一下自己在别人眼中的工作表现和同事关系吧。如果有一天你在山中迷路了，远远地看到有物体向你接近，你希望它是什么呢？

A. 大卡车　B. 吉普车　C. 摩托车　D. 普通的小汽车

参考答案：

选A的人觉得大个子好用，基本上不会太强调对方有没有脑子，但对智障者是敬而远之的。你希望对方什么都愿意做，而且又没有太多心眼，

---

① 会计从业资格证．百度百科．http：//baike.baidu.com/view/583461.htm。

如果太聪明了，就会玩花样，这是你最忌讳的。至于艰难的事，还是由你劳心劳神算了。

选B的人做事只看成果、不看人情。虽然平常也能和同事打打闹闹搞成一团，但只要扯上公事，你会公私分明，绝对没有混淆的道理。所以，你的同事或者下属首先是要做好自己的事，至于攀关系，基本没啥用。

选C的人很在乎团队的愉快合作，认为工作没必要弄得太紧张太在意，大家应该像一家人一样无私互助。平时你很在乎大家在工作中的良好互动，下班没事时就会和大家一起出去玩。你的观点是：众人拾柴火焰高，只要大家交情好，什么事情办起来都会很方便。

选D的人在工作上比较喜欢独善其身，这不是说不合群，而是指态度不会偏公或偏私，凡事也不会只从自己的立场出发，所以，工作中你不会过分偏激，也不会过分强调等级尊卑。你具有到什么山头唱什么歌的才能，什么场合该说什么话全在自己的掌控中。

第七章

金融业

前途和钱途密不可分

36

证券分析：跟着市场在颠簸

牛市的时候，我们是金手指；熊市的时候，我们就是大黑嘴了。

行业动态

中国证券市场只有短短二十年的历史，尚未成熟。不成熟的市场孕育了更多不成熟的股民，人数多，故事多，教训更多。我个人认为：十个散户九个赔，还有一个正在亏；不要听信‘白痴’吹，头脑一热当炮灰。“股市有风险，投资须谨慎”的话怎么说也抵挡不住投资者的盲目热情。有如此多的客户，证券分析师也就少不了了，他们主要分布在证券公司和咨询机构中，俗称“股评家”。应势而生的证券公司和分析师们也进入了繁忙期，从业人员随之大量增加。当前中国有证券公司100多家，营业部3000多个，证券公司从业人员也有几十万。

大凡入行久些的分析师，都经历过了一次中国式的牛市和熊市，如过山车般的跌宕起伏，用没齿难忘来形容一点儿不夸张。大多股民毫无准备地被从半空抛下且是脸先着地，至今很多人死扛着不走，而且无处哭诉。证券分析师们的情况要好些，他们虽然也被股市狠狠戏弄了一把，但通常不会像无头苍蝇一般乱投资。真正缩水的是工资，从月入过万到仅剩三千，似乎很受伤，但这是皮外伤，不是内伤。

和很多绩效考核的单位一样，分析师的工资分两部分，一是基本工资，二是绩效。牛市的时候，绩效部分远远大于基本工资，熊市的时候，绩效部分就时有时无了。普通百姓——尤其是那些两眼一抹黑的热情股民，非常羡慕证券分析师的工作。因为他们掌握着更多的内幕，工作环境似乎也不错，看看新闻瞄瞄数据，打打电话说说情况，推荐下股票基金。虽然目前市场很疲软，但春江水暖鸭先知，不管是技术派还是消息派，他们总会有内幕消息发点小财，而不是如散户般一直亏一直亏，亏得动弹不得。

如今基本市场越来越壮大，基金公司、资产管理公司、保险公司、信托公司、私募和风投公司越来越多，还需要很多的研究员、分析师。分析师该做的，就是把基本面搞清楚，指出优点，提示风险，给出合理建议。只是在熊市里，证券公司更加重视营销，“全员营销”并非口号，而是落实到了实际工作中。股市是个汪洋大海，分析师是带着股民游泳的人，虽然呛几口水是兵家常事，但无风会起浪、浪大风更强，要保证不被淹死，还是要有超强的体力和心理承受能力的。

我的一天这样度过

10、9、8、7、6、5……1，起床！东风一号跟踪正常，遥测信号正常，手机闹钟提示正常，内衣穿着正常，外套穿着正常，棉被展开正常，现在主体与床板分离，主体与床板分离……六点四十分我冲进卫生间，我胖故我在，越胖越可爱，刷牙时对着镜子自我励志一下，美好的一天就此开始。

到客厅开电视，《资讯唤醒每一天》正在播出，同时打开笔记本，耳朵听着电视里的动向，眼睛在网上搜索，我需要知道昨晚美股收盘和外围股市动向，要关注政策面有没有变化、变化是什么，这些都是今日股市的天气预报，不弄清楚这个，白天就会有信口雌黄的风险了。

三年前大牛市，可谓天天都有新气象，日日总会好心情，回想起那时我们的分析结果，就如搞笑铃声那样可喜，动不动就发出金色预警信号：今天多云转晴，中午前后下人民币，午后欧元转英镑……祝你数钱数到手抽筋，睡觉睡到自然醒。呵呵，现在真是无比怀念那段中国特色的股市状态。人生的痛苦莫过于经历了超级风雨后，不但没看到彩虹，结果还感冒了。超级大熊市已经来了三年还赖着不走，让我们的心拔凉拔凉的，如今欧债危机又加深了，咱们的A股跟早产儿一样脆弱，怒其不争啊！

八点拎上笔记本换鞋。老头子在身后唠叨：“小胖，有好的股票给我打电话，别照远不照近啊！”老爸是个股迷，五年前十万入市，如今十二万多，没亏已经是老天开眼了，如今依然痴心不改，天天在家研究股市，聊天时比我这个专业的还有发言权，我算服了，“嗯嗯”地边应他边出门。

八点半晨会，头儿拿出总部研究所发来的最新研究报告宣读，这也是我们今天的操作指南。晨会二十分钟后结束，我回到办公室，泡茶，翻报纸，没有八卦，满眼全是人民币，空气中也飘荡着美元的味道：《中国证券报》《上海证券报》《证券时报》……经济是第一要义。

抬头看见对面的刘美眉正端坐办公桌前动鼠标，忍不住咳了两声，她抬头看我两眼，关切地问："感冒了?"窃喜，我忙点头："有点儿。"她皱眉："那你离我远点儿。"晕死，暗恋她三个月了，就这么对我，真是落花有意流水无情啊！我猜她是嫌我胖，股市大缩水后坚决不反弹，你说我这小鲤鱼身材咋就不跟着缩水呢？正郁闷着，大胖陈新过来在我肩头一拍："小胖，把你那本《说谎者的扑克牌》给我。"打开文件柜将书拿给组长，心想看了也白看，那是入门书，组长也需要琢磨这个，可见我们大家都找不着北了。

营业部一共就我和他两名分析师，他大胖我小胖，他本科我也本科，他入行八年我入行六年，他娶妻生子我光棍一枚，两人是哥们也是对手，还都不爱用触屏手机，因为一笑电话就挂了，郁闷。我俩都做好了死盯大盘的准备。我和大胖各有两台电脑，台式机加笔记本，各种软件、图表工具一应俱全。台式机专门负责显示大盘情形，笔记本忙着在 QQ 群里问答，也顺便查资料做文档。

九点半大盘开始，心电图缓缓启动，又是低开。群里有乐观主义者预测会高走，我不敢苟同，坐地板上不会一摔就是骨折，这点我比我爸还小心。老头子总认为股市会一路高歌，结结实实挨了几刀之后，依然觉得"明天会更好"，不晓得他那老心灵怎么就敲不碎敲不醒呢。两个 QQ 群已经活跃了一阵了，我是群主，头衔为分析师小胖。那些蹲守在屏幕前的玩家你猜我猜大家猜，我只看看热闹，回答点小问题，不瞎表态。

大盘继续保持半死不活的状态，上行乏力，忽而小高，忽而小低，但没有大的变化。每一次小动荡，就会引起群里的骚乱，股民一生一起走，一声朋友你会懂，一根线，一群人，一条心。另一个大客户群每人的资金都在五十万以上，群里人一般不瞎嚷嚷，问一个问题就是一个问题，人家深思熟虑地问，我也小心翼翼地答，就是推荐股票也是模棱两可的。

有问大局势的："小胖，妇女节过了，政协会、人大会都要闭幕了，植树节又要来了，会不会全面绿化啊?"这个是持谨慎悲观论的玩家。我答:“不会这么惨,四年前的悲剧应该不会再现江湖,行情主导权还在,但不排除小幅调整的可能。”

有关心自己实际操作的:“小胖,上周五是光头中阳线,很有说服力。周一按理应该惯性上冲,如果上冲,我是不是可以抛掉一部分白云机场,捂很长时间了,想换一只猛点的。海信电器走势强于大盘,很想购入。”答:“白云机场近期震荡上行,不妨继续持有。若实在想换一部分海信,也可。”这种回答模棱两可留有余地。相信任何一个分析师都不会把话说绝了,大盘不是你家开的,咱说了不算,说准50%以上,已然觉得自己很有才了。

有清仓后想再次建仓的,问:“上周五的光头中阳线挺具说服力。”答:“没错,连续三周的周五都是光头阳线,但周一能不能走好很难说,稳住就不错了。”再问:“目前空仓,何时建仓为宜?”答:“冠城大通走势形态不错,不妨近期介入;江苏开元已经突破了前期密集区,可以跟进。”

不晓得人的记忆力怎么会出那么多的问题,刚开盘就有客户打电话来让我密码重置,十点钟我姐夫也发信息过来让我重置,还要我再推荐好股票——我怕了他,要是赚了钱,我姐会眉开眼笑,亏了,我俩一起挨骂。十一点时群里又有人请求密码重置,我只能照办,客户永远是对的,如果错了,参见上一句。

营业厅里不是很忙,大凡会摸电脑的都在家盯屏幕,大牌一点的喜欢电话交易,只剩下些热情有余、技术不足、资金不多的老头老太在这里仰着脖子看数据,颇有门前冷落鞍马稀的凄凉。一个上午,我看K线,接电话,忙着在群里回答问题,十点半时忙里偷闲调看下客户的交易情况——还是不够活跃,佣金比以前少多了。当然我不会忘了正事:查重点跟踪的几个上市公司资料。我不可能所有股票都关注,咱公司有重点关注的对象,推荐成功后佣金也会高一些。

十一点半,大盘双双小跌收盘。群中热烈讨论的各位纷纷潜水去了。盘中指数一度跌破10日线,早盘的杀跌会不会导致下午的跳水?我整理了一下思路,简要在群中写下了看法,这也是每日必做功课:“技术上看,午后大盘有继续探底的可能,尤其是金融和地产的联手做空,使得市场短线资金加速出逃,看来投资者对短线市场很不乐观。午后一旦资源股加入杀跌大军,跳水就势在必行了,下午请大家密切关注资源股。”

写完，无限惆怅地站起来伸懒腰喝水，准备吃午饭去。大胖一脸凝重地说："你信不信，上海莱士上午涨，下午还会涨，我只恨自己没钱，要不就让老婆买了。败家婆娘，存款全拿去买车了，现在可好，干着急。"我心里暗喜，老头子就买了这只股票，也是上周我推荐的，不过只敢买了八万块钱，还有五六万空着——谁知道哪块云朵什么时候下大雨呢？我认为它暂时还不会飘走，还会下点毛毛雨。

吃完饭，大胖又蹲电脑前和基金经理们穷聊。喊他起来运动运动，否则不长身高长三围，他满不在乎："没错，我胖，我肥，我有肉，我可爱，我老婆摸着舒服。"孺子不可教也，不理他，自己到楼下去溜达一圈。

一点继续看盘，重复上午的工作状态，眼睛不眨地盯着屏幕，两只手不是操作鼠标键盘就是接电话做记录。大盘依然是预料中的不争气，歪歪扭扭缩量严重，到三点定格时流出资金近40个亿，后市又不乐观了。大胖直叹息："天增岁月人增肉，岁满乾坤肉满身，皇天在上，厚土为证，我愿用身上40斤大肉换取股市的风调雨顺。"我说："Me too。"

大盘终于结束了！我和大胖都松了口气，夸张地打哈欠伸懒腰，眨巴眨巴昏花的小眼睛。这样完全放松的状态可以持续近半个小时。四点钟营业部要开总结会，总而言之都是老一套，客户少了，要拉客户，要和基金经理们联络感情，要加强业务水平……如唐僧念经般，听与不听都一样。

晚上和大胖一起跟客户部孙经理出去，请大客户李总吃饭。他要不瞎折腾，去年到现在又从股市里赚三十万了，当然，我们的佣金也会高些。桌上举杯，说些共同发财的应景话。八点半，喝了点小酒后稀里糊涂地回家，老头子眼都不眨地看电视里的股票分析师在那掰扯，我说："爸，你的股票今天涨停，卖了没？"老头子说："再来一个涨停我就卖。"得，人心不足蛇吞象，我无语，干脆洗洗睡吧，小酒冲头时，睡觉是我唯一的解脱。睡着了，不悲不气不孤单，什么都感觉不到。明早睁开眼，咱又是好汉一条，憋着一身肥膘，等着股市春暖花开。

选择理由

受老爸影响，他对股市特痴迷，不过很有自控力，一直就是十万块的本钱，多一分也不干。我就想一探究竟，揭开其中的秘密。入行后发现水很深，不过乐趣倒是不少，大概我也有赌徒心理吧！

压力指数

压力指数高。百分之百看准市场的人是神，分析师能看准百分之六七十的就很优秀了。证券市场每天都会变化且无规律可循，独立判断可不是件容易的事，认真付出的未必能得到认可，而公司对我们绩效的评判标准非常短视和功利。另外，分析师的话语权并不大，有些话不能说，有些话不敢说，心理素质要过硬才行，被迫离职的人常让我们有兔死狐悲之感。

人际环境

人际环境复杂。“学会推销自己”是成为证券分析家的基本功，进入证券分析行业的关键是关系网——建立自己的人际网络，多参加一些行业会议等。与各种不同的人打好交道，也是我们的基本功之一。钻研股票并琢磨人，二者缺一不可。

我所向往的职业

重选行业的话，当然不做证券了，资本市场像迷宫一样，永远不知道出口在哪里。每当我千辛万苦地觉得找到了成功的钥匙时，就发现锁又被人给换了。我希望做点不玩心跳的工作，比如会计、园艺啥的。

入行门槛

《证券法》第170条规定，分析师必须具备证券专业知识和从事证券业务或证券服务业务两年以上经验。目前在我国，希望成为证券分析师的人员，首先须参加中国证券业协会组织的《证券市场基础理论》《证券投资分析》等学科的从业资格考试，再由所在的证券公司或咨询机构到中国证券业协会注册登记为执业人员，即成为证券分析师。① 通常要求大专以上学历，有的要求本科及以上，有从业资格证书，有一定的从业经历——刚毕业的也不要紧，所有人都有新手上场这一道槛，必经之路绕不过，媳妇总会熬成婆。

心理测试

工作中，你最在意什么？做个测试题来解读一下自己吧。

在爱情的蛊惑之下，美人鱼牺牲了发声的能力，罗密欧和朱丽叶则付

① 证券分析师．百度百科．http：//baike. baidu. com/view/500844. htm。

出了生命的代价。为了尝到恋爱的滋味，属于爱情忠实信徒的你，愿意为了所爱付出的最高代价是什么？

A. 寿命减少　　B. 智商超低　　C. 贫困度日　　D. 众叛亲离

参考答案：

选 A 的人希望人生时时充满惊喜，期待自己能像鲜花般拥有怒放的生命。工作上当然也是如此，待遇或职位都不是你最重视的事情，你想从公事中得到自由发挥的主控权，考验自我的实力和耐力。如果得不到合适的舞台，或者你成不了众所瞩目的主角，你自然想另谋发展，创造新的精彩。

选 B 的人在工作中可以做牛做马，能够将满腔热情都投注在办公室里，但是这种状态需要持续得到上司的鼓舞和赏识。如果你觉得遇不上伯乐，或者伯乐逐渐疏远了你，你就会有疲倦感，无法再像从前那样打拼卖命。

选 C 的人在职场上最在乎福利制度和相关权益，如薪资、配股或分红制度，这些都是基本的需求，万万不可比人家少。另外，弹性上班和休假等规定也是你非常在意的，因为在你的头脑中，上班只是谋生的手段，一旦这些福利缩水或不见了，你就会丧失工作动力，完全提不起劲。

选 D 的人缺乏安全感，也许是童年快乐太少，或有不愉快的生活经历。如果你现在的工作不能满足你的需求，或者让你觉得不牢靠，你的心情就会大受影响，一点风吹草动就能让你胡思乱想，难以专心工作。

37

信贷员：银行的高级销售

我们是银行的高级销售，需要强健的身体和清醒的大脑，貌似白领，其实整天上蹿下跳。

行业动态

大多数平头百姓最熟悉的大概是工行、农行、建行、中行这四大国有银行，其次是城市中不时冒出的股份制商业银行的招牌：如中信银行、交通银行、民生银行、华夏银行、上海浦东发展银行、招商银行等。

服务于这些银行的职员绝对不是个小数目。以中国银行为例，职员总数超过22万人，其中有16万多是正式人员，6万多是派遣制性质。

银行职员的工资一度很高。民间曾有讽刺言论，开头几句就是“财政是爹，银行是娘……”（因有夸张嫌疑，其余省略）。说银行是娘，大概也包含了在银行工作的员工待遇还行的意思。现在部分银行的柜员工资依然让人羡慕，但同时压力也成倍增加。全球金融寒潮，银根紧缩，吸储的任务重，到了季末年底，更是要动员兜里有闲钱的亲朋好友帮自己完成储蓄任务，没有也要想法有。

银行职员内部流动很频繁也很普遍，很多人从建行跳到中信，从中行跳到交通……通常从国有银行跳到股份制银行的会多一些，尤其最近几年，很多外资银行到各个城市扩张业务，起步阶段会亮出高薪招贤纳士。此等情况下，如果你做信贷业务或在其他重要岗位时间长了，手头有大量肥肥的客户，那么带着你的人脉、带着你的理想，勇敢地跳槽过去吧，新主人会让你的薪水翻一番甚至两番，说不定还会有不小的升职空间。

相对于国有银行，商业银行的竞争可能会更激烈些，工作压力也不小，尤其是信贷员，业绩与工资直接挂钩。如果你有能力跑到日均存款1000万，那么年收入就能到7万，一旦日均过了3000万，就是年薪10万的标准白领了。同样的信贷员业绩考核后收入在几类银行中横向比较，外资银行会高于股份制银行，而股份制银行又比国有银行略高。

→ 我的一天这样度过 ←

先自我介绍下：本人研究生学历，本科IT专业，研究生改学经济管理，在这家银行工作四年，前两年在柜台做“内勤”，也就是大家在柜台边打交道的柜员了，天天数票子，数得手发软。这两年在信贷部做“外勤”，几乎天天见客户，而且不止一两个，如果没客户见或者见不着，心里就会发慌。别人看我们是整天吃喝玩乐忙应酬，其实这只是表面现象。这种情况下我并不只是三陪，而是销售员和侦察员，也有人称我们是“测谎仪”。我的任务是什么？我闭着眼睛都能倒背如流：见客户，找客户，服务好客户，向客户提供贷款方面的政策咨询，客户申请后，要调查辨别贷款公司和个人提供的信息真伪，估计人家的实力和潜力，将自家风险控制在最小，钱生钱，利滚利，将放贷的收益最大化。要是稀里糊涂将贷款放出去却又难以收回，出了问题，那就会吃不了兜着走，罚款检查是轻的，下岗开除可就玩儿完了。

再唠叨下这天的主要工作。今儿个星期四，七点二十挣扎着起床，昨晚回家晚了，十二点才睡，迷迷糊糊的，简单吃几口，七点五十下楼，挤公交，八点十分到某城市商业银行某个支行。八点二十晨会，还有一小会儿时间，打开电脑登录系统，发现又有一笔贷款明天到期，赶紧拿笔记录下来，一会要跟客户联系，进行友情提醒式的催债。

八点二十晨会开始，例行公事地对接当天的工作，学习文件政策。欧主管手拿记录本，先传达昨天总行开会精神，大事小事一股脑儿地布置下来，甚至连行长和其他官员的小动作也说到了，因为有些表情和动作往往也代表着一定的含义，甚至比冠冕堂皇的文件和报告更有研究价值。金融部员工平均年龄不到三十岁，是行里最年轻的部门。主管欧美女是个精明强干的白骨精，年过三十还没要孩子，每天早上都是意气风发的。今天除了上传下达，又将上次出访欧洲学习借鉴回来的控制风险的几种方法简要给我们复习了一遍，这已经是第三遍了。她的语气柔中带刚，另一个支行上次刚出现了一笔骗贷事件，而且被查出有内鬼，估计最近领导施加的压力不小，所以近期她常念叨两个字——“风险”，说得都有点咬牙切齿了。同事们听着，大多面无表情，只祈祷自己不要碰上这档子倒霉事。

晨会还没结束，欧主管就被上级领导一个电话喊走了。八点半了，我继续操纵鼠标，查一下最近到期的贷款和其他事宜，然后电话通知明天贷款到期的刘老板，他是搞机械出租的，跟我们欧主管还七拐八弯地沾点亲戚关系，总叫苦说三角债多，工程款收不回来。我也没办法，只能委婉地提醒他如果还不上有了不良记录，下次贷款就难于登天了。他连说想办法想办法，明天一定不会耽误事的。

电话还没挂，客户王经理到了，他自己经营着一家超市，想贷款三十万元扩大业务，有个在事业单位工作的弟弟愿意做担保人。他一进我办公室就先发香烟，忙着叫“张经理”“李经理”的，对了，我们部门经理成堆，一块砖头砸下来，打中十个人，起码有九个是经理，还有一个是主管。打一圈招呼后他催我走，说他十一点半要去火车站接人。跟他下电梯，坐上他的老式桑塔纳，实地考察情况去。

超市的地理位置还不错，营业面积也有三百平方米的样子，三五个营业员，以经营食品和日用品为主。我跟王经理有一搭没一搭地聊着，顺便看了工商营业执照、税务登记证等相关证明，然后又让他拿来租房协议和账本之类。没料到他的管理水平一般般，有个流水账，只记录每天营业额多少，进货花去多少，连营业员工资什么的都没有记录。而且闲谈中我也听出来了，他自家花钱什么的都直接从营业额里拿，也没有记账。

这种情况我见多了。我们金融部面向的客户主要就是中小企业老板，中等企业的业务我做得少，都是欧主管的铁杆子客户，而我等以小企业和个体户为主要客源，连卖麻辣烫的小店主都在服务范围内，短短两年可以说各个阶层的人都打过交道了，这种“阅人无数”的工作经历，真是胜读十年书。看过他的糊涂账后，我就尽可能地和他多扯淡，再到营业员那里进行验证。很多话看上去是闲话，其实大量的真实信息都需要从中获得，营业额、房租水电、商品类别和库存多少、税务工商，以及剩余的可支配收入，这样我的小本子上就密密麻麻的了，有了原始材料回去才可以计算风险控制。

一个多小时的实地考察结束，搭王经理的车回到办公室，王经理一个劲地说好话，希望早点将手续办下来，钱到手他才好做事。我只能例行公事地告诉他我尽力而为，这是真的，我还需要汇报做材料，最快也得个把星期才能到账。办公室里只有两三个同事坐在电脑前奋战，小张美眉见我回来，就叹息说我们玩的都是小额贷款，做得要死，利润有限，烦都烦死了。另一个大杨则插言，这段时间要维护几十个客户，还要发展新客户，各种烦琐手续一个都不能少，忙死了，可他老婆快生产了，老妈身体又不好，不晓得到时候能不能扛得住。想请假陪护几天吧，又怕领导不批准。我安慰他没事的，不试哪有机会，再说还有丈母娘顶着呢。他叹口气继续干活。

我能理解同事们的苦衷，我们玩的都是小额贷款，本部门属于劳动密集型的科室，最大的运营支出就是人力成本了。欧主管只有那么大权限，指挥大家做点繁杂的小生意，利润不算多，但是也不可小觑。上次张美眉曾经发牢骚，说我们每个人每月创造十万收益，工资却只有六千块，还不够买个名牌包包。当时我还劝她“风物长宜放眼量”来着，毕竟这样的收入，比上不足，比下也有余了，不能拿奢侈品来衡量自己的含金量。

大家有一句没一句地说着，我在电脑上将刚才记录的数据录进去。还没录完，我曾经供职过的营业部的谢主任打来电话，关照超市王经理的事情，说王经理是他的老储户，信誉还是不错的，能放行处且放行。我连说一定一定，领导交办的事肯定不含糊，谢主任又说按程序来，他就是关照一下，不能违反原则和规定。凭直觉，他应该和欧主管沟通过了，当然这话我不会问的，反正不管多大人情，我不会将自己置于风口浪尖。毕竟咱国实行的是终身负责制，头脑一热然后让自己担惊受怕，没必要。

挂了电话，差不多吃饭时间了，大家一起去食堂，工作餐，有点难吃，但总比没有好。午休时间我靠在椅子上眯了一小会儿，下午一点半的上班时间刚到，一下子来了三个客户进行贷款申请，有两个是老客户了，连连说上午没遇到我，下午赶早来。赶紧给他们每人发一份贷款材料，一个一个指导他们表格该怎么填，找来红印泥，让他们按手印，拿餐巾纸让他们擦手，得空时就开始将上午没弄完的资料往电脑里输入。等他们填完，打发他们先走了，跑去跟信贷审批部进行了简单的沟通，回来将相应的报批资料输入电脑，当然是在我们银行的内部审批系统中输入的。

然后跟一个工厂的老总沟通，告诉他当前信贷额度有限，鉴于他的情况，欧主管想方设法挪腾信贷空间，问先开承兑汇票给他应急行不行。人家连说不行，一定要现金救急，汇票他没法处理。再将沟通情况汇报给欧主管，皮球抛给她，这个，确实不是我能做主的。

中途稍事休息，翻会儿报纸，留意《21世纪经济报道》上面有哪些信息，又看了会儿《中国证券报》，突然想起还有信用卡的任务，一人十张，我还没开始兜售呢。赶紧翻手机通讯录，给我的同学打电话请求支援，他在外企做财务，拉我一把倒不是难事。跟同学叽叽歪歪聊完大天说好正事，有存款大户打电话过来，人家要现金支票和转账支票，还要开个新户头，一会派会计过来办理。我一迭声答应着，这种菩萨，咱得好生供着，有啥事赶紧跑腿出力，以最快的速度帮人家把事情弄妥当。四点不到，帮人家会计将一系列事情办完，电话告知一下，顺便发出邀请，没几天就是中秋，咱行有个联谊活动，明天上午我会送请柬过去。打完这个电话想起另一家鞋厂，于是又打电话提醒人家把账做好，早点准备年检事宜，否则继续贷款的话很难批下来。厂长——现在都改叫老板了，连声答应着，又说请我吃饭，让我指导他们那个半路出家账都抹不平的会计。得空还真要给他们培训下，否则断了资金链，他们就完蛋了。

基本上今天来访的人应该不多了，我坐下来开始理账。都是些陈谷子烂芝麻的老账，贷出去收不回，不过每个贷款人后面都站着一个关系特硬的人物，倒是铁板钉钉的事实。经营银行，就是经营风险，这是行内人耳熟能详的一句话，但有时这个风险还必须承担，例如前面说的这几位还在继续申请贷款，我得想法给他们再贷一笔，让他们把老贷款先还了，行话叫“借新还旧”。不过办这个业务要动脑子，一个都不能得罪，审批人那关怎么过呢？我得附上分析报告，详细地分析前景和钱景，让审批人觉得不批不行，不批就丢掉一个大客户了。于是咱搜肠刮肚地写分析报告。信贷员，哦不，是客户经理，从早到晚就是忙着沟通，不是跟客户打交道，就是跟银行其他部门或者内部人员协调。

大家印象中银行应该五点下班，因为那个时候拒绝一切柜台业务了。不过那只是不接待客户而已，关起门来，大家还是有很多事情要做的。盘点现金，核对账目，清理一天的营业情况，都是后面的事，到了季末和年末，加班更是家常便饭。我今天差不多六点下班，因为要赶一个筵席，不去不行，要见大客户，还要陪人家喝个痛快才算完美。喝完酒唱歌，十一点往家赶的时候，我盘算着明天正常上班，而后天，也就是周六和周日，除了陪老婆去岳母家吃个饭，其余时间起码走访两个客户联络感情，上限是拉拢四个。不是新客户调查摸底，而是维护老客户，我自己的老客户大概有 30 个，其中 10 个不到是大客户，其他都是散兵游勇式的，也就是个平均数吧，基本上要保持一个月走访一次的频率，以便准确及时地掌控信贷风险。

选择理由 ←

收入高，挑战多，机遇多，工作方式更灵活，这是我当柜员时对信贷员的看法。如今干了快两年了，发现信贷工作确实比柜员有意思，不过压力也会大些。

压力指数 ←

压力指数中等偏上。相对于柜员和管理层，这是一个奔波的工作，需要不断地沟通，维护老客户，拉拢新客户，精力、体力、脑力、人脉都很重要，必须有股子拼劲。一般银行会规定信贷员手头客户不少于 15 个，外资银行则要求有 20 个以上，而且是大户。这些客户得维护好，好生伺候着，跑腿出力，要能应酬，善于联络感情，逢年过节要问候，组织活动时要全陪，更活络的，大客户家里如果有了红白喜事，那是绝对少不了登门问候的。

银行本就是个不养闲人的地方，想钓鱼就要像鱼那样思考，你要坚信并执行“客户永远是对的”这句话。各大城市的银行越开越多，竞争也异常激烈，优质客户成了金饽饽。对信贷员而言，奖金、年终考核、绩效工资等收入和业绩息息相关，把客户维护好不容易。还有工作时间很不稳定很不规律，常常会引起家里人的声讨。岁末年关大清算的时候，更是忙得团团转，通宵不回家也是可能发生的事情。

对了，忘了说一件事：银行的各种考试也是此起彼伏的，和医生、教师有一拼。考试科目包括：会计、信贷、安全知识、电脑录入、新业务知识、理财业务……眼花缭乱，穷于应付啊！

人际环境 ←

银行之间竞争激烈，同事之间也互相比着劲干。考核指标是硬杠子，不过一个部门的人互相挖对方客户的情况不多，因为职业道德不允许，银行也有规定，内部不许掐架。信贷员当久了，客户见得多了，无形中会积累很多人脉，走到哪都是一笔无形资产。

我所向往的职业 ←

自然是清闲自由点的职业了，当然收入不能太低，我想了想，也许我当初应该考博，然后留在高校当老师。

入行门槛

成为信贷员，一般要先当一段时间柜员，然后再到信贷部。也有直接分到信贷部的，起码得有财务、经济或相关专业学历，学过金融学、经济学、市场营销学、管理学、银行学等相关课程。以前可以是大专学历，现在通常是本科起点，还有的银行直接点名要研究生。

面试时，通常会考察准信贷员是否具备以下能力：良好的倾听、沟通能力和亲和力；出色的判断力和敏锐的观察力。

心理贴士

信贷员是一个特别辛苦的行业，既是机会也是挑战，说得严重点，往往不成功便成仁。网上曾经有个帖子，在银行职员间广为流传：投身银行英勇无畏，西装革履貌似高贵，其实生活极其琐碎，为了生计吃苦受累。鞍前马后终日疲惫，客户投诉照死赔罪，点头哈腰就差下跪……接待应酬经常喝醉，不伤感情只好伤胃，工资不高自己交税，为了工作还得破费。这样的段子到了其他行业又有了新版本。其实每个行业都有自己的苦衷，咱们不妨来个趣味小测试，看看你的工作选对了没有。

测试题：

你在旅行时不小心在荒山野岭迷了路，这时天色已晚，你发觉附近只有一处小房子，逼不得已只好向主人借宿。可是屋主老夫妇却告诉你房子的四个小房间都闹鬼。一定要住下来的话，你会选择哪个房间？

A. 有个人头从窗外恶狠狠地瞪着你睡觉的房间

B. 厕所会传来开关门声和女人叹息声的房间

C. 你一睡上去床就开始摇晃不让你睡的房间

D. 半夜醒来看到一个无头鬼坐在床边的房间

参考答案：

选 A 的人比较适合从事医生、律师等职业，还有行政、教育、企划及艺术创作等。这类工作多半拥有自己的专属空间，有一定的收入来源且比较固定，不易受到外界影响。

选 B 的人比较适合从事稳定职业，尤其是公司主管或员工等不需要经常到外面抛头露面的内勤工作，如研发、财务、金融、人力资源等。

选 C 的人比较适合从事业务工作。由于这类人比较好动，无法整天待在办公室里，也不愿意受拘束，所以适合从事保险、推销、美容、餐饮、旅游等职业。

选 D 的人适合从事接近群众的工作，这类人的工作需要群众支持，如影视、销售、银行、公关、旅游等均不错。

38

理财规划师：稳扎稳打创造财富

人人都喜欢钞票，但钞票不一定喜欢人人。要让钞票喜欢你，得用脑子。

行业动态

如今，很多保险公司和商业银行已经设立了专门的个人理财工作室或理财部，为客户提供相应的理财服务。

理论上来讲，一个成熟的理财市场，至少要达到每三个家庭中就拥有一个专业的理财师。目前，国内理财市场规模远超1000亿元人民币，中国理财规划师有20万人的缺口，仅北京市就有3万人以上的缺口。事实上，在中国只有不到10%的消费者的财富得到了专业管理，而在美国，这一比例为58%。美国金融策划联合会调查显示，理财规划师的工作性质具有四大优点，即工作压力不大、待遇优厚、独立自主性高、市场需求大，是名副其实的“金领”。

目前，中国持有理财师证书的大概有三万人，助理及其他无证在岗者则无法统计。仅民生银行理财团队，包括CFP/AFP持证人和理财助理，全国范围内已有一千六百多人。[①] 而其他各大银行、保险公司的理财师直接对客户服务的就有好几万。但这个行业尚不成熟，更多理财师面对客户时，首先想的不是如何订制个性化方案，而是如何推销本银行或本公司的产品，跟销售员的角色有些混淆。首任证监会主席刘鸿儒曾表示担心：这是一个全新的行业，中国甚至连本土化的标准都没有，更不要说获得本土

---

① 民生银行理财师也能当行长．金库网．http：//news. jinku. com/20090916/528530. html。

资质的专业化人士了。而各种机构争相推出一些关于金融理财师的“标准”和“培训”，易使“整个市场陷入混乱和无序”。① 这是一份跟财富密切相关的事业，需要资历、智慧和经验。

理财规划师的需求和空间将会越来越大。他们既可以服务于金融机构，如商业银行、保险公司等，也可以独立执业，以第三方的身份为客户提供理财服务，其收入与业绩挂钩，从几万到几十万元不等。国家理财规划专家委员会秘书长刘彦斌认为，国内理财规划师的年薪“应该在10万到100万元人民币之间”。参考我国的宏观经济形势，不难预见理财规划师将成为继主持人、注册会计师后，国内又一个具有广阔发展前景的金领职业。

→ 我的一天这样度过 ←

我们一家都是起床困难户，为了让闹钟充分发挥作用，只好设置了闹不停法，闹钟提前十分钟就开始唱“左三圈右三圈脖子扭扭屁股扭扭”，然后每两分钟唱一次“早睡早起身体好”，七点钟终于成功起床，一起被拖起来的还有七岁的儿子。

时间就是金钱，像我这样的理财规划师，在时间方面如此拖沓是有违职业道德的。我老公是高中英语教师，五点半就起床走了。鄙视下自己，然后匆匆忙忙吃早饭，送儿子上幼儿园，八点到银行办公室——营业厅的小姑娘小伙子们早就到了，正忙着整理各项票据。

上班后先打开邮箱，看是否有客户邮件，上微博，咱行又推出了新理财产品，得广而告之，不管效果如何，先吆喝几声总是没错的。再说了，你的产品好，人家的也不差，这时候拼的就是人脉、嘴皮子和辐射度。将咱行的资料各拿了几十份，交给同事小区，自己打开PPT再看看，今天我要去社区做一个理财讲座。马上过年了，得做点宣传，但又不能让广告做得太赤裸裸，于是将普及理财知识和嵌入式推广巧妙结合。

八点五十，带着小区赶往附近社区的一个活动室，此工作上周就安排好了，稿子前天主任也审核通过，还给我打气说分寸把握得当、语调诙谐

① 现在不要把钱交给理财师．搜狐理财．http：//business. sohu. com/20050109/n223851130. shtml。

幽默，效果一定很好。咱谦虚地说“哪里哪里”，其实心里特美，谁让我是理财部最能忽悠又最有雷锋精神的人呢！九点十五到活动室，负责接待的王主任提议我留半个小时的时间跟听众互动。忙说可以，内心想咱可喜欢互动了，最怕我讲得热火朝天，观众如木头般毫无反应，而互动时听众的状态属于主动学习，我可以自然而然将想传达的信息糅合进去，效果特好。

接好投影仪，小区帮我调试好屏幕，题目出来了，《用心理财，开心生活》，行内人一看就知道是老一套。但中国人目前在理财方面尚处于扫盲阶段，偶尔有几个先知先觉的，可复制性不高。咱是来普及基本知识的，来宣传理财的重要性并推荐产品的，通俗易懂好操作才是王道，艰深如专业论文的话，观众会被催眠或偷偷溜号的。

九点半正式开讲，座位基本满了，还算给力。咱的开场白是：“各位大叔大妈哥哥姐姐小弟小妹……”有点江湖艺人的味儿，观众笑了，我淡定地继续，“在座的各位我不清楚都在哪里发财，但我肯定你们腰包里都是有真金白银的，而且你们没事也都琢磨着如何将一百元变成二百元，如何将二百元变成四百元，对不对？”下面有人喊：“太对了！”继续哄笑，我一本正经地继续：“没错，你不理财，财不理你。哪怕你学的是考古或是小提琴，不理财都没法活得更精彩。要想让口袋里的钱保值升值，靠什么？”有人喊：“银行，但是利率太低！”咱笑：“没错，地球人都知道，现如今钱存定期活期都是笨办法，划不来。生活就像周立波的嘴，谁也不知道下一个倒霉的是谁，倒霉了怎么办？靠钱靠人靠自己，这就是要对钱进行科学管理，让钱生钱，才能派上用场。国际性的相关调查结果认为：在没有得到专业理财人员的指导和咨询时，一生中损失的个人财产从20%到100%不等，反过来说，理财师可以使你的财富增加20%到100%，也就是说，认识一个理财师，大家就多一条发财途径。”听众又笑，咱继续忽悠：“我是专业理财人员，今天跟大家分享一下我多年的工作经验和投资心得，希望对大家有帮助。”

开场白完毕，我停顿换口气，掌声来了，这是好事，意味着我被大家认可了，接下来我就比较容易把思想装入别人的脑袋了，然后逐步实现把人家的钱装入我们口袋的长远目标。

正文部分我分几块讲，首先告诉大家不投资不理财是不对的，这里不再赘述，然后再讲些深入浅出可操作性强的东西。一是家庭存款多少为宜，当然不是十万、二十万的一刀切数据，要根据家庭收入和已有基础定夺，例如你家月收入五千，已有存款二十万，每月生活费大概三千，那你得留五万左右的钱不能动，这是一年的生活费，存银行或买储蓄产品悉听尊便。然后剩下十五万，可以做投资，譬如买保险，只赚不赔，可为未来的幸福生活夯好物质基础……我不建议大家冲进股市，股市的翻云覆雨手会拍得你落花流水甚至生不如死，除非你做好了这十五万全打水漂或至少缩水一半的打算。有心脏病、高血压的，还有老年人都最好绕道走，股市玩的是心跳，没有彪悍的灵魂，开始就代表着悲剧……当然，输了的也别沮丧，生活就像心电图，一帆风顺就证明你挂了，有起伏纯属正常……

“一夜暴富的人是有的，例如中彩票，几百万分之一，我从来不想，我只老老实实地规划眼前的和几年后的生活，例如去年黄金低潮的时候，我就拿出十万块钱买了黄金。这是我的嫁妆钱，买理财产品 N 次后，现在大概有十七万了，顺便说下，这钱本来是父母给我买车的，我跟老公都觉得汽车不是生活必需品，咱家靠着地铁站，坐地铁出行最好，免得老堵车烧钱。十万块的车，现在最多值三四万，加上花掉的油钱保险啥的，估计十万早没了，但现在我有了十七万。另外七万咱还是买的理财产品，这叫不能把所有鸡蛋都放在一个篮子里……”听众频频点头，现身说法是比较好的沟通办法。

“我有个朋友跟我讲，你别死抱着那些龟速上升的产品了，我认识不少在银行工作的人，也有搞期货的，也有投资字画、古董的，押对了宝，可是几十万几十万地赚啊，谁嫌自己钞票多呢？赚钱的脚是匀速运动体，永远停不下来，凭良心说，我也心动，可我不敢轻举妄动，做熟不做生，投资也是如此……”

“对于年长者，最痛苦的不是人在天堂钱在银行，而是人活着，钱却没了……关于刚毕业的年轻人，我也要专门讲一讲，没错，美国老太太和中国老太太买房子的故事大家都知道，听上去很有道理，但是风萧萧兮易水寒，欠了债兮就要还，一定要有能力偿还预先支出的部分，透支太多，意味着你会活得很沉重，银行毕竟不是亲爹妈，不会管你一辈子……”

边点击 PPT 翻页，边滔滔不绝地说，观众不时发出会心的笑声，也有人提出了异议，十一点差三分，我以“欢迎大家有事和我联系，随时提供贴心咨询”这句话结束讲座。接下来就是迎接大家的提问了，这个环节比较考验人，没有底气，上台容易下台难。有问该如何理财的，也有咨询和质询我们理财产品的，小区忙着发单子发名片，我忙着接话回答，不管怎么说，能够引起反响总是好的，算圆满完成工作任务了。

十二点，回银行吃工作餐。大学同学打来电话，说要到我这里出差，刚下火车，还要联系其他几个人，晚上一起聚聚。答曰没问题。休息一会儿，进入下午工作时间，今天不想出去跑了，就在理财中心守株待兔。没客户的时候，大家八卦一下，交换信息，有客户的时候，就专心接待。目前，行里的理财产品有四五种，我们也会作比较，当然只是内部交流，对外是统一口径和操作方式的，毕竟咱的绩效提成都从这里出。

两点半，预约的客户王女士来了，她是全职太太，带一儿一女，以前曾听过我的讲座，希望我给她做个理财规划。给她倒上茶，坐下慢慢聊，将她的家庭收入、积蓄、日常支出总额、近期大额支出打算等弄清楚，给她做了一份建议书——仅仅是建议而已，推荐了国债、外汇和保险三种产品，并一一说明理由，人家是否采纳就靠运气了。她说自己也学了很多理财知识，但还是觉得无头绪，现在看了后判断，觉得二十万元购买国债可以接受，因为她老公也有此意。至于保险产品，她不赞同，希望可以买二十万左右的开放式基金，她对股市有热情，但是不敢贸然试水，基金相对稳妥，目前也坐在地板上，不愁亏本太多。还有四十万，因为她老公明年要给父母在城里买房子付首付，建议她买年息为 5.9 的为期三个月的理财产品，三个月后再来换，如此四轮，到时候正好可以连本带息取出来用。

一番磨合后，达成共识，我陪着她跑，填单子、复印证件，到 VIP 柜台办理手续，忙活到三点半，终于将所有事宜办妥，人家拿着我送的小礼品高高兴兴地走了。我约她改天一起吃饭，她说还有两个闺密到时候会咨询我，女人间总是更容易沟通些，我希望能将她发展为长久客户。

到办公室再坐会儿，四点银行内部有个指标分析会。这种会我们每周都有，一周两三次也不奇怪。会上领导们依次发言，通报上级指令、业绩和新产品，再将近期各项数据拿出来让大家讨论，说说今后怎么办，五点二十才结束。人的烦恼不过就是四句话——放不下，想不开，看不透，忘不了。我们开会时这四样烦恼也集中而来，但散会后就烟消云散了。

开完会致电老公和老妈，告诉他们不回家吃饭了，匆匆赶往闺密所在酒店——几年未见，她说约了五六个人，晚上好好叙叙旧。我自然欣然前往，除了叙旧，还有一个重要原因，她在第三方理财机构工作，没准能带给我大馅饼，也没准需要我给她提供做馅饼的材料，不管怎样，共同发财总是好事，我从不做损人不利己的事，对利人且利己的事，则热情备至。

选择理由 ←

听妈妈的话，毕业后挤进了炙手可热的银行。赵云的经历告诉我们：个人实力再强，若只想着高薪，结果只有一个——有职业，没事业。我现在就是有职业没事业，完全在为银行打工，好处是没有风险，坏处是平庸度日。但总的来说，五年内我还没有实力跳出来单干，那就老老实实干着吧。

压力指数 ←

压力指数偏高。银行的各种考核全凭数据说话，要是业绩不如人，日子就会很不好过。幸亏我干的不全是机械活儿，培训一块还是很拿手的，如今混成了老员工，习惯了，暂时没有啥过不去的坎儿。

人际环境 ←

人际环境复杂。培训时面对各色人等各种问题，但没啥压力，知无不言言无不尽就行，接待客户时要揣摩客户心理并投其所好，所以对谁都是笑嘻嘻的，看上去一团和气。一团和气下暗藏竞争，内部挖墙脚的情况虽然不多，但竞争还是很明显的，同事间自然也都互相留着一手。

我所向往的职业 ←

跟我现在的工作风马牛不搭界，下辈子我要做个文艺女——开茶馆，每天都有各色人等过来喝茶，八面来风听各样故事。我自己呢，有好多朋友，一起吃喝玩乐欢度人生，没人总是考核我，不用担心这指标那数据的生活会轻松自在许多。

入行门槛

理财规划师国家职业资格认证分为三个等级，即助理理财规划师（国家职业资格三级）、理财规划师（国家职业资格二级）、高级理财规划师（国家职业资格一级）。每年有两次考试，分别在5月中旬和11月中旬，全国统考科目有三门，即理论知识、实操知识和综合评审。

报考助理理财规划师（国家职业资格三级）需具备以下条件之一，且持有单位开具的两份相关从业经验证明（都需加盖单位人事章）：①连续从事本职工作满6年以上；②具有以高级技能为培养目标的技工学校、技师学院和职业技术学院本专业或相关专业毕业证书；③具有本专业或相关专业大学专科及以上学历证书；④具有其他专业大学专科及以上学历证书，连续从事本职业工作1年以上；⑤具有其他专业大学专科及以上学历证书，经本职业助理理财规划师正规培训达规定标准学时数，并取得结业证书。(注：这里的相关专业是指经济学、管理学和法学)

心理测试

如果有一天你突然被恶魔诅咒了，变成了一种恶心的昆虫，让人一想到马上就想把它打死的那种。你觉得会被变成：

A. 蚂蚁　B. 蚊子　C. 蜘蛛　D. 毛毛虫

参考答案：

选A的人并不多话，至少你的生活很正面，很少在人前抱怨。对于工作，你有很认命的想法，认为只要努力工作，总有一天会出头的。

选B的人，对你而言，和同事去哪吃喝玩乐要比工作重要得多，劝你玩玩是可以的，可是多多少少要控制一下，小心老板在注意你哟。

选C的人对现在高不成低不就的地位感到有点不耐烦，对别人的升迁，一直有老板怎么不长眼的想法，可是这种不满之心并不会表现在脸上，所以不要怪别人不懂。

选D的人属于公司的“纯洁派”。你的个性单纯，单纯到连职场应有的厚黑学都看不透也想不通，简直到了有点“蠢”的地步！用点智慧，要学会听懂“话中话”，这点对混在职场的人非常重要。

39

保险理赔：不是在路上，就是在现场

人生没有如果，只有后果和结果。保险行业就是陪各种人唠嗑，唠可能有的后果或结果，再将结果折算成人民币，协助客户将损失降到最低。

行业动态

保险从业人员是个庞大的群体，早在2006年就接近200万人。随着人口红利期的到来，人们的投资理财观念也在不断更新，保险业受到了越来越多的关注，从业人员也在不断增加。目前保险业有三大热门岗位，分别为保险代理人、保险核保、保险理赔。他们因分工不同而薪资各异。

资深人士认为，在保险公司，业务员多属于公司的编外人员，一般只能通过保险提成来获取收入。而通常理赔员则是保险公司的编制员工，他们在理赔的风险控制中扮演着关键角色，把守着保险公司业务风险控制的最后关口，公司常常要求他们具备“一夫当关，万夫莫开”的能力，他们承担了大部分风险控制的工作，薪酬通常也较高。从某种意义上说，他们身上承担着维护保险公司利益的角色。① 保险公司理赔部有接报案、调度、查勘定损、核损、缮制（理算）、核赔等岗位，很多时候一个人也会身兼其中几职。理赔人员相比于那些成天瞪大眼睛寻找猎物的业务员，职场生涯似乎更顺畅些。

随着保险业竞争的白热化，各公司的管理和服务越来越规范，各大保险公司卖的已经不仅仅是产品，还包括服务。好的服务对公司的可持续发

① 汽车保险理赔难调查．和讯博客．http：//bxgonggu. blog. hexun. com/5957858_ d. html。

展具有重大意义，保险理赔员也逐渐建立起了规范化、标准化的理赔服务体系，越来越专业化，服务意识也大大增强。

关于理赔员的经济收入，以平安公司理赔员为例，如果是正式员工，核心技术岗位，入职一年后基本工资2500元多一点，奖金500到1500元之间，“五险一金”加上企业年金，平均月收入在3000到5000元之间，法定节假日也会有几百元的过节费，年终奖金会有两三万元。这样看来，年收入五六万元不是问题。当然，收入和业务能力是分不开的，入职渐久，薪水的变化指数就和资历及能力捆绑在一起了。

我的一天这样度过

早上准备出门时，老婆在身后叫起来：“又不叠被子，你个超级猪头！”我抓紧时间换鞋：“亲爱的，我总觉得，床吧，铺得太整齐，会有点安度晚年的意思，还是凌乱些比较有朝气。拜拜了，祝老婆大人一天好心情。”

在老婆将鞋子扔过来之前关门下楼，匆匆赶到公司参加八点的查勘员晨会。十几个人统一着装、站好队列，看上去个个都是帅哥。科长先进行了工作回顾，表扬我们这支队伍特别能战斗，鼓舞一下士气，又进行了一个案例分析，算是业务培训。晨会刚结束，旁边的闷骚男大邱打了个超级哈欠：“磊哥，我又失眠了，爱情就像扁桃体，一到春天就发炎哪。我队光棍严重超标，不利于构建和谐社会啊。希望今天出现场遇到未婚美眉，我可以教她如何提高车技。”笑他白日做梦，有车的美眉都是名花有主的，动不得；要不就是惨不忍睹的，看不得。说笑间电话已经乱纷纷响起来，我和搭档小费随即也接到了热线派活儿。我根据中心提供的号码给客户回过去，问清楚地址和车牌号，下楼开车出发。

我和小费合作三年了，负责河西片的车辆事故查勘，城区此时正是车流拥堵时，10分钟内到现场有点困难，我给车主打了个电话，说我们正在用力往她那儿赶，但车没长翅膀，可能时间稍微有点长，请她包涵。其实不下雨不下雪不下雾，路上无结冰无障碍，算不错的了。遇上恶劣天气，报案的数量两倍三倍地增加，那才叫车不停蹄、手机不停活儿呢！

小费的车技已经锻炼到了高段，十二分钟后抵达报案地点。现场在车主自家小区旁边，一辆深灰色的别克商务车打着双闪停靠在路边，女司机焦急地东瞧西看，一脸沮丧。一见我们，赶紧解释说倒车时不小心撞到旁边的墙上了。女人开车经常会倒着倒着就变得无意识，然后轰隆一声巨响，才知车已撞墙。没后视影像也就算了，可这车明明有倒车影像，无语了。

当然，我们是不能质疑女司机的开车水平和智商指数的，要不人家买保险干吗？我们说不急，然后查勘车况，车的后保险杠已经完全报废，大大小小的碎片散落了一地。小费拿出相机，左拍拍右拍拍，先把现场第一手资料留证，然后验损，我则和车主谈话，将她说的情况一一记录到查勘记录表中，再让她签字确认。处理完毕，出具手续，双方签字，让她将车开到4S店修理，我们收拾好物件上车，前后花去十五分钟时间不到。

和小费站车旁抽支烟，慨叹女人开车死活没长进，又喜欢出来蹦跶，害得我们出现场比以前多了双倍。没聊上几句又接到呼叫，要我们立即去燕华路与裘屏路的交界口，那里出了车祸，伤亡不大，但车变形厉害，交警马上到。这个路口离我们只有十分钟的路程，公司为什么知道给我们派工呢？因为我们车上有GPS定位器，呼叫中心的即时分布图上一清二楚地显示着我们的位置。如果我老婆想知道我在经度多少度纬度多少度，只要跟我们呼叫中心的小姐妹做个朋友，内外串通接应一下，我就无处可逃了。所以我到现在都没告诉老婆这些业务上的细节，她本来就严防死守，现代武器再如虎添翼，我就真的插翅难飞了——其实我没想飞，但自由些会感觉人生更美好，是个男人都懂的。

这次不是女司机肇事，而是爆胎引发的事故。一辆小汽车（什么牌子就不说了，免得影响品牌形象）后胎无缘无故地爆掉了，当时正行驶在马路中间，幸亏在市区，速度不快，但还是在失控后撞上了旁边一辆行驶中的奔驰车。爆胎的车右侧车门和车头撞得很严重，司机命大，一点小擦伤，无大碍，正手舞足蹈地跟交警描述情况。奔驰车的损失就惨重多了，所有安全气囊全部爆开，前挡风玻璃震掉了一大块，驾驶员和副驾驶的脸各被打青了一小块，好在脑袋和身体没事。他们正激动地跟交警交涉着，我能理解他们的心情，好好地开着车，突然就祸从天降，能不郁闷吗？

前因后果一目了然，现场的种种迹象也表明了责任在谁。奔驰车的投保公司也到场了，听到交警的责任认定后，跟客户说应该我们公司全赔，然后两个家伙轻松道别，挥挥手不带走一片云彩。我们只能眼睁睁地看着人家的背影，暗自叹息，没办法啊，希望下一次这种好事轮到我们。

查勘程序已经烂熟，还是老一套，小费忙着拍照取证验损，我记录验核定损。这次比较麻烦，要验两辆车，奔驰车所有的气囊全部报废，加起来不会少于八万，赔呆掉了。爆胎的车起码也要一万两千元才能搞定，不过轮胎我们是不负责赔的，这点得说清楚。我忙着跟双方交涉，填写勘察记录表，再让当事人签字。车主一边慨叹大难不死，一边质疑为何轮胎不赔。我微笑着解释说这是规定，属于车险中的空白，确实爱莫能助。现场看热闹的人不少，我接着打圆场说：还好还好，没死人没重伤，已经是不幸中的万幸了，平安就是福啊！既维护公司的形象和利益，又要让客户的情绪能够早点化解掉。

验损后和总部联系拖车，爆胎的车连备用胎也没有，说是上次坏了后忘了及时修理，我真服了！拖拖拉拉直到十一点多才理好了各项手续，各自离场。

将各项器具收拾好，和小费准备回公司吃饭。车至半道，呼叫中心的电话又来了——怕什么来什么，最怕午饭时分、晚餐时点和半夜三更看到无比熟悉又让人无比头大的号码。呼叫中心说，又有一位女士倒车后撞电线杆上了。我们立即掉头，赶到出事现场。还好，人没事，正忙着打电话跟老公诉苦，车很惨，准确地说，车屁股已经像个坏苹果了，大概撞杆后心里发慌，油门刹车搞反了，再接再厉地撞了第二下。实事求是地说，香车美女的确养眼，但出问题后一点也不好玩。我冲动地想：晚上回去写个帖子发发，主题为“女人不是适合开车的物种”，告诫男人不要把豪车给女人开，她们没有方向感、不懂机械常识、出了问题除了哭就是求救。我看到90%以上的女人都这德行——包括我老婆，很好操控的车无论如何都摆不平，在家收拾老公倒是四两拨千斤。

眼前这位大姐正跺着脚跟老公吼电话。哎哟，确实让人心疼——不是疼她，而是车，锃亮崭新的白色宝马车，屁股别扭地凹进去一大块，打错方向时又剐蹭了几下，几道划痕分外触目惊心。不管如何，先让她平复下情绪，她一个劲地说她老公马上来，让我们再等等。无语，小费忙着拍照片，又将车辆登记牌和驾驶证等分别拍照留证，我则边跟她聊边填写勘察记录。等老公赶到，她又忙着跟老公诉苦，倒把我们晾一边了。又是忙乱一阵，直到十二点半才填好理赔信息单打发他们走了。

上午处理了三个案子，属于平均水平。咱公司30多个查勘员，分白班和晚班，白班8组每组两人，外加两个机动组；晚班4组，每组两人，也有两个机动组。今天不是节假日，算是工作的正常状态。非正常状态下，一天出现场十几二十次都有可能，一天下来人基本上散架了。

人是铁饭是钢，不管怎样，先吃饭。我和小费也不想回公司了，就近找了家小餐馆，弄份快餐填肚子。吃完了，就在车里休息待命。我打了一小会儿瞌睡，忙里偷闲地做了个梦，梦见自己飞起来了，音乐伴奏——这伴奏怎么如此刺耳？使劲清醒了，原来是呼叫中心来电，高速附近的三岔口发生车祸，一辆大卡车倒车时撞了摩托车，目前一死一伤，交警已在现场，科长已经从公司出发，要我和小费火速赶往出事地点。

小费把车开得跟飞机似的，八分钟就到了车祸现场。现场已经拉线保护起来了，一大堆人。我俩进去后不由得倒抽一口凉气。不过我们查勘员身上最强壮的肌肉是心肌，不管现场如何惨不忍睹，咱们不但要直视，还要拍照留念，还要还原细节——真锻炼人啊，我将来没事时，一定要写个回忆录，给那些无知无畏的开车新手和马路杀手们作为必读教材。

这么惨烈的镜头，小费轻声说他很想玩消失，我说我也是。但是职责在身必须硬撑，我就想不通为什么还有很多司机将车停下看个热闹再走，真是脑子进水了。小费照样负责拍照取证，司机已经面无人色，手舞足蹈地比画着，一个字一个字地往外蹦，连不成句。不过我很佩服他还记得及时拨我们保险公司的电话，可见平时很有理赔意识。“120”将伤者拉走了，那个诊断为已经仙去的身体依然扔在原地。科长也赶到了，跟交警交换情况，经过漫长的沟通取证，我们才得以解放，两人立刻开车离开——查勘时最怕的就是遭遇这种现象，虽然是纯爷们儿，神经依然大受刺激。回去时小费开车老实多了，看见大卡车就躲远远的。

下午四点后，我们继续接受了任务，两个小剐蹭，都是车太多闹的。八点我们才可以下班，所以晚饭回公司吃，谢天谢地晚饭后没有再接到活儿，可以直接下班回家。今天不值晚班，意味着可以高枕无忧地睡到明天早上七点，然后继续重复今天的生活。

选择理由 ←

保险是金融业的三大支柱之一，另两样分别是银行和证券。保险在中国的名声不太好，民间谚语“一人干保险，全家不要脸”就是佐证，所以我开始没想干这个。但我父亲有个朋友活得特励志，人丑家穷，十几年前一无所有地进入保险公司，现在已经年薪几十万了。我选这行是父亲的意思，他认为我行。当然我也想挑战一下自己，利用这个平台学点技术并交一些朋友。

压力指数 ←

压力指数中上。车辆多司机怂，刮碰现象屡见不鲜，查勘定损员不是在现场，就是在前往现场的路上，工作压力主要体现在节奏快上，我感觉还能应付，就是升职离我比较遥远。

人际环境 ←

人际环境不算特复杂。本工作专业性比较强，只要和领导搞好关系，和搭档配合默契，将各种零配件价值几何牢记于心，定损时恰到好处，就不会很烦。

我所向往的职业 ←

我一开始做的是业务员，后来好不容易进了理赔部。若有重新选择的机会，自然是脱离这个系统，做我最感兴趣的行业——汽车保养维修，我可是有功底的。

入行门槛

这里有一条南京的保险理赔员招聘信息[①]（招聘单位是中国平安人寿保险股份有限公司江苏分公司）：薪资待遇为三千到五千之间，学历要求在高中或中专以上，无经验要求。分析以上招聘条件，其实不算高，作为一个新手入行，好好潜伏几年用心做事，就会很快成长起来。

心理测试

这里有一幅图，一个英挺、身穿战甲的战士正骑着马，在一望无际的原野上疾速向前奔腾。如果要在这幅画中加点什么，你最想加上什么物品呢？

---

① http：//nj. ganji. com/zpbaoxianjingjiren/12033009_ 690338. htm？ca_ name = baidu_ open_ zhaopin_ 001。

A. 一支锐利的长矛　　B. 一个保护头部的头盔

C. 一套完备的弓箭　　D. 远方（背景）有一片部落

E. 前方有一个太阳

参考答案：

选择A的人工作实力颇受青睐，有不少可以向上升迁的机会。把握难得的机会好好向前冲刺、不要松懈，你的职场状态会在峰回路转后豁然开朗。

选择B的人对目前的工作满意，也暂时不想离开这个位置。多充实一些跟你工作相关的专业知识及技能，才不会有让人取代的机会。

选择C的人对目前的工作有不少埋怨，也正在骑驴找马，不断物色其他可以转换的通道。多准备些相关职能的资料，工作才不至于一换再换。

选择D的人在工作方面的表现一直被忽略，不受重视，可是又没有换工作的心理准备，只好继续载浮载沉。平时可寻找机会多展现自己，让大家看到你的好。

选择E的人有点好高骛远，虽然目标明确，却显得有点遥不可及。很多较基层的事情你可能不大愿意做，不过那些事却能让你得到历练并增长经验，一步一个脚印才能走得稳。

40

评估师： 越来越值钱的职业

此物价值几何？一般人只能是粗略估量，而我们则要精细地算计出来。

行业动态

当前有四类评估师比较热门：资产评估师、信用评估师、房地产估价师、珠宝评估师。但信用评估师和珠宝评估师目前并不普遍，因急需行业人才，所以职业前景被看好。普通老百姓最熟悉的是房产评估师，这个行业也是四类中最热门的。20 世纪 90 年代，我国立法规定“实行房地产价格评估制度”，房地产评估师行业应运而生。如今全国已注册成立的房地产估价机构有3000 多家，其中一级资质机构 90 家，已经形成了具有一定规模和专业水准的房地产估价师队伍，至今从业人员已经超过 25 万人，从发展的速度来看，具备执业水平的评估人才还未饱和。[①]

2012 年 1 月 28 日，上海、重庆开始试行房产税开征。有消息称，2012 年 6 月末前，实现 40 个主要城市个人住房信息系统的联网，业内人士认为，此举是为开征房产税做准备，于是房产税再次成为全民热议的焦点。[②] 房产税要实行，这已是业内讨论后得出的共识。假如房产税逐渐扩大规模开征，涉及越来越多性质的房子，那真是需要太多的评估师了，这个方兴未艾的行业又将迎来一次大繁荣大发展。

评估公司的普通员工（非股东或老板），薪资一般由以下几个基本部分构成：基本工资、固定津贴和奖金。奖金要根据你干了多少活、赚了多

① 四类评估师前景光明 房地产评估最热门．河北银河人才网．http：//www. jobinhe. net/news/yaowen/105729. html。

② 房产税，何时开征．海侠都市报，2012 －01 －13。

少利润而定，另外老板愿意给红包的话也算在内。据统计，目前国内各大城市的房产评估师年薪平均在6万至10万元之间。不少房地产单位的评估人员八成都是本科以上学历，行业人员缺口依然很大。而且这一行和医生等行业一样，越老越吃香，经验丰富的资深估价师更易受到企业的追捧。①

还有一种情况是人不在岗只挂证的，即使你不从事这个行业，但你的证书满了三年，这个资质被人家单位看中了，那么你也是可以直接拿钱的，当然数量不等，少的也许不到一万，多的两三万也是可能的。

在北京、上海这样的国际性大都市，评估项目的委托人往往带有国际色彩，那些外国银行对评估机构和评估师团队的要求很高，除了资质和合伙伙伴要过硬，对国外客户还要能够提供双语报告，使交流无障碍。参与此类项目的评估师从学历、专业背景到工作经历、参与评估过的项目分量等都要高人一筹，这就对评估师们提出了更高的要求。

→ 我的一天这样度过 ←

庸者手脚忙，成者脑袋忙。我手脚也忙脑袋也忙，咬牙切齿被闹钟喊醒后，匆匆洗漱后上公交。不能迟到，好好工作，工作是一切并非天生公主的女孩成为女王的唯一方式。

八点到办公室，将在楼下给大家买的早点分发下，拿上吃饭家伙，跟着组长出发。我们三人评估小组今天到闹市区去评估一处商用房，评估的目的是用于银行抵押贷款，客户要在短期内到银行变现。这家银行是我们服务的区域，这家客户是组长的朋友介绍过来的，于公于私都属于时间紧任务重的活儿。前两天，组长带着我们抓紧对各项资料进行了审查核对，确认此房属于可评估房，昨天下午近五点才签了委托评估合同，今天一大早就着手做现场勘查了。

注册评估师谢组长亲自驾车，我和另一个评估组成员小王是蹭车型的，不过蹭得理所当然。组长入行甚久，年薪十几万，是我俩的双倍还不止，他带领着我们工作，不蹭他蹭谁？

泊好车，组长先不打客户电话，也没有上位于五楼的目的房，而是带

① 房地产评估师人才走俏 薪酬无忧．凤凰财经．http：//finance. ifeng. com/money/roll/20090315/445402. shtml。

着我们在大楼周围转悠。该楼位于这个城市的老商业区，旁边都是些大商场和办公楼，还有好几条步行街。这幢房子已经建了十几年了，全是商用房，该有的土地使用证、房产证一应俱全，之前也没有抵押或其他用途。房主是十年前买的，谢组长说那时一个平方不足两千，现在涨了近五倍，一楼商铺都四五万了，二楼以上的办公区域起码一万多，然后客户那一层一千多平方，算算值多少钱？我凭经验估了下，一千多万呢，按3‰的标准，评估费能赚两三万呢，怪不得昨天签完合同后组长笑得跟朵花似的，要知道这单活儿可是他拉过来的，又是他全权负责的，用不了三天时间就能搞定，他的奖金起码要一万以上。羡慕嫉妒恨，只能默默努力。

在外面围着房子转圈圈的时候，我们也没闲着，小王拿着相机，组长指哪儿他就拍哪儿，东南西北角都不放过，正立面侧立面也都来一张，旁边的配套设施自然也不放过——可惜是在老商业区，地面停车场不多，绿化有限，房子的附加值会低些。当然具体数值是多少，回去组长会拿着资料和计算机啪啦啪啦算的，核心技术我还没完全掌握。我现在做的，是拿着公司的房产评估专用表格，一二三四五地记录，组长说啥就记啥，房子周围有哪些建筑，目前的用途，有哪些附属设施和景观，房子外观是什么样，交通状况如何，简明扼要地写关键词，回去配合照片整理成文档。

九点多，客户张经理打组长电话，问我们在哪里，谢组长说就在楼下，马上到。于是我们带着物件上五楼，张经理已经候在那儿了。他带我们先参观了一圈，整个五楼被分成了三部分，各自独立，但性质是一样的，都是商务办公，一家广告公司，一家建筑公司，还有一家是会计师事务所，各自的标牌、装修风格都不同。之前我们也看过协议，就这样一层楼，年收益能达三十万元。听谢组长说，张经理早期是搞出国劳务输出的，捞了好大一桶金，又很有先见之明地将票子换成了房子。现在劳务输出不景气了，他又改做大型器械出租，要添置更多设备。

不过张经理看上去一点不像个阔佬，倒像个书生，有条不紊地给我们介绍了房屋的产权情况、使用现状等，我抓紧时间写啊写，谢组长用鹰一样的眼光到处看啊看，小王呢，拍啊拍，三个人先将建筑的结构弄清楚了，再将消防栓、电梯等固定设备一一查看登记。

接下来就是根据房产面积做一个丈量，不是打基础放线，所以不可能太精确，小王拿红外线测距仪一处一处扫描过去，我跟在后头一个数据一个数据地记录。这个数据只是个大概数，并不会精确到零点零几平方米，因为人家提供了房产证，只要误差小到可以忽略，就按房产证说话。

然后是内部装修，其实三个公司的装修都是自己搞的，严格来说跟张经理的房子没什么关系，但他们在租赁协议中注明，所有可移动的东西在合同结束后可以带走，不可移动的原样留下，所以目前也算是张经理的资产了。还是老方法，谢组长指顶灯，小王拍顶灯，我记录——这个只能当场估价了，组长说它价值几何，我就写价值几何，逐一看过去登记好。其实这些装修根本不值钱，一千多平方米的面积，所有的硬件加起来也就十来万的样子。张经理一直陪着，谢组长不时地问个问题，有的我记录下，有的无关紧要，就忽略掉。

忙活到十一点多，该登记该测量的已经差不多了，现场查勘工作告一段落，张经理在"实地查勘记录"上签字表示认可，谢组长让他有要补充的事宜再电话联系，我们便返回公司。

吃过工作餐，小休片刻，开始进行资料整理。具体评估数额由谢组长和小王做，我呢，还是个资料员和记录员的角色——毕竟是菜鸟，虽然考了证，但实践出真知，让我独立提建议，真的好难。张经理申请的是工商银行，老国有银行通常比较保守，估价也相对精确谨慎许多。

下午，我将该复印的房产证、土地使用证、租赁合同等全部复印好。四点时，谢组长让我和小王到小会议室里讨论，开始一项一项完成评估报告的内容。前面几项超级简单，都是基本资料，委托人、评估对象和目的、评估日期等我已经填写完了，综合说明也写了一部分，位置、用途、层次、朝向和面积等直接复制，后面的周围环境、内部结构、功能等还不够完整，需要谢组长对关键或遗漏的部分进行补充和调整。

接下来谢组长发言，小王和我补充，我还负责速记，谢组长说："评估的原则有四条：合法原则、估价时点原则、替代原则、公平原则。本次评估为委托人向工商银行贷款的基础，国有银行房贷谨慎小心，因此本次估价也要相对保守……"我噼里啪啦地打字，很佩服组长的出口成章。

评估的依据也是要写上去的，权属资料要详细说明，工程的测绘图纸要附上，各类与之相关的管理规定、与之相似的房地产实例价格资料和规划资料都一一注明，评估用了哪些方法也是非说不可的。例如，这是出租中的商铺，还要再用收益法补充，说明可供出租的面积、租金水平、空置率及运营费用等。每次做这些，我就想起做本科论文的那一套流程，一点不差啊，要是现在让我再去写，肯定不会像当初那样惊慌失措了。

然后，到了最核心的部分，就是价值几何以及这个结果是怎么得出来的，要详细推导计算，谢组长和小王是经过了精密的论证的，参数和公式的选用也都列出了让人信服的理由，计算过程也都列出来了，且在旁边进行了文字说明。我的数学学得一般，不过自打做了这个工作后，对数字的悟性就高了许多，没办法，靠它吃饭啊！

最后最关键的数字出来了，这是调整修正后的正式估价——人民币为一千二百六十八万五千四百六十四元，其实跟我猜的差不多，我估计就在一千二百万左右，那六十八万五千多就是我们三个人这一天奋力工作的最好表达。

这些做完，跟应用题一样，还要做个解答，附上我们三个人的名单、资历证书，还有单位的资格证书。

一个半小时之后，初稿已定，也到了下班时间，谢组长晚上还有应酬，于是宣布下班。我趁热打铁，将评估报告的一些地方又进行了补充完善，明天一大早，组长肯定会逐字逐句过目。今天这样的效率，真是太高了，跟着组长，我和小王就不停地忙着成长。

晚上我舅奶奶七十大寿，我随父母到饭店吃饭。舅奶奶的儿子在搞拆迁评估，领着他的小组忙得没日没夜的。拆迁可是全民热议的事情，席间总有人跟他打听各种事宜，他就讲了些工作过程中的酸甜苦辣。正好我们公司一个月后也要参与一个老城改造项目，我就竖起耳朵认真听，看来后期工作会很多的，评估师不但要弄出评估报告，还要参与谈判，而且是最难搞定的拆迁，看来，我又要大开眼界了。

选择理由 ←

我本来学的是建筑监理，但似乎女孩子做这个的极少，于是就在表叔的指点下考了评估师。工作也是他介绍的，我很乐意继续做下去。

压力指数 ←

压力指数中。可能因为我还不能独当一面，也没有参与最难搞定的拆迁。不过，业务不精进，将来生存还是有点问题的，所以我要好好学习，早日考证。

人际环境

人际环境相对简单。因为专业性比较强，跟建筑物、资料等打交道比较多，我挺适应这样的工作氛围。

我所向往的职业

我小时候在少年宫跳了八年的舞。若可以重新选择，我希望自己可以当舞蹈演员，这跟现在的工作风马牛不相及，但确实是我的兴趣。

入行门槛

房地产评估师一般要求本科以上学历，2～3 年以上房地产评估执业经验。房地产评估师需掌握的专业知识最主要集中在工程和财务两块。以本科毕业生为例，其报考条件是：取得房地产估价相关学科学士学位，具有 4 年以上相关工作经历，其中从事房地产估价实务满 3 年。

心理测试

做个小测试，看看你是否适合自己创业。

当你和朋友或其他人到酒店里用餐，你点菜时通常是：

A. 不管别人，只点自己想吃的　B. 点和别人同样的菜

C. 先说出自己想吃的东西　D. 先点好，再视周围情形而变动

E. 犹犹豫豫，点菜慢吞吞的　F. 先请店员说明菜的情况后再点菜

参考答案：

选 A 的人做事果断，容易跨出创业第一步，但是否正确却难说。

选 B 的人属于顺从型，不适合创业。

选 C 的人性格直爽，胸襟开阔，适合创业。

选 D 的人小心谨慎，缺乏全局意识，在创业中千万不可犹豫不决。

选 E 的人做事一丝不苟，安全第一，较有创业优势。

选 F 的人讨厌被别人指挥，如能谦虚，将对创业更有帮助。

第八章

技术人才

技术是第一生产力

41

电气工程师：生活中离不开电

每个行业都有酸甜苦辣，一心搞技术的人，苦在其中，乐在其中。

行业动态

电气工程是个相对专业的大行当。电气工程（Electrical Engineering，简称 EE）是现代科技领域中的核心学科之一，更是当今高新技术领域中不可或缺的关键学科。在工业王国中，电可以说是各个工厂的“粮草”，与电相关的电气工程及自动化专业更是不可或缺的“轻骑兵”。

电力行业的实力从来不曾被低估。自从人类发明电以后，对它的依赖便一发不可收，围绕着“电”这一关键词衍生出来的岗位也有几百种。电气工程师是怎样的一个职业呢？其职业定义为：从事与电气工程有关的系统运行、自动控制、电力电子技术、信息处理、试验分析、研制开发、经济管理以及电子与计算机技术应用等领域，工作口径宽，属于“复合型”高级工程技术人才。[①] 日常生活中，除了家用电器，手机、汽车等也与电气密切相关，这些都离不开电气工程师的设计和维护。

电气工程师在不同城市待遇不同，平均月薪在三千元以上。在北京、上海这些一线城市且有中高级职称的，供职于好单位的人员年薪可达二三十万，其他通常在十万以上，如果有注册电气工程师证会更高。留在大城市的本科毕业生月薪能达到五六千，如果在小城市的小企业，一般也不会低于三千元。

电气工程师通常会比较频繁地操作各种电气设备，因此其在职场上的

---

① 杂志网 . http：//www. bianjibu. net/zazhi/spkx/9617. html。

竞争优势不言而喻，就业选择面也比较广：可以就职于生产企业，负责新产品研发时电气系统的软硬件设计；也可以进入电力设计院、电厂、电力局，从事电力系统方面的设计和设备管理等。如果积累了一定经验，且管理能力很强，可以升职为项目经理，负责电力工程的统筹安排。

→ 我的一天这样度过 ←

一早醒来我以为我长高了，原来是被子盖横了。天热人就容易变傻，一夜空调吹得我浑浑噩噩，刷牙时拿着牙刷端着水杯，在嘴里勤奋地劳作半天才觉得有些不对劲，直抵肺腑清我灵魂的薄荷味怎么还没有出现?唉，原来忘了挤牙膏。嗯，很佩服自己这种废寝忘食的精神，天晓得将来会不会成为励志故事中的小噱头。其实咱不过是小工程师一枚，却好比陈景润同志撞上了电线杆，人家撞出了智慧，撞出了风度，还撞出了成果，我也刷出了灵感，忽然想到一个小线路的解决方案了！顾不上满口的泡沫，赶紧拿笔草草写在报纸空白处。最近脑子里除了热恋中的女朋友，其余都是电控图纸，两者平分秋色。

九点要开小组碰头会，新款冰箱的研发工作正在紧张进行中，这个过程很磨人。研发组每个人都向着目标勇敢前进。我的任务是做新产品的电气系统软硬件设计，确定各项技术指标参数，直到将电控图纸整出来并通过审核。

八点半到公司，研发组几个仁兄正各自忙着整理材料。早起的鸟儿不慌张，待会儿要一个一个发言，虽然心血之作会被碰撞得东倒西歪，但准备时依然不怕牺牲有备无患，搞技术的，就是在不断否定中找到正确路径的。王工从门前过，扫了我们一眼，见大家都在浴血奋战，狞笑着走了。我的设计图在前两天已经画出来了，动力、启动、保护装置、温度控制装置、化霜控制装置、加热与防冻装置，还有箱内风扇和照明等，根据研发方案都有了初步的想法并显示在图上，自我感觉改得不能再动分毫。

王工最近也走火入魔了，整天喊着新性能冰箱，所有设计要耳目一新，牢牢勾住目标客户群的眼睛和心灵，搞得每个人都有不着天不着地的感觉。我倒是淡定着，说白了，冰箱跟人一样，美丑高矮胖瘦看上去截然不同的感觉，有的百看不厌惊为天人，有的只看一眼便落荒而逃，但生理机制和内部构造大同小异。咱负责的电路也是如此，不管冰箱性能如何升级换代，但总的原理基础是不变的。性能越来越复杂，越来越个性化——这些都是卖点，相应地我们设计的电路控制部分也会复杂许多。最让我头疼的，就是没法百分之百地确定它能够经得住实践的检验。眼前的图已经很复杂了，对照密密麻麻的线和指示标志，我在纸上分别列了几个关键词。研发组组长王工是电气设计出身，到时候他会提很多有用的建议。

王工喜欢头脑风暴，平均每两天就抓我们开一次碰头会，他也从当初豪气万丈地立下军令状变成了如今的不断给我们打气，总爱用“前途是光明的，道路是曲折的，技术革新是可以实现的”这句话给我们励志。大概知道我们最近太辛苦了，今天他先说了些成绩不错的温暖句子，然后话锋一转：“在研发组，技术就是一切，咱们这些人都是技术骨干，以前的作品都很不错。现在这款H型冰箱，要增加VC增鲜和光波保鲜功能，借鉴德国亨内基超微孔整体发泡工艺，另外降低损耗和提高使用寿命是业界永恒不变的话题。今天我们先一个一个地说说，交流达成共识后回去干活儿，后天下午总经理来参加碰头会，争取将设计新增零部件和工装模具开发的人员名单也一并定下来。”

看来技术攻关已经到了最危急的时刻，每个人将被迫发出最精彩的声音。负责结构的李功展示了他的设计草图，从平面图到侧面图，还有三维结构图，很霸气的外形，实惠的内部空间，整体占地大了点，比较符合现代人的心态。接着搞性能设计的大陆播放PPT，他想法多，创意也不错，电气系统跟在后头做，颇有挑战性。第三个轮到我说话，先出示线路图，解释思路是什么，为什么这样设计，呈现出来的会是什么结果——前后说了十分钟左右，王工眼睛不眨地盯着屏幕，间或在纸上飞快地写着什么，一会他会挨个儿质疑的，我从不怀疑他的批判能力。接下来搞包装设计和工艺设计的两个技术员发言，后期测试研究的两个技术员也简单说了说。

一个轮回下来，大家的成果尽显无遗。王工面前的纸上满满当当的全是字，不过他胖胖的脸如同暖羊羊那样和蔼可亲，说明满意度比较高。当然，接下来他会谈最核心的问题——细节，更加人性化的细节。我们洗耳恭听，涉及自己专业的，一个字也不会漏听，这是接下来几天的工作指南，要不折不扣地执行到位。王工先通报了市场部近期的调研信息，要我们继续提高客户意识，然后开始点评，认为结构上应该更兼容一些，外观上不妨再加点酷元素，让方方正正的冰箱显得不那么呆头呆脑，至于电气系统这块，他更是驾轻就熟地提了一二三四五六点，都是小问题小改进，很有见地也可操作。嫩姜平滑老姜辣，我心服口服。

十一点多会议结束，大家各自收拾物件，李功和大陆还意犹未尽地讨论着。我一溜烟地将材料送回办公室，赶紧去厕所，刚才开会时水喝多了。中午不回家，在单位食堂填肚子。饭后上网看看，见女友在线，发两条段子过去，娱乐一下。搞技术的男人大都比较木讷，情商低了就不容易巩固胜利成果。现任女友是第三任了，秉承的原则是“无论你有多喜欢对方，爱情里的主动必须是男人。如果这个男人不主动，宁愿错过”，我正想方设法地让她成为我终身制的老婆，所以必须在不思考电路图的时候，多琢磨她的小心思，现阶段我乐此不疲。

十二点半开始犯困，躺到会议室里的长沙发上休息，其他仁兄各显神通，都会各自找个地方眯一会儿。两点多开始干活儿，对着电脑，看着上午的记录，将电路图进行调整。王工提出的几个地方都优先改了，手头也有一些其他人的资料，有些属于核心技术方面的，搞起来特不容易，帮助也确实挺大。只埋头做技术不抬头看市场，容易导致视野狭窄，设计也跳不出窠臼。将来若有机会，我要到其他岗位转转——当然是高一层的岗位而不是勤杂之类的了，这样也许会对我的设计有帮助。

专心致志地改了一个多小时，将蜂鸣器、显示板、真空荧光显示屏VFD等加以推敲完善，希望可以离完美近些近些再近些。眼睛累了，站起来转悠一圈，提醒兄弟们要保重身体，起来喝点茶放松下大脑。之后回到电脑前，对面李功发来了微博，提醒我他的设计上有个小变化。微博微博，看上去好像电流一样的快捷方便，实际上这条微博一分钟前途经北上广，进出九九八十一台路由器，中间还要被拆包解包合并包，被两百个CPU进行处理，此刻才显示在我的电脑上，而他老人家明明坐在离我不到三米远的地方。默默看了下，对他狠狠点个头，表示我知道了，我还是喜欢面对面地沟通，简单的事情复杂化，搞技术的人也这个德行，无语。

本想将电气图再送给组长过一下目以争取主动，走到他办公室门前时想起他下午出差了，于是乖乖返回。暂时不想再改动，自我感觉无可挑剔了，滑动鼠标到QQ上找朋友聊天，没合适的在线。有个段子说：在线可见的都是单身的，坐等人勾搭；离开、隐身的都是有事的，怕某些人打扰；至于不在线的，情况就比较复杂了……像我这种宅男从早到晚都光明正大地挂着，是不是有点傻？改上论坛，同行总是不断发布新产品，我们也跟警犬似的经常嗅嗅，他山之石可以攻玉嘛。借鉴和原创并不矛盾，更多时候是相辅相成的。我们这些所谓的独创技术，人家其实都有，到最后就看谁的销售最能忽悠，谁的广告词最能击中消费者的小心灵。

四点不到，桌上电话响了，是找我的，车间的技术员询问安装方面的一个小问题，我将安装技巧和解决办法告诉他，但他显然没能掌握。让他稍等，我直接去车间。到了那儿，他正对着一台冰箱发愁，这是个半成品，被抽出来进行测试，结果发现显示板有些显示不良，他已经更换了显示板，依然如故，看来是主控板的问题了。他又将主控板打开，忙活半天终于发现有两个小线路不太对劲，根据自己的经验和判断调整之后，稍有改观，但还未达到合格标准，感觉束手无策了。我仔细查看后发现，还有两个小线路未完全到位，于是拿过工具动手弄好，终于显示一切正常。他说原来如此，看来还必须再抽相邻的几台出来做个测试，确保电气系统方面不出次品。同意，我是设计，他是质检，各有分工，各负其责，把好关总是没错的。

回到办公室时快五点了，女朋友发来语音微信，通知晚上去她家吃饭。兴高采烈地回复好，心也跟着飞了。下班时间是五点半，前些日子加班多了些，今儿不妨放松一下，于是提前十五分钟，悄无声息地开溜。

选择理由 ←

我是学电气工程的，大四时公司来学校招聘，我一看可以学以致用，立即签约。如今工作已经五年多了，我这样的理工男还比较适合干技术，这个岗位和我也算匹配。

压力指数 ←

压力指数中上。如果只是平常的技术工作或写写销售说明书啥的，倒不紧张。到了研发新产品时压力就比较大，因为要更新换代，要技术攻关，要限时限刻。总体而言，有张有弛，还算适应。

人际环境 ←

一群工程师在一起，相对都比较天真，所以人际环境看上去不错，但要交心贴底并不容易。曾有老工程师指出，我们这类人比较多疑敏感、犹豫不决、胆怯多虑、脸皮太薄、心不够黑、教条式思维……可想而知，这群工程师们技术攻关时可以拧成一股绳，但平时就相对疏远客气许多。

我所向往的职业

我希望自己到社会这个更大的熔炉中去锤炼一下，最好到政府部门弄个小官当当，过一把官瘾，体会一下和工程师截然不同的官场人生。

入行门槛

电气工程师资格有四个级别：助理电气工程师、电气工程师、高级电气工程师和教授级电气工程师。

要成为助理电气工程师，必须是电气工程类专业专科毕业满3年或本科毕业满1年，且毕业至今一直从事电气专业技术工作。

心理测试

假设你有十个空的啤酒瓶子，三个空瓶子可以换得一瓶啤酒。那么算一算，你最多可以喝到几瓶啤酒？

A. 三瓶　　B. 四瓶　　C. 五瓶　　D. 六瓶

参考答案：

A. 选三瓶的你是个老实本分的人，考虑事情通常从最简单、最直接的角度入手，脑筋不会多转一圈，如果你经商的话，可能会错过许多机会。所以，建议你考虑清楚后再行动。

B. 选四瓶的你有点小聪明，脑筋较灵光，在日常生活中能精打细算。如果经商的话，你会赚到一些小钱财，但对大的商机的处理略显不足，企业长期经营获利需要更灵活的思路。

C. 选五瓶的你很适合经商，不仅懂得善加运用自己手中的资源，甚至知道如何能以最精简的筹码向外界借取最大的力量，若你真做好了创业的准备，那就放手去折腾吧！

D. 选六瓶的人，让别人比较无语，因为不知道你是如何换到第六瓶啤酒的。如果不是你计算错误的话，那么就是你太不老实了。若你自行创业的话，大家可真要担心你会不会成为掏空公司资产、债留台湾的经济犯了。

42

搜索引擎师：网络上的超级蜘蛛

说起搜索引擎，似乎神马都知道，其实还有四分之三以上的信息是搜索引擎不知道的。

行业动态

搜索引擎简直是网络上的阿拉丁神灯，输入关键词，想找什么就有什么，相当有魔力。当我们享受着搜索引擎带来的种种便捷时，常常会忽视“站在”搜索引擎背后的无名英雄，他们就是搜索引擎工程师。简单地说，搜索引擎工程师是负责网站内搜索引擎项目的总体规划、需求采集和分析，并承担系统架构、技术选型、关键技术的解决方案和功能实现的工作人员。[①] 这是随着网络大发展新兴起的热门职业之一。

通用搜索引擎火爆得引人侧目，大家熟知并常用的谷歌、百度、雅虎等都是通用搜索引擎的杰出代表，它们对互联网和普通用户的贡献大到无以形容。微软亚洲研究院负责搜索的一位技术专家说：75%的内容通用搜索引擎搜索不出来。于是垂直搜索、论坛搜索、本地搜索等未来新兴搜索引擎市场以每年约30%的增长速度发展起来，尤其是垂直搜索，对360行每一行都可以细分下去，空间很大，因此细分搜索公司也如雨后春笋般遍地开花。

这个职业尚处于发展的初级阶段，目前已有的搜索引擎工程师还远远达不到市场的需求量，各地招聘搜索引擎工程师的广告层出不穷。根据某网站的搜索量统计，平均每三天此职位招聘数量就超过2000人。另据统

① 陈畅．100个最具前景的职业（理科版）．机械工业出版社，2010。

计，国内现有搜索引擎工程师还不到1万人，供需比达到1∶40。由此推算，未来几年内，每年全国搜索引擎工程师的人才需求量都将超过40万人。[①] 这对广大的数学或计算机专业学生而言是个天大的利好消息。

因为是新兴行业，且人才缺口大，因此搜索引擎工程师的薪酬待遇比较高，规模小点的公司月薪在3000元到8000元之间。而大型公司因为经济实力雄厚、技术要求较高，薪酬水平会高出很多，如百度的搜索引擎工程师月薪约为1.8万元，很多人达到2万元以上。而经验丰富、资历深厚的高级搜索引擎工程师，其年薪可达60万元，绝对是金领阶层了。

→ 我的一天这样度过 ←

昨晚加班到十一点，早上昏昏沉沉地出门去公司，拿着豆浆、馒头上地铁，身边一纯爷们手机铃声大作："爷爷，那孙子又给您来电话了！爷爷，那孙子又给您来电话了！"一声比一声叫得急，只见那哥们儿慢悠悠地掏出手机接听："喂！爸，什么事……"我满口豆浆差点喷出去，服了，这时代牛人真多，连我这样的网络大蜘蛛也自叹落伍，可见将有趣信息一网打尽或尽收眼底何其艰难！

本来睡眠不足的我一路忍住笑，心情愉快地到了办公室。开机，抬头看见办公室墙上贴的岗位职责：技术部负责Java搜索引擎的优化与实施；负责进行引擎/分词/爬虫的研究，提升搜索质量、性能、效率；负责对搜索日志进行分析和挖掘，提高现有搜索模块的精确度；参与产品、运维等其他部门的工作沟通和交流……有没有让你看昏了头或者觉得异常乏味？这就对了，理工男的工作，都是用这些没有表情的词语来描述的，只能偶尔弄点冷笑话娱乐大家了。

同事们纷纷到岗，构架师、优化师、开发师们一个个沉闷无语，镜片后面的眼神呆滞无光，全无工程师风采。九点钟照例开晨会，组长简单说了下昨天的工作进度和今天的安排，大家分头干活儿。我们公司是搞垂直引擎搜索的，目前专攻旅游，一百来号人，跟百度七八千人的规模相比，算是迷你公司。

我每天早上的头等大事是查看日记，可不是日记门中那些活色生香的

① 陈畅.100个最具前景的职业（理科版）.机械工业出版社，2010。

文字，而是网站后台运行的计算机日记，就是搜索引擎对我们网站的拜候日记。都是计算机语言，密密麻麻的数字、字母、符号们呆头呆脑地排列在那儿，一点也不搞笑。我瞪大眼睛例行公事地扫描一圈，确认下 HTTP 状态码没有遭遇到不测。松口气，然后将搜索引擎的爬取路径记录下来，再将这些和前几日的拜候日记在脑海中默默地比较一下，做个小结记录备案，将蜘蛛来访期间和爬行规则保存下。

如果你的网络知识只限于 QQ 聊天和百度搜索，看这些文字很深奥吧，有点晕了吧？是不是对理工男的大脑结构有些膜拜了？其实我每天都做同样的事，轻车熟路，只要受过专业训练并在大型网站供职过，这些都是小儿科。只要你计算机基础好，又肯动手动脑，摸索上一段时间就会了。

我们做这些有什么意义呢？打个通俗比方，假如百度是个超级百货商场的话，我们公司就是旅游信息的专卖店，这叫术业有专攻。你需要咨询旅游线路什么的，是到超市询问呢还是到旅游公司打听？答案不言自明了吧。我们就是为旅游者或想旅游者提供更精准的信息，让你觉得网络垂直搜索真方便。

接着就是查看排名。对我们执行站长和公司全体技术人员而言，排名很重要。现在地球人都知道互联网是块大肥肉，拼了老命地抢资源抢眼球，权重就是武器，排名就是金钱，流量就是本事，做网络的也是凡夫俗子，归根结底都指向市场效益。

动用搜索引擎，输入咱站的方针关键词，并查看了方针网站的排名环境，和昨天一样，没啥变化，翻云覆雨的网络上，咱的一点努力根本就是蚍蜉撼树样的折腾。但努力才会有成功的希望，不努力会更完蛋，生意也在于运动。所以这并不影响我的心情，继续做记录，将今天和之前的排名环境对比分析好放进文件夹。然后上几家竞争对手的网站仔细瞧瞧，人家哪怕一点点微小的变化都逃不过我的火眼金睛。如方鸿渐那张乌鸦嘴所言：咱惦记情敌比惦记情人的时间都多。所有的搜索引擎优化师都会如此。

决定对方针关键词进行一下优化，跟组长通个气，他老人家一声不吭默认了。最近技术攻关，他带着几个人鏖战 N 天，传统的 Spider 程序很难解析出链接中的动态脚本和 Flash 等，他们想啃这块硬骨头，啃啊啃啊啃出了一道裂缝，目前正处于黎明前的黑暗时期。每个人都魂不附体，组长昨天边啃面包边接电话，接完后将手机放嘴里嚼，面包则直接塞裤兜里去了，难怪人家叫我们“挨踢”男。

这种糗事让枯燥单调的办公室生活略闪火花。此外，我们会不时地在群里发点段子啥的，有些少儿不宜，有些党员不宜，有些则全体中国人都不宜。这里略过，谈正事。谈到方针关键词的优化，我先跟新跳槽的两个大学同学发 QQ 信息，约好互相在站外做外链。然后在纸上写个小计划，申请办公室再写点精彩软文，描文本就能够直接设置成我们的频道地址。这样做的好处是，当蜘蛛爬到我们站外平台的时候，会不知不觉地顺着爬进咱们的频道页，以此增加权重。文章内容上，前期其实已经狠下了功夫，图文并茂、可读性强，反正我觉得挺有美女气质，已经够养眼的了。然后站内链接早就做好了，等他们技术攻关结束后再添油加醋地完善一番，蜘蛛就会乖乖地爬遍整个站，排名和流量自然跟着水涨船高。

为这个宏伟构思暗自得意一下，嘴角流露出灰太狼式的狞笑。对面蔫坏的架构师郭凯盯着我说：“咋，早恋了？瞧你那如痴如醉的流氓样。”

我想早恋来着，可是已经晚了，本人二十有八，女友谈过几个，都嫌 IT 男情商没有智商高，无果而终。如今正谈着一个，小丫头是会计，电脑方面绝对菜鸟，动不动就指挥我帮她收拾烂摊子。目前在她眼里，没有我解决不了的难题，被人需要且崇拜着，我很享受这种感觉。

站起来喝点水，动动肥而不腻的身体，跟郭凯闲聊几句大天，改善下一成不变的日子，以有趣对抗无趣。上完厕所回来，帮女友从文库里下了一篇论文，人家昨天交代的，不敢忘。弄好后，继续进行流量阐发事宜，做了过程流量统计后，查看流量来历，将与搜索引擎相关的细加查看，有疑问的或需特别关注的就做个备忘。这个环节还没弄好，副总通知我去他办公室，原来是下周有个垂直搜索引擎优化的论坛在京举行，他让我去参加。

回来继续挖掘长尾关键词，旅游路线，旅游景点，旅游攻略？拜托，这可不是挖红薯，需要专心对付且坚持不懈。我将前期观察后发现转化率低的几个长尾关键词放下，然后将几个转化率高的摘录下来，准备今后一段时期好好做。这个环节说起来容易做起来难，我曾经几次想放弃，征求郭凯意见后他都让我挺住，站长也会不时地关注下，所以初见成效。

吭哧吭哧忙到近十二点，同事们纷纷起身打哈欠伸懒腰，三三两两地往外走。我喊了声郭凯，将电脑转入休眠状态，人是铁饭是钢，IT 男去吃饭。

中午几个同事在线玩会儿游戏，两两联手，四人对战，很过瘾。下午上班时间一到，老老实实开始工作。不是王婆卖瓜，咱公司的 IT 们很敬业，开发师们环抱这些选定的长尾关键词做了大量的精巧内容，上周例会站长就提出来要给用户最好的常识，给用户最想要的信息，最好最快地解决用户需求，让用户怀着等待而来，满载兴奋而归。有了类似愉快体验，下次这个用户首先就会想到再来拜候我们网站，商业上叫回头客。我继续阐发用户体验，这块不会有什么变动，我找出题目并拟定了编削方案，发给郭凯看，他帮我修改了几个小地方，打印出来，送给站长审阅。

内容才是王道。转悠一圈后继续做内容更新。此过程不太光明正大，光顾下同行网站，百度一番，谷歌一趟，乱花渐欲迷人眼，万千信息如云烟，贼眉鼠眼地找些好的内容，再将开发部弄上来的内容加以统筹，不求最好，只求更好。

内容更新好了就做外部优化。就是上午提到的外链和软文，我们同事很多人都养了博客，但久不打理，荒草漫天。如今改成微博后他们又勤快了许多，加上论坛朋友和站群伙伴，广告商捧钱场，朋友同行捧人场。

今天活儿干得快，完事后去看看精华帖，从别人的只言片语中捕捉信息，触发灵感。要不，遇到问题就只能变成一只死螃蟹，动弹不得。

六点不到被组长支使下去为几个突击队员买快餐，六点半跟他说一声先下班，我要陪女朋友，争取早点敲定关系。女人就像 Wi - Fi，她们可以看到所有可连接的设备，但会选择最好的一个。我当然要成为最好的那一个，至少现在是非常时期，必须如此。吃晚饭后带女朋友去唱歌，她问我："我同事很好奇，问你们公司究竟是搞什么的。"

心中窃喜，人家同事都知道我的存在了，界面越来越友好了。我说："你们都喜欢百度、谷歌或雅虎吧？那叫通用搜索引擎，够博大但不精深。我们做的是垂直搜索引擎，让用户们跟找对象似的，你要找匹黑马，咱就是爱情连连看的编导和幕后工作人员，先剔除掉癞蛤蟆、丑青蛙和伪黑马，筛选出一个连的黑马，让你挑自己动心的。"她似懂非懂地点点头，这就对了，她要是懂，我拿什么去忽悠呢？

选择理由

现代男人三件宝：手机、汽车和电脑。我是电脑迷，上高中时就偷偷摸摸研究这个了，大学学的计算机编程专业。没毕业就到一家大型门户网站当实习生，没日没夜地琢磨搜索引擎，很有意义，前景无限，不过要耐得住寂寞。

压力指数

压力指数高。有个玩笑这样说：IT 男们天天加班，都不知周末为何物了。一个周日，大家一起忙了一上午，十一点多，某个眼镜男忽然起身，丢下一句话就冲出去了。他说：你们忙着，我出去结个婚就回来……可见，IT 行业的男男女女们已将工作和生活混为一谈了。他们最容易亚健康，大脑消耗过多，视力总处于疲劳状态，长此以往易毁容毁身，属于青春行业。

人际环境

IT 男总体性格偏向于认真踏实、循规蹈矩。大家一起做事，很少玩心机，所以 IT 男出去当老板的可以有，当政客的绝对稀有。他们对女人而言是一群放心男，并不具备花心的客观条件，其休息方式就是在茶水间打个桌球或偷偷玩个游戏，再不济共享点黄色段子，其他花花肠子，真没有。

我所向往的职业

当然是开个旅游公司了，高兴了自己带客人出去转悠，想宅时就坐在办公室里指挥指挥，这样的生活才是真美好。

入行门槛

这一行的门槛有点高，主要是针对专业的。以一家公司招聘搜索引擎工程师的职位要求为例①，共有五项条件，我们从中可以窥一斑而知全豹。

前四点紧紧围绕计算机专项能力展开：第一，本科以上学历，3 年以上 Java 或搜索相关工作经验，英语四级以上，能熟练阅读英文文档；第二，了解搜索引擎原理，具有一定的搜索引擎相关知识（如分词、索引、关联词、权重排序等）；第三，对 Lucene 和 Solr 的实现有较深入的理解，

① 搜索引擎工程师．百伯职位搜索．http：//www.uchuzhong.com/do/view.jsp? jobId = 2655347。

并有实际工作经验，熟悉分布式搜索系统的优先；第四，熟悉Linux，掌握Oracle及Mysql等数据库的使用，熟悉Tomcat和Resin等服务器。

第五点是对情商和智商的要求：具有良好的沟通能力、组织能力及团队协作精神，有较强的分析和解决问题的能力。

心理测试

趁中午休息时，你找了个地方弥补下缺少的睡眠。当你睡得正香的时候，被自己的手机铃声惊醒，这时的你会有怎样的反应？

A. 立即接听　　B. 关机拒接

C. 看电话号码后定　　D. 不加理睬，继续睡觉

参考答案：

选A的人的敏感反应验证了其“求机若渴”的心态，开创事业的机遇也会随之而来，并且突如其来，让你有些摸不着头脑，抓住时机迎接挑战吧。但切记要具体问题具体分析，适时而动。

选B的人对自己的现状感到满意，因此还需要时间酝酿。你个人不追逐名利，对自己的生活现状比较满意，对未来的憧憬亦持“过了今天再说”的心态。忙碌的你却不会因此而失去发财的机会，但真正开创自己的事业还需待时日。

选C的人失意后最容易出现机会。你是位处事不惊的潜在生意人，能够相时而动，把握有利时机，沉稳的你往往会在失意中出现佳遇，并且此时还会有外力扶持。记住：失败不要气馁，成功就要到来！

选D的人，创业时机离你已经不远。看来你确实太累了，连中午的时间也能睡得那么香。一直在为事业奔波劳累的你饱受成败的折磨，以致对未来有点失去信心。调整心态重新开始吧，在你重整旗鼓后不久，真正适合你的创业时机就会到来。

建筑工程：万丈高楼平地起

只要熬得住，就能熬得出，搞施工技术就是这个理。

行业动态

在中国，从事建筑业的人有几百万，施工管理人员也有几十万。万丈高楼平地起，谁在现场盯着？当然是施工工程师了，他们负责解决现场施工问题并给予指导。建筑业有五大行，在造价、质检、安全、材料、施工中，施工工程师入门要求高，工作也相对辛苦，但发展路径颇为宽广。从以往的经验看，项目经理、设计师、结构工程师等大都要经历“施工”这个阶段的磨炼。[①] 实践出真知，没有一线的全面经验，想往上走得更高，显然有着基础不牢、地动山摇的隐患，难以服众。

施工工程师是每个工程项目必备的职位，对人才的需求量特别大。看图放线打地基，在工地上统筹安排施工进度，进行人员分配，协调工料机的进场顺序，进行施工方案的编制与落实，以及施工技术的执行等都由他们操心。目前，中国的房地产业虽然动荡不安，但建筑施工的脚步从未停止，高楼大厦一座座竖起，各种公路大桥也在不断施工中。建筑工程师们通往成功的路，也一直在施工中，并且目标明确、前景不错。

相比于其他职业，建筑工程师显然有性别“歧视”倾向。建新房也带有垦荒性质，女施工员很稀有，即使有，在男人堆里工作和生活，也多有不便，花木兰只是个励志传说，真要做到，技术难度太大。作为施工员，通常有着典型理工男的思维模式，因长期在外，生活上往往不拘小节，感

---

① 建筑施工工程师．百度百科．http：//baike. baidu. com/view/5920305. htm。

情也相对粗线条。不过这个群体的收入尚可，初入江湖的大概年薪四五万元，而入行稍久的老鸟们年薪大都能达到十几万元。干得再出色点儿，管理经验多了，技术能力硬了，当上了项目经理，那年薪就以几十万甚至上百万计了，一般工薪阶层只能望洋兴叹。很多人瞅准时机，自己拉支队伍出来干，收入就更加可观，没有上限。唯一的不足是三角债多了点儿，有时候仅仅是纸上富贵，看上去资产很多，但欠条、账单等未必能全部兑换成现金，所以这收入也要稍微打点儿折扣。

→ 我的一天这样度过 ←

“特困户”有两种——因缺钱而特困，因缺觉而特困。末将不才，两款都是。工地上六点刚过各种声音就响了起来，我的眼皮黏在一起，仿佛强力胶似的。用耳朵听听就知道，又一批模具过来了，工长正指挥吊车从大卡车上往下卸钢模。这是在远郊野外开发的房产，路是新修的，附近还没什么住户，所以开工很早。

想起今天事情多，我一个鲤鱼打挺起来，同宿舍的资料员小吴被我吓了一跳，迷迷糊糊地也起来了。这小子才工作三年，光棍一条，边打哈欠边跟我嘟囔：“两个黄鹂鸣翠柳，我连对象都没有；雌雄双兔傍地走，我连对象都没有；洛阳亲友如相问，我连对象都没有……马哥，让你老婆给我介绍个美女成不？我又梦见我妈在唠叨了。”

边吃早饭边给女朋友发信息，让她留意目标人群——我整天在项目上，离家二百多公里，两人聚少离多。其实发的都是废话，告诉她今天我会做些什么，她未必懂，但我这种早汇报晚请示的态度很值得肯定。废话是很重要的，尤其在维系感情方面。

好了，把想念装进脑子的最角落，上工地。这个小区十二栋十九层的高楼，我们项目部负责其中三栋的主体施工。第一栋主体已经有十层多了，施工员王兵盯着。我负责第二栋，在工地的西南角，今天现场定位放线。图纸和第一栋稍有不同，这一栋原先地基低，而且是填过小河小沟的，土质软，打桩已经一个多月了，好不容易才达到下基础的标准。项目经理和总工今天都会到现场盯着——放线是大事，跟着就要赶工期。这已经是第三次放线了，之前甲方单位也不晓得怎么搞的，用地红线有点问题，扯皮了好久都动不了。现在总算协调好了可以动手，发现定点桩又被进场送钢筋的大卡车压坏了，今天做的是返工活儿，不过责任不在我。

七点半测绘公司的人也到了，昨天刚刚下过雨，虽然是毛毛雨，但工地上比较泥泞，我早有准备，穿的都是旧鞋旧衣。开始放线，我将图纸拿在手上，跟在测绘队伍后头跑。经理会随时跟我要图纸，他的脑部结构比较复杂，跟在他后头干活要很用心，一个溜号就容易跟不上。

几个测绘员忙着摆弄仪器，跑来跑去地找点。仪器很先进，测绘的人也专业，不到一个小时就放了三个点，包括A、B两个中心点。小木桩很快打下去了，效率挺高。他们每放一个点，我就照着图纸仔细核对，有一个偏南方近三米，我提了出来，项目经理此时已经亲临现场，眯着眼跟我要工具，我跟着他拿着长尺和水平仪拖来拖去，结果真的有误差，再跟测绘公司的工程师讨论——有误差纯属正常，我们放线都是要反复校验的，几个轮回下来才能往下挖，挖的过程中也要复测验收。高层住宅的标准很严格，大概差不多是不行的。

一晃就十一点半了，放线工作进展得还算顺利，估计一两天挖土机就可以作业，然后地下车库排水要花十来天时间，工期有点给耽误了，后期搭建模板现浇进度就得紧锣密鼓，否则按期交付就成问题。上午工作此时暂告一段落，陪测绘员们到小食堂一起用餐，边吃边聊。他们下午继续放线，项目上的放线员质检员跟着，我们几个人要去参加招投标活动。假如我一天都在工地上的话，爬上爬下走来走去，每天跑下来怎么也有十几二十公里路，所以身体倍儿棒，白皮肤早就成了小麦色，爷们儿就是这样，没办法。

吃完饭回复女朋友信息，房间内墙纸颜色二选一，两张图，我选A，她说更中意B，那就B了。她又说再想想，那就再想想。初恋无限好，可惜挂得早，有了这届女朋友后，我就记不得初恋的好了。在合适的时间遇到合适的人，对我们这种漂泊在外的人而言就是福分，所以我格外珍惜。

发完信息换下旧衣服，下午一点半出发，侯经理、工会华主席、预算员老毕、资料员小吴和我五个人组成了一个庞大的投标组，通常两三个人就够了。我们两点前到达那家商务酒店的会议室内。这个投标书前期我介入不少。根据招标公告要求报名，通过了资格审查，入围后又购买了招标文件，然后回来制作投标文件，工期和用工方面的预算是我做的，其余大部分工作由预算员完成。整个计划书都在我心中，反复论证后觉得应该很有竞争力。我跟着经理默默坐下，等着开标。经过一段时间的等待，结果出来了，本公司报价不是最低，是第二低，也算不错。比较之下，我们工期最短，比第一名少用半个月——这可是真抓实干才能有的进度。我也做好了预案，万一遇上天气不好什么的耽误了工期，可以将其他工地上的机械和人手调过来赶进度，立此军令状是要有底气的。

这个酒店工程由台湾老板投资，很在乎工期，因为人家讲风水八卦，动工、封顶及开业日期等都已经请风水先生定好了，土建完毕还要内部装修，很多事情等在后头。根据以往的投标经验，中标单位最有可能在报价第一标和工期第一标中产生，那么我们就要靠答辩环节胜出。侯经理、华主席立即将我们喊到一边去，如此这般布置一番，大家分头做准备。小吴负责说公司资质实力和辉煌战绩等，老毕自然是谈工程预算的依据，我呢，要谈如何组织施工及确保质量，最强调的是如期交付。

开始答辩了，老毕侃侃而谈，这个老江湖身经百战，说话不急不缓不卑不亢，就是有范儿。然后对方一个儒雅的经理问："你们标书上设计的投标总工期我们注意到了，才九个月，不足国家工期定额的五分之四，能提前总要有理由，请你们陈述一下。"侯经理看了看我，就一五一十地将施工计划给列了出来，如何勘测并打好地基，楼层的现浇和室内施工顺序如何穿插进行，水电安装如何安全到位……每一样都是可以做到的，施工人员和器具也是有保障的。对方很满意，侯经理朝我咧嘴一笑，大黄牙一览无遗。我也小小得意下，好歹干过五年施工，小队长当得蛮顺，今天摆事实讲数据，画饼充饥的本事已然了得。然后小吴再补充，诸如公司的资质和辉煌战果，鲁班奖什么的他倒背如流，这是基本功。

这一通下来，我方人马显得轻松多了，对手的标底是比我们略低，但他们在工期方面缺乏足够底气，预案也没我们做得充分。宣布前，评标主持人先咳嗽了两声，大家都静了下来，知道要见分晓了。结果不出我所料，我们中标了。侯经理代表公司签字盖章，此事算是尘埃落定。出了会议室，我们五个人再也掩饰不住那份高兴，起哄晚上出去撮一顿。其实我已经参加过很多次招投标了，不是每次都能这么幸运，能成功30%就不错了，你全力以赴，人家也没闲着，除了技术攻关，还有其他花样，有些公司钞票、美女啥的都上，只不过综合实力强的团队机会更多些。

我们驱车直奔城里的饭店，华主席在电话里兴奋地通知项目上其他管理人员都过来。桌上觥筹交错就不说了，喝完了大家去 K 歌。都是些五音不全的家伙，我间或唱一唱，其余时间都在跟女朋友飞信，热烈讨论房子的装修问题。

似水流年眨眼没了，过年后我就二十八了，该结婚了。上天赐给了我这个能干的林妹妹，并没有脸先着地，也还支持我的工作，算是我的小马达吧！目前我虽然人在外头漂，心还是有着落的。

选择理由

读这个专业是我舅舅的主意，他在房产公司干了二十多年，目前年薪百万以上。当年我报考专业时是为了就业容易，也为了将来能混出来。现在我做了个小头目，不过知道自己的技术水平和管理能力还有待锤炼，前途是有的，要靠自己稳扎稳打地走过去。

压力指数

压力指数中。每天按部就班、用心点就成了。唯一的不好是常年在外，陪女朋友的时间少，将来家庭的天伦之乐会比人家少许多。

人际环境

人际环境还好。一开始跟着师傅，老老实实好好学习天天向上，现在做了小头目，管好工长就行。我很善待工人，有好烟什么的经常发给他们抽抽，所以在工地上人缘挺好。

我所向往的职业

当然是不要漂泊，可以天天过老婆孩子热炕头的那种小市民生活。但在外头待久了人会比较自由懒散些，要适应朝九晚五的生活也不容易。目前，我的准老婆在超市里做管理，我很想自己搞地产或搞承包，夫唱妇随，事业家庭兼顾。

入行门槛

该职业资格共分三级：助理建筑施工工程师、建筑施工工程师、高级建筑施工工程师。职业资格考试的报考条件并不算苛刻。

报考助理建筑施工工程师需要本科以上或同等学历，或大专以上及同等学历应届毕业生并有相关实践经验者。报考建筑施工工程师和高级建筑施工工程师都要求有相关工作经历，做久了自然就够资历了。

心理测试

假如世上真的有时光隧道，可以带着你走入各个时空幻境，甚至连书中的虚构世界都能成为现实，你最希望去哪个时空拜访仰慕已久的人物？

A. 和摩西一起将红海开出一条路

B. 和哈利·波特同乘光轮 2000 参加球赛

C. 追随堂吉诃德出征全世界

D. 与福尔摩斯一起侦破世界上最离奇的案子

参考答案：

选 A 的人：面对困难时很有耐心和毅力，能长时间保持一种状态。你的努力老板看在眼里，所以过不了多久，就能升到不错的位置。你有点小野心，想在事业上开拓自己的版图，因此将来不但会成为公司的中流砥柱，还是老板最信任的左右手。你认为只要奋斗就能实现梦想，因此会孜孜不倦埋头苦干，就算别人都放弃，你也会坚持到最后一分钟。

选 B 的人：对人——尤其是消费者的心理能够掌握得很透彻。你是个称职的业务人员，能够掌握市场的脉动，也深知客户的心理，可以把商品成功推销出去。所以，在以业务挂帅的公司里，你将是个“红”人。你是超级业务员，同时也是一个不错的领导者，可以将企业成功推入市场，朝这个方向不断努力吧！

选 C 的人：思绪会一直处于波动不定的状态，很适合创意工作，尤其是需要动脑筋的企划案，你做起来更是得心应手。你总会不断冒出好点子，然后交由其他人执行，若是分工合理，你们会有一个默契绝佳的工作团队。可是一旦交给你一些按部就班的行政工作，你马上会不知所措，毫无头绪，同时由于不爱做重复烦琐的杂事，你的表现及成效也会一路下滑。千万别强迫自己做不感兴趣的事情，那样无论是对你自己还是对你所处的团体，都会造成不小的损失。

选 D 的人：最大的优点就是做事很细心，可以在稳定的环境中看出一些不确定的因素，找到需要改进之处。你一直都保持着清楚的头脑和对事情的好奇心，所以能看到别人看不到的问题，是个合适的智囊团成员。你找出来的问题可能会扭转整个公司的命运，所以老板很看重你的意见。充分发挥你的这个优点吧，在合适的场合对正确的人说该说的话，运气会很不错。

44

游戏开发：一切靠作品说话

生活本是杯白开水，游戏把日子装成了优乐美。

行业动态

古人生活单调，说三天不读书，便面目可憎；但对现代人而言，三天不游戏，就如丢了魂。曾有走火入魔的玩家说：饭可以少吃，觉可以少睡，但一天不游戏，生活就失去了意义。

游戏产业是块巨型蛋糕。如今，整个电子游戏市场的规模扩大了一倍，将达到870亿美元。中国市场规模庞大，腾讯游戏在高峰期的同步用户达到2000万人，几乎与整个澳大利亚人口相当。①

根据粗略统计，全国网络游戏开发运营企业有820多家，手机游戏开发运营企业有250多家，网页游戏开发运营企业有320多家……全国游戏行业大小企业约有33590家。2011年中国整个游戏行业的生产经营总收入将超过1158亿元人民币。② 但由于高校课程和专业相比于市场有着一定的滞后性，而游戏开发设计的技术性又很强等原因，游戏开发界的人才一直处于供不应求状态。

与上述数字不相称的是，我国网络游戏内容同质化非常严重，模仿抄袭蔚然成风，人才稀少而庸才济济。同时，手机游戏发展很快，开发系统更新更快，已经更换到安卓等四种新系统，专业人才更是缺乏，队伍也不稳定，很多公司的技术骨干成了香饽饽，动不动就被高薪挖走，没被挖走

① Digi-Capital分析全球电子游戏市场发展趋势．http：//www.techweb.com.cn/data/2011-02-28/923160.shtml。

② http：//game.163.com/11/1203/22/7KCQLMS000314K8I.html。

的也被对手惦记着。未来5年游戏行业人才依然有着巨大的缺口，这是业内的普遍观点。

游戏制作部门由美术、程序、策划、测试四类人员组成，人员构成比例为2:1:1:1，从菜鸟到老鸟，收入从2000到20000元不等。大凡有了几年的开发经验后，在这行月入过万就不是神话，归根结底一句话：技术含量决定薪水数量。有志于游戏开发的同学们，加油吧！

我的一天这样度过

早上睡饱了，九点上地铁，边啃面包边看坐我旁边的一哥们在大平板机上切水果。切啊切啊切啊切，我歪着头看啊看啊看，正投入呢，突然他把游戏暂停，手在衣服上蹭来蹭去的。这是个什么新式玩法？我问："哥们，你干吗呢？"他抬起头举着手幽幽地说："磨刀……"

笑喷！虚拟游戏，真实人生。我也是个游戏发烧友，在一家游戏公司做开发师，关注人家玩纯属职业习惯。满面春风地出了地铁站，穿越一条小巷去公司，手机捏手上，看见好玩的随手拍下来——不是微博控，而是特色小建筑和个性人物进入镜头后别有一番姿态，可以作为游戏设计中的素材，就像写作者要观察生活一样，游戏原画师的灵感也来自生活，伟大的生活。

九点半到班，九点四十美术部晨会。三十多个人，个个双目无光，面无表情地听小头目宣布他从九点的干部晨会上领到了哪些任务，今天要做哪些事，五分钟不到就说完了，再问问大家的意见，需要支援和资源的都提出来，没有就开工。话说我们从事的是世界上最犀利、最娱乐的行业，但职场生活远不如游戏那么生猛鲜活，你看到的是程序师、策划师、原画师、测试师们每天都表情呆滞地坐在电脑面前十指飞舞、搜肠刮肚，要设计出对得起玩家的造型界面和情节，自己却整得跟僵尸似的。

领到任务，僵尸们各自回位工作。昨天我们几个原画师已经将新游戏的所有重要角色都展示了出来，从初步设计到上色，再进行细节设计，反复磨了个把月了，连沈从文的《中国古代服饰研究》那样艰深的巨作都翻了N次，主要是唐代那一部分，所有角色造型基本无懈可击了。上午再推敲一下，建模师将以原画为基础开始进行模型制作。

俊男美女永远是游戏的主角，符合人们的欲望投射。我盯着自己负责的四个角色看，自我感觉比较到位，一个阶段工作完成，交给负责所有原画的小组长，他去跟策划和程序员沟通，如果没有问题，下午就可以建模了。我们这些原画设计师，人称“电玩维纳斯”，不是吹，游戏世界里的所有酷酷的角色，帅哥美女妖怪蛤蟆，都是咱原画师手工先画出来的，然后里面的场景，例如皇宫森林湖泊星空，也是咱首先画出来的，再然后情境中的小道具小造型，统统都是我们的作品。美工组的人数占了整个游戏开发组的五分之二，是程序员的两倍，是测试员的两倍，是策划员的两倍，绝对优势。为什么呢？因为画面重要啊，跟人的外表一样，第一印象。如同找对象，长得美不能当饭吃，但长得太丑了，对着是吃不下饭的。

休息下，逛论坛，主要是看人家游戏的界面和人物造型。江湖上高手出没，通过呈现的构图和细节去揣摩他们的思路并寻找灵感，自己的才气值和经验值才能提高。我的习惯动作是：看到一个好画面，先不由分说拷贝下来放进文件夹，今天又存进了十来张，都是精品，比我高明。

程序喊我，说地图编辑器写好了，可以先用它写场景了。这款编辑器是由程序、企划和我们美工前些日子讨论出来的，然后程序员写代码，企划在中间监控协调，我们则利用这个编辑器来设计游戏中的场景，例如人物所在的街道、房子、旁边的红花绿叶等。我的指导思想是：所有的游戏背景不求眼前一亮，但求经典耐看——玩游戏不是选秀，要的是玩家长时间盯着屏幕，越看越有内涵的画面才过关。光闪亮登场，人家一会儿就厌了，那是失败的烟花型设计，太幼稚。

咱这游戏说的是唐朝开元盛世，一对小情侣前往波斯学艺，途中历经重重考验——是不是有点像西游记中的剧情？纯属抄袭加捏造的狗血剧情，但浪漫多情又搞笑，反正是玩的，也没人去推敲真伪和严谨度。整个游戏有六十多个场景——还好，唐僧九九八十一难，咱少多了。但最大的问题是：主角要经过好几个国家和地区，场景风格变化特大。今天自然先做简单的，有二十个场景可以复制主体建筑后再进行改动和修饰，其他的需要分工合作，一个人创作会崩溃的。

编辑器还挺管用的，先将建筑物在图上定位好，再旋转对好角度，然后添砖加瓦，拆掉柱子，装上飞檐，改变房间大小和整体色彩，地面铺上青砖，直路面换成弯曲小径，旁边花池里种点小花小草，树枝上添加两只胖小鸟，以显示这是春天的布景。在台式机上编辑完，又在联机的笔记本上看下直观的视觉效果，头向左转，左手点鼠标拖来拖去，就是在用编辑器；头向右转，右手动另一个鼠标，就是在查看显示图。所以我此时就是一只正在登录的企鹅，左看看，右看看。我喜欢生动形象，所以注定做不了程序员，那些家伙说起来真是天才，胸中蓝图万卷，眼前代码千行，那些深奥的莫名其妙的代码，他们眼都不眨地敲啊敲，然后神了，你想要的东西就活生生地展现出来了，太不可思议了！

上午整了四张图出来，自我感觉不错，已经熟能生巧了。告诉策划可以审了，和哥们姐们一起吃饭去——已经快十二点了，不吃饭对不住自己。

饭后我不玩游戏，眼睛吃不消，悠着用才会延长使用期。吃完了我就到楼下去散个小步，手机当然不离手。楼下是个大商场，好东西总是源源不断，但是我坚决不买——消费者以女性为主体，可惜我至今光棍一条，让我两眼放光的目标物至今也没出现，梦中情人只在游戏角色里。我们美术组好多超龄的剩男剩女，大家一开始不认为跟职业有关，后来聊着聊着真理浮出了水面：天天要么在纸上描画俊男靓女，要么在电脑上给帅哥美眉修饰打扮，对和自己长相相似的活物种就没感觉了。何况游戏人物个个勇敢坚强战无不胜，理想完美的爱人，生活中哪里会有呢？这也是一种职业悲剧，得向领导反映，年底发奖金时考虑我们的精神损失。

下午继续干活，争取今天搞二十个场景出来——包括加班时间，一周加二十个小时的班纯属正常。打开图库慢慢寻找，从水乡到大漠，从山地到平原，建筑物各有风格，风景也迥异，要弄得逼真甚至以假乱真，得搜肠刮肚。除了找，还要组合正确，不能张冠李戴，所以我和网虫同事们都是一个劲儿地窝在电脑前狂击鼠标。今天这个图片编辑器只能搞平原风味的，一马平川，偶尔弄点曲曲弯弯的小路。其他蒙古包吊脚楼风格的地形就要跟程序沟通，将编辑器再进行调整，他做到什么程度，我就跟着干什么活，一条线上的蚂蚱，唇齿相依又互相牵制。

四点半，喝下午茶——比起万恶的加班制度，这是公司最有人情味的地方。大家放下工作，到会议室去，捧杯咖啡，拿些点心，边吃边八卦，当然也不全是家长里短，还有工作上的小问题，需要沟通的，寻求帮助的，也会在此时说一下。上午的几个场景审核完毕，人物动画师就开始在城镇上布置人物，负责界面的美工开始做按钮啥的，反正一环套着一环，谁都不能拖后腿。

六点半晚饭，凡是加班，公司都管晚饭，对我这样的单身汉而言，正中下怀。北京时间八点整，我计划中的所有工作结束，今日激情耗尽，不想再干，看其他哥们姐们还在奋战，偷偷乐一下。平心而论，我的美术能力中等偏上，天分和技术介于天才和蠢材之间，算是庸才中的良好级。但是有一点，我有着无与伦比的热情，从全身心投入地打游戏N年到一腔热血地做原画师7年，初衷未改，激情依旧。什么七年之痒、职场怠倦，全是扯淡！我的效率在全组中排行第三，第一、第二都是老鸟，我使出吃奶的劲儿也追不上。

转一圈，看看大家的进度。啧啧，上天给了我们完美的身体，我们却用它来加班。我记得上月招聘美工，主管问那个小屁孩："你毕业才两年，怎么有三年的工作经验?"小子淡定地答："加班。"没错，搞游戏开发就得加班，好在还有点微薄的加班费，否则真没法活了。我不好意思第一个走，打了会儿小游戏，八点半，有人开始走了，咱也收拾收拾回家。

选择理由 ←

初中时我就篡改古诗句，"唧唧复唧唧，木兰在打游戏机"，被老师好一顿骂。我觉得我天生就是打游戏并进行开发的料。同样一个人，选对了职业且满是干劲地捣鼓出了成绩，就是牛人；走错了方向，勉为其难地为了生计而工作，不出成绩还牢骚满腹，就是衰人。方向很重要，选择很关键。

压力指数 ←

压力指数高。有句话叫"爷不是你的小浣熊，玩不出你的其乐无穷"，搞游戏开发，就是要让大家其乐无穷，多难啊！何况再牛的人也只有一个屁股，坐不了两个板凳。但我们就常常要有坐两个板凳的能耐，例如我们美工组对所有流程都要熟悉，场景、人物、界面等都要能做。常常加班，一天干两天的活儿，一个人做两个人的事，但是没拿两个人的钱。做过的业绩再好，也只能边干边忘，永远要有新作品，要保持激情、灵感和创作力，也不是很容易，但我坚信：在自己的专业深挖洞、广积粮，一定会比别人强。

人际环境

人生就像愤怒的小鸟，当你失败时，总有几头猪在笑。每个团队里都有猪头，但我的眼里只看到牛人。总跟猪头纠缠，时间长了也会被同化，于是我决定不理猪头，学习牛人，自己过滤后，就觉得世界真美好，花儿对我笑。

我所向往的职业

当然是自己开公司做老板了，开发更多的好游戏，赚大钱，最好能卖到海外去，美元、欧元、法郎、新币来者不拒，为国挣钱。

入行门槛

游戏原画师要有绘画功底，能通过绘画表现想法；要热爱游戏，能理解游戏的内涵；要有协调合作能力，因为游戏开发是整个团队的事情，绝非单枪匹马可以做到的。

当然，游戏开发是后来者居上的行业，除了美术，还有策划、程序和测试人员，通常要具备计算机、软件工程类专业大专或以上学历，如果通过计算机国家职业资格认证考试就更有说服力了，技术加天分是成功的必要条件。

心理测试

在使用刀叉时，您是如何切割、叉起的？

A. 从左端开始切，一块一块地吃

B. 从右端开始切，一块一块地吃

C. 把全部切成小块之后，再一块一块地吃

D. 从中央开始切，一块一块地吃

E. 只切一小块吃

F. 吃法经常改变

参考答案：

选 A 的人：非常重视形式，喜欢做一般人认为合理及正常的事，但是有一种强将自己的生活方式或思想向别人推销的倾向。若是觉得自己想的说的正确无误，就很难再去听取他人的意见。

选 B 的人：性格较温和，也较为对方着想。此类型的人一般较容易和

他人打成一片，即使心里有什么不快，也不会表现出来，通常都能与人和谐相处。

选C的人：自己想要的东西无法立刻到手时，就会急躁不安。想要做的事情，不管遭受到多少反对也会一意孤行。另外，这一类型的人喜欢照顾、安慰别人，当他人有烦恼时绝不会置之不理，而会伸出援手。对人和事的态度会明显地表现出来而不加掩饰。

选D的人：属于才干型，常会因考虑个人本位之种种而较自私自利。若有什么想做的事则会毫不犹豫地去做，是坐而言不如起而行的类型。比较善于社交，广结人缘。

选E的人：地道的现实主义者。能使生活和自我相互调和，并且有较强的社交能力，和谁都可以说上几句话并应对自如。工作能顺利完成，关键在于能与他人通力合作。

选F的人：会因时间的不同而改变吃饭的方式等重要气氛的人。性情易变，所以经常会无法适应人群。在工作或私生活上亦是如此，常因无法与他人合得来而遭人误解。

45

汽车技术：驶向后汽车时代

车界名言：第一批车是由销售人员卖出去的，而此后的车是由良好的服务卖出去的。

行业动态

2011年，我国汽车市场呈现平稳增长态势，产销量月月超过120万辆，平均每月产销突破150万辆，全年汽车销售超过1850万辆，再次刷新全球历史纪录。①

如此大的销量，其背后必定有大量的销售和技术人员在忙碌，除了专业门店，还有大量的维修保养店纷纷开张，如此巨大的售后市场是块超级美味大蛋糕，不挖一勺，精明的商家们不会善罢甘休。当促销手段、软硬件翻新等方面难以玩出新花样时，唯有专业技术才是令消费者及竞争对手信服的关键。

当前，汽车技术支持工程师全国平均月薪为3500元。在北京、上海、广州等发达城市均可达到每月五六千元，欧美外商独资企业提供的月薪一般可超过8000元。据统计，精通外语的汽车技术支持工程师最终月薪要比外语水平一般的工程师高出1500元左右，可见外语能力对汽车技术支持工程师的薪酬起着至关重要的作用。②

和满大街车满为患的现状相反，汽车行业人才却普遍缺乏。销售客服

① 2011年中国汽车产销量．网易财经．http：//money.163.com/12/0120/14/7O7GQKIB00253B0H.html。

② 陈畅．100个最具前景的职业（理科版）．机械工业出版社，2010：102。

经验再多，也抵不上汽车技术的专业知识管用，大量空缺的汽车技术岗位，让汽车企业和售后服务部门求贤若渴。光是上海、北京这类大城市几年内就需要近十万名汽车技术支持工程师，全国算起来，数量就很可观了。

→ 我的一天这样度过 ←

早饭在肯德基爷爷家吃——当然不免费，吃完后近八点，经过麦当劳叔叔家门口上公交。肯德基爷爷对麦当劳叔叔说：我能想到最浪漫的事，就是永远出现在你周围300米范围内，默默地注视着你，然后把自己的鸡翅卖得比你贵一块钱。咱在汽车4S店扎堆的开发区汽车一条街工作，也是这个理儿，各个店互相注视，彼此竞争。

有人要问了，4S店和一般的维修店有啥区别呢？用最通俗的话说，4S店包括卖车、卖零配件、售后服务和信息反馈，业内叫“四位一体”，通常只经营一个品牌，而且外观形象、标识和管理标准也是统一的。而一般维修店通常只有零配件和维修保养业务，如果技术跟得上，可以对所有车服务，装潢和管理经营都按照自己的意志来，店主是老大，自己说了算。

8点50分换上统一工作服，标志是三叉星辉，中国人都懂的。我同事喜欢吃烧饼，他记车标志都跟烧饼有关：一个烧饼分成两份是比亚迪，分成三份是奔驰，分成四份是宝马，四个饼连在一起是奥迪——伟大的烧饼！此同事很有能力，再过几年自己做店主也不是没可能，当然未必是一个烧饼分三份了，我们技术经理前些日子就和朋友合资开了个维修店，啥活儿都接，生意很不错。这一行市场需求量会越来越大的，只要有技术，不愁没钱抓。得，咱该上班了。销售部的帅哥美女们已经在前台候着了，其实咱也长得帅，完全可以去干销售，但是那个干久了，除了笑容甜美嘴巴更会忽悠外，没别的长进，理科男还得埋头苦干才会有发展。

跟养眼的同事们打声招呼，8点55分到前台拿我和小张的派工单。小美眉笑嘻嘻地将单子递给我说：“帅哥，今天很忙啊！”连她也看出来了，看来俺确实是个干活儿的命，咱店里的保养维护人员都是到大专院校里直接挑选的好苗子，白纸一张进来先做徒工，学历只是个敲门砖，三年徒工做满升为初级技师，派的活儿依然是不太着调的。初级技师好好干，三年后——也就是熬到去年，我才做到了诊断技师，跟医生出炉的经历差不多。

同样跟医生相似的是，各种汽车的故障也要多诊断多上手，核心技术才能逐步形成，身价也才能高起来。跟小美眉笑别，到电脑上去开卡计时，这意味着我一天的工作正式开始。

第一台归我和徒弟小张（三年工龄，再过两个月就可出师独当一面）管的车已经送过来了，三十多个工位，已经用了十来个，早起的鸟儿有虫吃，早来的车子不用排队等候。友情提醒：以后车子保养维修啥的，可要提前预约，省得浪费您的宝贵时间，还可以打折，划算得很。

这台S350一百万出头，我当其维修保养顾问已经大半年了。客户昨天下午五点多送过来的，说车子故障灯亮，行驶中发动机熄火的情形有过两次，且过后好久才能重新启动，客户很恼火。通常我们六点就下班，告诉他今天中午来取。今早我首先试车，对它进行了三次测试启动，都很正常，怠速状态下放置了一段时间后也没有熄火。

豪车的信息全球联网，我将车连接到三叉星辉专用的全球联网诊断电脑上检测，车载网络的结构显示在液晶屏上，没有任何故障码，发动机相关数据也均在正常范围内，点火线圈的数值也没有异样，按照常规思维，车子没有理由无缘无故停下不走，它又不是人，不可能喜怒无常。

只能想办法让故障再来一次了，跟维修部主任说一声，带上小张上路，挑风景好的路段走，权当边兜风边工作了。还好，走了不到二十公里，车子发动机抖了起来，发了一阵脾气后彻底熄火了。我和小张就被扔在荒郊野外，虽然路边风景尚可，但此时也没心思再看了，继续发动，车子不配合，就是发动不起来。不慌，不慌，一遍一遍地试，搞了七八次，总算发动起来了，看来用户所言不虚，我能深刻体会人家将车送过来时那恨铁不成钢的表情了。

小心翼翼地将车开回去，祈祷一路不要出问题。还好，车子没再抛锚，半小时后准确地停回到工位上，吩咐小张用千斤顶将车顶起悬空，接上燃油压力表，怠速下观察车的情况，隔一会儿又熄火了。再让小张查看燃油泵线路，答曰一切正常，没有损坏腐蚀现象，我又用车间信息系统查看车的电路图，电压啥的都符合标准。真是见鬼了，这种故障从没遇到过，看来今天得慢慢跟它斗争了。

我盯着车发呆，头脑中在高速运转：要么是燃油泵，要么是继电器，如果以上两者都不是，那就是发动机控制单元出问题了。吩咐小张将燃油泵和继电器都更换掉，继续怠速试车。唉，真不巧，隔了一会儿又熄火了，看来真是发动机控制单元出问题了。吩咐小张拿来专用诊断线束盒，慢慢连接排查，终于找到了不工作的坏分子——有个端子及其线路断路了，只能更换控制单元。

跟车主先联系下，确认问题所在，将新的控制单元装入，然后我对车辆进行编程，车辆的编程就如电脑系统一样，没它，车就会处于休息状态，没法工作。编程是个很枯燥的活儿，我拿着“车辆编程，请勿动车”的提示牌放在发动机旁，让小张站旁边小心地看护着车，自己坚决不动它，也不让任何人来动他，否则一切努力都将付之东流。小张等待的时候，我先去吃饭，顾客又打来电话，问车是否好了，告诉他下午两点半过来取。吃完换小张，继续做车的警卫，编程完毕时，已经十二点半了。

和小张两人继续出去试车。开着大奔在秋风送爽的季节里兜圈确实比较爽，但换我我就不买——太费钱了，没有买房子实在。想起一个朋友的贫段子：

“我想买辆坦克。”“那就买呗。”“买不起啊，那么贵。”“拿信用卡刷啊。”“刷了信用卡是要还的，还不起怎么办?”“怕什么，你有坦克。”

我属于害怕还不起信用卡的保守派，小张也是。聊天中两人换着开，故意停了几次，急刹、提速、超车、急转弯啥的都玩了一遍，该试的都试过了，车没有任何故障，一切显示都是正常的，总算大功告成。

一点半回店里，小张写维修报告，我审核，然后在办公室看会儿三叉星辉车发动机故障的英文材料——不是吹，我的英文还是不错的，很多说明都能看懂，看不懂的就查字典，这也是技术提高和薪水看涨的拿手本领之一。正琢磨着，前台呼我，昨天跟我预约过的客户来了，我是他的维修保养顾问——嘿嘿，混了这么多年，终于可以当顾问了，不容易。

这是辆C300，进行下A类保养。我赶紧将气场特强的女客户迎进接待室，彬彬有礼地询问下基本情况——车是在我们这里购买的，因为优惠幅度大，所以没有免费保养项目。这是个自己挣钱买花戴的主儿，昨天已经问了前台很多情况，我也推荐了保养套餐，她认为性价比非常高，看来客户经理要先跟她敲定套餐问题了。我拿过钥匙，把车开到车间的工位上去。

停好车回头找那女客户，带她到会所二楼落地窗前，服务生送上咖啡和瓜子，我请她填写客户资料表，签订协议书，再领她到车间里她的爱车旁，小张已经将方向盘、座椅等容易弄脏的地方全部用透明袋保护好了。当着她的面，我对车进行了一番检查，然后提出了保养建议，当然也包括价钱和付款方式。

看来女人对汽车真的很不懂，听我喋喋不休地说要清洗所有喷嘴、更换机油机滤等内容后，她有点晕掉了，跟着又提了好多问题，不管那问题多么外行，我都一一微笑回答，最后我将她关心的价格一一报上，加起来总价本来是3000元，但因为她要办理白金卡，所以只要2000元多一点儿就可以。她对这一点很满意，各个数目虽然我倒背如流，但估计她根本就没听进去，更甭谈记住了，因为人家根本就不用担心我忽悠她。赤兔马的故事告诉我们：名牌的东西就是不一样，哪怕是二手的，照样会有人花高价，哪怕是当奢侈品摆在家里，也可以显示出主人家的尊贵富有，她亦属此类。

方案既定，她到会所喝咖啡翻杂志去了，我让小张开始动手。这种技术活儿小伙子已经非常熟练，不像上午修那辆车，别说他，我都费了牛鼻子劲，多年的经验全部用上才勉强完成任务。小张拿来专门的保护毯盖住了翼子板，要是车漆被划伤，麻烦就大了。

换机滤、抽机油、加机油，弄好后检查刹车油、助力油和防冻液的液面，这些小张都驾轻就熟。等这些弄好了，他坐在车里检查电器和各项功能，我接电脑检查汽车的ECU数据，他会继续测量轮胎气压，将所有的螺栓拧紧了，再将车升高检查底盘，然后进行一次全面检查。

他查过了，我再查，一点不含糊，所有项目都要看一遍，试一下，最后喊车间的复检员过来，他也上上下下里里外外检查一遍，这车才算保养完了。当然，还有一个美容环节——送去洗车，小张手头还有活儿，我开车送过去，然后将该填的项目填好，等车洗完，开出来停到车位上，再去会所，毕恭毕敬地将钥匙交给车主，从她手里拿回反馈单。此时已经快五点了，美女笑嘻嘻地问车子还有些啥功能，看她知道的确实不多，咱就现场指导一番——这样可以提高品牌的知名度。好车的设计比较人性化，咱也不想把她说晕了，简单教她两样功能，一是位置调节的记忆功能，二是蓝牙电话号码查询功能，她挺满意，笑嘻嘻地尝试了一把，会了，对女人这个物种而言，手把手地教比让她们自己读说明书强多了。

六点下班，还有个客户的车没取走，电话联络后，他说会晚点儿过来，将钥匙交给值班人员。坐公交车回家，半途上来一个老奶奶，拎着大包小包的东西，我赶紧让座。过了一分钟，老奶奶对我说："帅哥哥，谢谢你哦!"周围的人都愣住了，本人反应迟钝，过了一分钟才反应过来，回道："不用客气的，美女。"想着晚上回家对老妈也道一声"美女"，且看她如何反应。

选择理由

我喜欢汽车，看到好车就手痒，大专学的是机械专业，毕业前恰好大奔店到校招人，我立马报名。现在干得挺好，所有类型的大奔都开过了，就我的状态，再有两年可能会升职。假如时机成熟，我会跳出去单干的。

压力指数

压力指数中。我们的服务要求高，尤其是技术上的难关，不潜心学习是搞不定的。另外，要经常读原厂的英文资料，解决问题才会得心应手。

人际环境

除了跟机器打交道，还要学会与人打交道。一开始三年全部在车间，大家一起干活儿，互相学习，人际关系比较单纯。现在我也经常和客户打交道，总体而言，他们层次比较高，我从中学到不少。与他们沟通也很有技巧，光笑容可掬是没用的，要真诚贴心，为他们定的保养维修计划要专业靠谱。

我所向往的职业

再干几年，积累些经验和金钱，我打算自己开个维修店，当然不是杂牌子，而是品牌维修店。当然要找投资人，我一个人恐怕不行，主要是资金不够，这年头谁都缺钱哪！技术和经验是足够了，这个我有底气。

入行门槛

豪车的维修技师要求会比较高，通常都要求本科以上学历，汽车或机械相关专业。而普通的维修技师则要求高中毕业就行，但动手能力要强，还要能吃苦、肯钻研。

心理测试

几乎每个人小时候都会有一个储蓄罐，你是从何时开始存钱的？

A. 高中之前　　B. 高中之后

碰到想买的东西，你会?

C. 先去查看自己的积蓄，够的话就买

D. 自己的积蓄当然不能动，管父母要钱买

参考答案：

A. 适合与钱有关的行业。你聪明敏感，对物质得失有着很敏锐的洞察力，对自己的财产运用自有一套主张。不太乱花钱，但并不吝啬，能够做到让回报高于付出。你善于总结经验并及时改进，你的经济头脑需要一个合适的舞台来展示，可以主动去发掘“伯乐”，在他面前展示你的优秀。只要得到一个机会，你会长袖善舞的。

B. 适合创意行业。为人豁达开朗，不太计较金钱得失，认为钱够花就好，不想把自己搞得筋疲力尽却没有时间享乐。好个性为你赢得了好人缘，你的好脑子为你的成功奠定了基础，唯一缺少的是动力。为自己定一个远大的目标，你会走得更远、得到更多。

C. 适合学术、钻研性行业。你个性温和，踏实不冒进，你知道自己想要什么，但不太清楚自己能要到什么。术业有专攻，有些人机灵、圆滑，做公关会如鱼得水；而你有一颗恒心，假若潜心钻研技术或学术，一定会很有建树。足够的智商加上其他人所不能比的耐心，时间会让你的财富由量变到质变。

D. 适合销售行业。你个性开朗热情，并能带给身边的人快乐，颇有喜羊羊的风格。也许你并不能言善辩，但就是有那种让人相信的特质。美中不足的是，你有一点迷糊，总是挑不到合适的事业去发展，那么不妨去问问身边的人，做一做市场调研，好人缘会帮你渐渐打开局面的。

第九章

其　他

那些曾被预测会很热门的职业

46

国际导游：走走走走走啊走，走遍天涯路

别人出钱我来旅游，领着团队走遍千山和万水，风景看够了还要再看——这项让我又爱又恨的职业，其实还蛮合我的胃口。

行业动态

目前，中国持有导游证的人有四五十万之多。相比于泱泱大国的十几亿人口，这个数字不算庞大。但这个群体很特殊，他们的工作就是跟形形色色的人打交道，每次都换，说再见就是基本再也不见。而他们自身，不是在地上跑，就是在天上飞，要不就是在景区里转。

旅游业的不规范历来为大众所诟病，媒体曝光旅游行业的黑幕已经成为兵家常事。作为旅游行业的形象代表，跑断腿的同时还要鼓动三寸不烂之舌聒噪不休的导游，更是其中被质疑最多的一个角色。人们关心的是：甜言蜜语之后，我们到底被宰到了什么程度？导游的回扣或叫灰色收入到底有多少？

先来做个简要回顾：对导游而言，中国的旅游业曾经有过黄金时代，直到遥远的20世纪90年代前期，以1993年为分水岭，随后有三四年的“白银时代”。1996年之后就由“白银时代”进入了“黄铜时代”。实际上，那几年的旅游业自身正在急剧膨胀，发展迅猛，全国各地到处都在开发景点——演变到今日成了为西门庆故乡究竟在哪儿争得不亦乐乎。到了“9·11”事件和“非典”疫情发生的时候，中国的旅游业和导游收入完全进入了“黑铁时代”，曾有的风光一去不复返。

说来令人难以置信：20世纪的导游们也曾有着“老婆基本不用，工资基本不动”的状态，前一句是无奈，后一句则是骄傲，因为灰色收入很多

很多。如今依然是两个基本不用，但那是大多数导游根本就没有工资可用。他们的收入基本靠忽悠，碰到“好”团队，腰包就鼓，否则，就只能暗暗叫苦。

地段，地段，还是地段，这句话套用在旅游业也很恰当。除了天时不再，地利对导游收入的影响也非常显著。“桂林山水甲天下”在学生课本中盘踞了几十年之久，影响了几代人，而云南风情也举世闻名，游客们趋之若鹜。温情脉脉的宣传语背后，业内则一直有“桂林是洗衣机，云南是甩干机”的说法，可见导游要想掏光游客钱袋，那也是个难度不小的技术活儿。

目前，国外的导游基本是自由职业者，而国内也正朝着此方向发展。纵然和旅行社签约了，一般也只有几百元的基本工资，其余“三险一金”还得自己埋单。即使你是国企的导游，一般也只有很低的基本工资，而不存在奖金、福利等待遇。

业内人都心知肚明的是：导游带一个团，除了没有辛苦费拿，还要交人头费给旅行社。假如接个美国团，那就得上缴120到200元每客。不煞费苦心地忽悠游客买东西或消费，是要倒贴的。不要怨天尤人或骂黑心的老板，其实谁都不容易，他们的利润主要就是来自导游和旅游商店的“人头费”。出境游更是如此，以近几年国内一直大热的“泰新马”一线为例，国内组团社交给接待国旅行社的团费远远不够消耗的成本，三五千元的团费，光来回五张飞机票和旅馆费都不够，更别提一天三顿饭和二十四小时候着的旅游大巴了。因此，接待国的旅行社也只能按照常规向导游搜刮人头费，那些“三无”的导游便只能煞费苦心地忽悠游客，以便捞回血本。

当越来越多的人喜欢到处逛逛，甚至走出国门看世界时，通过旅行社出行依然是首选，游客需要通过导游来认识一个国家，了解一个城市，熟悉其风土人情。旅游旺季时，导游也就常常供不应求，连轴转已成习惯。

→ 我的一天这样度过 ←

“走走走走走啊走，走到九月九，他乡没有烈酒，没有问候……”我就是一个走遍天涯、将他乡做故乡的人。十年前成为一名国际导游时，就注定了我一年有大半年在外头跑。老公和我惺惺相惜，只不过他正常跑欧美线，而我大多时候跑的是泰新马线。

我的工作是不能以日计算的，应该以行程来计算。以泰新马线为例，本次团队共有46个人，算是个大团。前天我刚完成一个行程，想休息一周，可老板告诉我们："到了暑期，谁都不许请假，否则下个月就另谋高就吧。"我不怪老板狠，因为泰新马线到了暑假确实大热，团里已有的人手根本排不过来，还到外头借人，此时休假，纯属痴心妄想。

好了，拉回正题。这个团来自上海周边的好几个城市，我得先将几个小领队抓过来开个说明会，将出团通知书上的内容广而告之，请他们回家认真转告，否则接下来会有一连串的麻烦，大家会导游导游地叫个不停，我也就别想有片刻安宁了。当然，预先给46个人的护照贴上序号和姓名，安排航班号什么的，这些基本功课是必须先做好的。如果团里丢一个大活人，还丢到国外去了，也够我喝一壶的。

八月一日从浦东机场出发，踏上新征程。十二点多的航班，十点左右大家就集中在1号航站楼的20号口，按照惯例我先收小费和自助游项目的1230块钱。有游客开始嘀咕，我只好赔笑解释：这不是我的个人行为，说明会上公司已经跟大家说得很清楚了。有人赶紧往家打电话，请求往银联卡里充钱——看来说明会的精神贯彻不是很到位。出门在外，银两先行，这点我是深有体会的。

香港航班晚点是正常的，不晚点是稀有的，这次晚点一个多小时，算很客气了，我给大家发了本次航班的登机牌，带他们托运行李，过海关，下午四点多到了香港，看看电子显示屏，晚上十点飞往泰国的飞机最早也要到十二点半才起飞，没辙，让大家在机场购物厅里转，七八个小时，慢慢逛吧。香港机场的冷气永远那么凉，大多数人都穿上预先布置带的厚衣服，我觉得汗毛开始立正了，赶紧披上外套，找个吃饭的地方，点了薯条和咖啡慢慢混时间。这是我出行中比较放松和惬意的时刻，当然只是相对而言，大家的机票、团费，以及一些出入境手续什么的都在我兜里，我得时刻小心，宁可把自己弄丢了，也不能把这些东西搞没了。

将近一点时上了香港航空飞往泰国的飞机，夜里三点多才到泰国，从包里掏出入境卡发给大家，出海关拿行李，与当地导游小陈接上了头，司机和陈导早已哈欠连天，游客也都面有菜色，有个美女在大巴门前给每人脖子上套一串花，还要合个影，表示到此一游。有人不乐意，我示意他入乡随俗，一张照片才一百泰铢，合人民币二十多元，可要可不要。等大家都上了车，再次清点人数，夜里大脑处于半睡眠状态，数来数去少一个人，吓得我立刻清醒了，后来总算发现，一个小家伙趴在爸爸腿上睡着了。七拐八弯地走过“白天破破烂烂，夜晚星光灿烂”的曼谷城，到达定点酒店，办入住手续，通知大家明早九点集合。有人表示不满，我亦无奈，行程如此，除了景点还有购物点，根本不受我控制。说白了，我只负责领路，带团出游是不拿回扣的，出境补贴四百块一天，在上海这个城市，算是个小白领的收入，马马虎虎吧！

第二天开始走行程，上车后小陈先跟大家做自我介绍，然后给游客每人准备了一个红包，四千三泰铢，就是人民币一千元，方便游客购物和给小费什么的。每年到泰国观光旅游的中国人特别多，所以对于中国游客的需求，泰国旅行社都安排得滴水不漏，以便你的钱到泰国后如水一般哗哗地流入他们国家。泰国是个要给小费的国家，一次二十泰铢也就够了，所以当小陈用很不标准的普通话叽里呱啦地介绍了一大通大皇宫后，我又补充告诉大家，花钱的时候尽量选大的花，方便自己付小费，否则你拿一百泰铢说“这是小费，给我找八十泰铢”，那是门都没有的，服务生会喜笑颜开地说：“哇，来了个出手大方的阔佬。”

带游客到了大皇宫门口，小陈去买票，我提醒男士不能穿短裤、拖鞋，女士不能只穿裤子而不穿裙子，游客们又赶紧去花四十泰铢买条花布裹上，男男女女看上去怪怪的。正忙碌间，王子的车队来了，一色的白色宝马摩托开道，然后又是一连串的宝马、奔驰汽车，泰国王子坐在加长的兰博基尼车里对大家挥手。大家都很兴奋，我也高兴了一把，毕竟不是每次来都正好遇到王子的，虽然这个王子已经老得全无帅哥范儿。

大皇宫的建筑堪称世界一绝，游客们的相机开始“biá biá”地闪，这个时候就没我什么事了，只要叮嘱他们，娄妈妈（泰语，指男士）和水晶晶（泰语，指女士）十二点钟到门口大道旁的柏树下集合就可以。当然，这个时间是我定的，到最后什么时候能走很难说，很多游客到里面就转向了，绕来绕去找不着来时路。中午带大家坐快艇游览湄南河，然后去皇家珠宝店皮具店看红宝石和鳄鱼皮包，这是行程中一定要有的，一般购物店的参观都是有时间规定的，起码半小时以上，因为我带的这种观光购物团中的诸如吃饭住宿之类需要他们赞助，所以捧个人场很重要。

初次到泰国的游客都会很新奇，东看看，西逛逛，多少都会买点东西带给老公、老婆或其他亲友。不过有的旅游油条就会提意见，那我只好装聋作哑，毕竟是异国他乡，实在不方便说什么。要是游客什么都不买，当地导游就苦死了。有游客问我泰国什么东西最值得买，我通常会给他们看一下我手上的红宝石，这是我老公六年前买给我的，货色不错，如今升值不少。鳄鱼皮包买的也有，通常是一掷万金的阔太太们，毕竟一个包包都要上万，工薪阶层玩不起。我们这个团总体比较理性，只买不值钱的小玩意儿，从小陈的脸上我能明显看到失落。

第三天下午带大家坐车去芭提雅，这是比较好玩的地方，第四天的自助游项目就在这里。这些家伙到了海边就疯了，换上泳装，有的忙潜水，有的忙空中飞人，很刺激。这个团的自助游项目很实在，因为小孩和年轻姑娘比较多，所以只动员一部分人晚上组成小分队去“东方公主”号，算是给小陈一点儿补偿。整个行程中，我最爱待在芭提雅，虽然太阳很毒，越晒越黑。“东方公主”号的人妖档次很高，我几乎每次都去，看着男女老少在里面疯狂得一塌糊涂。人妖没有传说中那么黄，他们还是很有职业操守的。倒是看上去道貌岸然的一些人，到了那里就本色毕露，完全不见平日的君子模样了。本来有很多项目是不分国籍的，后来人家旅游局就规定哪些地方是咱国人去的，哪些地方是欧美国家的游客去的，即使同一个购物点，也分时段。公平不公平，我不便评论。

自助游项目中有一个是吃水果。十来个人一大桌，可以放开肚皮吃，各样热带水果，平时在超市里贵得离谱的榴莲、红毛丹、菠萝蜜等，爱怎么吃就怎么吃。去吃水果那天，我只吃很少一点儿早饭，吃完水果后午饭也基本吃不下了。在外奔波，有这点儿乐趣，也算是安慰。有些游客水土不服，吃不惯当地菜，一路狂吃自己带的方便面，我表示无限同情。

第五天带大家参观毒蛇研究中心和燕窝展示中心，打道回曼谷，准备搭飞机去新加坡。泰国最后一晚吃的自助餐令人兴奋，在购物中心，环境没的说，服务绝对上档次，菜也丰富，游客有一种宾至如归的感觉。吃完了，买“iPad”及其他特产的时间也很充裕，只是到机场时得带队员去退税，比较烦。

泰国五天下来，大部分游客都觉得经费紧张起来，提醒他们准备小费，收好护照，防止遭遇其他意外事件。一切顺利地坐上曼谷飞新加坡的班机时，我才松了一小口气，关照大家别在这架飞机上吃自带食品和饮料，要吃就得向空姐空哥买——这是新加坡私人机场的航班，机票便宜得令人咋舌，服务自然也不咋的。登机和下机时，胖胖的机长和我们只隔了一层玻璃，驾驶舱内就他一个人，不像香港航空，机组人员三四个，被隔在头等舱那头，只能下飞机时瞄一下。其实，看看哪国航空公司的机长更帅、空姐更漂亮，也是我无聊之余打发时间的一个方法。当然，在机上其他游客昏昏欲睡的时候，我得做功课，给他们填出入境卡和申请表，一会儿进海关要用。总而言之，这趟行程，我填的表格有几百张之多。

真正进入新加坡之前，我得重复一百遍：请把香烟都吸光，口香糖要吃完或扔掉，新加坡禁止携带这些进海关，若是罚款，起码5000元。排队过关时，又得关照他们：护照里面的出境卡不能丢。等把第一批26个人交到导游手里，我得半夜到机场去接剩下的20个人，他们是下一航班，订票时人数太多，没法一批走。这一夜，我基本只睡三四个小时。

新加坡是个中转站，所有逗留时间都算上不过一天，到鱼尾狮身像前拍个照，看看高楼大厦，珠宝店什么的再晃一晃。新加坡导游的忽悠技术自然无痕，大概是因为他们工资很高，心态比较从容，推销手段也就更高明，于无形中掏空了游客的腰包。在泰国憋着没买宝石的人，到了新加坡，先把时来运转和蓝宝红宝的买上一通——主要是新加坡比泰国皇家珠宝便宜许多，不过品质呢，仁者见仁，智者见智吧。

新加坡待一天，我基本什么也不买，除了帮熟人带点绵羊油。吃过午饭，大巴送我们去马来西亚，出关进关，其实就是过一座桥，一个特别浅的海峡，浅得这边大声喊，那边就能听得清清楚楚。我反复提醒大家要用右手递护照，跟签署手续的海关人员说“带你妈看戏”（马来语“谢谢”的意思），一路大包小包提着赶着，终于上了马来西亚的车，简称“马车”。那边的王导已等候多时。新加坡导游统统自称华人后裔，王导也不例外。他一上车就骂新加坡导游不守时，害他的新发型被汗水破坏掉了，没法以最靓丽的形象展示给大家。王导自称是“外交官”，他们也是有带团补贴的，否则真是没法过了，因为马来西亚是最后一站，这时游客的腰包大多已被掏空，购物欲望也很小了。我遇到过很多马来西亚导游，他们能说会道，一路上三四个小时说个不停，不时插科打诨，逗得大家哈哈大笑。谁挣钱都不容易，他们要没这个基本功，后头几天的日子就不太好过，因为购物点几乎比景点还要多，不去也得去，不照顾好游客的情绪，没法做生意。

当晚十一点住到吉隆坡，游客们坐车坐得都快散架了，个个昏昏欲睡。通知他们第二天早上八点集合的时候，很多人表示反对，我也没睡足。马来西亚跑跑太子府、上云顶看赌场、到马六甲缅怀一下郑和，最后到新山——离新加坡很近的一个城市。三天下来，游客们大包小包的又买了不少玩意儿，王导的忽悠功夫真不是吹的。我买了些巧克力，这里比国内更正宗，口味也多种多样，我家小丫头最喜欢了。我常常想：将来我要是可以，就移民到马来西亚，房子便宜，生活节奏慢，马来人（他们称为茶叶蛋）算账很不在行，做事又糊涂，我们来生存是绝对没有问题的。最关键的是，三十万就可以买套大别墅，这在上海，只够买个卧室。幸亏我是本地人，否则凭我和老公的收入，要买个房子，省吃俭用二十年也未必行。

离开马来西亚也很烦，要出关，进关，到新加坡坐飞机回香港，再转机到浦东，落地时已经是夜里十二点多了。我那亲爱的昨天从欧洲已经回国了，开着车在航站楼那儿等着我呢。至于游客，各回各家，各找各妈，没我什么事了。

好了，一趟行程结束，十天四千工资，没出任何意外，谢天谢地。刚下飞机老板就来电话，最多休息两天，就要带团上路。带吧带吧，闲着也是闲着，过了这两个月，就会轻松些了。

选择理由

我为什么要做导游呢？一开始是好奇，“我欲无所不知，我欲无所不至”，想到处跑跑开眼界。后来就成了习惯，觉得这个工作还蛮适合我的，毕竟出境领队只要把人好好地带出去并带回来就行了，比起在国内景区跑的同行，算好的了。我也萌生过退意，尤其是生孩子那年，也想到公司去做文员或到企业上班，可以多照顾家，可一想到犹如坐牢似的不断重复着昨天的生活，我就倒了胃口。如今孩子我妈妈带着，挺好的。我一回家就全天候陪她，有机会也带她出来玩。

每年不忙的时候，我和老公都会带彼此跑从来没去过的线路，算起来，我们已经跑了好几十个国家了。

我期望的境界是财名双收，游客玩得开心，我赚得高兴。当然，这个不容易。我从菜鸟级别到如今的老鸟出手，其间手忙脚乱过，也焦灼纠结过，生活是个大熔炉，现在我终于能够从容不迫加应对自如了。

比起同行的怨声载道，我觉得我的心态好许多。我觉得自己常常在过另一种人生，到迥异于上海这个大都市的国家，接触形形色色的人群，体验新鲜的感觉，遭遇许多趣事和尴尬事，将来回忆起来，人生还真是丰富多彩。

压力指数

压力指数偏高，辛苦程度中等偏上。

1. 安全是重于泰山的事情。整天在外蹦跶，不是飞机就是大巴，要不就是快艇。常在河边走，哪能不湿鞋？这是我们最不爱听的一句话。只要听到哪里的飞机失事了，或哪里的大巴出事了，不消说，我们是最“唇亡齿寒”的群体。每次出行前我都要烧几炷香，祈求菩萨保我平安。

2. 行万里路，还要读万卷书。当然，这个书不一定是纸质文本，也包括了解各地的风土人情和普遍规定，领队如果什么都不懂，肯定不合格。游客喜欢问十万个为什么，游客知道的咱要熟悉，游客不知道的咱要晓得，知识面是导游的基本内存，所以不断学习的压力也不小。

3. 不同的游客都得能应付。咱跟游客是合作关系，但与他们友好相处、不被他们背后唾骂可是个大学问。大大小小的琐事处理，哪样不到位，都可能招致怨声载道。有的人稍有不满就投诉，搞得我们很郁闷。

4. 保管各样证件、办理手续太烦。签协议、办签证，和地接旅行社沟通、分房、订餐，处理突发事件，清点人数，反复提示，需要不厌其烦和细致入微。不能带香烟、不能带变焦相机、不能这样那样的，各个国家要求的都不一样，务必要对游客交代清楚，否则出了问题，全是领队的错。

人际环境

很多人认为导游黑、贪、狠，其实游客对我们的不信任是很伤自尊的。社会曾经给导游一些很美妙的称呼——“民间大使”“旅行社的窗口”“城市名片”“外交官”等，可实际上整个社会对导游的歧视和不屑是显而易见的。我一个同事稍有不顺，就拿那句“被媒体骂得猪狗不如，被旅行社宰得比兔子还惨，被客人投诉得比绵羊还乖，被旅游局罚得比蚂蚁还多”来自我解嘲。跟形形色色的人打交道，学会心平气和、随遇而安很重要。

当然，在旅行社内部也有一些小猫腻，比如团的好坏（主要是社会地位和经济能力），带到好团，就意味着财源滚滚。所以，那帮善于拍老板马屁的、社会背景好些的导游自然更容易接到好活儿。内部的钩心斗角、妒忌眼红是哪个行业都存在的，毕竟人家知根知底不是？幸亏我们大多时候在外头跑，所以斗鸡眼相对的时间很少很少。

我所向往的职业

如果可以换个行业，我就当个幼儿园老师吧，天天早出晚归，和最纯真的小朋友一起唱唱跳跳，基本没什么压力。还有，那样我就可以天天陪孩子了。

入行门槛

报考领队证的必备条件：首先是大专以上学历，拥有导游资格证且工作两年以上；其次是身体健康，保证你万水千山都走得动；然后要与国际旅行社签订劳动合同；最后一项很重要，那就是带团90日以上，无重大服务质量投诉，要不就一票否决。

考试分笔试和口试两部分：笔试内容是客源国的概况和领队业务方面的专业知识和语言等；口试自然就是看你的表达能力和应变水平了，当然如果你的英语是只看不讲的哑巴英语，那可得好好加强，这是个硬条件。

对于出境领队而言，知识、沟通、组织这几种能力，样样都很重要。

心理贴士

导游是个高压力职业，不停地在外奔波，与各色人等打交道，还要想着将来的发展。什么样的人适合当导游呢？最好能够具备以下五个条件：第一，要能起早带晚不怕吃苦不怕冒险；第二，喜欢在外头跑；第三，要家庭牵挂不太大，可以随时出去飞；第四，要爱交际、爱说话、性格外向；第五，要记忆力好、包容力足、责任心强。

面对生存和发展的高压力，导游们该如何化解呢？最好的办法就是变得更加乐观洒脱，每次完成团队接待任务后，及时地释放这次工作中的不愉快和压力，避免带到下次接待中去，否则日积月累容易堆积情绪垃圾，引起职业倦怠，引发心力衰竭。

47

律师：朝着法律顾问的梦想前进

理想很丰满，现实却骨感。小律师什么时候能够大翻身呢？

行业动态

2009 年《新沪商》杂志发表的《60 位专家预测未来十年上海“十大热门职业”》一文中指出，律师这一行业以 70.6%（涉外律师、各专业与行业律师等）的投票率当选且位列第五，前四名分别是分析师、心理咨询师、保健和休闲行业，专家对律师这行的看好率远高于教育培训、金融保险和企业管理等行业。入选理由是：社会法律化推动，各行各业都需要自己对口的律师提供专业的服务；律师要成为行业专家，实施专业化服务。[①]

1979 年中国重建律师制度，到如今风风雨雨 30 多年，整个行业的市场尚未成熟。我国目前注册律师大约有 14 万人，律师事务所 1 万多家，每 9000 人中有一名律师。全国律师每年办理业务在 900 万件左右，业务收入在 90 亿元上下，律师人均收入大约 7 万元，平均每件代理案收费千元。律师年收入存在严重的地区差异，北京最高，人均年收入达到 26 万元，上海在 20 万元左右，江浙地区则只在 7 万元上下，广东更少，约 5 万元。律师在三大法律职业中竞争最激烈，但收入和社会地位并不与之对等。中华律师协会会长于宁在 2010 年 3 月初接受媒体采访时表示：“虽然还没有系统性数据，但是从全国来看，律师的平均收入其实也就和出租车司机差不多

① 60 位专家预测“两个中心”如何改变上海．新浪财经．http：//finance. sina. com. cn/china/dfjj/20090504/13506178280. shtml。

一个水平。”①

媒体大炒特炒的天价律师费也仅仅是个别现象。律师界的“二八法则”在大陆范围内普遍存在：80%的律师做20%的业务，20%的业务收80%的律师费。其业内收费水平呈两极分化：刚入行的小律师，接个案子也许只有三五百元，90%的人收入只能维持基本的生存开支；执业多年的资深律师开价可以在五千以上，上万也正常。北京、上海的某些律师事务所，名气大人脉广的老鸟一年收入上百万元是很正常的。遵从正态分布，大部分律师一年收入介于几万到十几万之间。

秋风四起之前，律师行业的春天曾经来过。那是改革开放后一段时间以及加入WTO后的几年，中国人的法律服务需求大增，律师一度供不应求。随着国际化进程的深入，市场竞争对律师的专业背景要求越来越高，圈内人开始意识到“律师单干，早晚完蛋”，却又因行业发展不成熟而缺乏足够的应对措施。国门打开后，各种外资律师事务所涌入市场，国内的大量法律专业毕业生也挤进了律师队伍，市场竞争愈演愈烈，这个曾经很吃香的职业进入了低迷期。当前法学毕业生的就业率已经连续三年在文科类高校中垫底，这与律师行业的不景气有一定关联性。

→ 我的一天这样度过 ←

本人是武汉某律师事务所的一名普通成员，入行五年，业绩中等，工资维持在每年五万元左右，和同等资历公务员的阳光工资差不多。但是，比起我在公检法系统混的大学同学们，我远不及他们那样从容淡定。他们旱涝保收，不用琢磨薪水的事；我们得自己找食吃，事务所除了给你交个“三险一金”，不会另外再给你一个子儿。就这待遇也是不错的，有些事务所可是“三不管”的，如果长期没案源没客户的话，小律师们就等着喝西北风吧。当然这是最最悲观的情况。

跟大多数行业一样，做律师这行，保障基本生活是可以的。每个人都习惯于按照自己的节奏走，我也习惯了当律师，认为这是自己该做的事。今早闹钟叫过三遍后我才起床。老婆拉被子蒙上头继续睡，解放区的天有

---

① 北京律师刑辩3万封顶．新浪新闻中心．http：//news. sina. com. cn/c/sd/2010－05－25/173120344128. shtml。

阴有晴，人家九点才上班。咱不行，今天八点半要出庭，得提前去所里将材料备好。

八点到办公室时，委托人已经等着了。很典型的开发商违约事件，委托人买的是商用房，目前自己经营着一家饭店。开发商没能按合同及时办理“两证”，其实房子早在签合同之前就被抵押给了银行，开发商售房时隐瞒了这一事实。如今超过约定期两个多月了，业主提出诉讼，以上事实诉状中我已经为他一一列出，并将所有附件复印整理好了。估计委托人不会输官司，但是就我的经验，要执行到位也很难，开发商资金紧张，抵押贷款还有大半年才到期，委托人要保全自己的财产，恐怕还得使用一些非常规手段。毕竟买房者是胳膊，而开发商是大腿，要跟他们拧，一两个胳膊不顶用。

开庭后，我先陈述事实，然后被告方法律顾问——一个四十多岁的律师开始反驳我，我很佩服他的狡辩能力，大摇大摆地换个说法后，听上去他们特别无辜，倒是我的委托人在无理取闹了。委托人气得面色通红，几次急着插话，法官屡次示意肃静，我一边示意他淡定些，一边据理力争，将对方话语中的漏洞揪出来，挨个儿进行驳斥。说实话，这番唇枪舌剑并没有多大意义，因为所有的证据我的当事人都提供了，案情一目了然。我注意观察了一下对面应诉的副总，他看上去心思不在法庭上，人家根本就不紧张。想想也是，即使我的当事人胜了，执行才是个大问题。庭审进行了一个多小时，法官建议休庭，择日调解——小人之心地猜测下，对方应该也找过人了。中国是法治社会，更是人情社会，更多时候，法官们也希望能够两不得罪地调解而非冷冰冰地判决。我的委托人估计还要再经过几个回合才能拿回属于自己的房产，后来的结果也证明确实费了好大周折才解决。

十点走出法院，安慰下我的委托人后告别，没回事务所，而是直接去看守所，去看我的另一个当事人——一个朋友亲戚家的小孩，明年才满十八岁的职高生，涉嫌抢劫和盗窃，其实是被人利用了。朋友问可不可以取保候审，我说难度忒大了点，只能尽力。电话联系朋友，他说和小孩父母上午九点多就赶到了看守所，在那里等我。于是带上昨天下午到派出所办好的手续，坐上公交，一路晃啊晃，晃到近十一点在最后一站下车，看守所离这儿还有段距离。

在颇有“枯藤老树昏鸦”意境的荒凉郊外等了五分钟，朋友驱车到了。十一点半到看守所，上午是见不着人了，连手续都来不及办。一脸憔悴的当事人父母闷闷地跟在我后头，人已经蔫掉了。

不管怎样，先填饱肚子再说。可是哪里有饭吃呢？转来转去发现看守所里有个超市，还别说，麻雀虽小五脏俱全，品种挺丰富，连中华烟都有。朋友招呼着买了方便面、卤鸡蛋、小茶干和香辣凤爪，问店家借了热水，几个人凑合着吃了简餐。人家一个劲儿地赔罪，说等儿子的事情办好了，请我吃大餐。我和朋友都说没事没事，有这条件也可以了，内心却很为他们捏把汗，老实巴交的一对夫妻，咋就摊上这事了呢？他们一个劲儿地问我孩子会不会被判刑，会不会被开除，朋友说正在找人想办法，让他们有点思想准备，可能要劳教个一年半载的，毕竟所有证据都对他不利。我没法表态，我的职权就是尽力为他辩护，争取从轻从宽处理，至于能到哪一步，真说不好。

一点半不到又去排队候着，眼睁睁地看着穿警服的公干进进出出，偶尔也遇到我的同行打个招呼，其余时间就是等着。朋友忙着香烟开路，去找关系托人打点，希望有所收获。近两点时，我跟着警察走过层层铁门，N个手续办好，又排队等了好一会儿，终于见到了我的当事人。小伙子看上去特别颓废，胡子还是绒毛式的，没长硬。听到我喊他的名字，眼皮稍微抬了下，眼里的一丝亮光旋即灰了下去，他问我姓甚名谁，我报了家门说明来意，他不再看我，只自言自语地说：“怎么没请大律师啊？人家都从北京、上海请的大律师啊！”

嘿，又是一个追星族！我也不恼，跟他计较啥呢？一个懵懂犯了罪的孩子，根本都不知道自己葬送掉的是什么，满脑子想的就是早点出去。我开门见山地让他谈，详细了解案发之前那些人对他的所作所为，以及案发时的具体情景。他开始不愿意多说，显然不信任我，后来当我将事态的严重性分析给他听了之后，态度才缓和许多。我告诉他必须将细节说出来，包括那些人是怎样煽动诱惑他一步步行动的，他所掌握的证据都要对警官如实提供，争取宽大，否则所有的账都会算到他头上，而始作俑者反而逍遥法外。他说那些人家里都是有钱有势的，自己是平民家庭，如果说出去了，反而是自己吃亏；不说，他们会想办法捞他出去，还会给他很多钱。这个天真的孩子，还以为自己能拯救世界呢。我将他父母的录音放给他听，开始他无动于衷，后来听到母亲说不出话，只是不停地哭时，他的眼泪也下来了。于是他开始一五一十地说，我细致地听，遇到疑点就停下发问，断断续续地折腾了两个多小时，总算弄清楚来龙去脉。当然，还有很多事情需要核实，需要我去找证据。

五点，离开看守所，坐朋友车回城。一路上当事人父母不停地问他们的儿子有没有救，朋友和我异口同声地说“尽力”。我琢磨着晚上回去跟两个师兄通下电话，问问他们这种案子怎样辩护最有效。他们俩在青少年犯罪辩护方面都小有名气，借他们的力，我也会辩护好的。

朋友请我吃晚饭，我说算了，还要回所里去拿一下材料。有一起酒后驾车交通事故人身损害赔偿案件，是我法院的同学介绍的，今晚把诉状写了，争取早点立案审理；还有一个法律援助的，外地女嫁在本市，结果她老公转移财产和小三同居了，还留给她一笔债务，被债权人起诉。妇联联系了事务所，所里让我为其辩护，政治任务，积累资质，后天上午开庭，咱得回去将材料熟悉一下，明天必须先约见当事人。

朋友说，生意做得不错啊，跟个大律师一样日理万机了。我说没有，就是日常工作，按部就班的，每天也就八小时左右吧。如果不是公检法系统的同学亲戚帮着接些案源，如果不是还兼职着两家小企业的法律顾问挣点零花钱，估计我早就丢掉这块鸡肋做生意去了。现在怎么说呢？比上不足比下有余呗，专业又舍不得丢，所以密切和同事、同学们保持着联系，这片江湖上混饭吃，总能守得云开见月明的。

六点到家，老婆还没回来，咱自觉做饭：青菜面条，炒肉丝，再弄个红烧带鱼。六点半多一点，老婆到家，吃饭时说她有个同事想咨询点事情，还有个领导要我帮忙起草个合同文本。虽然老婆的话有时要听有时听不得，但只要关系到我的事业和她的人脉，我就绝不怠慢，饭毕立刻电话联系。老婆说：“家有律师还是挺实惠的嘛。”一个劲儿地催我赶紧去起草合同文本，洗碗拖地什么的她来做。老婆工作比我好，收入比我高，所以平时家务我做得比较多。

此时她表态，反对我帮人家打离婚官司，说有些缺德。我反驳：缺什么德？拆散一对成全两对，积德行善呢。被她啐了一口后，坐到书桌前，开始写诉状，边写边翻手边那些法律法规的书，有时直接上网查，不到一小时诉状和合同草稿都完成，今天的工作时间到此结束。和其他工作日比起来，今儿个忙碌程度中等偏上，收效程度也是中等偏上。

选择理由 ←

因为不了解而入行，小时候看电视剧《法网柔情》，看其他的资料，一直以为律师是个社会地位高、收入高的职业，所以就以律师为自己的理想职业了。

压力指数 ←

压力指数中等偏高。一是生存压力。没案源没客户就意味着没米下锅，所以要争取到更多的客源。有了客源后，“取证难、阅卷难和维护自身安全难”等老大难问题依然没有得到很好的解决，办案过程中常常是阻力重重。二是道义压力。《律师法》规定，律师的职责是以事实为依据，以法律为准绳，依法维护当事人的合法权益，保障法律的正确实施。但在“神马都是浮云”的今日，社会的公平与正义常常被少数人所颠覆，而律师的权利太小，甚至在很多时候是可以忽略不计的。是非颠倒的案子也是遇到过的，鉴于人微言轻和漫天鸡毛，也不敢随便在网络上发表意见，如果引起围观甚至被人当靶子找网络推手毁你，麻烦就更大了。

人际环境 ←

人际关系当然很复杂了，一个人脉单纯单薄的律师是没法工作的。做律师要广交社会各界朋友，朋友多了路好走，才会有前途和钱途。骨子里我们都是挂靠在事务所的个体户，当然需要时大家都会互相帮扶的，通常也不会挖自家人墙脚，那会遭到鄙视和孤立。至于交往的当事人，那可是五花八门，从劳模到罪犯，从外企高管到菜场小贩，什么人都有。另外，法官检察官和警官们，我们也常常打交道。这些稳坐钓鱼台的大爷，跟他们把关系搞好很重要，否则就是自戕。

我所向往的职业 ←

入行几年，当律师的理想是实现了，但跟想象中相差了十万八千里。现在我更想去办企业。我在工作过程中遇到很多企业的高层和小企业家，男儿当自强，不妨闯一闯，哪天有了机遇让我创业，凭我所知的法律常识，我绝对比他们要平稳和顺。当然，也许会再次上演当梦想遇上现实的情形，毕竟有份工作不容易，所以我还是把抱怨藏在心里算了。

入行门槛

律师的主要职责是：接受当事人的委托，调查取证，去法院立案，出庭辩护和应诉。看上去不复杂，但要成为一名律师并不容易。首先是入行门槛比较高，本科学历，要通过有“中国第一考”之称的司法考试。司法考试以难度大、通过率低闻名全国，很少有牛人第一次考试不挂。绝大多数人要考个三五年才过，甚至有人考三五年都通不过。其次要经历漫长的实习期，这个时候也许是零工资零收入，必须熬，不熬的话没有经验和资历，就更别想吃这碗饭了。

心理测试

这里有个迷宫，请按照自己的直觉走，看看你适合什么职业？

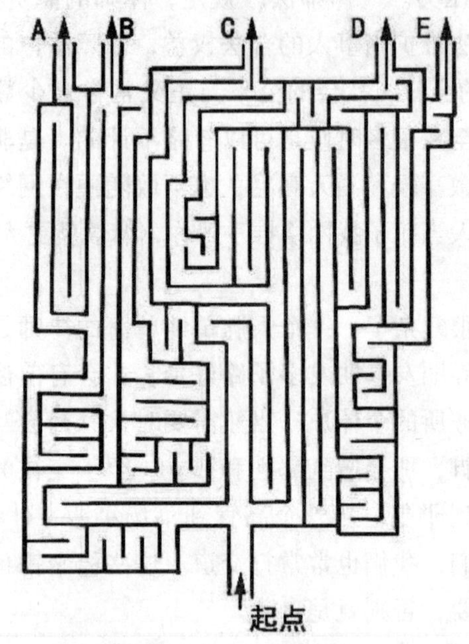

参考答案：

终点 A 的人适合职业：警察、教练、作家。

终点 B 的人适合职业：漫画家、会计、导演、设计师。

终点 C 的人适合职业：领导、律师、指挥。

终点 D 的人适合职业：医生、教师、歌手、记者、工人。

终点 E 的人适合职业：演员、司机、商人、基层管理人员。

如果你选 C 的话，恭喜你，天生就有做好律师的潜质。

48

心理咨询师：心理医生也是医生

人体失去平衡就会生病，心理同样如此。中国的心理咨询师们刚刚艰难地从幕后走向前台，这个职业的发展很长一段时间内依然任重而道远。

行业动态

2001 年 4 月，原劳动部正式推出《心理咨询师国家职业标准（试行）》，心理咨询师这一职业被正式列入《中国职业大典》。2002 年 7 月，心理咨询师国家职业资格项目正式启动，2003 年 5 月第一次全国心理咨询师职业资格考试开考，迄今拥有二级和三级咨询师从业资格证书的人已经有十几万，真正从事这方面工作的有五六万人。跟美国每千人就有一个心理咨询师相比，我国的专业心理咨询起步较晚，缺口很大，保守地估计目前尚有四五十万的缺口。另外一份资料显示，我国有 3.7 亿个家庭，需要 100 万名“婚姻家庭咨询师”，心理咨询师要取得“婚姻家庭咨询师”资格并不难，因为两者本身交叉之处颇多。

但是，由于诸多原因，我国的心理咨询行业起步晚，入行门槛远没有发达国家高，培训质量也和人家有差距。此行业在我国的发展状况，跟先进国家有几十年的差距，不仅是收入，还有专业化程度。

除了任职于医院或大型咨询中心的心理咨询师，目前形势下，如果仅仅想凭借这个职业生活，大多数心理咨询师将和单靠写诗过活的陶渊明、杜甫那样，面临“举家食粥”的困境。这个“助人自助”的职业的确高尚，但是自己开咨询中心并能赢利的实在寥寥无几。小众职业，行业规则并不完善，某种程度上也加大了心理咨询师的职业风险。这个行业的收入不像大多数行业那样呈正态分布，而是严重的两极分化：穷的饿死，富的撑死。没错，也有每小时1000元或800元的咨询师，那是行业的领先者和佼佼者才有的价码。他们通常依靠商业包装推广自己的行业，并获得源源不断的求助者。而师出无名的小辈或不善聒噪的普通咨询师，大多是几十元一小时或者无钱可收的。他们面向特定群体，本身有一份工作养活自己，然后兼职咨询师。他们更多地奉命将此项内容当成一项神圣的使命或者工作任务的一部分，例如学校里配备的心理咨询师就是如此。

此等现状令人沮丧。但是很多报道中都提到将来心理咨询师是热门而受人尊敬的职业。先画个大饼给大家看着：心理咨询师不是青春饭，如同中医，往往能终生从事，且教学相长的过程让每一名心理咨询师都不可复制，俗话就叫"越老越吃香"。另外，随着行业规则的不断完善，人们对心理咨询的认识也逐步深入，从大城市到小城市将越来越普及，如果加上良好的商业化运作，还是那句地球人都耳熟能详的老话：前途是光明的，道路是曲折的。美国心理咨询师收费标准是每小时150美元，我国香港地区每小时1000~1500元港币，祖国大陆也会有这么一天的。

我的一天这样度过

心理咨询师是干什么的？这是我递上名片后很多人的第一反应。我淡然一笑，解释说就是心理医生，咱除了咨询师证，先是靠医生执照混饭吃的，有处方权。不能怪人家无知，是因为咱们的部队兵不多，他们看我们犹如雾里看花，大多时候只在电视、报刊或者网络上见过这个词，也许还叫得出几个专家的名字，但生活中几乎没打过交道。其实，我认为自己就是个普通医生，身体感冒了要吃药，要看医生，心灵呢？心灵出问题了有毛病了，找谁？找心理医生呗。

今天是周六，我们医院的咨询中心照常上班，平常大家可以轮休，节假日则轮流值班。早上八点准时到办公室，跟另外三个已到的同事打招呼，各自开电脑、泡茶、上QQ、收邮件，自从电脑办公后，这几大项已经成了刚到班时的固定程序。我们彼此开玩笑说大家都有轻微的强迫症，一天不上网不用QQ不看邮件，就浑身不自在。

QQ上留言很多，今天是圣诞节，外国人狂欢，咱们继续工作，也不忘记趁机问候下。很多的好友留言和图片，一一看过，很多话语和图片特别有才，虽然很快就湮没在浩如烟海的网络信息里，但依然带来好心情。

然后逐一看其他正儿八经的留言，有两个是预约复诊的，昨天电话已经确认过；还有两个是初诊，都是朋友介绍过来的，先简要跟我说下情况，以便接待时能够控制话题。这是正常的工作量，再加上没有预约的门诊两三个，差不多是很充实的一天了。

八点半，正打开邮箱准备看时，第一个预约的来访者到了。带她到隔壁咨询室，给她泡茶，这是一个为社交恐怖而痛苦的大学一年级新生，从最初的怕见生人到如今怕见同学，尤其是男同学，怕见老师，尤其怕被老师提问，怕去外头人多的地方……总之，生活和学习已经受到了严重的影响。家长陪同下来过两次，签订保密协议、询问个人简历、做好测试问卷、给出测评报告等咨询第一阶段的相关事项都已经到位，目前正在实施认知领悟疗法和系统脱敏治疗，有一定的效果，但不明显。这次小姑娘自己一个人进来找我，我首先肯定了她的进步，再听她说说最近的认识和感受，进行一些启发，然后带她配合音乐进行放松训练，在想象的情境中让她慢慢产生意向上的适应。

一个小时后小姑娘轻松许多，约好了一周后再来，告辞后跟着等在门外的妈妈走了。我喝点茶，在阳台上发了会儿呆，到电脑前看看邮件。十点会有一个初诊的来访者，是我大学同学介绍来的，人家九点五十就到了，妈妈带着儿子来的。小伙子已经高三了，成绩本来还不错，但最近成绩明显下滑了二十多个名次，几乎到了班级末尾。一个多月前看到班级里有几个女孩朝他笑，觉得这些小姑娘看上他了，忍不住在心里跟人家说“别对哥放电，嫂子有来电显示”，走到大街上，凡是陌生异性，都认为是自己的粉丝，对自己有意。然后逐渐发展到连班主任和科任老师都在妒忌自己的桃花运，觉得自己太帅而抢了他们的风头。初步判断他有钟情妄想倾向，就是通常意义上的精神病。我将紧张的妈妈拉到一边，建议带他去二楼的精神科找卢医师。忧心忡忡的妈妈一脸黑线，我暗暗可惜，唯有希望用药后早点见效。

第三个是复诊的抑郁症患者，一位家在遥远西北的公司职员，人际环境和上学时完全不同，伙食各方面的生活也出现了适应障碍，加之新工作并不顺心，所以一度消沉，甚至有轻生念头。幸亏小姑娘自知力完好，悟性也不错，加之同宿舍的两个姐妹（都是一起招聘过来的大学生）对她的社会支持度也很好，一个多月的治疗下来，本不算太严重的症状也有了改观，告诉她可以逐步减药，开玩笑说有机会就早点谈恋爱，让业余生活更丰富多彩。小姑娘脸红了，点头表示同意，同时告诉我她开始复习，准备考研。照例鼓励一番，等小姑娘走后，在咨询记录中简要记录一下。看看时间，已经十一点四十了，同事们已经纷纷收工，今天大家都结束得比较准时。食堂的菜吃腻了，大家商量着去附近一家小餐厅，五六个人照例坐角落里，点了几个常吃的菜，物美价廉，边吃边聊，十二点半结束。有同事回咨询室休息，我有时也开音乐躺着睡个午觉，但今天不想，太阳这么好，我只想到附近街心花园里转悠转悠。

一点半回办公室，预约的来访者是下午两点到，上网将没看完的邮件看看，除了问候或感谢信，另外有两个是来访者分享自己成长经历的，有三个是邮件咨询的，还有两份是预约下周来访的，在记事簿上写下，以便安排下周工作。邮件咨询的，准备隐去信息后改头换面后放在博客里，毕竟精力有限，不可能对同样的问题不停地回复，只能请人家见谅。

下午两点，预约的来访者到了，是一个可疑神经症患者，经常失眠，对安眠药有一定的依赖性，不吃的话也许一夜都睡不着，所以很长一段时间就心安理得地靠着安眠药保持正常的生活规律。后来他无意中得知安眠药吃多了副作用更大，因此现在每天就为晚饭后吃药还是不吃药而纠结不已，已经持续半年多了，头痛、恶心、记忆力差，工作效率也下降，感觉特别痛苦。治疗神经症不是我的强项，我将他介绍给同办公室的李医师。

实事求是地说，我比较擅长解决各类负性情绪问题和神经衰弱症。心理医生和普通医生一样，不可能样样精通，能在某一方面有所钻研就算不错了。加之现在国内心理咨询尚处在起步阶段，水军太多，引起的质疑也非常多，对所有来访者，我都采取审慎态度。和谐社会，需要每个人从骨子里开始建设，而心理健康绝对是不可缺少的一个环节。

下午应该还有一个来访者，我先看了下简介，据介绍过来的同学说，大概是青春期遇到更年期的类型，母子同来，妈妈坚持要让儿子做咨询，凭我的经验，估计要咨询的是妈妈而不是儿子。在他们到之前，我戴着耳机伴着音乐写了一封邮件，上腾讯看了会儿新闻，然后再到中国心理咨询网转转，差不多到四点，来访者到了，比约定时间晚了半小时，路上太堵，妈妈走进咨询室的时候满是歉意，我连忙表示真诚的理解，以便她能迅速镇定下来，进入咨询状态。接着就是初诊接待，谈话摄入，对情况基本有数后进入正题，一个容易情绪失控且嘴巴唠叨的妈妈遇到一个心理半成熟半脱乳的叛逆期少年，父母怀疑儿子早恋，责问、盯梢加上找老师，儿子坚决反对，于是冲突多多，真正该咨询的是妈妈，但要做母亲的认识到这个问题，这次显然很难做到，只能慢慢来。

五点，收拾收拾准备下班了，又接到一个电话，絮絮叨叨地说了大概有五分钟，告诉我他的卡有几十张，网络密码也有二十几个，为了安全起见，密码又搞得各不相同，为此焦头烂额，又没法从这种状态中摆脱出来。约他明天上午八点半到咨询室来，他很配合地答应了。五点十五分，老公的车已经到了楼下，今天亲戚小孩十岁生日，我们一起去接儿子，然后赴宴去。

宴会上，一位很久不见的朋友也想考心理咨询师，她是司法专业的，领导要求必须考。我说可以，不过要有做情绪垃圾桶的度量，也能自己排解，要有过尽垃圾皆扔开的洒脱，否则自己就会被拉下水，常常感到很痛苦。这是我的切身体验，刚做这行时，我常常不由自由地被来访者的情绪所污染，而且不容易走出来，后来见多了，既能理解来访者，又能冷静地审视他们的问题，才轻松了许多。

选择理由 ←

心理学与我们的生活密切相关，我从小就对心理学很感兴趣。本身我是脑神经专业本科毕业生，不是水军，而是正规的有处方权的执业医生。几年前医院增加服务项目，开设心理咨询中心，我有二级咨询师的证书，就理所当然地申请到了这个科室。心理问题可以发展成精神病，但我觉得要帮助求助者或者患者的心理恢复平衡是一个系统工程，纯粹靠药物只是孤立的治疗，很多易受暗示的患者其实更需要精神上的支持。

压力指数 ←

工作压力未必比外科医生或妇产科医生大，除了危机干预或者处理应激事件（例如来访者因情绪问题突然要自杀等）时会加班加点，平时相对有规律。当然亲朋好友介绍的求助例外，随时要接电话，不过真正进入咨询或干预阶段都到办公室去，保护自己、让生活空间相对独立对我们而言是必须的。

更多的压力不是来自工作本身，而是社会对这个行业的理解。四川汶川地震后心理援助人员所表现出的不专业不成熟，也让我们这个行业被外人误解。很多人认为我们整天跟神经病打交道，多少也会不正常。这种误解常常表现为怪异的眼神和好奇的举止，有的来访者过来，滔滔不绝地卖弄自己的心理学知识，还有的就开门见山地告诉我们，就是来看看心理咨询到底有多神秘。其实就如身体会感冒发热一样，心理上也会失衡，也需要看医生服药治疗。心理问题不像身体问题那么容易被发觉，如果讳疾忌医，往往会导致很多悲剧。

人际环境

咨询中心的人际环境和医院的其他科室一样，同事领导加上来访者。不过来访者是因心理问题而来，情况迥异，相对而言复杂些。我们与变态人群的接触会多一些，有时会出现挨骂、被鄙视、被唾弃的场面，我们是医生，只拿他们当成需要帮助的患者，所以通常不会往心里去，跟患者计较，那是自寻烦恼。当然也有很多来访者会在得到成长后表示感谢，对我们的工作表示理解和肯定，我们会更有成就感，工作动力也大些。

我所向往的职业

假如改行，我就做专栏作家，或者到杂志社当编辑去，到学校去兼职也行，专门关注心理健康问题。咱手上资源多，案例足，又有专业知识垫底，再有编辑润色，一定对读者大有帮助。

入行门槛

拿到国家心理咨询师三级或二级职业资格证书是从业的必备条件之一。每年5月和10月共有两次全国统考，三级需要考理论基础知识和技能，二级在此基础上加交论文，还要参加答辩。

申报三级的需要具有心理学、教育学、医学专业本科及以上学历且参加专业培训达标准课时数，申报二级的需要具有心理学、教育学、医学专业博士学位或从事三级咨询师工作满三年。至于一级，则相关要求会更高，每年的报名简章上都有具体说明，这里不再一一列举。那些有处方权的心理咨询师才是正规的“心理医生”，必须是医学专业且取得医师执照的。

心理贴士

心理咨询的出发点是“助人自助”，这项工作本身是一种人际互动，很多咨询师在和来访者的交流沟通中，得到自我实现，体验成就感，修行渐深，自己也会越来越平和，总能保持愉快生活的正能量并辐射给身边人。但正如医生未必能给自己治病一样，心理咨询师也有自己的酸甜苦辣，也有困惑和苦恼。每天支招让别人保持心理平衡的心理咨询师们，成了别人的情绪垃圾桶，自己的情绪如何平衡，能量如何恢复？其实不必太担心，一是他们有专业知识支撑，二是他们有同行可以互相帮助。新入行的同道中人，则需要资深同行的点拨和提携，否则很容易被来访者的情绪所污染，缓过劲的周期会长一些。

49

人力资源管理：人是最大的生产力

人力资源管理，简言之即“选、育、留、用”四个字。

行业动态

人力资源管理部门，企业叫人力资源部，事业机关叫人事科，官场上叫组织部。人力资源管理，就是运用现代化的科学方法，对与一定物力相结合的人力进行合理的培训、组织和调配，使人力、物力经常保持最佳比例，同时对人的思想、心理和行为进行恰当的诱导、控制和协调，充分发挥人的主观能动性，使人尽其才，事得其人，人事相宜，以实现组织目标。①

如今最热门的口号是“以人为本”，作为核心生产力的人被当成了企业的资本进行管理，而人力资源是第一宝贵的，所以顺理成章地成了现代管理的核心。我国上亿的劳动力，从事人力资源工作的人有好几百万，为大小公司商场企业提供着组织、人事信息、招聘、劳动合同、培训、考勤、绩效、福利和工资系统的管理。从人力资源部的实习生到人力资源部的老大（简称HR），工资待遇因单位、规模和人而异，刚入职的小菜鸟只有两千左右，而资深人士年薪十万以上纯属正常。

人力资源专业性相对比较强，所以人力资源部招聘新人时通常要求专业对口，因为容易上路。然而最近一项调查显示：理工类大学生择业时注重对口的仅占16%，专业性很强的财经类、外语类毕业生注重对口专业的也分别只有30%和42%。人力资源部也不例外，同样可以引进综合素质高

① 人力资源管理．百度百科．http：//baike. baidu. com/view/4692. htm。

的毕业生，经过专业的岗位培训实习后大都能胜任工作。

人力资源管理其实是个特锻炼人的工作，会逼着你在工作中把看不顺的人看顺了，把看不起的人看起了，把不想做的事做好了，把想不通的事想通了，把快骂出的话收回了，把咽不下的气咽下了。基本上，人力资源做久了，就修炼成了老奸巨猾的狐狸，或心理素质特强的小超人。

→ 我的一天这样度过 ←

江湖是天人是鸟，谁不想越飞越高？上午举办超市分店店长、营销部主任及其他几个重要岗位的面试，一大早先有个电话喊我做早操，我断喝一声“做你娘的早操”，然后醒了，不一会儿电话就源源不断了，问今天的面试官都有哪些。说，还是不说？其实也不是啥商业机密，告诉刺探情报的同事、熟人，参加面试的人是三比一的比例，除了本店提拔，也有挖人家墙脚引进的人才，还有伺机而动的老江湖，不可轻敌。至于面试官们，无非就是总经理、副经理、财务总监、人力经理，还有总公司派来的对口部门的头头，老一套啦。

八点到班。超市营业厅大门未开，晨练结束的老头老太们正在排队等待，两块钱一斤的鸡蛋还没开始卖。营销部那帮孙子比较损，总是拿低价吸引人家眼球，辛苦了众多的老头老太，早早地就光临超市。我从员工通道直接去办公室，九点面试，地点小会议室，我得先看下准备情况。乔副经理和小孙另外三个人已经到了，正在对各项资料的准备、席位牌、欢迎牌、茶水等进行逐一检查。开分店是超市近期的头等大事，招聘是人力资源部这个月的关键工作，从计划到发布信息，然后收简历，筛选，再到根据职位和简历信息初步确定面试人员，再逐个通知下去，已经忙活了半个月，今天各大岗位的坑就要填上萝卜，关键时刻不可怠慢。

手机响了，超市执行副总说他正在宾馆陪总部三位考官吃早饭，八点四十前到会议室，十分钟的碰头会，到时候他主讲我补充，他以欢迎辞和招聘内容介绍为主，工作程序由我说。一连串答应“好的”，对领导只有说好的份儿，否则就是不想混了。

习惯性地按下电话查询键，边翻边准备开电脑，想起上午没时间回邮件上 QQ，干脆放弃。坐下翻翻桌上的简历，这套简历所有面试官那里都有一份，和面试题目一起密封在档案袋里。没错，我是要全程负责的，但最终拍板的不是我，是公司总部领导和超市老总、副总，人力资源部是拟圣旨的，我呢，充其量是个宣诏的公公。

八点三十五领导们就到了，老总陪同他们进小办公室，我忙着倒茶，跟认识的领导寒暄。隔壁大会议室内，乔副经理和小孙她们忙着让面试者签到，发号码纸。我扫视一眼，熟人不少，二十四个人中将产生八位管理人员，然后她们培训后还要招聘员工，可都是精英力量呢！

面试九点正式开始，每个岗位题目都是不同的，每人两道题，一道业务题，一道心理投射题，也就是测试情商的题目了。业务题是总部提供的，心理投射题则是我们从题库里找的。没有标准答案，这些老江湖都有自己的评判标准，反正不打分，跟选人大代表一样，三选一，打钩或叉，不能以票数决胜负者，再开会表决。

平心而论，这种场合对我也是一次提高。每次招聘时都有牛人，口气比脚气都大，仿佛老子天下第一。不过总的来说，二的人不多见，而以能人、聪明人居多，他们已经从当初的从众工作阶段到了如今的与众不同层次，除了实绩，也有思想，还是要刮目相看的。提问由对口部门的领导做，我负责打钩打叉，做简要记录，每个勾打下去前，要先权衡一番。第五组第三位美女竞争分店财务经理的位置时，我倒是犹豫了下，她的业务能力在三个人中排名最末，但我猜她的人气指数最高，为什么？除了现场眼睛带电，还有些曲曲弯弯不便道明，反正除了总公司三个领导，我估计这头的人都得选她，否则就是自绝活路了。

我也跟风选了她，有点对不住第二位那个很专业的小伙子了。中国社会嘛，微妙的人情是要讲的，人脉和背景是不可忽略的。有个故事很有启发性，说男子去提亲，女方家长说：请自我介绍。A说：我有1000万。B说：我有一栋豪宅，价值2000万。家长很满意。又问C，你家有什么？C答：我什么都没有，目前只有一个孩子，在你女儿肚子里。A、B无语，走了。末了，作者说：核心竞争力不是钱和房子，是在关键的岗位有自己的人。所以，我们也会综合考虑，各取所需，利人利己，彼此心照不宣而已。

职场十年摸爬滚打，咱早成了老油子了，不轻易评论一个人，不该说的不说，不该听的不听，不该传的不传，不该做的不做。我充分明了不同的人需求是分层次的：猪八戒的需求是生理，沙僧的需求是安全，白龙马的需求是归属，唐僧的需求是荣誉，孙悟空的需求是实现自我价值。每个人的价值观不一样，君子和而不同，咱只能将最有利的一面给利用起来，给超市创造效益的同时不忘记和谐就成。

饶有趣味地到了十一点，二十四个人全部面试完毕。总经理宣布休息十分钟，大家上厕所或站起来伸懒腰，小孙、小钱进来统计票数。投票结果出来后，大家坐下来进行合议。这是最关键的一步，基本上半小时后，新店的八个重要岗位人员就确定了。兵熊熊一个，将熊熊一窝，量才为用是第一原则，括号：也兼顾特殊情况。

合议由副总主持，一个岗位一个岗位地过，超过半数的当场拍板，未过半数的将前两位拎出来再次投票，得票有明显优势的过，若旗鼓相当，则由大家发表意见，老总定夺。其间，我未发表任何倾向性意见。所谓幼稚，就是既憋不住尿也憋不住话，而成熟则恰恰相反，既憋得住尿更憋得住话。十二点不到，八位管理人员名单确定，交给孙经理进入下一环节。整个评委团则开进附近的酒店吃午饭。

十二点多，刚在酒桌上准备开吃，手机响了——上午半天一直处于关机状态，刚开就有电话来了。有个五星员工要辞职，说上午没打通我电话，办公室里也没找到人。很诧异，约她下午两点到办公室谈，事业留人，感情留人，待遇留人，这都是利器，但必须先摸清情况才好对症下药。

两点，这个员工准时来了，这个叫吴兰芳的导购我认识且很熟，因为她已经连续三个季度被评为“五星员工”，服务水准和态度都好得没话说，工资也在导购中遥遥领先。我上次还跟执行副经理谈到，如果哪个管理岗位空出来，她倒是个好人选。此刻她交上辞职信，是请人代笔的，告诉我下周不再上班。问她是否已经另谋高就——如果是不小心被人挖墙脚的话，就提高薪资或给升职挽留，是个正常人都不会嫌钱多或职位高。答曰没有。那为何离职呢？我表示可惜，不舍，总而言之是很真诚地挽留她，她说老公出国回来了，现在想自己开个服装品牌店。这下我没话说了，总不能说将来实在不行还欢迎你回来——人家不恨死我才怪！只能遗憾地说君子不挡财路，祝福她生意兴隆。

三点不到，吩咐小孙将吴兰芳的绩效计算出来，再和财务经理沟通外加半个月给她，告诉孙经理导购员岗位要增加一个名额，加入下周的招聘计划书。喝口茶，到外面——其实就是超市里了，透口气，转悠一圈。我这么游手好闲地在里面闲逛，其实是很不受欢迎的，员工们看见我就有“狼来了”的警惕，虽然对我面带微笑，但那笑容毫不松弛，谁让我们是进行绩效考核的部门呢！

手机响了，财务部冯经理找我，要做个培训，收银系统下个月要升级。收银员流动性大，有好些人本身业务不是特别熟练，必须强化一下，否则效率太低，逢到节假日顾客就排成了长队，投诉也多。对此我完全赞同，吩咐助理小钱今天做个计划书出来，具体培训内容跟冯经理沟通。最近培训特别多，下个月几乎每周都有两个培训，等新店人员配备完毕在老店里正式开始实习，就会松口气了。

孙经理拿来几份报告让我签字，今天上午忙着面试，日常事务都还没处理。给自己泡杯茶，坐下慢慢看。本超市的《人力资源调研报告》孙经理已经写好，我得逐字推敲，这个要呈老总和董事会。上头发下来的文件，看过后还要转到其他部门去，另有两个培训计划书，以及蛋糕房的内部结账单——这个是我们员工过生日时的礼物，人力资源部经办，签字后转给分管副总。

看文件花去很长时间，有些是无用的，有些是急用的，这是管理人员的必修课。一晃就五点了，下班回家，晚上还要到家乐福去调研呢。了解对手很重要，商场就是战场，非死即活，绝没有第三条路。当然，我是选择鬼子进村式的，扮成顾客悄悄进去，具体过程参见你们平日逛超市的情形，只不过咱们关注的点不一样而已。

选择理由 ←

我是学哲学的，问题是尼采死了，柏拉图不吃香了，我怎么办？幸亏哲学就是心理学的鼻祖，我又比较热衷于琢磨人，善于处理人际关系，所以就考进了超市的人力资源部，从小助手干起，发现适合自己的最给力。当初抛弃专业另觅新枝，十年的实践证明，这个选择是正确的、值得的。

压力指数 ←

“211”大学的人力资源专业毕业生非常多，我的压力挺大，怕会被替代。所以我用心学习，考得了人力资源管理师证书、心理咨询师证书，买了很多专业书在家看。硬件门槛相对低的职业，其实对从业者的软性能力要求更高，诸如学习、沟通、表达等方面的能力一样不能少。知道自己是半路出家，知道自己先天不足，所以压力会大点，但目前已渐入佳境。

人际环境

没有哪个人的命会像唐僧那样好，再无理取闹孙悟空也坚决不走，一路上妖魔鬼怪全部让步，徒儿们更是给他逢山开路、遇水搭桥，啥本事都没有的他平安到达西天取得真经。这样的职场只能在梦想中。事实上，超市的人际环境也是复杂的，各打各的算盘，各有各的想法，我反正服从上级骗好下级笼络好同级，大家为了共同利益能往一块儿使劲，就说明咱人力资源部的工作是成功的。

我所向往的职业

超市最重要的就是管好三样东西：货、人、钱。如今大型超市越来越红火，我憧憬着能够成为超市的股东之一，升为执行总经理，但这就是个白日大梦而已。下辈子也许会有机会，实在不行就做股东他爸爸吧！

入行门槛

这里有一份重庆爱莲百货超市有限公司招聘新店人力资源部经理的告示①，具体要求如下：本科；三年以上工作经验，25 至 35 岁之间，男性优先；英语听说写能力较好，能熟练操作电脑。

工作经验方面的要求：在大型企业从事人事行政管理工作 3 年以上；在人事管理职能的各个方面同时具有直接操作与规划全局的能力；具有良好的组织沟通能力和解决问题的技巧。其他要求，诸如责任心、荣誉感、应变力、亲和力、抗压力等，都是应聘中层以上管理干部的必备条件，不再赘述。

拿到人力资源师的职业证书是应聘人力资源管理的通行证之一。人力资源管理师的报考条件各大网站都有，从四级到一级由低往高，考试时间在每年 5 月和 11 月，通常在第三个周末开始。

心理测试

这里有道面试题，来自慈溪人才网站。题目为：你的上司给你打电话要你参加晚上的舞会；然后你的前任女朋友请你吃饭，她有可能成为你的

① 应届毕业生求职网 . http：//www. yjbys. com/xiaoyuanzhaopin/v/4229946. html。

客户；最后你的老婆给你打电话，今天是你们的结婚纪念日，还是她的生日。三个电话接完，手机就没有电了，你失去了任何的通信器械。三个人都是在同一时间，同一个饭店，你与他们之间不许说任何话，你会选择去哪个桌吃饭？只能选一个。①

人力资源顾问回答如下：这是一个没有对与错的面试问题，关键在于你的生活重点在哪里。重利益的人选前女友；以家庭为重心的人选择和老婆在一起；以工作为重心的人去了老板的舞会。选前女友的适合做业务员，选老婆的适合做没有风险的工作，选上司舞会的人非常适合做行政。

猎头专家这样分析：当然是去上司那里；想尽一切办法与以前的女朋友联系上，另外安排个时间；而且，非常非常重要的是，在一切结束之后马上回家，陪老婆共进夜宵，相信老婆会理解你的。

面试官希望听到的是：你的心目中工作第一，家庭第二，他们想找一个对工作极度有责任心的人。你若非常在乎这份工作，就投考官所好，具体怎么表达，得有个度，千万不要大义灭亲或自相矛盾，要真诚得天衣无缝，博得考官的最大信任。

---

① 慈溪招聘网．http：//www. jobcixi. com/news/news－show－98. htm。

50

营养师：预防比补救更有价值

和医学一样，我们对营养的认识，不是太多，而是太少。

行业动态

2005年，卫生部、科技部和国家统计局联合发布调查报告，指出我国居民营养与健康现状不容乐观。与膳食相关的高血压、糖尿病、高血脂等慢性疾病发病率逐年上升，患者年龄不断下降。其中估计高血压患病人数达到1.6亿、糖尿病患者人数2000万、血脂异常现患人数1.6亿、体重超重者达到2亿。[①] 2008年《中华人民共和国营养条例（草案）》出台，国务院办公厅《中国营养改善行动计划》和即将颁布的《中国居民营养改善条例》（以下简称《条例》）规定：今后各幼儿园、学校、医院、社区、食品生产/销售企业、宾馆、饭店、体检中心、100人以上的职工食堂都将强制配备专业营养师。《条例》实施后，相关单位均须强制配备一定比例的专业营养师。[②] 我国现有从事公共营养工作的专业人员不足5000人，如果真能按照规划实施，我国的营养师缺口将达400万人。

国外的营养师制度很完善。邻国日本早在1947年就通过了《营养师法》，明确百人以上餐厅至少配备一名营养师，各学校也都配有营养师，平均330人就有一个营养师。美国有注册营养师制度和营养师等级划分，营养师是与医生平起平坐的职业，分布广泛，各大超市中都能见到他们的

---

① 餐桌上的误区．央视国际焦点访谈．http：//www.cctv.com/news/china/20050407/102747.shtml。

② 中国营养改善行动计划．中国营养师网．http：//www.yingyangshi.com/contents/46/1801.html。

身影。在澳洲，营养师属于紧缺行业，一直是被澳洲移民局评估为60分的专业。相比之下，我国的营养师行业刚刚起步——我国设置了营养科的医院不足半数，从事营养工作的医务人员不足2000人，只有一些国际性的大饭店配有专职营养师。供职于医院的营养师主要面向中晚期糖尿病患者和重病号服务，协助控制病情。几年前，一些咨询机构的营养师开始顺应市场，提供个体化咨询和配餐等服务。但就总体状况而言，看医生的人多，寻求营养师帮助的人很少，发出SOS信号的人多，学习防火知识的人少。很多人得病后才知要亡羊补牢，多数人缺乏营养常识，并不清楚消防原理同样适用于自己的身体——预防永远胜于治疗。

在台湾地区，医院营养师的月薪可以达到10万新台币（相当于2万多元人民币）以上。目前，北京的一些高档社区已经出现了营养师，营养师每服务一个对象，收入平均在2000至3000元，若在保健品公司讲课，月薪可超万元。① 在北京、上海等大都市，一个中等水平的营养师年收入一般在8万~10万元，小城市则会低一些。

→ 我的一天这样度过 ←

睡了一夜，身体充电完毕，神清气爽。七点钟，陪老公孩子吃早饭，稀粥是预约好的，儿子脾胃弱，适合喝稀粥，牛奶就少喝点。小馒头蒸一下，外加煮鸡蛋和醋泡花生米，老公皱眉喝着胡萝卜汁，这是规定项目。他边喝边叨咕："五年了，整整五年了，灰太狼一口荤菜都没吃着，你说他是怎么活下来的？"五岁的儿子答："吃青菜水果串啊，还有胡萝卜，反正吃不着羊肉。"老公叹气："换了是我就活不下去了，找个营养师老婆，红烧肉少吃，每周还要喝两次胡萝卜汁，拿我当兔子养啊！"老公属于容易发胖的体质，又整天对着电脑搞设计，他的食谱，我还是很用心做的，可惜这家伙身在福中不知福。

一家人吃完后各奔东西，老公去上班，我送儿子去幼儿园后再到单位。我原先在医院，每天为那些重病号开食谱，以便控制病情。但后来我发现收效甚微，几十年吃出来的病想几十天能吃好，简直是神话，张悟本

① 公共营养师就业前景及就业方向分析大全．中外招生网．http://www.zwzsw.com/NewsInfo.aspx?id=35837。

的那套太荒谬了，居然那么多人信，邪门！正好老公工作调动，我也跟着来到南方，在这所私立高中担任营养师，工作氛围和心情跟以前大不一样。

到校后首先去食堂，看各项食物留样并放进了冰箱且标注了日期。转一圈，看见本周食谱贴在操作间外，自己忍不住又细读了一遍。未到春季，蔬菜偏少，但是反季蔬菜我又不想推荐，只能用水果补上。众口难调，要真正营养全面多方兼顾，可不是件容易的事。下周要再做些调整，高二的孩子不久要小高考了，高三的孩子们也磨刀霍霍要冲刺，得给他们加点补脑的食物。

回到办公室，开始做下周的食谱。当然不是每周食谱都要从头做起，毕竟食物品种花样就那么多，要避免的是瞎搭，吃了后会拿肚子当烧瓶直接起化学反应，很麻烦。我先列早餐，打开列表，依次往里填，考虑荤素搭配、粗细比例和可操作性，还要考虑孩子的口味，再好的营养美味，没有胃口和食欲，都是白忙活。

餐别	周一	周二	周三	周四	周五	周六
早餐	豆浆 煮鸡蛋	牛奶 煮鸡蛋	豆浆 煮鸡蛋	牛奶 煮鸡蛋	豆浆 煮鸡蛋	牛奶 煮鸡蛋
	小笼包	烧卖	菜包	粽子	生煎包	烧饼
	面包	红豆糕	绿豆糕	萝卜丝包	松糕	紫薯包
	汤圆	青菜面	水饺	小米粥	黑米粥	八宝粥

先将早饭列出来，这是公示的部分，给领导看的，还有些附加项目，蛋白质、卡路里什么的，要计算出来，我估计分管校长也未必看得懂，不过每次他看得都很认真，然后郑重地签字——偷笑下，领导也不是万能的超人。其实这就是程序而已。要真正严格按照卡路里吃饭的多半是危重患者或减肥大户，一天最多指导一两个客户就够忙的了，因为要精确计算啊，哪那么容易？还有我要面对的事实是：这些正长身体的孩子其实更关心什么味道好，什么是自己偏好的那口，还有些孩子会考虑菜的性价比，除非特胖特瘦或身体有异样的孩子，才会用心去想自己该吃什么不该吃什么。

吭哧吭哧将早餐配置好，接下来就是午餐、晚餐和夜宵了。高中的孩子学习压力大，咱们这所私立高中就读的都是些三有产品，有脑子、有票子或有位子的人家，不但要求孩子吃得饱，还要吃得好、吃得巧，所以对配餐和食堂的要求也会高一些。分管食堂的副校长比唐僧念经还顶真，我呢，也格外用心就是了。

绞尽脑汁一直到十一点，除了将每天的食谱列出来，还要依次注明每一百克的营养成分表，三页纸的成果从打印机里输出来了，再看一遍，送给校长过目。其间，当然不是心无旁骛地一心只列食谱表了，QQ 群上不时有同事、朋友或客户骚扰下——我在朋友的咨询机构兼职，目前手头有三个固定客户，通常周日会为他们提供一对一服务，上班时间呢，就接收点反馈信息，在网上给点意见。这算不算第二职业我不知道，不过校长、主任还有同事会经常让我给他们和家人咨询咨询，算是友情出演吧。

十一点四十吃饭。教师和学生不分窗口，菜都一样。荤菜有五个可选：双菇鸡片、百叶肉丝、青椒牛肉、清蒸带鱼和面拖虾。素菜四个：小青菜、蒜泥豇豆、香菇冬瓜、红烧豆腐。两种水果：圣女果和小橘子。汤两种：萝卜贡丸汤和粉皮鱼头汤。我看看孩子们的托盘，基本上荤素搭配，也都晓得吃个水果。学校宣传栏里有个营养专栏，每个月及时更换新内容，变着花样贴文章，提倡营养全面、荤素搭配，大多数孩子都是听话的乖宝宝，自觉执行。

我自己呢，因为春节期间油水多，用脑又多，所以选了个清蒸带鱼、香菇冬瓜，配个萝卜贡丸汤，再来一份圣女果，相对清淡，控制发胖。很多人不知不觉身体就向企鹅型发展，比 QQ 升级还快，大多数是饮食惹的祸。道理很简单，好比存款，收入总比支出多，当然有剩余了，脂肪就是身体的储蓄。

吃完后大脑供血不足，昏昏欲睡，我靠在椅背上闭目养神。下午三点要开讲座，面向高二家长专题指导，如何让下个月参加小高考的学生们做到膳食合理。5 月份则会专门为高三家长举办讲座。每场都是上千人，作为名气大、收费高、生源足的私立高中，配备营养师是比较前卫的举动，算是学校打出的王牌之一——好成绩、好身体、好心态，这样的三好生才是学校教育追求的目标。

两点，将 PPT 打开再次准备，五六十张幻灯，除了告诉家长怎么根据孩子的体质搭配一日三餐外，也提出了一些饮食误区，时间控制在一个半小时左右。在营养师看来，这都是些基本常识，不过需要通过宣讲才能深入人心并得以实现。两点五十五分，李校长主持会议，三点正式开讲。我告诉家长：人在不同时期，新陈代谢的特点不完全相同，遵循规律科学安排才是王道，顺它者乖，逆它者迟早要被摔。简短的开场白后，从早餐讲起，早餐应该干稀搭配、主副食兼顾。吃些富含蛋白质的食物，如鸡蛋、火腿、豆腐丝、煮黄豆、泡花生米等。鸡蛋、牛奶、蔬菜、瓜果也可搭配少许，油炸食品尽量避免……一直讲到夜宵，总体上要遵循“早饭吃饱、午餐吃好、晚餐清淡、夜宵简单”的原则。很多家长拿笔做着记录，以便回去执行。高中孩子用脑严重超标，我又建议家长添加些健脑补脑的食品，核桃、芝麻、海产品、蛋黄都可以。

这样的讲座我每年都要做十几场，除了本校，其他兄弟学校也会发来邀请，得到领导同意后——有时候是领导直接吩咐，我个人还是非常乐意的，宣传营养知识，让更多的人提高科学生活的能力，也算是件功德无量的事吧。

四点半讲座结束，然后有问题的家长留下来继续提问。本校住宿生大概占一半，还有一半的孩子回家吃饭。有些家长对孩子的关心可谓无微不至，就差把心掏出来做成菜给孩子补了，我很佩服这种浩大的爱，但通常会友情提醒他们要适可而止，凡事过犹不及，如果因此给孩子造成了过大的心理压力，反而得不偿失。

家长们问的问题都是些常见情况，例如孩子偏食如何是好，孩子太胖如何调理，孩子太瘦怎么增肥，孩子心理压力大、食欲缺乏家长该做些什么……我一一作答，还有两个家长让我给他们的孩子开一周食谱，鉴于咨询的家长比较多，我对孩子的体质和生活习惯也不了解，于是约了他们下周一上午到校咨询。这个怎么说呢？也不是我非做不可的，只是我不忍拒绝，因为通过这样的方式，我的人脉深厚许多，增加了很多朋友，帮忙的人也多了。这样即使我将来单干，也会更容易打开局面。

五点半多一点儿，家长们才全部离开。我也收拾收拾下班，回家给老公孩子做饭，老公下班回来得早就给我打下手。菜都是我买，我很注意商品标识，这里头学问特多。晚饭通常一荤一素一水果，有时还加点干果类的。买菜时我各种颜色变化着买，反季节的蔬菜少用，用了海鲜就少弄水果，大棚水果偶尔吃，免得毒素积累……其实这些大家都懂，但一到菜市场，买菜的原则就变成了三个字：看心情。至于计算卡路里含量什么的都还属于纸上谈兵阶段，我并未真正去做。我和儿子适中身材，老公微胖界，如果是大胖子就要好好给他算一算了，免得积重难返。

我不喜欢应酬，也常对朋友们说能不应酬就不应酬吧，外头陷阱太多。例如地沟油，我也没有好办法，只知道它不但没营养，还是健康杀手，只能敬而远之尽量不碰。朋友们聚会时都会叫我点菜，我不会只想着要美味，而是在脑子里先冒出一份食物金字塔图，再适当照顾下在场朋友的口味。当然，若有人坚持要大碗喝酒大块吃肉，觉得不吃喝痛快了人生就没有意义的话，我也会默不作声任其折腾。傻与不傻看你会不会装傻，对于把营养学不当回事的人，我选择沉默。

选择理由 ←

家里姥姥姥爷都是大胖子，“三高”自然成了赠品，医生说是吃出来的。后来我当医生的妈妈费心思给他们调理，比吃药效果好，而且副作用少。我高考填志愿时，我妈就让我填营养专业，说将来肯定用得上，没见中国人的营养都是道听途说乱七八糟的吗？听妈妈的话，我就干这行了。说高尚点，为了更多人的健康，说实在点，这行的就业将会越来越轻松。

压力指数 ←

压力指数中。每天按部就班做自己的专业，学校里也没人跟我竞争，比那些整天绞尽脑汁跟学生斗智斗勇、苦口婆心的教师们活得轻松些。

人际环境 ←

很好，没有竞争，所以一团和气。加之很多人没事就爱咨询个问题，可利用说明你还有用，所以我的朋友挺多，这种状态我喜欢。

我所向往的职业 ←

开个营养咨询公司，既宣传知识又实际指导，让更多的患者不但治标，还要治本，好好地从日常饮食开始管理自己的身体。当然要发展更多金领客户才行，否则会入不敷出难以为继。

入行门槛

公共营养师是国家人力资源和社会保障部颁布的2005年3季度第4批新职业之一，主要任务是进行营养咨询、测评、指导、宣教、管理等，以及专门从事营养教学与科研工作、营养与食品安全知识传播的专业人员。

公共营养师共分为四级，可根据自身条件选择报考级别。报考公共营养师四级（中级）须具备以下条件之一：在本职业连续工作一年以上；具有医学或食品及相关专业中专毕业证书；经本职业四级正规培训达规定标准学时数，并取得结业证书。算起来入行门槛不算很高，但要做专业了，并不容易。

心理测试

测测你的职场运：这天小明的爸爸为了奖励小明，带他去一家高级法国料理店，一阵香气扑鼻，菜端上来，竟是：

A. 烧烤马肉　　B. 烧烤羊肉　　C. 烧烤雉鸡肉

D. 烧烤恐龙肉　　E. 烧烤鸡肉　　F. 烧烤猪肉

G. 烧烤狗肉　　H. 烧烤牛肉

参考答案：

选择 A 或 B 的人：工作状况并不好，会面临很大的困境，甚至是刁难，如果没能处理好，有可能要换工作。

选择 C 的人：工作情况稳定，没有大好大坏，一切都能如预期一般进行，所谓不求有功但求无过，平稳也是件好事。

选择 D 或 E 的人：工作上有严重的无力感，好像什么都不顺，振作吧，与其沉沦，不如奋起。

选择 F 的人：财运亨通，只是得付出代价，辛苦奔波是免不了的。

选择 G 或 H 的人：你会受到领导的信任与提拔，步步高升，万事如意。

参考文献

[1] 中国就业培训技术指导中心编．职业道德（国家职业资格培训教程）．北京：中央广播电视大学出版社，2007.

[2] 陈畅．100 个最具前景的职业（文科版）．北京：机械工业出版社，2009.

[3] 陈畅．100 个最具前景的职业（理科版）．北京：机械工业出版社，2009.

[4] 闫岩．微博改变未来：你也可以这样成功．北京：台海出版社，2011.

[5] 杨帆．人生要学会转弯．北京：中国致公出版社，2011.

[6] 中国就业培训技术指导中心编．社会工作者．北京：中国劳动社会保障出版社，2010.

[7] 李纯．我奋斗了十八年，不是为了和你一起喝咖啡．北京：北京理工大学出版社，2011.

[8] 程仕才．快乐求职，就这么简单．北京：北京工业大学出版社，2010.

[9] 中国就业培训指导中心．心理咨询师基础知识．北京：民族出版社，2011.

[10] 中国就业培训指导中心．心理咨询师（三级）技能．北京：民族出版社，2011.

[11] 苏言，闵唯．逃离北上广之北京太势利．南京：江苏人民出版社，2010.

[12] 苏言，闵唯．逃离北上广之上海太昂贵．南京：江苏人民出版社，2010.

[13] 苏言，闵唯. 逃离北上广之广东太竞争. 南京：江苏人民出版社，2010.

[14] 李安安. 受益一生的心理测试全集. 北京：中国致公出版社，2011.

[15] 职来职往栏目组. 职来职往：这样求职进百强. 北京：人民邮电出版社，2011.

[16] 郎咸平. 郎咸平说：我们的日子为什么这么难. 北京：东方出版社，2010.

[17] 乐嘉. 色眼识人. 上海：文汇出版社，2006.

后　记

人容易习惯旧有模式，因为可以巧妙偷懒。这里继续沿用研究生毕业论文和上一本书《拿什么拯救我们褪色的婚姻——婚姻心理咨询手记》的后记格式，列一张感谢清单，基于真诚，没有水分，如有遗漏，纯属无心。

首先要毫无悬念地感谢我的各位导师。天意常怜狗尾巴草，我在求学的几个阶段均能幸遇良师：汪政、徐晓华、陈银书、柳夕浪、刘正伟、丁锦宏、顾建华……他们在圈内名气都不小，智者引路，可遇而不可求，可见我的运气实在是好。很多年前看过一本书，《无穷的覆盖——影响我们一生的人和事》，至今记忆犹新。没错，星光上面就是无尽的天空，人能仰望，就是幸福。我的导师们才情各异，敏思宽厚，为人为学为文，可圈可点之处太多。我很想追随他们，让自己长成一棵开花的树。无奈眼高手低，最终选择囿于一隅，在自家园子里种点小花小草。这里怯怯道一声：老师好，在你们的法眼观照下，这依然是本稚嫩的习作，如果你们不小心看到，或在我战战兢兢送上一本后随手翻翻，拜托忍着点笑，或者，一如既往地给我一个宽容的眼神。

感谢网络，让生活和职业变得既移动又联通。网络万岁，胡说无罪，每个虚拟的ID后面都有一个真实的灵魂忙着回帖或灌水。无数个假日和夜晚，我在各个论坛里瞪着小眼睛转悠，在QQ群里默默蹲守，偶尔也抛上两块小板砖，然后竖起耳朵倾听各行各业的人们有一搭没一搭地倾诉，试图从只言片语中触摸他们真实的职场生活和心理轨迹。网络上畅所欲言的朋友们，虽然咱们天南海北素不相识，依然要感谢你们，且尽情地“胡”说吧，沟通让日子更美好。

感谢现实生活中我的亲朋好友，以及亲戚的朋友和朋友的亲戚们。感谢你们的耐心包容，对我死缠烂打式的追问能够不厌其烦，将种种职业内涵及独特感悟详尽和我分享。尽管岁月这把杀猪刀刀刀催人老，但我的好奇心依然可以如此朴素，你们功不可没。感谢仲广群、封楠林、于兵、邓海鹏、马洪、肖俊、吴雪琴、杨春霞、杨丹春、孙亚丽、顾建、夏俊山、王桂玲、刘春兰、史孝红、徐颖等朋友，谢谢你们的付出和鼓励。几年的资料搜集，一年多的业余码字，既惭愧别人说自己勤奋，又唯恐得到“天分不够且不用功”的评价，纠结中数易其稿，总算没有半途而废。如果没有你们扶贫式的支持，就我这电子陀螺式的坐功，很难坚持到书稿杀青。在这里抱拳作揖了——你们中的每一个，都是我生命中不可或缺的礼物。

感谢我的领导同事们。我所处的集体藏龙卧虎，有写作高手，有数学能人，有美术大师，有音乐鬼才；有人英语好，有人计算机好，有人开车好……至于我本人，心态好。身处优秀人群中的我虽属灰姑娘一个，但总能得到颇多灵感和启示。好心情就是生产力，这让我在坚持文字事业时不那么咬牙切齿了。

感谢家人的支持。写作多年，是你们的无私奉献使我得以心无旁骛，甩手去做自己感兴趣的事。老公杨和根比我狡猾，常对外宣称：文才逊妻，惧内有理。其实不然，平分秋色而已。此次他亦客串一把，零零碎碎写了其中若干章节，行文风格与我相似。彼此成全，欢喜度日，军功章给他一个角。

加强版地感谢编辑焦晓云和张立平等诸位小美女。同样执着于文字工作，对彼此的甘苦心领神会，愿小妹们智慧之花节节开，财富之源滚滚来，青春美貌天天在，今后合作更愉快。

感谢我的读者朋友们。如果窗外阳光正好，捧着这本书，你能够发现小丁我隐在文字中坏坏地笑。

我有一份普通但颇合性情的工作，是这个时代中不折不扣的凡夫俗子，流连于现世安好和繁华喧闹，期待的生活如喜羊羊般强大且搞笑。我亦是传统文化影响下性情温和敦厚的文人，沉醉于文字王国的变幻莫测和丰富妖娆，希冀凭借文字赶跑很多不期而至的庸人自扰。当你与此书相逢一笑时，也请忘却烦恼，不妨在这自鸣得意的书本小宇宙中获得片刻逍遥。如能偶有所得，幸甚至哉。